U0711698

# 高等法律职业教育系列教材
# 审定委员会

主　任　万安中

副主任　王　亮

委　员　(按姓氏笔画排序)

陈碧红　刘　洁　刘晓晖　陈晓明

刘树桥　周静茹　陆俊松　王　莉

杨旭军　黄惠萍

高等法律职业教育系列教材

# 社会工作文书

SHEHUI GONGZUO WENSHU

主　　编 ○ 李国英

副 主 编 ○ 蔡　榆　付森茂

参编人员 ○ 王志强　李　丹　邓文娟　陈爱莲

　　　　　　贺　静　刘嘉颖　马就武

中国政法大学出版社

2021 · 北京

声　　明　　1. 版权所有，侵权必究。

　　　　　　2. 如有缺页、倒装问题，由出版社负责退换。

**图书在版编目（ＣＩＰ）数据**

社会工作文书/李国英主编. —北京：中国政法大学出版社，2021.1
ISBN 978-7-5620-9755-6

Ⅰ.①社…　Ⅱ.①李…　Ⅲ.①社会工作－文书工作　Ⅳ.①C916.2

中国版本图书馆CIP数据核字(2021)第004077号

--------------------------------------------------------------------------------------------------------------------

| | | |
|---|---|---|
| 书　　名 | 社会工作文书 |
| 出 版 者 | 中国政法大学出版社 |
| 地　　址 | 北京市海淀区西土城路 25 号 |
| 邮　　箱 | fadapress@163.com |
| 网　　址 | http://www.cuplpress.com (网络实名：中国政法大学出版社) |
| 电　　话 | 010-58908435(第一编辑部) 58908334(邮购部) |
| 承　　印 | 北京鑫海金澳胶印有限公司 |
| 开　　本 | 787mm×1092mm　1/16 |
| 印　　张 | 24.75 |
| 字　　数 | 512 千字 |
| 版　　次 | 2021 年 1 月第 1 版 |
| 印　　次 | 2021 年 1 月第 1 次印刷 |
| 印　　数 | 1~5000 册 |
| 定　　价 | 69.00 元 |

总　序
*Preface*

　　高等法律职业化教育已成为社会的广泛共识。2008 年，由中央政法委等 15 部委联合启动的全国政法干警招录体制改革试点工作，更成为中国法律职业化教育发展的里程碑。这也必将带来高等法律职业教育人才培养机制的深层次变革。顺应时代法治发展需要，培养高素质、技能型的法律职业人才，是高等法律职业教育亟待破解的重大实践课题。

　　目前，受高等职业教育大趋势的牵引、拉动，我国高等法律职业教育开始了教育观念和人才培养模式的重塑。改革传统的理论灌输型学科教学模式，吸收、内化"校企合作、工学结合"的高等职业教育办学理念，从办学"基因"——专业建设、课程设置上"颠覆"教学模式："校警合作"办专业，以"工作过程导向"为基点，设计开发课程，探索出了富有成效的法律职业化教学之路。为积累教学经验、深化教学改革、凝塑教育成果，我们着手推出"基于工作过程导向系统化"的法律职业系列教材。

　　《国家中长期教育改革和发展规划纲要（2010～2020 年）》明确指出，高等教育要注重知行统一，坚持教育教学与生产劳动、社会实践相结合。该系列教材的一个重要出发点就是尝试为高等法律职业教育在"知"与"行"之间搭建平台，努力对法律教育如何职业化这一教育课题进行研究、破解。在编排形式上，打破了传统篇、章、节的体例，以司法行政工作的法律应用过程为学习单元设计体例，以职业岗位的真实任务为基础，突出职业核心技能的培养；在内容设计上，改变传统历史、原则、概念的理论型解读，采取"教、学、练、训"一体化的编写模式。以案例等导出问题，根据内容设计相应的情境训练，将相关原理与实操训练有机地结合，围绕关键知识点引入相关实例，归纳总结理论，分析判断解决问题的途径，充分展现法律职业活动的演进过程和应用法律的流程。

法律的生命不在于逻辑，而在于实践。法律职业化教育之舟只有驶入法律实践的海洋当中，才能激发出勃勃生机。在以高等职业教育实践性教学改革为平台进行法律职业化教育改革的路径探索过程中，有一个不容忽视的现实问题：高等职业教育人才培养模式主要适用于机械工程制造等以"物"作为工作对象的职业领域，而法律职业教育主要针对的是司法机关、行政机关等以"人"作为工作对象的职业领域，这就要求在法律职业教育中对高等职业教育人才培养模式进行"辩证"地吸纳与深化，而不是简单、盲目地照搬照抄。我们所培养的人才不应是"无生命"的执法机器，而是有法律智慧、正义良知、训练有素的有生命的法律职业人员。但愿这套系列教材能为我国高等法律职业化教育改革作出有益的探索，为法律职业人才的培养提供宝贵的经验、借鉴。

2016 年 6 月

前 言

*Foreword*

  党的十六届六中全会做出了"建设宏大的社会工作人才队伍"的战略部署；2012年中央组织部、中央政法委、中央编办、国家发改委、教育部、民政部等19部委和群团组织联合发布了《社会工作专业人才队伍建设中长期规划（2011-2020）》，制定了2020年社会工作人才达到145万的培养目标；十八大为我国社会工作发展提供了新的前景。社会工作作为社会创新治理体系建设的组成部分，它的重要社会地位得到广泛的认识。现近四百多所高等院校开设了社会工作专业，从事社会服务的社工机构达到一万多个，社会工作在我国快速发展。社会工作文书写作作为社会工作过程中必不可少的环节，是每个社会工作者所必须掌握的。但长期以来，一直缺乏系统的社会工作文书写作指导。本书立足于一线社会工作实务操作，在阐述工作流程的基础上，介绍了社会工作所涉及的文书及写作要点。本书的编写旨在传承交流，为社会工作专业及社会工作服务机构提供一定的实务操作及文书写作运用方面的帮助。

  全书分四大板块，分别为社会工作文书的认知；社会工作文书在老年社会工作、家庭社会工作、青少年社会工作、社区矫正社会工作、企业社会工作领域的运用；项目策划与创投；社会服务机构行政。

  本教材由广东司法警官职业学院李国英副教授拟定编写提纲和体例，社会工作机构资深社会工作者蔡榆、付森茂、李丹、王志强、邓文娟等参与编写。

本教材在立项、编写过程中，得到了广东司法警官职业学院领导的大力支持；长期从事社会工作一线实务工作的广州协和社会工作服务中心总干事蔡榆进行了审稿并提出了开拓性的建议，在此表示由衷的感谢。在编写过程中，编者参阅了有关学者的研究成果和文献资料，引用了广州市协和社会工作服务中心、广州市明镜社工服务中心、广州星空社会工作发展中心的部分文书素材，在此对他们表示诚挚的谢意！

编　者

2020 年 10 月 26 日于广州

# 目 录
## Contents

# 单元一

# 社会工作文书的基本认知

## 项目一  社会工作文书介绍

### 知识目标

1. 了解社会工作文书的含义，学习社会工作过程中各类文书的写作手法。
2. 了解社会工作文书与一般文书的区别。
3. 了解社会工作文书的意义。

### 能力目标

掌握社会工作文书的分类及文书写作特点，为运用文书写作知识，正确书写各类文书打好基础。

### 案例导入

小何是新入职的社工，对社会工作文书的书写和归档无从下手，感到非常苦恼，甚至怀疑社工是不是成了"写工"了？在实务过程中，如何加强对社会工作文书的认识，帮助社工提高撰写文书的能力？

### 知识链接

### 任务一  社会工作文书基础知识

#### 一、社会工作文书内容

社会工作文书是对社会工作过程的记录，是社会工作者制定工作计划、设计完成项目方案、开展社会工作服务、准备评估检查、项目招投标以及机构年终总结等各项业务及行政工作的记录。它同时作为社会工作者的工作痕迹，在评比考核、督导检查、项目评估中发挥着重要的作用。

社会工作价值观、伦理、专业技能等理论知识是社工需要具备的知识基础，需要内化在社工的思维及行为中，这些理论知识需要在文书记录中有所体现。

## 二、社会工作文书与一般文书的区别

### （一）内容不同

社会工作文书作为社会工作过程的记录，不仅有情况说明、问题发现、介入方案、工作过程、督导检查、项目改进、评估考核、总结汇报等内容，还有工作理论和工作手法的运用，是一份完整项目的策划方案；一般文书侧重情况说明和工作过程描述，对于过程的分析相对较少。

### （二）目的不同

社会工作文书目的在于记录实际情况，分析解决存在的问题，注重项目的最终结果，一般文书常用于行政工作中，注重情况的陈述和说明，目的在于信息的告知或工作的总结。

### （三）格式不同

社会工作文书根据不同项目分为情况说明、存在问题、解决方案、困难以及经费支出；一般文书只是简要陈述。

## 三、社会工作文书的写作要求

### （一）实事求是，真实记录

社会工作文书的记录需要社工描述客观过程，并对客观过程进行专业分析，帮助服务对象改善情况，需记录真人真事，不可编造或臆想。

### （二）根据服务手法整理文书格式和内容

常用的社工服务手法有探访、个案、小组、社区等，不同形式的服务手法在文书记录过程中有不同的要求，社工要根据实际情况进行记录。

### （三）文书记录尽量完整

文书要尽可能还原服务开展的整体过程，除了电话访问的服务可以一边电话沟通一边记录资料外，其他服务开展的文书记录需要在服务开展结束后整理。在实际文书整理过程中出现遗忘的情况，社工应在服务开展完成后整理文书资料，能很好缓解这一问题。

另外社工在服务中也会出现一些和服务主题关联性不大的内容，比如在个案服务中，很难一开始就直接进入个案服务的主题，会通过寒暄、闲聊，与服务对象建立连接，进而开展专业服务。文书中只需将和个案服务进程相关的内容进行梳理记录，寒暗的内容可以忽略。

（四）文书记录清晰、通顺

文书记录除了社工本人查阅之外，还需用于督导、项目评估或其他必要的查看，记录中不能使用容易产生误解、有歧义、模糊的词句，也不需要华丽的修辞或辞藻，能够将服务过程和专业分析记录清楚，语句通顺即可。

## 任务二　社会工作文书功能

### 一、社会工作文书功能

（一）保留痕迹

社会工作服务的是具体的实际案例，对服务过程中存在的问题及工作流程都需要进行记录。对于转介或项目的延续以及项目评估考核等都需要文书资料作为佐证。

（二）改进工作

社会工作面对的问题复杂多样，社会工作者通过整理文书，反思在服务过程中的专业技巧运用、服务成效等，如果存在处理不当的情况，发现后应及时与督导沟通，进行调整或改进。

（三）评估审查

现阶段社会工作项目大多是政府购买项目，对于项目运作的成效要进行必要的中期或末期检查评估，在评估过程中，文书资料会作为重要的服务资料和评估指标。

（四）佐证材料

在特定情况下，社会工作文书可以作为社工自我保护的重要凭证。对于一些复杂的服务项目，社会工作者和服务对象之间也会出现冲突。如社区矫正服务对象在接受社工服务后发生偷窃等负面行为；有某些心理障碍的服务对象在接受社工服务后发生自我伤害的负面行为等。这些情况的发生很可能引起服务对象或家人对社工工作专业性的质疑，认为负面行为的发生与社工的服务内容有关系。这种情况下，服务过程记录就可以作为社工自我保护的依据，在符合相关规定的前提下，向特定的对象提供服务文书，核实服务过程。

### 二、常见的文书归档

各领域实务文书归档资料包括探访电访文书、工作文书、小组工作文书、社区工作文书等内容，具体如下：

表1-1　文书归档内容

| 序　号 | 类　型 | 内　容 | 备　注 |
|---|---|---|---|
| 1 | 探访电访文书 | （1）探访记录表<br>（2）电访记录表 | |
| 2 | 个案工作文书 | （1）接案记录表<br>（2）面谈记录表<br>（3）开案计划书<br>（4）服务对象知情同意书<br>（5）个案过程记录表<br>（6）结案报告<br>（7）个案服务归档清单 | |
| 3 | 小组工作文书 | （1）小组服务计划书<br>（2）小组报名表<br>（3）小组签到表<br>（4）小组记录表<br>（5）小组前后测<br>（6）小组契约<br>（7）小组观察记录<br>（8）小组总结报告<br>（9）组员意见反馈表<br>（10）小组服务归档清单 | |
| 4 | 社区工作文书 | （1）活动计划书<br>（2）活动报名表<br>（3）活动签到表<br>（4）参与者意见反馈表<br>（5）活动总结报告<br>（6）活动新闻稿<br>（7）活动归档清单 | |

**思考与练习**

1. 社会工作文书在工作中的意义有哪些？
2. 社会工作文书与一般文书的区别在哪里？

# 项目二　个案社会工作文书

## 知识目标

1. 了解个案社会工作的基本过程，正确理解社会工作过程中涉及的文书写作要点及注意事项。

2. 了解个案服务的来源。

3. 了解个案工作中需要完成的文书资料。

## 能力目标

掌握个案社会工作过程及个案社会工作所涉及文书的写作

## 案例导入

何华和刘丽是一对夫妻，因为一些琐事最近总是吵架，严重时何华甚至会动手打妻子，刘丽多次寻求妇联工作人员的帮助。一次吵架中，刘丽担心丈夫动手，打电话向妇联求助。妇联和当地的社工服务站已经建立了很好的合作关系，多次转介或合作开展服务，妇联工作人员对案主的情况熟悉，因此电话联系社工进行转介。

## 知识链接

### 任务一　个案社会工作基础知识

#### 一、个案社会工作概念

个案社会工作是由专业社会工作者通过直接的、面对面的沟通方式，运用有关人和社会的专业知识和技术，对个人或家庭提供心理调整和环境改善等方面的支持和服务，其目的在于协助个人和家庭充分认识自身拥有的资源和潜能，完善人格和自我，增进其适应社会和解决困难的能力，从而达到个人或家庭的良好福利状态。

#### 二、个案社会工作原则

（一）个别化原则

社会工作者应该视每一个案主为独立的个体，分别逐一对待。

（二）接纳的原则

社会工作者应该完整地接纳每一个人，包括他的长处和不足，接纳意味着接受、相信和尊重。

（三）适度的情绪介入原则

社会工作者对案主的情绪应有所反应，并适当地表达同理心。

（四）理解关怀的原则

社会工作者应对案主给予理解和关怀，让案主在安全、温暖的气氛中检视自己的思想、行为和处境。

（五）非批判的原则

社会工作者的角色不是判断案主的对与错、是与非，而是以开放、体谅、接纳的心态支持受助者。

（六）案主自决原则

案主有自我决定权，社会工作者应尊重案主的自我选择和自我决定的权利，不应该剥夺其成长的机会。

（七）保密原则

社会工作者应尊重案主的隐私，并要保守在专业服务过程中所获得的一切信息和秘密。

## 三、案主来源

个案服务过程中，案主的来源主要有三类，案主主动求助、相关方转介、社工发掘。

（一）案主主动求助

案主对社工服务有一定的了解，在遇到困难后，主动联系社工，向社工说明自己的困难，寻求帮助。

（二）相关方转介

相关机构或政府部门向社工转介个案，社工服务涉及各个年龄阶段，需要和学校、社区居委、政府各职能部门等建立联系，某些个案服务需要协调多种力量共同参与，这些机构或部门在遇到一些自己无法独立解决的案主时，会转介给社工。

（三）社工发掘

社工在日常的服务过程中接触到很多案主，这些服务对象中有不少的潜在个案，社工可以通过入户探访、小组、社区活动等服务，了解案主情况，分析案主需求，发掘需要帮助的案主。

## 四、接案场景及注意事项

不同的个案来源会使得接案的场景有较大区别，社工需要根据不同场景合理安排接案的时间、沟通方式等。

（一）主动求助

主动求助的个案大多会到社工的办公地点求助，一般的社工站或服务中心会设置有个案室，空间相对独立、安静，其他影响因素相对较少。

社工要注意个案室座位的安排，是否需要饮水等问题，便于案主放松，从而更好地建立服务关系。

（二）相关方转介

相关方转介的场景比较多样，可能是在相关方的工作地，如学校、医院、办公室等；可能是在户外某些事件发生的过程中，比如居委会接到居民求助，告知在某处有一位流浪人员，居委会联系社工一同前往，这时的场景就在社区的某处；可能是电话转介，有的个案转介主要通过电话。

这就需要社工尽快对接案的场景进行分析，从在场人员、其他噪音、安全性、舒适度等角度，梳理可能影响案主问题表达的因素，引导案主将注意力放在和社工的交谈上，尽量降低其他影响因素的干扰。

（三）社工发掘

在实际工作中，社工需要经常与服务对象打交道，在各种服务中都有可能发掘潜在个案。社工发掘潜在个案多在服务开展的场所，比如，探访发掘潜在个案多在案主家中，小组或社区活动发掘则在活动开展的现场。

社工发掘潜在个案需要通过一定的评估来确定是否开展个案服务，一般发掘潜在个案之后会另行沟通面谈情况，安排合适的时间、场地进行接案。

梁社工是某街道社工站的一名社工，这个社工站刚筹建不久，与辖区内的居民还不太熟悉。她按照工作计划到辖区内的一个农村社区入户探访，村子里的年轻人大多外出打工，留在家里的以老人和小孩为主。村里的老人平时都喜欢到村子里的一棵大槐树下聊天，这也是社工最容易接触、服务村民的地方。

梁社工到大槐树的时候看到有五个老人在聊天，她上前打招呼，表明自己的社工身份，向老人介绍社工站和社工的工作。在聊天的过程中，社工发现现场的一位李大爷最近和孙子的关系不太好，他的孙子在读初中，回到家里总是很少和老人说话，这引起社工的关注，在聊天的过程中刻意和李大爷多沟通。梁社工离开的时候初步约定改天到李大爷家里探访，了解更多的信息。

李大爷作为潜在案主，与梁社工在村子的大槐树下进行第一次接触，这是一个比较开放的环境。在场有五位老人，梁社工首先向五位老人宣传社会工作，这是目前社工的工作任务，也是五位老人共同的潜在需求。梁社工在宣传的过程中留意每一位老人所表达的信息，从中注意到李大爷和孙子沟通不畅的问题，初步评估李大爷有增强与孙子的沟通技巧的需求，将李大爷作为潜在案主约定时间进一步面谈，属于社工主动发掘个案。

## 任务二  个案社会工作流程

### 一、个案工作过程介绍

一般而言，个案工作的流程可以分为接案、预估、计划、介入、评估、结案几个过程。

接案是社工与案主初步接触社工和有可能成为案主的人开始沟通，并初步达成服务议的过程。

预估是指社工根据接案过程中了解到的案主信息，分析案主需求，与案主一起确定个案服务主要需求的过程，这一过程通常和个案服务计划在一次面谈中进行，确定主要问题，并制定个案服务计划。预估中社工要分析案主情况、需求紧迫程度等，结合社工自身能力和资源，梳理可介入的需求。

计划是指社会工作者和案主根据分析的需求，制定服务目标和服务计划的过程。这个过程中要注重案主的参与，与案主一同协商目标和计划，这样在后续服务的过程中案主才会主动配合。

介入是个案服务的开展过程，根据服务计划进行逐步落实，每次介入都要推进问题的解决，介入的过程中注意社会工作技巧、理论运用，社工专业价值观、服务原则的体现等，通过介入满足案主需求，最终实现服务目标。

评估是在介入过程结束后对个案服务的效果进行评估，以便确定是否可以结案，评估个案服务的成效如何，目标是否达到。在评估过程中社工可以通过案主自我表述、社工观察、评估量表等工具，进行总结。

结案是社工完成个案介入及评估，对个案服务的成效和案主有一致的看法，双方协商结束个案服务的过程。

## 二、个案工作流程图

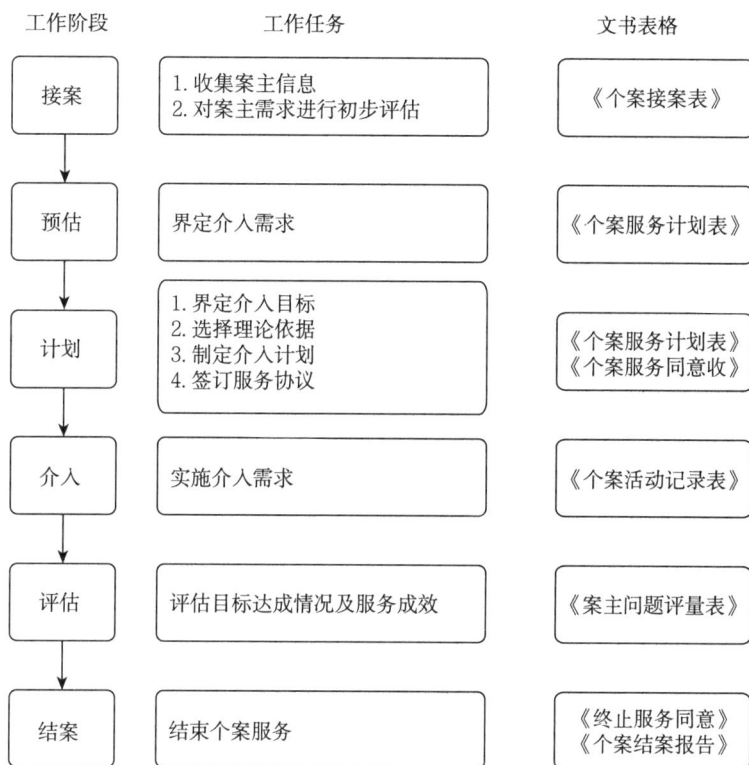

| 工作阶段 | 工作任务 | 文书表格 |
|---|---|---|
| 接案 | 1.收集案主信息<br>2.对案主需求进行初步评估 | 《个案接案表》 |
| 预估 | 界定介入需求 | 《个案服务计划表》 |
| 计划 | 1.界定介入目标<br>2.选择理论依据<br>3.制定介入计划<br>4.签订服务协议 | 《个案服务计划表》<br>《个案服务同意收》 |
| 介入 | 实施介入需求 | 《个案活动记录表》 |
| 评估 | 评估目标达成情况及服务成效 | 《案主问题评量表》 |
| 结案 | 结束个案服务 | 《终止服务同意》<br>《个案结案报告》 |

图1-1　个案工作流程

## 任务三　个案社会工作实施过程文书

### 一、接案

接案是社工与案主初步接触，或社工和有可能成为案主的人开始沟通，并初步达成协议一起来解决问题的过程。

（一）拟定提纲

在接案过程中，社工需要了解案主的基本情况，尽可能多地收集案主的信息，大体上可以从生理、心理、社会三个层面了解。

1. 生理层面。在生理层面了解案主的身体情况，可以从以下几个方面入手。

（1）残疾情况，即案主是否有肢体残疾、视力残疾、听力残疾等生理方面的残疾，如果存在残疾情况，是否能够自理，这对案主的生活情况、心理情况、社工可介入的目标都有很大影响。

（2）是否有慢性疾病，即案主是否有一些需要长期服药或定期检查的慢性疾病。这类需求在老年人中较为常见，特别是高血压、糖尿病等常见慢性病，这些案主通常存在饮食规范、用药管理、生活习惯管理等需求。

（3）是否存在阶段性生理问题，即在目前的医疗条件下，基本没有完全康复的可能，需要案主和家人接受现状，并形成长期稳定的生活方式。也有的案主会因为一些意外或疾病，处在康复阶段，需要在一段时间内改变平时的生活方式。

总体而言，生理健康方面的评估，社工通过面谈，如果了解到案主身体情况良好，也需要在接案表中写明"生理方面健康"或"身体状况良好"。

2. 心理层面。在心理层面主要了解案主目前的心理健康情况、情绪、压力等。

（1）心理方面。在工作中，社工可能会遇到一些案主患有精神疾病。精神疾病的治疗和康复主要依靠有专业心理学研究的心理医生，社工不是专业的心理医生，一般不涉及精神疾病治疗的服务。发现精神疾病的案主或有案主主动求助，社工需要说明情况后及时转介。在转介过程中社工需要协助案主家属梳理目前的情况，即案主目前的主要症状表现、活动区域、是否有攻击性等；如果案主存在攻击性行为，社工除了联系心理医院之外，还可以联系当地派出所，协助控制案主的活动区域，避免对周围居民或公共设施造成伤害，社工在服务的过程中同样需要注意自我保护。

遇到一些有精神病史，目前情况比较稳定，在社区康复的案主，我们社工可以在案主的社会功能恢复、案主家人支持等方面提供服务，协助案主康复。如果在服务中发现有精神病史的案主，需要从案主家人特别是主要照顾者处，了解案主的精神病患病时间、大致的治疗经过、目前的病情如何、是否有服药、服药主要由案主自己完成还是家人监督完成、平时的活动范围如何等。精神病治疗周期长、复发率高，对照顾者也会产生很大的压力，这也是社工需要重点关注的问题。

张某是一位精神病患者，现在27岁，在17岁高二时第一次发病，并到心理医院治疗，目前情况比较稳定，在家由妈妈照顾。平时吃饭、用药主要由妈妈照顾、监督，较少出门，社区的邻居知道他的情况，没有与他们家起特别的冲突，但是生活中也尽量避免和案主本人接触。案主情况稳定时可以自己外出在社区内散步，可以完成日常交流，对于类似医院的地方有很大的排斥，比如绿色招牌的社区医院，可能和之前在心理医院治疗的经历有关。

这位案主目前正常用药的情况下，病情稳定，有一定的教育基础，有独立外出的能力，存在康复的可能性，社工可以从案主妈妈、心理医院、社区居委等处了解案主的情况，协助案主妈妈为案主树立一个相对合理的期望，在康复的过程中需要优先恢复哪种能力，协助梳理学习计划、康复计划，为案主家庭输入正向能量。

（2）情绪方面。社工需要了解案主近期在情绪方面是否有较大波动，有什么开心的事情或伤心的事情，情绪状态对案主的心理感受、行为表现等有很大影响。同样是孩子做作业拖拉的行为，家长开心时可能会以平稳或鼓励的语气与孩子沟通，家长生气的时候可能会自然地进行批评。社工需要了解案主近期正向情绪为主，还是负向情绪更多。

王某是一名公司职员，平时性格比较温和，丈夫因工作偶尔需要出差，孩子8岁在上小学，和公公婆婆一起住。近期公司岗位调整，原本她感觉自己的资历和条件很有希望提升主管，但是最终没有如愿，这件事情让她感到一些失落、不甘还有气愤。当天丈夫出差，公公婆婆在家，王某下班回到家中看到原本应该在做作业的孩子还在看电视，气愤的情绪一下子爆发了出来，很严厉地批评了孩子，对公公婆婆也有抱怨，一家人都不开心，丈夫回来后知道这件事情还和王某有一些小口角。

案主因为工作不顺引起了负向情绪，没有及时处理好，回到家中这些情绪在一些小事中爆发，又引起了家庭成员之间的小冲突，社工在文书整理中需要将案主的情绪产生原因、案主的处理方式、引起的后果进行梳理，体现在文书中。

（3）压力方面。社工还要关注案主在压力方面的情况。每个人在人生成长的各个阶段都会遇到各种各样的压力，不同的个人对于压力的承受能力也有差别。在面谈过程中，社工需要了解案主在近期的工作生活中有没有什么事件引起案主的压力，这些压力对于案主有什么影响，是否影响到案主的正常生活，现阶段案主是如何应对这些压力的，效果如何。

何某是一名职场女性，现在29岁，在工作中能力突出，领导和同事都非常认可，有过恋爱经历，暂时单身，案主家人很希望她能够早日成家。案主在毕业工作后曾谈过恋爱，最后没能走到一起，此后案主也没有太多关注感情，而是在工作中找到了自己的寄托，随着年龄的增大，家里催婚的压力越来越大，现在案主有点不敢回家。

案主遇到的压力来自于亲人，这种压力是"轻微"的压力，家人希望案主结婚，但案主即便不结婚，也不会有进一步的"惩罚"，对案主来说就是需要面对父母的催婚，对于案主的生活没有实质性的影响。但这种压力造成了案主不想回家的想法和行为，这对于案主与家人的关系造成不良的影响，这一点值得社工关注。社工梳理案主目前压力对于案主的行为、案主与家人的相处方式造成什么影响，有哪些潜在的介入点，体现在文书中。

3. 社会支持层面。社会支持层面可以分为客观因素和人际交往两个角度。

（1）客观因素。客观因素方面，社工主要关注案主籍贯、语言情况、教育程度、居住环境、经济收入、联系方式等情况，这些资料对于分析案主问题的成因有所帮助，能够帮助社工对于案主的整体情况有一个大概的判断，有助于制定可行的介入计划。

第一，籍贯。籍贯可以帮助社工了解案主是否为外地人，案主的成长环境和现在的生活环境是否有很大的不同。中国地域辽阔，南北方在饮食结构、生活习惯、民风民俗等方面都有一定的差距，这对于社工理解案主的困扰有帮助。在籍贯信息收集时并不需要了解案主具体的户口所在地等信息，这些信息隐私性较强，容易引起案主的自我保护，甚至抵触，能够了解省、市的基础信息即可。如果社工与案主建立了较好的信任关系，案主愿意多透露一些，社工可根据实际情况进行记录，不一定把详细信息都记录在文书中。

第二，语言情况。社工需要了解案主精通的语言，特别是外地的案主能否听懂当地的语言。我国的少数民族语言、粤语等各地方言种类较多，各地方言在当地的使用率最高，普通话是我国的官方语言，但在部分地区还有人不会说普通话，特别是一些老年人，语言情况对于外地人在当地生活的归属感、人际交往等有一定的影响。

第三，教育程度。了解案主的教育程度便于社工判断案主的接受能力、价值观、自我改变潜能等。社工在收集时要注意案主的实际情况，初次接触案主不一定愿意透露太多的个人信息，可以在服务过程中逐步完善。

第四，居住环境。社工探访发掘的案主，或面谈地点约定在案主家中时，社工可以实地观察案主的居住环境，大致观察房屋年限、面积、光线、家居摆设、电线线路等情况，有助于社工掌握案主的家庭情况。如果案主是主动求助或是转介，社工在接案过程中可以询问案主住在什么地方，房子是自己的，还是租住或借住的。

第五，经济收入。主要了解案主家庭经济来源，主要经济来源大概包含工资、养老金、低保、子女等，便于社工判断是否需要资源链接。这一项内容也有一定的隐私性，在实际工作中，低保低收等困境家庭较容易了解，社工根据实际情况了解，在文书当中相应体现。

第六，联系方式。联系方式便于社工与案主联系，约定面谈地点、了解案主近况等，可以是电话、手机、微信、QQ、家庭住址等。主动求助或转介等个案，案主主动解决问题的积极性较高，相对容易获取联系方式；社工探访发掘的案主，如果初期关系建立情况一般，拿不到联系方式，以后可以多一些主动探访。

（2）社会关系角度，主要关注案主的家庭结构、家庭关系、朋辈支持、社交网络、日常休闲方式等。

家庭系统是一个人最原始的支持系统，是对人对成长影响最大的系统，也是最容易给案主支持的系统。了解案主的家庭结构和家庭关系能够帮助社工分析案主问题成因，寻找介入点和发掘案主潜在资源。实际服务过程中，常使用家庭结构图辅助社工分析。

家庭结构图是用图形来表示家庭成员关系的方法，利用家庭结构图能够很好地辅助社工理解案主家庭的历史、家庭关系、潜在资源等。在家庭结构图常用以下图形表示相关情况：

□表示男性，○表示女性；
⋯⋯⋯ 表示疏离关系；
═══ 表示亲密关系；

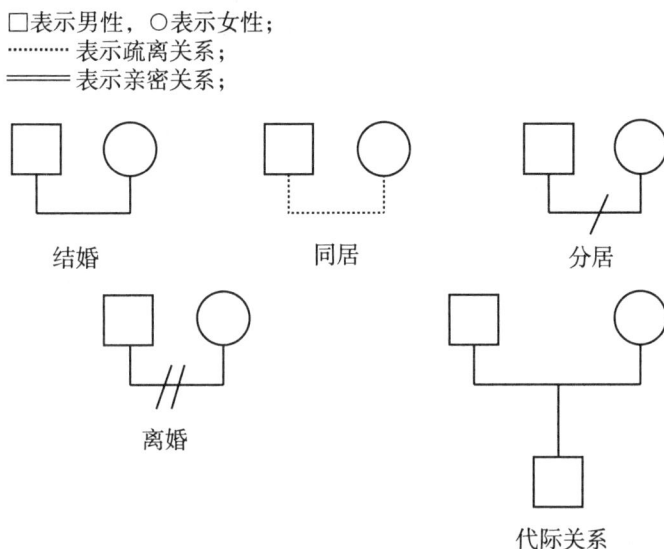

图 1-2　家庭结构图

朋辈支持方面，主要了解案主目前的好友、同学、同事等与案主的关系如何，哪些朋友对案主的影响最大。在初中至大学阶段，朋辈群体对案主的影响可能是最大的，朋辈群体对个人的看法比家庭、学校的评价更能影响案主。在成人、老年人阶段，朋辈群体是缓解个人压力、输入正向能量的重要支持。

社交网络方面，则需要了解案主平时主要打交道的人群，这些人可能是案主的潜在资源，也可能是案主目前遇到困难的成因，了解平时的社交网络有助于社工开展后续服务。

日常休闲方式方面，主要了解案主在闲暇时间如何度过，除去睡觉时间和工作时间（包含上班时间和往返单位途中的时间），案主剩余的休闲时间大概有多少，这些时间案主如何分配，更多的是自己度过还是外出，外出会和什么人群发生互动。这些便于社工分析案主问题成因及解决方案。

社工在接案过程中要尽可能多地了解案主情况，同时需要关注案主的态度，避免过多追问案主不愿意表达的信息而影响社工专业关系的建立。

（二）初步评估

初步预估是指社工对收集到的信息进行初步分析，确定如何跟进后续服务，决定开案、转介或不开案。

社工在面谈后梳理面谈记录，结合实际情况，分析自己能否胜任此项工作，如果能够胜任，则继续下一步的预估。如果社工没有信心独立完成，可以先向自己的同事、主管、督导等求助，沟通个案情况，协商跟进方式。在求助之后仍然无法跟进的案主，则根据个案的实际情况转介给其他相关服务机构或政府部门。

社工在分析自己能否胜任时，可以按以下流程进行：

1. 判断目前情况是否有影响案主或周围人员生命安全的可能。社会工作服务要把握生命至上原则，如果在接案过程中发现案主有自我伤害的倾向，社工首先要尽己所能，为案主输入正向能量，之后告知案主亲人需要关注案主的行为，如果情况紧急，则需帮助案主寻找专业的心理医院或心理咨询资源进行转介。

如发现案主存在攻击性的倾向，社工首先要注意自我保护，之后视实际情况而定，情况较轻可以先做情绪处理和行为约定，降低攻击行为发生的可能性；如果情况一般，社工需做情绪处理后提醒案主亲人关注案主行为；如果情况严重，社工在保护好自己的情况下，向居委、街道、公安等政府相关部门反馈。

2. 判断社工有无此类服务的经验。社会工作服务经验需要实务的积累，社工根据自己的工作经验，判断自己能否很好地应对此类服务，如果社工经验较少，特别是新入职的社工，需要选择难度适宜的个案开始，逐步积累经验，前期的个案可以多和领域同事、主管、督导沟通。

3. 判断社工的时间精力是否充足。社工随着工作经验的积累，工作能力会逐步提升，能够同时处理的个案数量也会相应增加，社工作为服务人的工作，需要对每一位服务对象负责。社工在判断是否接案之前要结合个人近期的工作安排，一定工作时间段内的工作量有没有饱和，在能保证服务质量的条件下开展相关工作，如果精力不足，及时跟同事及主管沟通调整。

（三）文书表格

表 1-2　个案接案表

个案编号：

| 一、基本信息 | | | |
|---|---|---|---|
| 案主姓名 | | 填表社工 | |
| 性　别 | | 年　龄 | |
| 籍　贯 | | 接案日期 | |
| 单位或学校 | | 职业或专业 | |
| 联系电话 | （有紧急联系人请注明） | 联系地址 | |
| 婚姻状况 | □未婚　□已婚　□离异　□丧偶　□再婚　□是否有子女（请注明）： | | |
| 教育程度 | □文盲　□略懂文字　□小学　□初中　□高中　□中专　□大专　□本科及以上 | | |

| 房屋情况及居住状态 | □租房　□自建房　□自购房　□单位房/工厂宿舍　□寄宿亲属的房屋<br>□其他（请注明）:（注明与谁合住或独住） |
|---|---|
| 收入状况 | □无收入　□1000 元以下　□1001~2000 元　□2001~3000 元<br>□3000 元以上 |
| 个案来源 | □自我申请　□社工主动接触　□中心内社工转介<br>□家人/亲属/朋友/邻居求助　□街道/居委转介　□其他社工中心转介<br>□医疗服务单位　□其他: _____ |
| 使用社工服务的记录 | □没有<br>□曾经有（请注明服务及何时）:<br>□现仍有接受服务（请注明）: |

二、家庭成员情况

| | 姓名 | 关系 | 年龄/出生日期 | 职业/年级 | 电话 | 收入 | 联系地址（单位） |
|---|---|---|---|---|---|---|---|
| 1 | | | | | | | |
| 2 | | | | | | | |
| 3 | | | | | | | |
| 家庭图 | （根据案主实际情况，整理家庭架构图，手写或电子均可） | | | | | | |

三、问题与需求

| | |
|---|---|
| 1.□健康问题（□肢体 □智障 □精神 □疾病） | 10.□ 吸毒 / □酗酒 / □赌博 |
| 2.□情绪问题（□易激动 □抑郁 □自杀 □其他） | 11.□院舍住宿安排（注明;） |
| 3.□家庭关系（□兄弟姊妹 □父母子女 □夫妻<br>□其他） | 12.□行为问题（注明:） |
| 4.□人际关系（□同事□邻居□朋辈□其他） | 13.□儿童照顾（注明:） |
| 5.□家庭暴力（□虐儿 □虐待配偶 □虐老） | 14.□学习问题（注明:） |

续表

| 6.□政策咨询（□特困补助□残疾补助□其他） | 15.□老人照顾（注明：） |
|---|---|
| 7.□住房安排（□房屋修葺 □房屋卫生 □其他） | 14.□婚恋问题（注明：） |
| 8.□就业服务（□找工作 □就业培训 □其他） | 17.□经济援助（注明：） |
| 9.□司法矫正／安置帮教 | 18.□其他（注明：） |

| （1）具体情况介绍（包括心理，生理，社会、支持系统、资源等） |
|---|
| （2）案主的主要需求和问题分析（以需求为导向，与服务对象讨论其需要、困境或问题；以资源为导向，识别服务对象及其所处环境中的资源、优势与挑战） |

| 四、社工评估与建议 | |
|---|---|
| 跟进　□ | 原因： |
| 不跟进 □ | 原因： |
| 待定　□ | 原因： |
| 危机因素：无：□　有（□高/□中/□低）（请注明）： | |
| 社工备注： | |
| 社工签名： | 日期： |

| 主任/督导对是否开案的意见 | □是 □否　具体原因/意见： | |
|---|---|---|
| | □委派/转介予： | |
| | 主任/督导签名： | 日期： |

## 二、个案预估

预估是指社工根据接案过程中了解到的案主信息，分析案主需求，与案主一起确定个案服务主要需求的过程，这一过程通常和计划在一次面谈中进行，确定主要问题，并制定个案服务计划。

预估中社工要分析案主情况、需求紧迫程度等，结合社工自身能力和资源，梳理可介入的需求。

（一）信息收集

信息收集主要包含案主的生理、心理、社会支持三个层面的信息收集，这一过程主要在接案的过程中完成。

（二）信息分析

服务对象可能同时有很多需求，社工要注意分析需求的紧迫性和可介入性。

1. 紧迫性是指问题的严重程度，评估该问题能否很好地解决，可能带来什么样的后果，这个后果对案主的负面影响有多大。比如学生时期的升学阶段，不少同学都会遇到新环境适应的问题，这个问题出现率比较高，而每个个体适应的时间不同，快速适应新环境，有利于学生建立自信、构建朋辈支持系统。出现问题后，对于心理素质强的学生，在没有社工介入的情况下，经过一定时间的调整，大部分学生能适应新的环境，不会形成太严重的后果；但一些相对缺乏自信的学生可能会在整个学期都表现一般，严重的甚至可能成为被孤立、被欺凌的对象。

2. 可介入性是指社工服务计划的可行性，需要社工分析自身能力、已有资源等因素，确定个案介入方向。一是社工能力的分析，在初步评估的部分有所介绍，侧重社工的服务经验和服务信心。二是已有资源的分析，包括社工方面和案主方面。社工方面除了直接提供服务的社工之外，还有社工团队中的其他社工、主管、督导、相关合作方等资源，这一过程可以借助个案管理的模式理解。案主方面资源主要关注案主的支持系统，家庭系统是案主最容易得到支持的系统，服务过程中常用家庭结构图辅助社工分析。三是确定服务需求。与案主一起分析案主目前的困难及资源，形成一致的服务需求，需要确定案主目前的问题是什么；在这些问题中，哪个是目前最优先需要处理的；这些问题产生的原因可能是什么；在遇到这些问题后，案主曾经尝试过哪些努力来缓解问题等；最终确定主要的服务需求，为后续开展个案服务明确方向。四是个案转介。社工开展个案服务的来源包括相关方转介，在服务过程中社工也会遇到一些自己无法处理的个案，这就需要社工向其他服务机构或部门转介个案。

王某是一个精神疾病患者，曾经在心理医院治疗，病情稳定后回到家中，社区的居民对于王某的家庭有一些不满，王某家属压力很大。

在现阶段，精神疾病人员的社区照料需求紧迫性很大，如果不能很好地解决，可能会影响周围居民的正常生活，但精神疾病的治疗需要系统的心理学、医学知识，这些知识是社工不具备的。社工侧重王某社会功能的治疗和恢复，针对这类个案社工可以介入照顾者的压力调节，监督精神疾病患者按时按量用药，精神疾病患者家庭与周围邻居的相处模式等社会功能方面的需求，针对精神疾病的治疗需要转介给专业的医院跟进。

### 三、个案工作计划

计划是指社会工作者和案主根据分析的需求，制定服务目标和服务计划的过程。这个过程中社会工作者要注重案主的参与，与案主一同协商目标和计划，这样在后续服务的过程中案主的配合程度会提高。

（一）个案的问题和需求

1. 了解案主问题。社工首先要了解案主的问题，通过观察、面谈、电访或与相关的第三方的反馈等方式进行收集资料，针对不同的问题和对象用不同的方式和工具。

2. "问题"去伪存真。收集资料、发现问题的过程中，社工有时会发现某些案主有很多"问题"，这些问题需要层层分析，加以求证，抓住关键性的问题和影响问题产生的关键性因素。

3. 问题的优先排序。对问题进行优先排序，根据问题的紧迫性和可介入性进行排序。

4. 问题原因分析。对问题的成因进行分析，造成某个问题的原因可以有很多，关键是什么原因，社工要透过问题表象，分析问题的本质。

5. 确定需求。找到导致问题产生的根本原因，这个"因"指的是某些得到不到满足的需求。

（二）目标设定

1. 目标是案主的改变，而非社工的改变。目标的设定需要关注案主的改变，而不是社工的改变，比如"让案主增加就业能力"这是案主的改变，"提升社工就业方面的个案服务能力"这是社工的需求和目的，不是案主的需求和目的。

2. 目标设定的 SMART 原则。社工要注意目的和目标的区别。目的是指个案服务结束后，能够达到的效果，这种效果可以从问题解决、能力提升、资源链接等方面得以体现。目标则是具体的改变指标，在制定目标过程中，目标设定要遵循"SMART"原则：S 代表"具体的"（specific），指目标设定要有具体的内容，不能笼统；M 代表"可测量的"（measurable），指目标设定是数量化或行为化的，可以通过观察或量表进行测量；A 代表"可实现的"（attainable），指目标设定要符合实际情况，预计在服务期内能够达到，避免过高或过低的目标；R 代表"有关联的"（relevant），目标设定要和案主的需求及问题相关，和服务的主要方向相关；T 代表"有时间限制的"（time-bound），目标设定要有一定的时间限制，即在什么时间内达到目标。

比如，一个中学生经常在课堂上捣乱，和同学打架，同学们都不想和他玩。针对以上情况，"增强案主的自控能力"就是目的，而目标可以细化为"在课堂上捣乱的频次从每周 6 次降低为每周 3 次以下""打架的频次从每周 3 次降低为每周 1 次以下"，通过"捣乱频次的降低"和"打架频次的降低"这两个目标来衡量"自控能力"这一个目的。

3. 生命优先，先易后难原则。社工在服务中经常会碰到案主有多个需求，实际工作中个案服务需要在5~8次跟进后结案，在一次个案服务中建议确定1~2个目标进行跟进，这样便于在后续的介入过程中明确主线，有利于目标的达成。优先处理威胁人身安全的需求，其他需求则遵循先易后难的原则，选择容易达成的目标跟进，这样可以帮助案主和社工建立信心，从而在后续的服务中进一步解决困难的需求。

在制定个案目标同时需注意符合国家法律法规、符合社会工作伦理、符合机构服务宗旨等原则。

（三）介入计划

介入计划要根据目标制定每一步的行动计划，这也是在后续介入过程中社工需要努力和监控的方案，如果发现实际情况与介入计划有较大偏差则需及时分析原因，改进跟进方式。

1. 确定合理的介入计划。介入计划要根据案主实际情况合理设计，有的案主发生的问题不是个人的问题，而是家庭的问题。比如一个中学生逃学，主要原因不是自己贪玩，而是爸妈经常在他上学后吵架，严重的时候会有肢体冲突，他担心妈妈的安全，会逃学回家。以中学生作为案主，他的问题行为是逃学，但导致他逃学的主要原因是父母吵架。这样的案主单以逃学行为的减少作为介入计划不能很好地解决案主的问题，应当以整个家庭作为介入对象，重点协调父母关系、父母与子女关系，从而减少案主的逃学行为。

2. 确定提供个案服务的社工人员。单从案主的角度考虑，只要是存在困难的案主，都是社工的潜在个案服务对象，可以开展个案服务，一个人从出生到老去，不同的阶段或多或少都会遇到阶段性的问题，可以说潜在的服务需求很大。目前国内实际服务和潜在的服务需求相比，社工队伍整体数量还很少，社工需要把自己作为居民的一种服务资源，而社工拥有这种资源分配的权利。

根据个人经验及工作过程中观察的情况，刚入职的社工一般需要1~2个月的时间适应岗位的要求，1年内能够熟悉岗位的工作，在完成整体工作的前提下，可以同时跟进2~3个个案；工作2~3年的社工有能力同时跟进3~5个个案；工作3年以上的社工会有自己相对擅长的服务手法，跟进数量的差异会比较大。

大多数的社工项目，会区分服务领域，根据心理发展特点、相关规定等，部分项目略有差异，常用13岁、25岁（人口学常用25岁作为节点，而《中国共产主义青年团章程》认定28岁为自动退团）、60岁这几个年龄节点区分基础的服务领域。一般13岁到25岁之间的居民为青少年领域的服务范围，60岁以上的居民为老年人领域的服务范围，13岁及以下的儿童、25岁到60岁之间的居民为家庭领域的服务范围。一些项目还会根据项目实际情况，设置残康领域、外来人口领域、志愿者领域等。

针对之前提到的中学生逃学的案例，对于经验不足的社工而言，一个人同时跟进案主及其父母，能力和精力上存在困难，要根据项目团队的实际情况确定跟进人员。可以考虑由经验丰富的社工或者青少年领域的社工跟进中学生，家庭领域的社工跟进其父母。

3. 预设解决问题时间及进度。社工服务作为一种服务资源，要尽可能兼顾服务质量和服务数量的关系，在实际项目运作中，个案一般要求在5~8次服务中可以推动问题的解决或改善，5次以内可以改善的问题，可以用探访、电访等方式跟进。

4. 确定理论依据。实际工作中刚入职的社工在开始跟进个案时可能会忽略理论的支持和运用，理论支持就好比医生的药方，同一种病症可能由不同的病因引起，不同的医生针对同一种病用的药方也不同，社工可以根据案主情况和个人擅长的理论确定理论依据。各种理论没有优劣之分，要看社工自己是否能熟练运用，对案主的问题解决是否有效。

上文提到的中学生逃学的案例，如果选择理性情绪ABC理论作为理论依据，则其父母在案主上学后吵架甚至有肢体冲突是事件A；案主对事件A的理解或信念是B，案主担心自己上学父母就会吵架，妈妈可能会被打，自己逃学回家父母可能就不会吵架；最终导致了结果C，案主逃学回家。社工在介入的过程中需要帮助案主处理信念B，父母吵架和案主上学之间有没有因果关系，案主这种"父母会在自己上学后吵架"的想法是怎么产生的，帮助案主梳理父母吵架的原因是什么，改变案主这种非理性的因果关系。

如果选择任务中心模式作为理论依据，则侧重问题和任务的确定。首先，问题探索阶段，社工与案主探讨目前遇到的问题，有"逃学""夫妻关系""亲子关系"等，确定问题的优先次序。其次，协议阶段，社工与案主达成协议，协商出改变的目的，比如"减少案主的逃学次数""降低父母吵架的次数""增加父母与案主共同活动的有效时间"等。再次，目标阶段，社工与案主协商出具体的目标，比如"逃学次数从每周4次降低到每周1次或以下""父母吵架的次数从每月3次降低到每月1次或以下""父母与案主通过活动的有效时间从每天15分钟，增加到每天30分钟以上"。再次，完成任务阶段，根据具体的任务目标，逐项完成，每一项任务都完成了，目标就达到了。最后，结束阶段，所有任务都完成了，与案主一同回顾整个服务的过程，保持已取得的成效，结束服务。

5. 签订服务协议。在社工服务过程中要注意服务对象安全权、知情权、参与权、隐私权、尊重权、申述权六大权益的保障，而签订服务协议，就是知情权、参与权、隐私权等的重要载体和保障形式。和服务对象协商介入目标和介入计划后，需要和服务对象一起签订《服务对象同意书》，对双方的权利和义务做出相应的约定，保障服务对象权益。

　　隐私权的保护是指社工不会将服务资料用于工作之外的其他用途，在跟进过程遇到困难后和同事讨论跟进方案、与督导沟通跟进进度及成效、社工工作能力评估、项目评估等情况均属正常的工作范畴。

　　在签订《服务对象同意书》中，一般是案主本人签字，在实际服务中可能会遇到一些老年人不识字，或者残疾人无法签字等情况，可以选择口头同意，记录联系方式，以便于后续查证核实。

表1-3　个案服务计划表

个案编号：

| 案主姓名 | 李×× | 个案开启日期 | ××年××月××日 |
|---|---|---|---|
| 案主问题及需求 | 列明案主表达的主要问题，及社工分析的主要需求。 | | |
| 协议目标 | 列出与案主协商后的具体跟进目标（一般不超过3个）。 | | |
| 介入模式及具体方法 | 确实适用的理论依据，如叙事治疗等。 | | |
| 具体行动计划 | 列明每次面谈计划。 | | |
| 中心主任意见 | 中心主任签名：张××<br>日　期：××年××月××日 | | |
| 督导意见 | 督导：王××<br>日　期：××年××月××日 | | |

社工签名：　　　　　日期：××年××月××日

表1-4　个案服务同意书

××先生／小姐：

　　根据本中心社工早前与您/您子女面谈的评估，现安排××社工跟进您/您子女的需要，提供个案辅导服务，如您/您子女同意我们开启个案服务，请仔细阅读下面的内容，并签名确认。

　　为了有效地向您/您子女提供优质及多元化的服务，本中心在提供服务过程中会收集您/您子女

21

的数据、服务记录及进度。

1. 收集资料的目的是为了评估及提供更有效的服务；

2. 若您未能提供足够或正确的资料，本中心可能无法处理您的申请或提供更适切的服务；

3. 您所提供的有关数据，将会记录下来以便跟进及提供服务；

4. 所有记录将会于个案完结后保存三年，以供负责社工在工作上使用；

5. 根据法律的规定，社工会对您的个人资料予以保密；

6. 您可查阅本中心在服务过程中所搜集的数据及服务记录，任何关于查阅或更改数据之查询，可致电：××××××××××（电话号码）与本中心负责社工联络。

7. 如案主或监护人不方便签署，可口头同意接受社工服务。

8. 若个案目标已达成，社工会主动与本人商讨结束个案。您也有权利随时与社工协商，终止服务。

□ 书面签署                          □ 口头同意

案主（监护人）：_____     社工：_____

日期：_____              日期：_____


社工：_____

日期：_____


## 四、个案工作介入

### （一）介入

介入是个案服务的开展过程，根据服务计划进行逐步落实，每次介入都要推进问题的解决，介入的过程中注意社会工作技巧、理论运用，社工专业价值观、服务原则的体现等，通过服务介入满足服务对象需求，最终实现服务目标。

### （二）介入注意事项

1. 注重专业理论及技巧的记录。在计划阶段，需要选择个案介入的理论依据，在介入过程中需要注重理论及技巧的使用。中学生逃学的案例通过理性情绪 ABC 理论进行分析介入，在介入中对于事件 A 的认定过程进行说明，重点说明对非理性信念 B 的影响；这个过程中除关注案主如何用语言表达外，社工还要观察案主有什么表情或肢体动作；在与案主的沟通过程中，注重使用倾听、澄清等技巧。

2. 注意跟进的频次及进度。目前在我国的社工服务中，多以项目运作的方式开展，结合项目运作的实际情况，一个个案一般要求 5~8 次跟进服务，这就要求社工要及时反思跟进的进度是否合理，每次跟进有没有达到预期目的。

在跟进频次中，一般个案每月跟进 1~2 次，个案服务周期在 3~4 个月左右，具体需要根据个案的实际情况而定。比如新生入学的适应问题，大部分新生能够在 1 个月左右的时间自己适应新的环境，有的学生可能会存在适应困难，这样的个案是阶段性问题，社工可根据实际情况，每周跟进 1~2 次，在 1 个月左右的时间结案，个案周期不宜过长。对于一些轻生、自我伤害等个案，有必要的话每天都要跟进案主情况，优先保障人身安全。

对于一般的个案，如果遇到服务周期超过 6 个月仍未结案的，社工需要反思工作进程，如果自己无法独立解决，可以与同事、上级主管、督导进行沟通，也可以一起召开个案会议，共同分析个案情况，协助负责社工推进个案进程。

3. 介入记录的形式。

（1）对话式记录。对话式记录的实质是将社工与案主的对话尽可能地还原，采用对白的形式，将和服务主线相关的对话一一记录，包括社工问了什么，案主如何回答，有什么肢体动作或神情等，并做出相应的分析。在一些心理咨询的服务或课题调研访谈的过程中，在取得案主同意的情况下现场录像或录音，借用音频资料进行记录整理，并且做好音频资料的储存及保密。

对话式记录的优点是能够尽可能多地还原社工服务的过程，在督导的过程中帮助督导了解现场的情况，帮助社工反思理论运用是否得当，社工分析是否合理等。社工刚入职或处理新类型个案时，可以采用对话式的记录，能够帮助社工更好地得到督导的支持，加快服务经验的积累。

相较于概括式记录，对话式记录需要的时间会长一些，如果无法借助录像或录音，对于社工的观察能力、记忆能力则要求更高。

（2）概括式记录。概括式记录，则是社工更多地作为"旁观者"的角度进行描述，对面谈的过程进行梳理后，概括案主的表现、社工的分析及处理、所达到的效果等内容。

概括式记录所需的时间会短一些，内容更加精炼、明确，一般只保留案主问题及处理的核心内容。与对话式记录相比，记录内容少了很多细节和过程，不利于督导或同事通过文书记录给予社工建议。

概括式记录一般在社工有一定的工作经验，熟悉个案工作流程及模式，能够较好回应案主的需求、处理问题的情况下使用。

**示例**

胡妈妈今年 38 岁，育有两个孩子，大女儿 10 岁读小学，小儿子 1 岁，丈夫在一家单位做司机，案主夫妻二人都要工作，小儿子交由其婆婆帮忙带。胡妈妈主动找到社工，告诉社工最近他们夫妻俩经常因为琐事吵架，自己和婆婆的关系也一般，这些烦心事也不好跟邻居说，担心会传到自己丈夫、婆婆的耳边，找不到可以倾诉的对象。

### 对话式记录

胡妈妈：社工你好，我有事情想和你聊聊。（神情比较压抑）

社工：胡妈妈你好，我有什么可以帮到你？（面带微笑）

胡妈妈：最近我和老公总是吵架，也没什么大事情，有的时候是钱，有的时候是带孩子的，搞得我心情很烦躁，但是找不到人一起聊一下。（会时不时轻微皱眉）

社工：最近和老公经常吵架，这件事情让你的心情很不好。（同理心）你平时是和老公一起住么？还是和公公婆婆一起住？（了解家庭结构）

胡妈妈：和公婆一起住的。

社工：那能不能和婆婆聊一聊？（提供建议）

胡妈妈：结婚好多年了，不过我和婆婆的关系一直不太好，说这些事情可能婆婆也会和我吵架，还是不说的好。（无奈的微笑）

社工：那你有没有平时比较好的邻居或朋友可以聊聊？（寻找潜在资源）

胡妈妈：我们家和邻居的关系都还好，不过我也不想和她们说，都住的很近，我怕我和她们抱怨之后，传到我丈夫和婆婆那里，那样估计又得吵架。（微微低下头，看着自己的手）

社工：嗯，你也挺不容易的（同理心），那你愿意和我聊一下事情的经过，还有事情发生后你的感受么？（引导案主表达）

胡妈妈：可以啊，我过来找你就是想和你聊一下（神情变得轻松一些，身体挺了挺）……

### 概括式记录

胡妈妈主动求助社工，看上去案主比较压抑，聊天的过程中提到一些问题会不自觉地皱眉头，社工运用同理、倾听、提供建议等方式，引导案主表达问题。

案主表述的问题主要有：最近经常和丈夫吵架，心情压抑；和婆婆的关系不好，不能聊这些事情；和邻居关系还好，担心抱怨后传到家人那里，引起更大的争吵。

社工引导案主表达事情的经过和感受，适时回应案主，通过倾述缓解案主的压抑情绪，在后续服务中进一步帮助案主缓解问题。

4. 分析个案进程。个案记录要体现社工对服务的分析，社工如何引导案主进行改变；案主如何回应，或者有哪些表现能够体现这种改变，帮助案主更好的解决问题；每次介入结束后要和服务对象沟通下次跟进的时间地点等，社工通过对本次介入过程的梳理和记录，判断个案进程与介入计划相比，进程是否合理，是否需要调整部分计划等。

表1-5　个案活动记录表

| 案主姓名 | ×× | 跟进社工 | ×× | 年　龄 | ×× | 性　别 | ×× |
|---|---|---|---|---|---|---|---|
| 跟进日期 | ×× | 跟进时间 | | ×× | 第×次个案面谈/活动 | | |
| 面谈/活动方式 | □电话<br>□到访中心<br>□上门探访（地点）<br>□参加小组（编号和名称）<br>□参加活动（编号和名称）<br>□外展（地点）<br>□其他方式（地点）<br>（根据实际情况填写） | | | | | | |
| 个案问题 | 与《个案服务计划表》内容一致 | | | | | | |
| 本次个案<br>面谈/活动目标 | 参照《个案服务计划表》中"具体行动计划"内容整理 | | | | | | |
| 个案面谈/活动概况 | 1. 面谈内容：（根据实际情况整理）<br><br>2. 社工分析：（可填理论分析、运用技巧、情况说明、反应分析，社工的考量、反思等） | | | | | | |
| 个案进展情况 | 分析案主问题改善情况，与原定服务计划是否有偏差，是否需要调整部分服务计划等 | | | | | | |
| 下一步跟进计划 | 参照《个案服务计划表》中"具体行动计划"内容整理 | | | | | | |
| 中心主任意见 | 签名：<br>日期： | | | | | | |
| 督导意见 | 签名：<br>日期： | | | | | | |

社工签名：＿＿＿＿＿＿＿＿＿　　　日期：＿＿＿＿＿＿＿＿＿

## 五、个案工作评估

### （一）评估

在服务介入过程结束后需要对个案服务的效果进行评估，以便确定是否可以结案，评估个案服务的成效如何，目标是否达到。在评估过程中社工可以通过案主自我表述、社工观察、评估量表等工具进行总结。

（二）评估方式

1. 案主自我表述。对于介入目标是案主能力提升、问题解决的个案，社工可以引导案主思考自己能力在个案服务前后有没有感觉到变化，哪些事情能够体现这种变化；对于解决问题作为目标的个案，看问题是否完全解决，或者问题压力有所下降，下降多少。社工可以采用刻度问句的方式帮助案主评估问题的下降程度，比如缓解压力问题，压力0代表毫无压力，压力5代表无法承受的压力，案主在开案时的压力感觉是4，介入后压力感觉是1，说明其压力明显降低。

2. 社工观察。对于一些资源链接的个案，社工可以通过观察判断资源是否链接成功；对于行为改善为目标的个案，可以通过社工观察目标行为出现的频次、持续的时间长短来评估目标是否达成，比如逃学的次数降低，安心阅读的时间延长等。

表1-6　案主问题评量表

| 案主姓名 | | 跟进社工 | |
|---|---|---|---|
| 请填写案主认为需要处理的问题（按优先次序） | | 开启个案日期 | 结束个案时日期 |
| | | 困扰程度（0分至5分，0分代表不困扰，5分代表非常困扰） | 结案时案主的问题改善程度；（0分至5分，0分代表不困扰，5分代表非常困扰） |
| 1 | 如与同学相处不好 | 4 | 2 |
| 2 | | | |

备注："开启个案时"的填写，需要在开案初期确定案主的主次需要/问题。

## 六、个案工作结案

（一）结案

结案是社工完成个案介入及评估，对个案服务的成效和案主有一致的看法，双方协商结束个案服务的过程。

（二）结案类型

1. 成功结案。成功结案是指个案服务中既定目标已达成，社工与案主对个案服务的整体效果都比较满意，案主暂时没有其他紧急的需求需要跟进，双方回顾个案过程，协商一致进行结案。

2. 被迫结案。被迫结案是指在个案服务的过程中，目标尚未达成，但因为一些原因无法继续跟进，不得不结束个案服务。

（1）案主放弃接受服务。在服务过程中会遇到一些案主，其接受一段时间服务之后，因对个案服务的进程及效果不满意等原因不愿意继续接受个案服务，主动要求结束服务的情况。社工可以尝试了解原因，如果协商不理想，案主坚持结案，可以尊重案主自决，双方协商确定结案，在文书中需记录与案主最后面谈的情况，社工做了何种处理，案主如何回应等。

（2）案主生活环境发生重大变化。服务中可能会遇到一些案主变更住所或变更居住区域的情况，在外来人口的服务中发生较多，比如有的外来人口子女因父母工作变动，需要离开当前的居住区域，或者因为家庭情况需要返回老家就学等。社工可以在文书中梳理案主情况，进行结案。

（3）案主去世。服务中会遇到案主去世的情况，在老年人服务中发生较多，特别是高龄老年人。这种情况对于社工也是一种挑战和考验，社工需要调整自己的情绪，尽快去适应这种变化。

（三）处理离别情绪

我国是一个熟人社会，社工服务的开展不能完全作为工作关系，需要一定的情感投入。如果不能让案主感觉到社工亲和、值得信任，很多问题案主不会向社工表露。结案过程中，部分案主会有离别情绪，社工需要适当处理。

结案是此次个案服务结束，并不是社工对案主的服务结束。社工需要根据实际情况看是否需要跟进、回访，了解案主情况，如问题是否有反复出现，案主能否自行解决等。

在社工服务中，对每个案主的服务持续时间长短不一，如果项目和服务对象都较为稳定会持续数年甚至数十年，对于一些重点案主需要持续关注，如高龄、独居、孤寡老年人等，但不一定全部都用个案服务的方式。

（四）重新开案或转介

1. 同一需求重新开案。个案服务是阶段性的，解决的是在特定时间内案主的问题。个案服务中可能会遇到服务成效的反复或倒退，在跟进的过程中有很好的转变，但是到结案阶段又退回原来的样子。这种情况社工可以根据服务周期和精力的情况分析，先结案，对自己个案服务的过程进行反思，寻求督导的帮助，案主有需求再重新开案。

2. 同一案主不同需求重新开案。有的个案服务过程中会发现案主的其他需求，社工可能在跟进中就会针对新的需求提供服务，跟进持续十几节甚至更多都没结案，后续跟进的内容和个案服务计划中的目标已经相去甚远。这容易造成案主对社工的依赖，对于社工处理个案的信心也会有影响。

社工的个案服务需要通过介入目标进行区分，即便是同一个人作为案主，遇到的问题是不同的，也是两次个案服务。社工在服务过程中要关注自己的个案目标，分析现在的服务是否和个案目标一致，如发现新的需求可以先按照原定计划跟进，评估原目标的达成情况，根据实际情况进行结案，针对案主新的需求重新开案，避免同一案主持续跟进无法结案的情况。

3. 转介。有些个案服务在跟进一段时间后效果很小，社工和案主通过多方努力都无法改善个案情况的，需要转介给其他社工或服务机构，转介后本次个案服务也属结案。

4. 回访。结案是本次个案服务的结束，并不是所有社工服务的结束，在结案之后，社工需根据个案的情况进行回访适当跟进。在结案后也可能出现反复，或出现新的服务需求，社工通过回访确定服务是否需要继续服务。

表1-7　终止服务同意书

个案开始日期：＿＿＿＿＿＿＿＿＿　跟进社工：

个案终结日期：＿＿＿＿＿＿＿＿　案主姓名：

本人同意终止接受中心所提供的辅导服务，个案终结之原因为：

□ 已达成辅导目标

□ 同意转介至其他服务

□ 自行决定不再接受辅导服务

□ 辅导成效未如理想

□ 其他：

＊请在适当的□内加✓。

案主签署：　　　　　社工签署：　　　　　服务主任/项目负责人：

签署日期：　　　　　签署日期：　　　　　签署日期：

--------------------沿　此　线　剪　下　--------------------------

**辅导服务终止通知**

＿＿＿＿＿＿＿先生/女士/小姐：

于＿＿＿＿＿＿年＿＿＿＿＿＿月＿＿＿＿＿＿日的会谈中，经社工＿＿＿＿＿＿＿与您商讨后，您同意终止个案辅导服务，故特此通知：个案辅导服务由＿＿＿＿＿＿年＿＿＿＿＿＿月＿＿＿＿＿＿日起正式终止。本中心仍然欢迎您继续参与本中心各项活动及服务，您如有任何查询，请留意中心信息动态，或致电＿＿＿＿＿＿＿＿＿＿与本中心联络。

顺祝：生活愉快！

项目主任/项目负责人

年　　月　　日

表 1-8　个案结案报告

个案编号：

| 案主姓名 | | 性别 | | 年龄 | |
|---|---|---|---|---|---|
| 开案日期 | | | 结案日期 | | |
| 结案原因 | □目标达到　□没有所需要的服务　□案主不愿意继续接受服务<br>□失去联络　□去世　□住院不便接受服务<br>□其他（请注明） | | | | |
| 案主曾面临问题 | 与《个案服务计划表》内容一致 | | | | |
| 目标达成情况 | 评估案主该表的情况，根据实际情况填写 | | | | |
| 个案跟进过程简要 | 回顾整个个案服务进程，根据实际情况填写 | | | | |
| 案主现况 | 整理介入后案主的改变，之前遇到的问题改善情况如何，生活的其他方面是否也因此得到改善等 | | | | |
| 个案反思 | 反思服务中成功的经验和处理不当的教训 | | | | |
| 督导意见 | 督导（签名）：<br>日期： | | | | |

社工：　　　　　　　　中心主任：

日期：　　　　　　　　日期：

表 1-9　服务对象回访表

| 服务对象姓名 | | 联系方式 | |
|---|---|---|---|
| 家庭地址 | | | |
| 原负责社工 | | 回访社工 | |
| 结案日期 | | 回访日期 | |
| 回访方式 | □电话　　　□探访　　　□其他： | | |
| 服务对象现状 | 了解案主在结案后的整体生活情况，重点关注之前个案服务中介入的成效，是否出现反复的情况，比如逃学的次数在结案时明显下降，结案后一段时间有没有增加，根据具体情况确定是否需要重新开案。<br>若案主有其他新的需求则根据个案服务相关流程开展服务。 | | |
| 是否需要继续跟进 | □否　　　　　　□是 | | |

回访社工签名：　　　　　　　　　　日期：

🖊 **思考与练习**┐

1. 个案服务文书整理中，介入需求及目标如何确定？
2. 个案工作过程中专业理论及技巧的运用如何体现？
3. 以上案例记录中有哪些地方可以改善？

# 项目三　小组社会工作文书

🖊 **知识目标**┐

1. 了解小组社会工作的基本过程，正确理解过程中涉及的文书写作要点及注意事项。
2. 了解小组过程中不同阶段的主要任务。

🖊 **能力目标**┐

掌握小组社会工作过程，掌握小组社会工作所涉及文书的写作。

**案例导入**

　　小杜是一名应届毕业生，刚加入社工机构负责青少年服务领域，因上级的安排，他要设计一个"我的生活我做主"青少年自信心提升训练小组。小杜为此很苦恼，他没有开小组的经验，不知道怎么设计小组程序及人员招募。因此，通过本章的学习，加强对小组工作实务的认识，提高实务的能力。

**知识链接**

## 任务一　小组社会工作基础知识

### 一、小组工作概念

　　小组工作是社会工作的基本方法之一，也称为团体工作，指以团体或小组为对象，并通过小组或团体的活动为其成员提供社会服务的方法。其目的是促进团体或小组及其成员的发展，使个人能借助集体生活加快自身的社会化；协调和发展个人与个人、个人与团体和团体与团体之间的社会关系；发挥团体或组织的社会功能，促进社会的进步与健康发展。

### 二、小组的类别

表 1-10　小组的类别

| 类型 | 宗旨 | 举例 |
| --- | --- | --- |
| 教育小组 | 通过帮助小组成员学习新知识、新方法，或补充相关知识，促使成员改变其原来对于自己问题的不正确看法及解决方式，从而实现小组组员的发展目标 | 广泛用于社区、学校、医院等场所 |
| 成长小组 | 帮助组员了解、认识和探索自己，从而最大限度地启动和运用自己的内在资源及外在资源，充分发挥自己的潜能，解决存在的问题并促进个人正常健康发展 | "体验小组"，青少年的野外拓展训练营 |
| 支持小组 | 通过小组组员彼此之间提供的信息、建议、鼓励和感情上的支持，达到解决某个问题和成员改变的效果 | 单亲家庭自强小组 癌症患者小组 针对吸毒人员的"同伴治疗小组" |

续表

| 类型 | 宗旨 | 举例 |
|---|---|---|
| 治疗小组 | 组员一般来自那些不适应社会环境或其社会关系网络断裂破损而导致其行为出现问题的人群；帮助组员了解自己的问题及其背后的社会原因，利用小组的经验交流和分享，辅以一定的资源整合或社会支持网络，以达到对小组组员的心理和社会行为问题的治疗 | 为吸毒人员提供服务的"美沙酮治疗小组"<br>为社区矫正对象开展的"星星点灯小组" |

## 任务二　小组社会工作服务流程

### 一、小组社会工作流程

根据小组的发展和实施过程，小组工作可以分为五个阶段：小组筹备期、小组初期、小组中期（转折期）、小组后期（成熟期）、小组结束期。

#### （一）小组筹备期

小组筹备期是小组开展前，社工对服务对象需求、年度服务计划、日常服务等内容进行分析，制定小组计划，协调小组准备场地物资等内容的过程。这个阶段社工承担决策者的角色，如何筛选小组成员，需要什么形式及物资都由社工决定。

#### （二）小组初期

小组初期是小组刚开始形成的时期，大部分小组在这个阶段成员之间相互不熟悉，对于小组的工作目标、互动方式等都不熟悉，成员都比较依赖社工。社工需要引导组员熟悉小组，激发小组内部的动力。

#### （三）小组转折期

小组转折期是小组成员关系发生变化的时期，在组员对小组目标、流程都熟悉之后，小组成员的心态、行为等都会发生一定的转变，可能会出现话语权、被关注等方面的争夺。这个阶段社工鼓励小组成员表达、互动，推动小组动力的转变，需要注意控制对小组进程不利的语言或行为。

#### （四）小组成熟期

这个阶段小组成员之间的关系会更加亲密，也形成了大家都比较认可的互动模式、权利结构等，能够很好地推动小组进程的发展。社工可以逐步淡出对小组的干预，让小组成员自己推动小组进程，同时控制对小组进程不利的因素。

#### （五）小组结束期

小组结束期是小组即将结束的阶段，小组目标达成即将结束，小组成员可能会有离别情绪，可能会不同意小组的结束，也可能进行更加密切的互动。社工要关注组员的情绪、小组成效的保持等。小组结束后社工还需要对小组的过程进行反思，处理物资、宣传等工作。

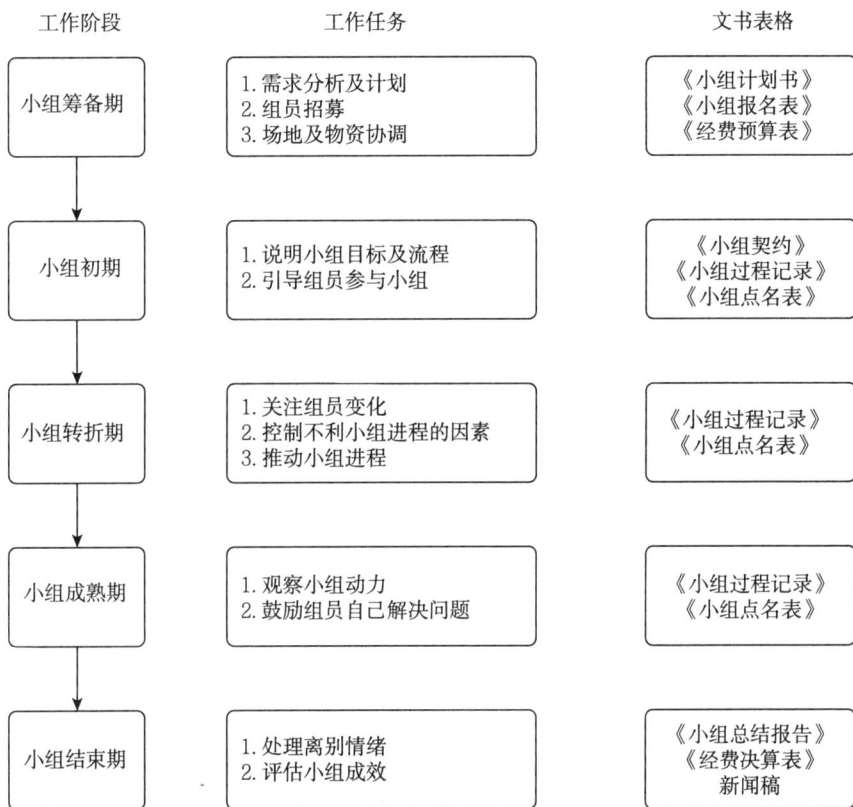

| 工作阶段 | 工作任务 | 文书表格 |
| --- | --- | --- |
| 小组筹备期 | 1.需求分析及计划<br>2.组员招募<br>3.场地及物资协调 | 《小组计划书》<br>《小组报名表》<br>《经费预算表》 |
| 小组初期 | 1.说明小组目标及流程<br>2.引导组员参与小组 | 《小组契约》<br>《小组过程记录》<br>《小组点名表》 |
| 小组转折期 | 1.关注组员变化<br>2.控制不利小组进程的因素<br>3.推动小组进程 | 《小组过程记录》<br>《小组点名表》 |
| 小组成熟期 | 1.观察小组动力<br>2.鼓励组员自己解决问题 | 《小组过程记录》<br>《小组点名表》 |
| 小组结束期 | 1.处理离别情绪<br>2.评估小组成效 | 《小组总结报告》<br>《经费决算表》<br>新闻稿 |

图1-3 小组社会工作流程图

**二、文书的使用顺序**

文书表格的使用顺序如下：

第一，小组服务计划书。社工准备开展某个小组，就需要设计小组服务，填写小组服务计划书，内容包括小组的背景、目的目标、组员的招募与筛选、每节服务的设计、预计风险与应对计划、小组服务目标等内容。社工填写好小组服务计划书，将其交由督导审批，审批通过后才可以招募组员。

第二，小组报名表。小组计划书审批通过后开始进行人员招募，就需要使用报名表，填写活动报名者的基本信息，包括姓名、年龄、性别、电话等基本信息。一般小组服务招募会持续5~10个工作日，具体视人员招募情况适当调整。

第三，小组签到表。小组记录表活动签到表一般会在每节小组开始前使用，引导参与者依次签到，核查人员到场情况，也便于后续统计组员的出席率。

第四，小组前后测。小组前测一般会在小组的第一节使用，也可以在小组开始前使用；小组的后测一般在小组的最后一节使用。

第五，小组契约。小组契约在小组的第一节使用，社工引导组员进行讨论，形成小组的契约，并组织组员选用举手、签名等合适的形式对小组契约进行确认。

第六，小组过程记录。小组过程记录在每节小组中和小组后使用，用以记录组员的表现、社工的技巧使用和角色发挥、小组动力情况、目标的达成情况等。

第七，小组观察记录。小组观察记录由小组的观察员在每节小组中和小组后使用，用以记录组员的表现、社工专业作用的发挥等。

第八，小组员意见反馈表。在每节小组结束后，组员需要填写意见反馈表，对每节小组的安排进行反馈，包括但不限于小组的时间、场地、工作人员的态度、服务环节的设置等。

第九，小组总结报告。活动总结报告一般在活动结束后的 1~3 个工作日内完成，用于总结组员的改变情况、小组目标的达成情况、小组的优势与不足等。总结报告完成后，则由督导进行批阅。

第十，小组服务归档清单。小组的所有服务资料打印、签字完成后，就可以进行归档。在归档时使用小组服务归档清单，逐项核查归档情况。

### 三、小组工作文书的归档

（一）小组归档清单

本清单用于核查小组资料的归档情况，每归类一项就在对应的地方打"√"，可以直观展现服务的归档情况，也便于后续资料的查阅。本清单在所有服务完成后进行归档时使用。

表1-11　小组表格归档清单

| 表格名称 | 是否存档 | 备注 |
|---|---|---|
| 小组封面 | | |
| 小组归档目录 | | |
| 小组计划书 | | |
| 小组报名表 | | |
| 小组点名表 | | |
| 小组契约 | | |
| 过程记录表 | | |

续表

| 表格名称 | 是否存档 | 备注 |
|---|---|---|
| 小组总结报告 | | |
| 小组新闻稿及照片 | | |
| 组员意见表 | | |
| 意见汇总表 | | |
| 观察记录表 | | |
| 访谈记录表 | | |
| 其他（附录材料） | | |

## 任务三　小组社会工作实施过程文书

### 一、小组社会工作筹备期

小组筹备期社工需要做出很多决策，完成小组的需求分析、理论基础、预计人群、目标设定、招募计划与实施、财务预算、预计困难等。

（一）需求分析

社工需要介绍小组开展的背景及意义，可以是回应某些服务对象需求，回应社会热点问题等，但需要结合服务所在地的实际情况，结合社会热点问题了解辖区内是否有同样的现象或潜在风险，切忌只有社会背景，没有服务开展区域的需求分析。

（二）理论基础

小组设计的理论依据是什么，这些理论的主要观点有哪些，这些观点对小组设计有什么支撑，在小组的开展过程中如何体现。

（三）预计人群

小组主要针对哪些群体开展，计划招募多少人，社工根据个人的实际情况，能够掌控多少人的小组。一般小组人数在 5~15 人之间，具体根据实际情况而定。这些人需要满足什么条件，比如亲子关系小组，可以是针对家长的，可以是针对孩子的，也可以是针对家长孩子一起参与的，根据小组情况确定目标人群。

（四）目标设定

小组开展需要达到什么目标，目标设定同样遵照 SMART 原则，目前小组分类主要包含教育性、成长性、支持性、治疗性四类，社工需要确定小组的类型和目标。

（五）招募计划

确定小组的人群和目标后，社工需要确定自己的招募计划，可以通过 QQ、微信等网络平台，可以通过电话联系以往服务对象，可以制作招募公告或海报在服务场地张贴现场招募。针对此次小组计划采取何种招募方式，什么时间开展等。

（六）组员遴选和评估

社工通过个别会见或资料考察的形式，对上述可能的小组组员进行必要的遴选和评估。遴选和评估的要件主要有：①共同或相似的问题，或者有共同的兴趣和愿望；②年龄和性别（如果有此要求的话）；③文化水平及对某些问题的认识；④家庭状况；⑤职业状况。

（七）实施计划

一般小组开展5~6节，社工在筹备期需要完成每一节的计划及流程，围绕小组目标确定每节的目标、时间、任务等。整个小组一般第1节为破冰环节、制定小组契约、说明小组整体情况；第2节至第5节为小组进程，完成小组任务及目标；第6节为小组回顾及成效评估等。单节小组可以按照签到、热身、小组任务、分享总结、作业和下节计划的流程开展。

（八）财务预算

小组开展所需物资有多少，社工可以把已有物资和需购买物资列出，比如桌子、椅子、纸等物资多采用中心设备，属于已有物资。一些食材、原材料等消耗品属于需购买物资。财务预算需本着节约的原则，优先使用已有物资，避免预算数量过大，特别是一些特定用途的物品，比如食材，预算过大不能很好地利用，留下的物资不易储存，也无法转作他用。

（九）预计困难

社工设计的小组计划，在招募及实施过程中可能有什么困难，如何应对，比如招募人员不足、场地变动等。

表1-12　小组计划书

| 小组名称 | | 负责社工 | |
|---|---|---|---|
| 小组分类 | □教育小组　□成长小组　□支持小组　□治疗小组　□其他 | | |
| 小组对象 | | 小组人数 | |
| 小组日期 | | 活动地点 | |
| 小组时间 | | 所需人力 | |

续表

| | |
|---|---|
| 招募宣传方法 | □社区外展宣传招募；<br>□电话邀请以往的服务对象参加；<br>□家访邀请居民参加；<br>□邀请社区合作单位、基团单位宣传招募；<br>（请注明：□街道办；□街道党政办；□＿＿＿＿＿居委会）<br>□社区宣传栏张贴活动宣传预告；<br>□其他招募宣传方法，请注明： |
| 小组背景及理论 | 背景：你为什么开展这个小组的背景介绍，如你发现的这个群体的一些共性、现状、问题等。<br><br>理论：哪个理论支撑你开展这个小组，理论指导小组的开展。 |

| 小组目的与目标 | 目的 | 计划让组员在哪些方面发生改变 |
|---|---|---|
| | 目标1 | 具体的改变内容、频次等 |
| | 目标2 | |
| | 目标3 | |

| | |
|---|---|
| 小组评估 | □过程评估<br>　□小组过程中社工对组员的观察、感受<br>　□小组过程中社工与组员的互动问答<br>　□小组过程中社工对小组环节的观察和小结<br>　□其他评估方法，请注明：<br>□结果评估<br>　□社工组员的成效访谈<br>　□组员的成效问卷<br>　□组员的意见反馈表<br>　□其他评估方法，请注明： |

| | 预计困难 | 应对措施 |
|---|---|---|
| 1 | 活动中天气、场地、组员可能出现的困难 | 设想应对措施 |
| 2 | | |

续表

| | |
|---|---|
| 负责社工签署： | 日期： |
| 主管/主任意见： | |
| 督导意见： | |

| 主管签名： | 中心主任签名： | 督导签名： |
|---|---|---|
| 日期： | 日期： | 日期： |

**程序安排**

第×节

小组名称：×××小组　　　　小组日期：××

本节小组目标：

| 时长 | 目标 | 内容 | 物资 | 负责人 | 备注 |
|---|---|---|---|---|---|
| 5分钟 | 社工开场 | 引导组员签到，介绍本节主要内容 | ×× | ×× | |
| 10分钟 | 热身游戏 | 刮大风 | ×× | ×× | |
| | | | | | |

附件：游戏说明

游戏名字：刮大风

游戏规则：1. 全体围坐成圈，主持人没有位置，立于中央；

2. 主持人开始说："大风吹！"大家问："吹什么？"主持人说："吹有穿鞋子的人。"则凡是穿鞋子者均要移动，另换位置，主持人抢到一位置，使得一人没有位置成为新主持人，再继续下一轮游戏。

表1-13　小组报名表

小组名称：　　　　　　小组日期及时间：

小组名额：＿＿＿＿＿（成人）　　　＿＿＿＿＿（儿童）　　　　　总人数：

| 序号 | 姓名 | 年龄 | 性别 | 住址（具体到社区/村委） | 电话 | 收费 | 备注 |
|---|---|---|---|---|---|---|---|
| 1 | | | | | | | |
| 2 | | | | | | | |

负责社工：

表1-14　经费预算表

项目名称：　　　　　　制表时间：

| 活动名称 | | | |
|---|---|---|---|
| 活动时间 | | | |
| 活动内容 | | | |
| 活动地点 | | | |
| 活动规模 | 大□　中□　小□ | | 时数： |
| | 人数：参加者　　人、志愿者　　人，共计　　人 | | |
| 支出内容 | 费用预算（单价×数量） | | 预算金额（元） |
| 1 | | | |
| 2 | | | |
| 预算合计数（元） | | | |
| 经办人签字： | 　　　　年　　月　　日 | | |
| 中心主任审核： | 　　　　年　　月　　日 | | |

## 二、小组工作流程前期

小组前期，一般为小组第一节到第二节，主要完成制定小组契约、破冰、熟悉小组等工作。小组开展前社工需要准备好签到表、活动物资等，在开展的过程中注意拍摄适当的图片资料，用于储存或宣传。

（一）小组契约

与组员一起制定小组契约，小组契约是社工和组员在整个小组过程中需要共同遵守的约定，一般由组员自己讨论，考虑每节小组时长、组员参与程度等实际情况，小组契约以 5~8 条为宜。

（二）破冰

破冰要求社工设计相关环节，促进组员之间的互动和交流，社工要注意观察组员在过程中的表现，在文书中可以重点表述特别积极的和特别消极的组员。

### 表 1-15　小组契约（参考）

小组契约是小组初期小组工作者和小组组员一起建立的适合管理和协调组员行为的准则。小组规范有三类：

1. 秩序性规范，用来界定小组组员之间的互动准则；

2. 角色规范，界定和明确小组组员所期望的具体角色和行为；

3. 文化规范，用来澄清和说明小组的限制，小组的信念和基本价值。制定小组规范时需遵循开放、平等、保密、非批判和团结合作等原则。

以下是有关青少年小组的规范，供参考：

1. 一定要团结，不能擅自离队。

2. 小组每位成员都要乐于助人。

3. 不能迟到，要按时到。

4. 不要讲粗口，要尊重每位组员。

5. 不要打架。

6. 不能破坏公物。

7. 不能随意退组，有事要先报告。

8. 积极参与活动。

9. 要遵守以上规则。

10. 破坏以上规则，超过 3 次，扣一个印花。

11. 开小组活动时，坐姿要端正。

12. 发言的时候要举手。

13. 不能随便给别人起外号。

14. 不要做一些小动作。

15. 开小组活动不能吃东西，不能喝东西。

16. 小组成员之间要相互信任。

17. 组员之间要互相帮助。

组员签署：

### 三、小组工作中期

小组中期，一般为小组第三节至第四节，社工需要关注组员的变化、目标的推进等。

在小组中期，组员都变得熟悉，可能会出现次团体等，社工需要关注组员的互动和变化，如果发生冲突需要及时处理。在这个过程中社工要注意梳理冲突发生的过程、组员的反应、社工的处理、应用何种技巧等，在文书中体现。

社工要关注目标的推进情况，现在组员的表现是否达到了预期的效果，组员之间的表现是否有差异，这些差异对于小组推进是否有影响，如何改善，社工做了哪些工作等，这些内容都可以在文书中体现。

在小组过程记录中可以用时间线、空间图、目标行为观察等框架整理记录。

#### （一）时间线

时间线就是根据小组中，各组员活动实际发生的时间整理相关内容，一般根据小组计划书的内容进行整理。

例如：

表 1-16  时间线

| 时间 | 内容 | 过程记录 |
| --- | --- | --- |
| 14：30~14：35 | 社工开场 | 1. 14：30 分前有 6 名组员到场，组员表示机构地址难以寻找，了解小组内容为唱歌，对于小组形式不太清楚。<br>2. 14：30~14：35 分陆续有新组员进场，由于部分组员互相认识，进场后表现激动，大声聊天，在社工示意安静后才停止，但是不久后又继续聊天。<br>3. 社工开场，欢迎组员的到来，介绍中心和唱歌小组。 |
| 14：35~14：45 | 组员自我介绍 | 两名社工先自我介绍，组员纷纷跟读社工名字。组员刚开始不愿意自我介绍，社工邀请比较活跃的组员先行自我介绍，随后大家都愿意自我介绍。 |
| 14：45~14：50 | 小组契约 | 1. 订立小组契约：小组成员不得迟到或早退；小组成员在唱歌时其他成员要认真聆听；工作人员在讲话时要安静，注意纪律；在小组过程中手机保持静音或震动。<br>2. 订立契约过程中，社工讲述订立契约目的与意义，组员都赞同。 |

（二）空间图

空间图是根据小组组员在参加活动时的位置整理的简图，能够帮助督导或其他未直接参与小组的社工了解小组的整体情况。

例如：

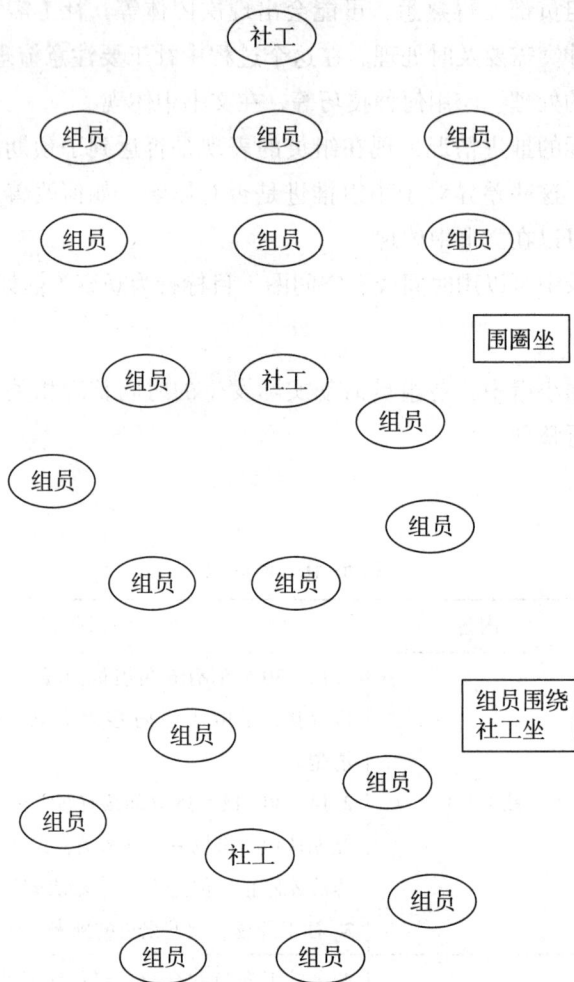

图1-4 空间图

（三）目标行为观察

目标行为观察主要是在一些有明确的观测行为的小组中，通过对各组员目标行为出现的次数进行观察记录，从而更好地评估组员行为及小组成效的方式。

比如在一些亲子关系主题的活动中，可能会涉及亲子之间互动方式的观察，某个亲子小组目标是促进父母发现孩子的优点，并及时表扬。其中一节小组的形式是父母不动手，指导子女包饺子，可以把"父母忍不住上手帮忙""父母表扬孩子""父母批评孩子"等作为观察的目标行为。

表 1-17 目标行为观察

|  | 组员 1 | 组员 2 | 组员 3 | 组员 4 | 组员 5 | 组员 6 |
|---|---|---|---|---|---|---|
| 父母忍不住上手帮忙 | 1 | 1 | 0 | 2 | 3 | 0 |
| 父母表扬孩子 | 1 | 2 | 4 | 1 | 0 | 6 |
| 父母批评孩子 | 1 | 0 | 1 | 2 | 3 | 0 |

### 四、小组工作流程后期

小组后期，一般为小组第五节，这个阶段一般组员已经形成相对理想的沟通相处方式，社工要关注角色的转变、目标的达成情况。

这个阶段社工可以更多地以观察者的身份参与小组，发掘组员的潜能和资源，提出主题后由组员主要推进，社工观察组员的互动情况及表现。社工初步评估小组的进程及目标达成情况，如果目标达成不理想，社工需要进行必要的干预，尝试推动目标的达成。

### 五、小组工作流程结束期

小组结束期一般为小组第六节及后续工作，社工需要关注小组成效评估、组员情绪处理等，还需要完成小组总结报告、经费决算表、通讯稿、组员跟进计划等后续工作。

（一）小组成员评估

在这个阶段社工需要与组员一起回顾小组的过程，评估小组成效，在评估中可以借用一些和目标相关的测评工具，常用的是同一问卷的前测和后测，通过两次测量的对比，评估小组目标是否达成。

社工可以总结组员在小组中的表现，肯定积极参与的组员，对于一些需要关注或者跟进的组员，社工可以私下里提出改善的建议，如有需要可以通过个案、其他小组等方式进一步提供服务。社工在总结中尽量遵循公开表扬、私下提醒的原则，针对一些在小组完成但仍未有效改善的情况，单独和组员沟通，评估是否需要进一步的服务。

（二）小组总结

小组总结报告中，社工需要对整个小组过程进行总结，分析小组不同时期组员的表现及变化，介绍成效评估的工具和过程，总结成效评估结果，对突出组员进行一定的描述。反思社工在小组过程中的表现，哪些做得较好，哪些做得较差，较差的如何改善等，便于社工在后续服务中做出改进。

小组宣传，即小组结束社工需要整理一篇通讯稿，通讯稿及时传递给相关部门，向外部媒体投稿，通过内部公众号、网站、外部媒体宣传服务效果。

经费决算，即小组结束后社工需要对小组开展过程中的经费使用进行决算，按照实际开支情况，整理经费决算表，按照中心财务相关规定整理票据、签收、照片等辅助材料，提交归档。

表1-18　小组过程记录表

| 第　节 | 参与人数：×× 人 | 日　期 | ××年××月××日 | |
|---|---|---|---|---|
| 地　点 | | 时间 | ××：××~××：×× | |
| 本节目标 | | | | |
| 过　程 | 参与者表现 | 工作员的处理 | | 督导意见 |
| 本节小组过程 | 记录小组中组员的表现，是否按计划开展，整体情况如何，有无特殊组员（过于活跃或过于沉默），有无突发情况等。 | 工作员主要承担什么角色，如何引导组员参与小组，遇到突发情况如何处理等。 | | |
| 本节小组目标达致及效果评估 | 评估小组原定目标是否达到。 | | | |
| 下次小组的计划和安排 | 下节小组的时间、场地安排等。 | | | |
| 签　名 | 负责社工签名 | 中心主任签名 | | 督导签名 |
| | | | | |
| 日　期 | | | | |

表1-19　服务评测表（□前测 □后测）

（以时间管理小组为例）

你好，为了更好地了解你的需求，做好服务成效评测工作，以便能够为你提供更优质的服务，需要你填写服务评测表（参加服务前的评测、参加服务后的评测），谢谢你的支持与配合。

1. 你能够认识到时间管理的重要性吗？

　A. 完全能够　　　B. 基本能够　　　C. 不能够

2. 你对自己理解的时间管理重要性评分，1~10 分，1 分最低，10 分最高。

　　A. 1~2 分　　B. 3~4 分　　C. 5~6 分　　D. 7~8 分　　E. 9~10 分

3. 你能够每天合理安排自己的时间吗?

　　A. 完全能够　　　B. 基本能够　　　C. 不能够

4. 你能够每周合理制定自己的时间规划表吗?

　　A. 完全能够　　　B. 基本能够　　　C. 不能够

填写人:　　　　　日期:

表 1-20　小组总结报告

| 小组名称 | | 编号 | |
|---|---|---|---|
| 小组分类 | □教育小组　□成长小组　□支持小组　□治疗小组　□其他 | | |
| 小组对象 | | 人　　数 | |
| 日　　期 | | 地　　点 | |
| 负责社工 | | 人手编排 | |
| 举行节数 | 共___节 | | |
| 总出席人次 | 人次 | 平均出席人数 | 人 | 有效出席率 | % |
| 小组过程评估 | (按小组发展阶段填写，内容需包括筹备情况，人手分工，内容设计，社工表现，参加者表现等) | | |
| 小组目标达成情况分析 | (包括参与人数、目标达成情况、其他评价) 小组目标达成用的评估方法问卷法，观察法，访谈法等，具体是如何衡量的，从哪些方面衡量。 | | |
| 经验分享/跟进工作 | (把本节小组的工作经验进行分享，以及通过本节小组的总结反思，有哪些工作是需要跟进的) | | |

续表

| | |
|---|---|
| 负责社工签署： | 日期： |
| 主管/中心主任意见： | |
| 督导意见： | |
| 主管签名：　　　　　　中心主任签名：　　　　　督导签名：<br>日期：　　　　　　　　日期：　　　　　　　　日期： | |

表 1-21　新闻稿标题（可包括主标题和副标题）

首段（一段话概况本次活动/小组的背景、理念及时间、地点、主办方、服务对象等）

正文（过程描述，活动的目标和成效等重点需要突出）

结语（本次活动/小组达到的效果，展望、激励、感谢……）

社工×××　供稿

日期：　　　年　　　月　　　日

表 1-22　经费决算表

项目名称：　　　　　　　　　　制表时间：

| 活动名称 | | | |
|---|---|---|---|
| 活动时间 | | | |
| 活动内容 | | | |
| 活动地点 | | | |
| 活动规模 | 大□　中□　小□ | 时数： | |
| | 人数：参加者　　人、志愿者　　人　共计　　人 | | |
| 支出内容 | | 费用决算（单价×数量） | 决算金额（元） |
| 1 | | | |
| 2 | | | |
| 决算合计数（元） | | | |

续表

| 活动名称 | |
|---|---|
| 经办人签字: | 　年　　月　　日 |
| 中心主任审核: | 　年　　月　　日 |

**思考与练习**

1. 社会工作小组的工作流程是什么?
2. 社会工作小组每个阶段的文书有哪些特点?

# 项目四　社区社会工作文书

**知识目标**

1. 了解社区工作的主要形式。
2. 社区活动开展的基本过程。
3. 正确理解过程中涉及的文书写作要点及注意事项和社区活动各阶段主要工作任务。

**能力目标**

掌握社区活动过程,掌握社区活动所涉及文书的写作。

**案例导入**

小王刚毕业加入了农村社会工作领域,他服务的村庄是一个传统自然村落,约100户人家,人口约350人。该村比较偏远,离城市的车程约2个小时。经济以农业经济收入为主,青年男人一般外出大城市打工。根据统计,平均每户每月收入在800元左右水平。收入水平属于贫困村水平。另外,社工观察到,村里的山地没人耕种,山林没有人管理。村民忙完水稻播种,都散落在村头,打麻将,打牌,而这几月都没有收入,大家似乎习以为常。作为小王,请用社区社会工作方法,为该村设计一份服务方案。

**知识链接**

## 任务一　社区工作基础知识

### 一、社区社会工作含义

社区社会工作是专业社会工作的一种基本方法,以社区和社区的居民为服务对象,通过发动和组织社区居民参与集体行动，确定社区问题与需求，动员社区资源，争取外力协助，有计划、有步骤地解决或预防社会问题，调整或改善社会关系，减少社会冲突，培养自助、互助及自决的精神，加强社区凝聚力，培养社区居民的民主参与意识能力，发掘并培养社区领导人才，以提高社区的社会服务水平，促进社区的进步。

## 二、社区社会工作的三大模式

社区社会工作有地区发展模式、社会策划模式和社会行动模式。这种模式的工作目标、工作过程和工作方法有很大的不同。三种模式在实务中并非独立地存在，而是根据实际的情况进行选择，有时会混合使用几种模式。

### (一) 地区发展模式

地区发展模式作为社区工作的介入模式之一，其目标在于建立社区自主的能力与社区能力的整合和发挥。社会工作者应着重推动社区内不同团体及居民的广泛参与，采取自助及互助的行动去改善社区关系，解决社区问题，从而改变社区。这一模式注重发掘与培养地方领导人才，发掘地方资源，强调民主程度、志愿性的合作、居民自助与教育，如社区服务中心执行邻里工作方案，实施于村镇的社区发展方案、成人教育领域的社区工作等。遵循"让我们聚在一起商量这件事"的指导原则。

该模式适用于那些在政治、文化背景比较简单的社区，社区居民背景比较单一，社区内不同群体之间虽然存在分歧，但没有根本的利害冲突，且居民对政府比较信任。该模式中，社会工作者一般处于协助的地位，其所扮演的角色一般是促进者，协助居民表达对社区的不满，鼓励及协助他们组织起来，帮助他们建立良好的沟通和人际关系，培养他们积极参与和自主互助精神以调动社区资源，解决社区问题。该模式强调参与者的自我决断和成长。

### (二) 社会策划模式

社会策划模式也叫社区计划模式。该模式认为，每一个社区都存在着这样那样的问题，问题是因为缺乏合理的社会计划与实施能力，所以解决问题的途径是专业技术人员的参与。其中有些复杂问题需要通过制定科学、合理的行动计划方案来解决。工作的任务就是针对社区所存在的重要问题，收集、分析有关资料，制定规划，并最终解决问题。

该模式适用于一些社会变迁急剧的社区，这类社区存在着比较复杂的社会问题，仅靠一般的民众或社区自身的力量往往难以应付。居民在这个模式中的参与比较被动，只限于对计划提出一些修改意见，他们被看成是服务的消费者。而社会工作者在该模式中却是处于主导地位，是作为专家而存在，并以专家的角色开展工作的。通过资料和信息的收集、社区诊断、制定规划、组织运作和成效评估等，为社区居民解决问题。这一模式可以说是一种由上而下的方法。

（三）社区照顾模式

是指利用社区资源和社区非正式的支持关系网络，把服务对象留在社区环境下，在其熟悉的环境中向其提供照顾和帮助的福利服务模式。社区照顾的非正式网络一般由家人、亲戚、朋友、邻居和志愿者组成；正式的社会服务系统一般是指医院、养老机构、精神障碍照顾机构、残障康复机构等政府、非营利机构，也包括少量的营利机构。而需要照顾的人士一般包括老年人、儿童、残障人士、精神障碍人士等。

当社区中的人口同质性较高时，或意见比较容易取得一致时，可以运用地区发展模式。当社区问题较为复杂，不是一般社区民众能自行应付时，要采用社会策划模式。当社区问题是来自弱势群体时，可采用社区照顾模式。

## 任务二　社区社会工作流程

### 一、社区社会工作流程

（一）建立专业关系

社区工作者要建立的专业关系对象包括社区居民、社区机构与社区团体，以及社区中有关机构、社团的领导人物和有关的代表人物、知名人士。

（二）收集资料及需求分析

社区工作者对社区现有问题的程度、社区需求程度、可利用资源等方面情况进行评估。在评估中，会进行社区调查，常见的调查方法有文献法、观察法、访谈法和问卷法。而调研的主要内容有社区的环境分析、人口状况分析、问题分析、各类需求分析和社区的资源分析。

社工需要收集的社区资料包括：

1. 社区基本情况。社区基本情况包括地理环境（区位与边界、环境设计与土地使用、交通、基础设施、社会服务、商业服务和经济情况等）、人口状况（总人口数、性别比例及年龄结构等）、社区资源（公共设施、教育机构、医疗单位、社区组织、金融机构、商业场所等）、权力结构（街道办事处、社区居委会、辖区单位、业主委员会、物业管理公司、社会团体、居民的自助小组和互助小组等）、文化特色，等等。

2. 社区需求。英国学者布赖德肖（Bradshaw）将需求分为四种：一是规范性需求，这种需求是专业人员、行政人员或专家学者，依据专业知识和现有的规定或规范，指出在特定情况下所需要的标准。例如民政部颁布的《全国示范地区标准》规定，每个街道都要建有一个1000平方米左右的社区服务中心，同时也规定了社区服务中心应配备的服务项目。当服务设施与服务项目不符合规定时，就存在规范性需求。二是感觉性需求，当个人被问及是否需要某一特定服务时，其反应就是感觉性需求。在社区中，感觉性需求是指当大部分居民感觉到某些需求与期望不能满足，并把它们说出来时。

三是表达性需求，当个人把自身的感觉性需求通过行动来表达和展现时，即成为表达性需求。表达性需求主要反映了对社会服务数量上的需求，它不一定表示对服务质量的不满意；此外，表达性需求不仅来自个人，也来自团体。四是比较性需求，这类需求的认定是针对某种特征所作的比较，如果一些居民获得服务，但另一些条件相似的居民却没有得到同样的服务，后者便会产生新的需要。这种与其他个人和社区比较而得出来的需求就是比较性需求。比较性需求可以由居民提出，也可以由专家提出。

3. 社区资源分析。社区资源主要有三类：一是人力资源，包括社区中所有的个人体力、技术、智慧、助人意愿以及人际关系等。人力资源重视的人包括社区领袖、各行各业的专家、学者、领导人、社会工作者、志愿者等。二是财力资源，主要是社区服务所需要的经费，一般有政府支持、社会捐助和服务收费三个来源。三是物力资源，主要是可用于社区服务的场地、设备。社区资源分析就是要对所介入社区的资源种类及可利用资源进行检查，如表 1-23 和表 1-24 所示。

表 1-23　社区资源种类

|  | 社区内部资源 | | 社区外部资源 | |
|---|---|---|---|---|
|  | 正式资源 | 非正式资源 | 正式资源 | 非正式资源 |
| 人力资源 |  |  |  |  |
| 财力资源 |  |  |  |  |
| 物力资源 |  |  |  |  |

表 1-24　社区资源检查表

|  | 本社区必须运用的资源 | 已存在的资源 | | | 现不存在的资源 | | 备注 |
|---|---|---|---|---|---|---|---|
|  |  | 已使用的资源 | 尚未使用的资源 | 无法使用的资源 | 可开发的资源 | 无法开发的资源 |  |
| 人力资源 |  |  |  |  |  |  |  |
| 财力资源 |  |  |  |  |  |  |  |
| 物力资源 |  |  |  |  |  |  |  |

另外，在社区资源分析中，社工需要关注资产为本社区发展模式，该模式由美国学者 John P. Kretzmann 最先提出，并创建了资产为本社区发展研究所，为世界各地的社区发展提供理论和实证指导，目前，资产为本社区发展模式已得到了广泛的认可。资产为本社区发展模式是区别于传统（需求为本）的模式，传统模式与资产为本模式并没有孰好孰坏之分，需要澄清的是资产为本模式并非完全无视需求，相反它的目标包括通过建设社区自组织，培养公民意识来回应需求。资产为本模式让社工更关注到社区内的资源，整合社区的资源和力量来满足社区的需求的多元性、重叠性和复杂性。以某地区为案例，使用以需求为本模式和资产为本模式的社区地图的差异，如下图所示。

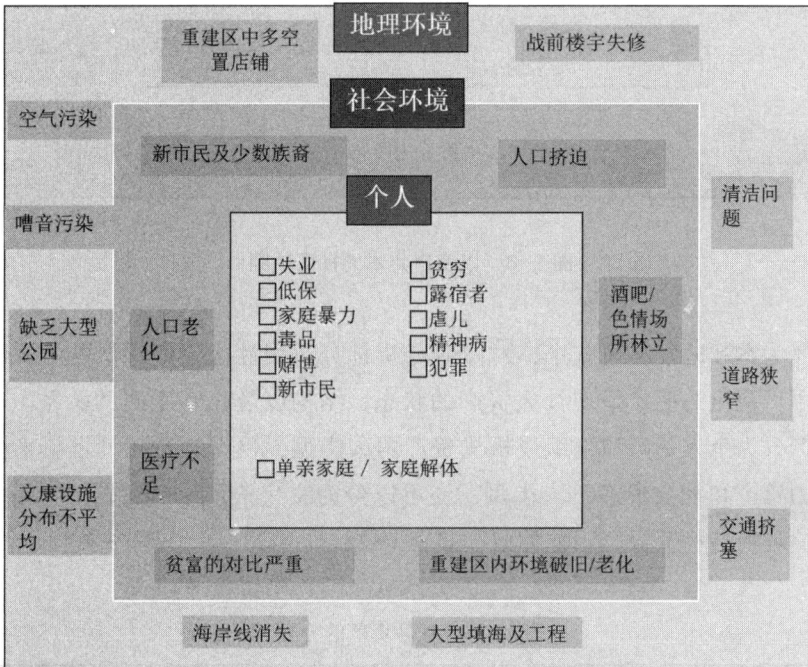

图1-5  以需求为本的社区地图

51

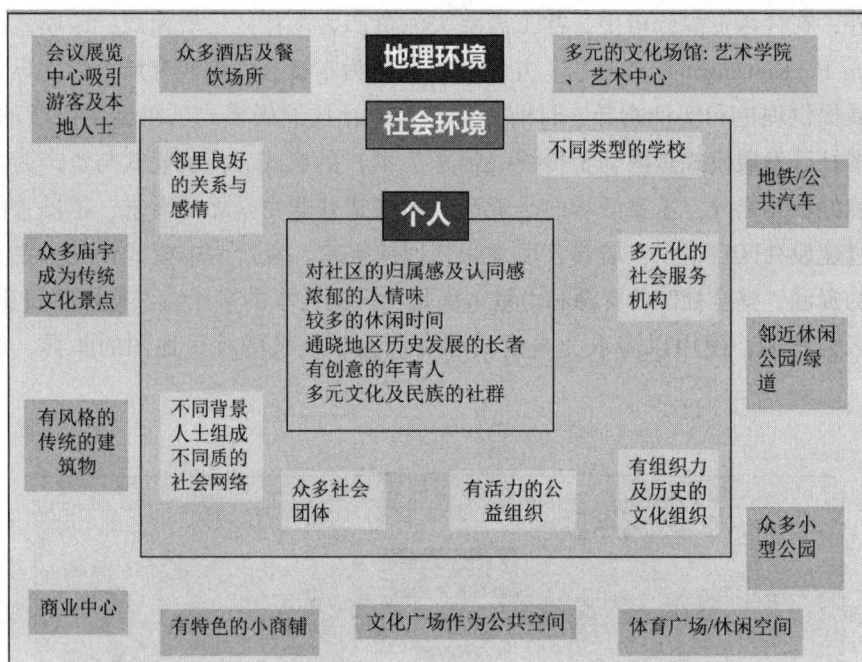

**图1-6 以资产为本的社区地图**

在资产为本社区发展模式中，对资源分析部分采用社区资产图谱的方式。资产图谱是指利用可视化的形式呈现社区资产的状态、结构以及相互之间的关系。有的学者将社区资产分为个人资产和组织或机构资产两大类型，也有学者将社区资产分为物质资产、人力资产和社会资产三大类型，还可以分为文化资产、个人资产、组织/机构/单位资产、环境与物资资产四种类型，如表1-25所示。

**表1-25 社区资产的分类**

| 资产类型 | 主要内容 | 归属特征与动员难易 |
| --- | --- | --- |
| 文化资产 | 包括民风民俗、传统节日、饮食或作息规律、语言和文字、宗教信仰、成员的信任和依赖程度以及约定俗成的价值规范等 | 无明显归属或责任载体，但动员需要长时间地发掘和了解 |
| 个人资产 | 包括个人的技术、才能、知识、经验、名誉、地位、财富，以及所能动员的社会关系 | 归属于特定个人，动员难度较小，但不确定因素较多，可能受到个人境遇变化或空间迁徙的影响 |
| 组织/机构/单位资产 | 包括组织/机构/单位所拥有的物力、人力、财力、信息和影响力，还包括它们拥有的政策资产，如某试点区域政策 | 有明确归属和责任载体，动员的前提条件为：能与该组织/机构/单位实现共赢 |

续表

| 资产类型 | 主要内容 | 归属特征与动员难易 |
|---|---|---|
| 环境与物资资产 | 包括山川、河流等自然环境，还包括社区建筑、公共场地、基础设施、道路交通等 | 部分有明确归属，动员难度较小 |

（三）社区服务计划

社区服务计划以社区为服务对象，对社区建设的整体部署和设计。计划分为整体计划和具体计划两种。整体计划是指社区的现在和未来进行全局思考，涉及社区组织与发展的全局，分为长远规划和近期规划。具体计划是对社区中亟待解决的问题制定出的工作方案，是整体规划的其中一个部分。值得注意的是，服务计划应包括任务目标和过程目标，过程目标是为了达到社区居民信心、价值观或态度、参与感等方面的改变；而任务目标是解决具体的社区问题。

（四）实施服务计划

根据社区服务计划实施服务，在实施的过程中，注意社区社会工作模式的选择，每一种服务模式的工作方法有所不同。值得注意的是，加强对实施计划的监测，高质量的监测能够确保服务目标的达成。

开展社区服务计划，要求社工从事的工作是多方面的，服务手法比较多元化。具体说来，包括以下几个方面：

1. 宣传教育。社区行动的对象一般为需要帮助的社区居民，但其工作涉及社区的方方面面，需要社区内各机构、团体及全体居民的通力合作。为此，社工应通过召开不同层次、不同对象、不同场所的会议，进行广泛的讨论、交流与协商工作，使所要处理和解决的问题及行动计划为各界所认识、理解，并进而积极参与社区行动

2. 动员组织或培育组织。社区行动可依托社区有关职能单位如社区福利机构来进行，也可以发动居民，培育社区自组织。

3. 筹措经费。为保证社区行动计划的顺利进行，社工应协助职能部门多方筹措资金，合理使用资金，并对资金的实际使用情况定期开展审计，堵塞财务漏洞。

4. 沟通协调。在实际执行社区行动计划的过程中，社区各机构、各方面的默契配合是非常重要的。社工在开展社区行动中，应进行充分、有效的沟通、协调工作，使工作顺利进行。

5. 社区服务评估。在社区服务计划执行完毕后，通过科学的评估方法和程序，对计划的执行情况进行评估，以检查计划执行的实际效果，检视服务成效。

**二、社区活动的流程**

在社区服务中，社工面向社区或居民整体的服务，主要以社区活动为载体开展，

社区活动基本可以分为筹备期、开展期、结束期三个阶段。

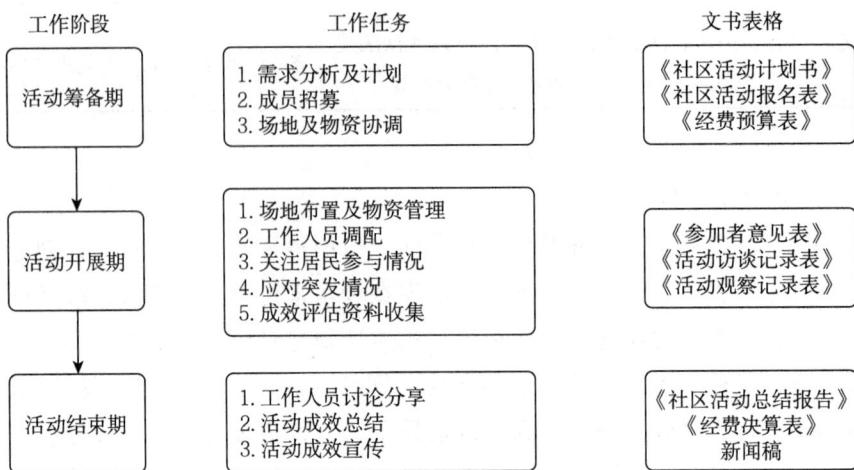

| 工作阶段 | 工作任务 | 文书表格 |
|---|---|---|
| 活动筹备期 | 1. 需求分析及计划<br>2. 成员招募<br>3. 场地及物资协调 | 《社区活动计划书》<br>《社区活动报名表》<br>《经费预算表》 |
| 活动开展期 | 1. 场地布置及物资管理<br>2. 工作人员调配<br>3. 关注居民参与情况<br>4. 应对突发情况<br>5. 成效评估资料收集 | 《参加者意见表》<br>《活动访谈记录表》<br>《活动观察记录表》 |
| 活动结束期 | 1. 工作人员讨论分享<br>2. 活动成效总结<br>3. 活动成效宣传 | 《社区活动总结报告》<br>《经费决算表》<br>新闻稿 |

图 1-7 社区活动流程

### 三、社区活动文书的使用顺序

文书表格的使用顺序如下：

第一，活动计划书。首先，在决定开展社区青少年安全意识提升活动后，一般会先想好服务的思路，定下举办活动的时间、地点、参与人数和预算，之后填写活动计划书。完成活动计划书后将其交由主管和督导/督导助理审批。审批通过后，可以进行人员招募、物资采购等环节。同时活动计划书里列的所需物资情况，可以用于活动前核查物资的准备情况。

第二，人员招募。活动计划书审批通过后，在人员招募时，就需要使用报名表，填写活动报名者的基本信息。一般人员报名会持续 1~5 个工作日，具体视人员招募情况适当调整。

第三，活动签到表。活动签到表一般会在当天活动开始前使用，引导参与者依次签到，核查人员到场情况。

第四，参与者意见表。参与者意见表一般在活动的最后一个环节使用，用于收集活动参加者的意见，了解服务的成效和意见反馈。

第五，活动总结报告。活动总结报告一般在活动结束后的 1~3 个工作日内完成，总结服务目标的达成情况、服务的内容设计、服务的反思等。总结报告完成后，则由督导进行批阅，填写督导意见。

第六，活动归档表。当所有的活动资料都打印、签字完成后，就可以进行归档。在归档时使用活动表格归档清单，逐项核查归档情况。

### 四、社区活动文书归档

本清单用于核查活动资料的归档情况，每归类一项就在对应的地方打"√"，可以直观展现服务的归档情况，也便于以后的资料查阅。本清单在所有服务完成后进行归档时使用。

表1-26　活动表格归档清单

| 序号 | 表格名称 | 是否使用归档 | 备注 |
|------|----------|--------------|------|
| 1 | 活动封面 | | |
| 2 | 活动计划书 | | |
| 3 | 活动报名表 | | |
| 4 | 活动签到表 | | |
| 5 | 活动预算表 | | |
| 6 | 活动结算表 | | |
| 7 | 活动检讨报告 | | |
| 8 | 参加者意见表 | | |
| 9 | 意见汇总表 | | |
| 10 | 观察记录表 | | |
| 11 | 访谈记录表 | | |
| 12 | 活动评估表 | | |
| 13 | 活动新闻稿及照片 | | |

### 五、社区活动文书套表

以社区青少年安全意识提升活动为教学案例，进行社区活动文书的学习。

（一）活动计划书

活动计划书是在开展活动前首先需要完成的服务文书，包括活动的基本情况介绍、活动背景、理论架构、活动目的目标、宣传招募方法、评估方法、活动具体安排、风险及应对、物资及预算、服务审批等部分。活动计划书一方面展现了社工的服务逻辑和服务内容，另一方面也是作为服务审批的依据，一份活动活动计划书只有在项目主管/主任和督导均审批同意开展后，才能进入后续的环节。

表1-27 活动计划书

| 活动名称 | | 活动规模 | ☐大型　☐中型　☐小型 |
|---|---|---|---|
| 活动时间 | | 活动地点 | |
| 活动负责人 | | 活动对象 | |
| 预计参与人数 | | 人手编排 | |

| 1. 活动背景 | 活动背景可包括开展活动的社会背景、社区背景、历史背景，阐述活动的必要性和意义。 | |
|---|---|---|
| 2. 理论架构 | 理论架构：理论需与活动相结合。首先对理论做一简单介绍；其次对活动中具体用到的理论的部分，进行详细介绍；最后阐述活动的内容是如何应用理论。 | |
| 3. 目的目标 | 目的：目的也可称为活动的总目标，是对活动目标的整体性、概括性、抽象性介绍。 | |
| | 目标 | 3.1 活动的目标要具体可测量，并有时间限制，确保活动结束后可以评估活动的目标是否达成。活动的目标一般设置2~5个，常用SMART原则和QQT原则来衡量目标设置的合理性。 |
| | | 3.2 |
| | | 3.3 |
| 4. 宣传招募方法 | 4.1 宣传招募方法，即宣传活动，招募潜在的服务对象参加服务的方法，具体可分为线上招募、线下招募，也可分为学校招募、社区招募、家庭招募等。 | |
| | 4.2 | |
| | 4.3 | |
| 5. 评估方法 | ☐过程评估<br>　☐活动过程中社工对组员的观察、感受<br>　☐活动过程中社工与组员的互动问答<br>　☐活动过程中社工对小组环节的观察和小结<br>　☐其他评估方法，请注明：<br>☐结果评估<br>　☐活动结束后社工与参加者的成效访谈<br>　☐参加者填写的成效问卷<br>　☐参加者的意见反馈表<br>　☐其他评估方法，请注明： | |
| 6. 活动具体安排 | | |

| 时间 | 目标 | 内容 | 物资 | 负责人 | 备注 |
|---|---|---|---|---|---|
|  |  |  |  |  |  |
|  |  |  |  |  |  |

| 7. 风险及应对 | 风险 | | 应对 |
|---|---|---|---|
|  | 7.1 活动风险包括服务对象、天气、场地、活动道具等多方面影响活动顺利开展的风险。在活动计划时，要充分预估各类活动风险，并事先做好应对方案。 | | 活动风险应对，首先要对风险进行分析，判断风险发生的概率和影响，随后根据实际情况，采取转移风险、接受风险、回避风险、减轻风险等不同的策略。 |
|  | 7.2 | |  |
|  | 7.3 | |  |

| 8. 物资及预算 | 支出内容 | | 单价（元)×数量 | 预算金额（元） |
|---|---|---|---|---|
|  |  | 1 |  |  |
|  |  | 2 |  |  |
|  |  | 3 |  |  |
|  |  | 4 |  |  |
|  | 合计（元） | | | |

| 9. 服务审批 | 社工签名 | | 日期 | |
|---|---|---|---|---|
|  | 主管/主任意见：<br><br>签名：　　　　　　日期： | | | |
|  | 督导意见：<br><br>签名：　　　　　　日期： | | | |

（二）活动报名表

活动报名表在服务对象报名时使用，一般包括姓名、年龄、电话等内容，另外可根据活动的具体内容进行添加，比如增加性别、年级等内容。在使用报名表时，一方面要保证社工搜集到报名活动所需要的信息，另一方面也不能让服务对象填写太多的信息。

表1-28 活动报名表

| 编号 | 姓名 | 年龄 | 电话 | 备注 |
|------|------|------|------|------|
| 1 | | | | |
| 2 | | | | |
| 3 | | | | |

（三）活动签到表

活动签到表由服务对象在活动正式开始前填写，用于统计参与服务的人员情况。同时签到表和报名表相对照，可以报名活动人员的出席情况，对于那些已报名而未出席活动的服务对象，社工可致电了解具体情况。

表1-29 活动签到表

年　　月　　日

| 编号 | 姓名 | 电话 | 备注 |
|------|------|------|------|
| 1 | | | |
| 2 | | | |
| 3 | | | |
| 4 | | | |
| 5 | | | |

（四）参加者意见表

参与者意见表在活动即将结束时使用，用于搜集服务对象对服务的意见，包括服务目标的实现情况、服务的满意度、服务的整体评价、服务的建议等内容，其中服务目标这块要回应计划书中的服务目标。另外需要区分两处的服务目标描述的差别，服务计划书中的服务目标是整个服务要达成的目标，此处的服务目标评价是参与者个人对服务目标达成情况的评价。比如，服务计划中的一个目标是"90%的参与者学习到5类安全隐患应对知识"，此处的服务目标则表述为"我学习到5类安全隐患应对知识"。

表1-30　参加者意见表

这份问卷的目的是收集你对本次服务的意见，以改善我们将来的服务。请选择最能代表你意见的答案。你的意见将会被保密，而你给予的意见并不会影响你现时或将来所接受的服务。

现诚意邀请你抽空填写问卷，完成后请交予有关社工。多谢合作！

活动名称：

活动目的：（此处的活动目的与活动计划书中的活动目的相同）

（此栏内容由工作员填写）

请圈出以下最能代表你意见的答案

一、对本次活动评价

| 类型 | 分值 | | | | |
|---|---|---|---|---|---|
| （一）你认为活动可达到以下服务目标（目标可增减）： | 1表示非常不符合，5表示非常符合 | | | | |
| 1.1此处的服务目标应对应活动计划书中的活动目标，但在表达上要进行调整，此处的目标是单个服务对象需要达成的目标，服务计划中的目标是整个活动需要达成的目标。 | 1 | 2 | 3 | 4 | 5 |
| 1.2 | 1 | 2 | 3 | 4 | 5 |
| 1.3 | 1 | 2 | 3 | 4 | 5 |
| （二）你对本次活动安排的满意程度： | 1表示非常不满意，5表示非常满意 | | | | |
| 2.1活动的时间安排 | 1 | 2 | 3 | 4 | 5 |
| 2.2活动的形式 | 1 | 2 | 3 | 4 | 5 |
| 2.3活动的场地 | 1 | 2 | 3 | 4 | 5 |
| （三）你对活动环节的满意程度（环节可相应增减，此处的环节对应服务计划书中的服务内容）： | 1表示非常不满意，5表示非常满意 | | | | |
| 3.1 | 1 | 2 | 3 | 4 | 5 |
| 3.2 | 1 | 2 | 3 | 4 | 5 |
| 3.3 | 1 | 2 | 3 | 4 | 5 |
| 3.4 | 1 | 2 | 3 | 4 | 5 |
| 3.5 | 1 | 2 | 3 | 4 | 5 |
| （四）工作员表现 | 1表示非常不满意，5表示非常满意 | | | | |

续表

| 类型 | 分值 | | | | |
|---|---|---|---|---|---|
| 4.1 我满意工作员的工作表现 | 1 | 2 | 3 | 4 | 5 |
| 4.2 我满意工作员的工作态度 | 1 | 2 | 3 | 4 | 5 |
| （五）整体评价 | 1表示非常不满意，5表示非常满意 | | | | |
| 5. 你对本次服务的整体评价 | 1 | 2 | 3 | 4 | 5 |

二、你对本次活动的其他意见或建议

参加者姓名：

日期：

### （五）活动总结报告

活动总结报告用于总结活动的筹备情况、目标达成情况，进行内容评估和活动反思。在反思的环节，不仅要反思活动中存在的不足，也要反思活动中的优点，便于后续服务的借鉴和提升。

表1-31　活动总结报告

| | | | |
|---|---|---|---|
| 活动名称 | | 活动地点 | |
| 活动日期 | | 活动时间 | |
| 负责社工 | | 出席人数 | |
| 活动筹备情况评估 | 沟通协调、物资准备、人员安排、场地安排、物资统筹等是否合理 | | |
| 目标达成情况 | 目标达成情况如何，有哪些情况可以证明 | | |
| 内容评估 | 评估方案设计是否对目标达成有效。活动开展情况如何？内容设置是否利于目标达成，居民接受程度如何？内容设置方面哪些方面做得好，可以发扬，哪些做得不足，需改进，如何改进。 | | |
| 反思 | 1. 不足<br>2. 优点或值得发扬的地方 | | |

## 任务三　社区社会工作实施过程文书

### 一、社区社会工作实施过程文书

**[实训案例："睦邻睦社"——社区梦想家起航计划]**[1]
第一部分　项目实施过程
一、社区发展需求

社工站自 2011 年 8 月服务至今，越来越多不同年龄层的社区居民了解中心并更多参与进中心服务，社区呈现的服务需求越来越明显及多元其中社区文艺、教育、进化是最广泛社区亲子家庭对社区文化生活有需求。

①社区里有大量长者、家庭对亲子教育有强烈的需求。②社区亲子家庭尤其是流动议题。③石化、万科有大量社区问题，通过常规方式难以解决，对社区领袖的培养有迫切的需求。

二、社区发展需求分析

针对社区呈现的服务需求，社工对社区资源、服务基础及发展限制进行分析，从中寻找指引社区需求满足的途径。

| | |
|---|---|
| 资源分析 | 行政资源：社工站在××街服务 7 年，与街道及各居委建立了良好的服务关系，各职能部门对中心服务提供了有力的支持。<br>组织资源：社区内有各类型的社区自治组织，如由 35 支文艺队伍组成的文艺团体联合会、各社区亲子组建的社区妈妈团、以万科社区为代表的楼组长服务队等，各类型的社区组织在社区文娱、社区教育和社区治理方面发挥了作用。 |
| 服务基础 | 1. ××街文艺自治团体联合会：联合辖区内 35 支文艺自治队伍成立联合会，逐步形成规范自我管理和发展，带动××街社区文艺事业健康发展。能独立承担起整个××街的文艺活动的承办，得到街道、居委的一致认同。<br>2. 万科社区楼组长建设行动：培育一支由 26 名楼组长组成的服务队伍，楼组长逐渐将成为社区秩序的维护者，在服务发展的过程中，楼组长自主意识逐步提升，居民参与渠道拓宽，有效促进社区公共问题解决。<br>3. 各社区妈妈团：依托社区发展社区自治组织，开拓亲子家庭的社区参与渠道，搭建互助交流平台，社区家庭的互动增加，社区关系更加融洽。 |
| 发展限制 | 1. ××街文艺自治团体联合会：关注自身发展而忽视与社区的关系；<br>2. 万科社区楼组长建设行动：社区问题复杂，楼组长培育停滞难以深入发展；<br>3. 各社区妈妈团：以被动参与为主，无法推动社区发展。 |

---

[1]　特别鸣谢广州市洋城社会工作服务中心提供"睦邻睦社"社区梦想家起航计划的案例材料。

社区里不同人群体现出社区教育、文娱、进化等多元的需求，而社区内的自治组织已有资源能够满足部分满足这些需求，却因为缺乏社区意识或没有参与渠道、发展平台等原因而未能与社区建立联系。社工将通过服务设计让社区资源与社区需求链接，并从中发挥其优势资源，满足社区需求。

三、服务目标

总目标：推动社区文娱、教育和进化，共同建设和睦社区

分目标：①促进社区组织、个人发挥自身优势的发挥；②开拓社区参与渠道，发展社区自治组织，搭建社区自治平台。

四、介入计划

（一）介入计划

以"睦邻睦社"为主题开展社区梦想家起航计划，通过投入资金、资源，动员社区内包括楼组长、妈妈团以及××街文艺自治团体联合会及其他有意愿参与的社区组织、个人申报梦想计划，关注社区资源自身的能力和优势，与社区文娱、社区教育、社区进化三个议题结合，发展出新的服务实践，再通过公众评审选拔出最适合在社区开展的 20 个梦想计划，支持其落地和实现，发展出更好的社区实践。

社区梦想计划主要内容：

1. 社区文娱梦想：文艺教育类，通过文艺教育丰富社区文化生活、提升专业水平；艺术演出类，通过小型演出、汇演的方式促进社区文化交流；社会参与类，结合社区发展目标的艺术倡导和公益参与等。

2. 社区教育梦想：从不同知识背景、能力特长出发，以分享会、活动等方式针对儿童青少年、成人、长者等群体的社区教育活动。

3. 社区进化梦想：直接针对社区问题进行微型进化改造，例如增进社区邻里关系、改善社区家庭文明、增进社区互助行为、提升社区卫生习惯等。

项目流程：①宣传动员；②申报审核；③辅导支持；④嘉许总结。

（二）介入要点分析

1. 重点联络现有团体，广泛动员社区参与：重点动员现有团体，通过宣讲会和一对一约谈直接动员参与，并通过线上线下宣传广泛动员其他社区参与。

2. 优化申报程序，注重参与过程：通过并优化申报程序，通过简化文字、重视口头表达的方式降低社区资源参与的心理门槛，让更多的基层社区服务对象能够参与其中；

3. 注重挖掘亮点，发挥社区优势能力：对社区组织现有服务中的亮点服务，协助挖掘提炼亮点，重点培育。

4. 提升公众参与，营造社区氛围：通过路演和公众评审的方式提升参与者和公众参与，营造社区参与氛围。

5. 凝聚榜样力量，推动持续参与：建立朋辈沟通平台，相互交流学习，并时刻关注参与者动态，及时给予辅导支持。

五、项目执行情况评估

以"睦邻睦社"为主题开展社区梦想家起航计划，通过投入资金、撬动资源，动员有意愿参与的社区组织、个人申报梦想计划结合社区文娱、社区教育、社区进化三个议题发展出新的服务实践。

1. 激活包括楼组长、妈妈团以及××街文艺自治团体联合会及其热心居民，收到共23份对自己梦想计划的书面申请项目书。

2. 通过由街道科室、各居委主任、中心督导公众评审选拔出最适合在社区开展的17个梦想计划，并投入经费15 000元，社工通过提供资源、专业和朋辈支持，帮助其落地和实现。

表 1-28  梦想计划申报及资助情况

| 梦想计划 | 申报团体 | 类别 | 资助金额 |
| --- | --- | --- | --- |
| 青少年读书会 | "阅享+"读书会 | 社区教育梦想 | 1500 |
| 海安社区亲子嘉年华—共同成长计划 | 海安社区妈妈团 | 社区进化梦想 | 1500 |
| 万科居民议事平台搭建计划 | 万科社区楼组长 | 社区进化梦想 | 1500 |
| 金碧社区妈妈团建设计划 | 金碧社区妈妈团 | 社区进化梦想 | 1500 |
| 社区儿童快乐乒乓 | 石化天地乒乓队 | 社区教育梦想 | 1000 |
| 关爱下一代活动 | 万科社区关工小组 | 社区进化梦想 | 1000 |
| 迎新春送温暖慰问演出 | 馨家歌乐团 | 社区进化梦想 | 1000 |
| 葫芦丝公益培训 | 石化金孔雀葫芦丝队 | 社区教育梦想 | 1000 |
| 联合会年度团队建设计划 | ××街文艺自治团体联合会 | 社区文娱梦想 | 1000 |
| 社区合唱团 | 欢乐合唱团 | 社区教育梦想 | 500 |
| 爱心传递—万颐智慧坊长者慰问计划 | 万科城花歌咏队 | 社区进化梦想 | 500 |
| 万科社区邻里交流活动 | 万科楼组长 | 社区进化梦想 | 500 |
| 国标舞/拉丁舞培训 | 佳缘舞蹈队 | 社区文娱梦想 | 500 |

续表

| 梦想计划 | 申报团体 | 类别 | 资助金额 |
|---|---|---|---|
| 模特队 | 金韵模特队 | 社区文娱梦想 | 500 |
| 魅力舞动 | 魅力舞团 | 社区文娱梦想 | 500 |
| 天使之约礼仪队 | 天使之约礼仪队 | 社区文娱梦想 | 500 |
| 交谊舞、民族舞训练 | 金碧领秀舞蹈队 | 社区文娱梦想 | 500 |

3. 目前3个项目已实施完成，6个项目正在开展，8个项目将陆续开展：

社区进化梦想：已完成项目3个，万科城花歌咏队作为万颐智慧坊颁发聘书聘请的义工团队，一直服务于该机构的长者，此次通过梦想计划的资助，在歌咏表演、关怀慰问的基础上赠送了冬天长者必备的手套，为30名行动不便的长者带来了温暖；海安社区妈妈团在梦想计划的支持下开展了亲子嘉年华活动，各个孩子、家庭展示才艺，参与互动游戏，促进了亲子间和社区家庭间的互动；万科楼组长中隶属关工小组的成员开展了关爱下一代活动，使用梦想基金购买文件夹，以新换旧收集了大量闲置图书捐赠到善德助学、闲置衣物捐赠到日行一善，也在活动中向青少年传递关爱及环保的理念；馨家歌乐团针对社区特殊人群开展文艺慰问，为工疗站人员带来精彩的表演和物资慰问，接下来也将到社区自闭症训练学校提供服务。

社区教育梦想：共有3个项目在持续开展中，"阅享+"读书会，该自治团体跟踪孩子的成长，摸索发展出一套提升孩子阅读兴趣的课程，社区梦想家计划为读书会提供场地支持，团队核心也用梦想基金购买礼品、邀请外部教师资源等丰富服务模式，目前已开展三期读书会，将持续运作，并于下半年在万科、金碧、海安推广服务模式，协助培育新的服务团体；社区儿童快乐乒乓计划和葫芦丝公益培训，则是社区文体团队发挥自身特长为社区居民提供的免费培训服务，促进了自身优势与社区的联结。

社区文艺梦想：通过社区梦想家计划，扶持发展新队伍2支，促进原有社区文艺队伍的社区参与意识，通过梦想家计划分享自身特长，让更多的社区居民了解并参与其中。

社区梦想家计划让参与者创造出新的可能性，如原本不可能开展的服务开展了，持续的服务得到资源支持从而可以深化服务，原本仅关注自身的社区团体也开始意识到可以将自己的服务经验分享给社区。社区梦想家们的能力得到发挥，对社区的影响扩大。

## 第二部分　项目实施过程文书

表 1-33　社区梦想家服务流程

| 工作阶段 | 序号 | 工作步骤 | 工作内容 | 任务人 | 序号 | 配套文件/表格 |
|---|---|---|---|---|---|---|
| 服务机制建立 | 1 | 服务流程梳理 | 详见本表。 | ×× | 1.1 | 社区梦想家服务流程 |
| | 2 | 服务机制建立 | 服务质量是项目的核心，为更好地完成项目，促进社区组织的发展及能力提升，为社区居民最大程度地提供服务。本项目根据各服务组业务流程的要求，建立配套制度及规范性文件，包括工作守则、保密制度、服务意见收集及采纳机制、服务终止制度等。 | ×× | 1.2 | 社区梦想家服务管理制度 |
| 服务需求与服务包梳理 | 1 | 服务需求梳理与分析 | 各服务组社工根据社区人群需求、社区问题梳理社区需求目录。 | 服务组 | 2.1 | 社区需求、资源梳理清单 |
| | 2 | 服务资源梳理与分析 | 各服务组社工根据社区需求梳理可利用的社区热心居民、志愿者、社区组织资源，提出服务建议。 | 服务组 | | |
| | 3 | 服务包梳理 | 结合社区需求及社区资源，梳理服务包。 | 服务组 | 2.2 | 服务包信息表 |
| | 4 | 服务包审核与修订 | 将社区需求梳理清单社区梦想家计划服务包提交至社工站社区组审核、修订。<br>①通过——进入下一阶段工作<br>②需修订——与社区组讨论修改直至通过审核<br>③不通过——工作终止 | 服务组社区组 | 2.3 | 服务包审核与修订表 |

| 工作阶段 | 序号 | 工作步骤 | 工作内容 | 任务人 | 序号 | 配套文件/表格 |
|---|---|---|---|---|---|---|
| 服务包上架与认领 | 1 | 服务包信息汇总、分类 | 对中心所有通过审核的服务包进行汇总整合。<br>根据服务包内容将服务包分成：<br>社区进化梦想：社区问题改善、弱势人群关怀类服务；<br>社区教育梦想：知识、技能提升类社区教育服务；<br>社区文娱梦想：艺术演出类社区文娱类服务。 | 社区组 | 3.1 | 服务包信息汇总表 |
| | 2 | 服务包上架策划 | 根据服务包服务社区、预期对接资源的不同，策划、设计不同的宣传推广方案。 | 宣传组 | | |
| | 3 | 服务包宣传推广 | 1. 社区推广<br>2. 公众号推广<br>3. 微信/QQ 群推广<br>3. 针对性重点推广 | 宣传组 | 3.2 | 服务包宣传记录汇总表 |
| | 4 | 接受报名及审核 | 1. 接受社区居民/志愿者/组织以团队形式报名认领服务包。 | 社区组服务组 | 4.1 | 服务包承接申请表 |
| | | | 2. 社区组、服务组共同审核申报团队资质，对团队核心成员进行面试，择优录取。<br>①通过——进入下一阶段工作<br>②不通过——工作终止 | | 4.2 | 面试评审表 |
| 社工支持团队培育 | 1 | 转换社工服务角色 | 协助社工梳理服务包各阶段的自身角色，明确工作职责与工作内容。 | 社区组 | 5.1 | 服务组工作安排表 |
| | 2 | 培育有能的社工支持者 | 1. 定期收集各服务包工作进度、困难，给予针对性支持。<br>2. 定期开展项目组例会，促进各服务包负责社工了解彼此工作情况，收集工作困难，并通过团队支持、督导支持促进项目持续进展。 | 社区组督导 | 5.2 | 会议记录 |

续表

| 工作阶段 | 序号 | 工作步骤 | 工作内容 | 任务人 | 序号 | 配套文件/表格 |
|---|---|---|---|---|---|---|
| 社工支持团队培育 | 3 | 服务监控 | 及时、定期跟进负责社工的服务推进进度、遇到的困难，协助解决，促进服务顺利开展。 | 社区组督导 | 5.3 | 服务组工作检查记录表 |
| | 4 | 服务意见收集 | 社区组负责人需季度一次组织所有服务包执行团体及对接社工开展服务总结会，收集项目推行过程中的困难、意见及项目发展的探讨等。 | 社区组 | 5.4 | 需求及意见收集清单（社区组用） |
| 社区服务团队培育 | 1 | 建档与签署服务协议 | 与每个团队成员面谈，并建立个人成长档案，并通过签署服务协议，共同确认承接服务。 | 社区组服务组 | 6.1 | 服务协议 |
| | | | | | 6.2 | 参加志愿服务保密协议 |
| | | | | | 6.3 | 承接团队信息表 |
| | | | | | 6.4 | 个人发展档案 |
| | 2 | 岗前培训 | 社区梦想家起航计划服务、服务包整体服务介绍。各方分工与角色澄清。整体落实工作内容、工作量。承接团队针对服务内容拟定工作计划，服务团队给予意见建议，整合完善整体服务安排。落实定期反馈、分享机制。 | 社区组服务组 | 6.4 | 项目导入PPT |
| | 3 | 服务能力提升 | 根据服务包服务内容，设计针对性服务能力提升培训。以"培训+服务→反思+经验总结→服务"的方式不断提升承接团队的社区服务能力。 | 社区组服务组 | 6.5 | 项目培训相关资料各服务组准备，社区组协助完善。 |
| | 4 | 服务意见收集 | 对接社工需在服务团队每次工作结束后开展总结会议，以了解团队执行情况，收集服务团队的困难、意见及需求，做好服务记录。 | 服务组 | 6.6 | 需求及意见收集清单（服务组用） |

| 工作阶段 | 序号 | 工作步骤 | 工作内容 | 任务人 | 序号 | 配套文件/表格 |
|---|---|---|---|---|---|---|
| 社区服务团队培育 | 5 | 团队建设 | 定期开展团队建设活动，提升团队凝聚力。<br>搭建社区支持网络，促进服务经验共享。 | 服务组 | | |
| 服务执行 | 1 | 服务执行 | 服务团队服务包及完善的整体服务安排开展服务，按质按量完成基本服务内容，依据服务标准提供服务内容，过程中评估及收集服务对象及其家属的需求及意见，如有问题及时反馈。 | 承接团队 | 7.1 | 服务记录总表 |
| | | | | | 7.2 | 需求及意见收集清单（承接团队用） |
| | | | | | 7.3 | 活动套表 |
| | | | | | 7.4 | 课程套表 |
| | 3 | 服务监控 | 负责社工及时、定期跟进服务包开展情况，了解服务困难，协助解决，如问题难度大则提交项目组共同协商，促进服务顺利开展。<br>服务开展情况：<br>①达标及以上：按计划开展，注重团队建设、能力培育，嘉许及表彰。<br>②服务情况未如理想：共同协商寻找问题根源（服务包设计问题、团队能力问题、团队执行力问题等），进行针对性解决；经过协商解决，但定期评估三次以上服务情况均未如理想，则终止服务协议。 | 服务组 | 8.1 | 服务包服务完成情况检查表 |
| 服务总结 | 1 | 服务总结 | 完善服务服务记录，梳理提炼服务经验。 | | | |
| | 2 | 表彰嘉许 | 表彰嘉许服务 | 社区组 | | |

## "睦邻睦社"社区梦想家起航计划服务管理制度

服务质量是项目的核心，为更好地完成项目，促进社区组织的发展及能力提升，为社区居民最大程度地提供服务，本项目根据各服务组业务流程的要求，建立配套制度及规范性文件，包括工作守则、保密制度、服务意见收集及采纳机制、服务终止制度等。

一、服务主体：服务包执行团队及个人

服务包执行团队是指审核通过的申报团队及个人，且对团队核心成员进行面试、建档、登记、按照该项目有关规定参加服务活动的团队及个人。

该团队及个人均为社区的热心人士或骨干义工，中心为了促进社区组织的多元化发展，特通过服务超市搭建服务平台，发挥社区有能人士服务社区。

该团队及个人同时享有及执行义工管理的所有规定。

二、项目框架及流程

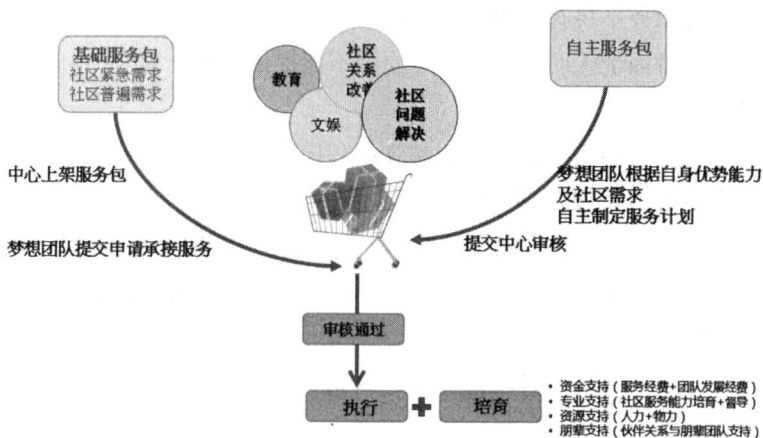

三、服务申请与退出

（一）申请条件

1. 认同××街社工服务站的服务宗旨和助人理念；

2. 年满 18 周岁且具有完全民事行为能力者，18 周岁以下是亲子家庭开展服务包项目；

3. 项目主要由居委、社工推荐热心居民、志愿者等为承接对象。

（二）申请程序

1. 接受社区居民/志愿者/组织以团队形式报名认领服务包；

2. 社区组、服务组共同审核申报团队/个人资质，对团队核心成员进行面试，择优录取；

3. 通过的团队/个人，建档与签署服务协议；

4. 参加岗前培训，发放义工服务登记卡；

5. 做好服务记录。

（三）退出申请

1. 自愿退出程序。可自愿退出服务，在此情况下，应遵守的程序如下：

（1）有意退出服务的团队/个人首先应通知对接社工；

（2）社工联络团队/个人，预约退出服务面谈；

（3）社工约见团队/个人，了解他们退出服务的原因；

（4）社工视情况需要，做好沟通，确定需要退出填写《义工退出表》；

（5）填写退出面谈记录，做好档案存放。

2. 在下列情况，中心可要求参与者退出服务：

（1）服务参与者的行为对其他服务对象或社工构成不良影响或危险；

（2）所提供的服务不再符合服务对象的需要；

（3）服务参与者因个人时间或身体等原因不能提供服务；

（4）服务项目结束。

3. 中心要求服务参与者退出服务应遵守的程序：

（1）服务参与者不再符合提供服务资格。

①以书面于1个月前向服务参与者发出终止服务的通知，表明其不再符合提供服务资格。②应与中心领域主管召开会议，讨论退出服务的事宜和可能安排的跟进服务。③应安排跟进服务。

（2）服务参与者的行为对其他服务对象或社工构成不良影响或危险。①通知服务参与者面谈，了解原因；②应与领域主管召开会议，共同制定避免服务参与者退出服务的策略和有关期限；③中心安排社工实施在会议中制定的策略，帮助服务参与者参与有效正向服务；④若策略不奏效，应再次与当事人面谈，安排其退出服务及订出终止服务的日期。

（3）所提供的服务类型不再符合服务对象的需要。通知服务参与者，有意要求服务参与者终止服务。作出终止服务的决定之前，会采取所有合理措施或实施服务其他计划，使服务参与者能够继续开展服务。

（4）服务参与者申请服务和退出服务时，中心应该让申请人知道机构作出受理和不受理决定的原因。

四、权利与义务

（一）权利

1. 结合服务目标，开展针对性的培训及活动，促进能力提升；

2. 结合服务包目标，策划组织各种公益活动，参与活动管理，服务中涉及的财务预算，经提交对接社工协助审核通过并发放开展活动；

3. 获得从事服务的必须条件和必要保障；

4. 中心帮助解决在服务活动中所遇到的困难和问题；

5. 享有中心为发展组织提供的组织培育建设经费；

6. 享有对中心工作的批评建议权和监督权；

7. 有加入和退出的自由。

（二）义务

1. 遵守国家法律法规及中心的相关规定；

2. 自愿参加义务工作，自觉维护义工形象；

3. 服从中心的工作安排，尽职尽责，不能参加活动事前请假；

4. 参加活动要佩戴义工证件，语言仪态要文明；

5. 尊重服务对象的隐私权，不能泄露中心不公开的资料；

6. 义工与服务对象的关系是平等的，义工服务时应本着助人自助的理念；

7. 宣传义工服务宗旨，维护声誉，以实际行动扩大义工服务及中心的社区影响；

8. 与中心职员及其他义工互相团结，互相合作，勇于接受批评并改进；

9. 主动向负责社工及中心提出工作意见和建议；

10. 禁止以义工身份或中心名义从事盈利活动或其他违背社会公德的活动；

11. 不能滥用与服务对象的关系以获取个人的利益，不能在中心及服务时间内谋取与义工服务无关的利益；

12. 积极参与义工培训，认真学习服务技巧，不断提高服务质量。

五、参与服务

参加培训和开展服务活动时，应佩带义工证，并于服务结束后进行服务时数和培训记录统计，并交义工组社工予以确认。

六、服务培训

（一）岗前培训

1. 社区梦想家起航计划服务、服务包整体服务介绍。

2. 各方分工与角色澄清。

3. 整体落实工作内容、工作量。

4. 承接团队针对服务内容拟定工作计划，服务团队给予意见建议，整合完善整体服务安排。

5. 落实定期反馈、分享机制。

（二）服务能力提升培训

1. 根据服务包服务内容，设计针对性服务能力提升培训。

2. 以"培训+服务→反思+经验总结→服务"的方式不断提升承接团队的社区服务能力。

（三）团队建设

1. 定期开展团队建设活动，促进团队凝聚力

2. 定期组织团队间的服务经验交流及意见收集分享会。

七、工作守则

1. 秉持爱心、耐心的服务态度。

2. 尊重服务对象的隐私权，在服务中获得的资料，应克尽保密责任。

3. 尊重并培养服务对象自我决定的能力，以维护服务对象权利。

4. 应以服务对象之最佳利益为优先考量。

5. 绝不与服务对象产生非专业关系，不图谋私人利益或以私事请托。

6. 与同伴精诚合作，彼此尊重和信任，在有需要时协助同伴服务其服务对象。

7. 应以诚恳态度与其他专业人员沟通协调，共同致力于服务工作。

8. 遵守机构及合作单位的规章制度，履行机构赋予的权责。

9. 公私分明，不以私人言行代表机构。

10. 积极学习，不断提升专业知识和技能，以提升服务品质。

11. 当服务对象不再需要服务或服务不能满足服务对象需求或利益时，应终止与服务对象的专业关系与服务。

12. 准备终止或中断服务时，应先行告知对接社工，提前做好服务安排。

13. 按工作分工开展执行服务，参与不了，需要提前一天与对接社工沟通，做好工作安排。

八、保密制度

1. 严守社会工作的保密原则，采取有效措施保障服务对象的个人信息不被泄露；

2. 团队及个人，未经服务对象同意或允许，社工不得向第三方透露涉及服务对象个人身份资料和危害服务对象权益的隐私信息；

3. 记载服务对象材料的纸质版资料，完成工作后应以不透明的封套保护存档，及时交给社工存档；

4. 服务完成后，有必要录入服务对象资料的电子版资料，由对接社工打开信息系统的录入密码，录入完成后由对接社工加密保存；

5. 团队及个人使用涉及服务对象肖像权的照片，需获得该服务对象同意，且同时需要告知对接社工，在社工同意后并对相片中的服务对象面部作马赛克处理；

6. 在服务中遇到特殊情况需及时向对接社工沟通，并告知服务对象有限度公开隐私信息的必要性及采取相关保护措施。

九、激励和表彰

将依据义工服务记录，实行星级认证和晋升制度；结合义工服务业绩，推荐其参加评选表彰活动。

（一）星级认证制度

根据义工服务的时间累计，认定其为一至五星级义工。服务时长达到相应级别后，可向义工发展部提交书面申请。本中心将定期开展授星仪式，授予星级义工星级标志。

1. 服务时数累积达到 10 小时，即可获得一颗星，成为一星级义工。

2. 服务时数累积达到 50 小时，即可获得两颗星，成为二星级义工。

3. 服务时数累积达到 100 小时，即可获得三颗星，成为三星级义工。

4. 服务时数累积达到 150 小时，即可获得四颗星，成为四星级义工。

5. 服务时数累积达到 200 小时，即可获得五颗星，成为五星级义工。

（二）可获得的奖励

1. 表彰嘉奖：如获得"优秀义工"和"优秀义工团队"等荣誉称号，可推荐参加广州市义工联"广州十大杰出义工""广州优秀义工"评选；

2. 通报表扬：在中心张贴优秀义工评选结果；

3. 获得提拔为队长或其他管理职位的机会；

4. 参与服务达到 200 小时，考核优秀，可协助对有志从事社工的参与者提供考试所需工作证明。

十、收集及采纳服务意见之执行指引

（一）执行人员

1. 服务包认领团队。

2. 服务包对接社工。

3. 社区组负责人。

（二）执行指引/管理规范

| 执行人员 | 收集对象 | 收集时间 | 收集形式 | 备注 |
|---|---|---|---|---|
| 服务包执行团队 | 服务对象及其家属 | 按服务对象分级情况常规服务 | 电访/家访 | 做好服务记录 |
| 服务包对接社工 | 服务包执行团队 | 每次工作结束后 | 总结会议 | 每两月一次需求梳理 |
| 社区组负责人 | 服务包执行团队对接社工 | 每季度一次 | 座谈会 | |

1. 收集及采纳服务对象意见及需求的步骤：

（1）执行人员：服务包执行团队。

（2）执行团队在服务中依据服务标准提供服务内容，过程中评估及收集服务对象及其家属的需求及意见。

（3）及时与对接社工沟通，给予服务回应。

（4）所有意见的收集必须做好记录，及时填写需求及意见收集清单，方便日后的查阅及进行资料分析的工作，用以改善服务质素。

2. 收集及采纳服务参与者（服务包认领团队）意见及需求的步骤：

（1）执行人员：服务包对接社工。

（2）对接社工需在服务团队每次工作结束后开展总结会议，以了解团队执行情况，收集服务团队的困难、意见及需求，做好服务记录。

（3）及时向社区组负责人反馈，给予服务回应。

（4）组织服务团体做好电子信息系统录入工作。

（5）每两个月一次对接社工需对服务对象、服务团队的需求及意见收集单进行服务需求梳理，结合需求报告有针对性地开展或调整服务内容设计。

3. 收集及采纳服务参与者及对接社工意见及需求的步骤：

（1）执行人员：社区组负责人。

（2）社区组负责人需季度一次组织所有服务包执行团体及对接社工开展服务总结会，收集项目推行过程中的困难、意见及项目发展的探讨等。

（3）做好服务记录及回应。

（三）服务标准/表格

1. 服务标准（各服务包的服务标准）。

2. 需求及意见收集清单。

十一、档案管理

表1-34　"睦邻睦社"社区梦想家起航计划社区需求、资源梳理清单

| 服务组 | | 填表人 | |
|---|---|---|---|
| 需求人群 | | 填表日期 | |
| 一、社区需求分析 | | | |
| 需求人群： | | | |
| 问题/需求分析： | | | |
| 需求迫切程度：□非常迫切　□迫切　□一般　□不迫切 | | | |
| 服务需求分析：（细化为服务类型与频率） | | | |

续表

| 二、社区资源分析 |
| --- |
| 1. 建议对接服务资源及概况<br>人力：（如有推荐服务团队请附上团队信息）<br><br>物力：<br><br>财力：（私人捐献、政府补助和企业赞助等）<br><br>场地空间：<br><br>2. 服务资源可行性分析<br><br> |
| 三、服务建议 |
| 详见附件《梦想计划信息表》。 |

表 1-35　"睦邻睦社"社区梦想家起航计划服务包信息表

| 一、基本情况 | |
| --- | --- |
| 计划名称 | |
| 计划类型 | □社区文娱梦想　□社区教育梦想　□社区进化梦想 |
| 开展时间 | 　年　月 至　　年　月 |
| 开展地点 | （请具体到社区） |
| 计划概述 | （项目内容、期望达到何种目标以及预期效果）<br><br> |
| 二、具体计划安排 | |
| 服务对象 | |
| 计划目标 | |

续表

| | 时间/频率 | 服务内容 | 预计服务人数 | 经费预算 |
|---|---|---|---|---|
| 计划服务内容 | | | | |
| | | | | |
| | | | | |
| | | | | |
| | 合计 | | | |

| | 时间/频率 | 服务内容 | 预计服务人数 | 经费预算 |
|---|---|---|---|---|
| 团队发展内容 | | | | |
| | | | | |
| | | | | |
| | | | | |
| | 合计 | | | |

| 备注 | |
|---|---|

表 1-36  "睦邻睦社"社区梦想家起航计划服务包审核与修订表

| 一、初审结果 | | |
|---|---|---|
| 服务包 | | |
| 负责社工 | | |
| 审核结果 | □通过——进入下一阶段工作 | |
| | □需修订——与社区组讨论修改直至通过审核 | |
| | □不通过——工作终止 | |
| 审核人 | | 日期 |

续表

| | | | | |
|---|---|---|---|---|
| **二、修订记录** | | | | |

| 序号 | 时间 | 修订意见 | 预计提交时间 | 审批结果 |
|---|---|---|---|---|
| 1 | | 详见附件。 | | |
| 2 | | | | |
| 3 | | | | |

| | |
|---|---|
| **三、终审结果** | |

| 审核结果 | □通过——进入下一阶段工作 |
|---|---|
| | □不通过——工作终止 |

| 审核人 | | 日期 | |
|---|---|---|---|

表 1-37 "睦邻睦社"社区梦想家起航计划

| | | | | | | | | |
|---|---|---|---|---|---|---|---|---|
| | | | | 基础信息 | | | | |
| 序号 | 进度 | 分类 | 梦想计划服务包 | 对接领域 | 对接社工 | 建议面向承接群体 | 承接团队 | 团队负责人 |
| 1 | 开展中 | 进化梦想 | 瑞东社区残障家庭服务包 | 家庭 | ×× | | 应急服务队 | |
| 2 | 开展中 | 进化梦想 | 石化社区特殊群体关爱计划服务包 | 社区组织培育 | ×× | | 石化社区党总支星光服务队 | |
| 3 | 开展中 | 文娱梦想 | 文艺汇演巡演计划服务包 | 社区组织培育 | ×× | | ××街自治团体联合会 | |
| 4 | 开展中 | 进化梦想 | 石化社区特殊长者家庭服务包 | 青少年 | ×× | | 石化中学义工队 | |
| 5 | 开展中 | 进化梦想 | 特惠店与社区基金义卖服务包 | 就业 | ×× | | 义卖骨干妇女 | |

| 6 | 筹备中 | 进化梦想 | "社区基金进校园"幼儿园义卖服务包 | – | – | | | – | |
|---|---|---|---|---|---|---|---|---|---|
| 7 | 筹备中 | 教育梦想 | 馨家故事小屋服务包 | – | – | | | – | |
| 8 | 筹备中 | 教育梦想 | 金碧妈妈团服务包 | – | – | | | – | |
| 9 | 筹备中 | 进化梦想 | 亲子家庭关爱社区特殊群体 | – | – | | | – | |
| 10 | 筹备中 | 进化梦想 | 社区环保服务包 | – | – | | | – | |

表1-38　"睦邻睦社"社区梦想家起航计划宣传记录汇总表

| 序号 | 时间 | 宣传方式 | 宣传内容 | 宣传效果 |
|---|---|---|---|---|
| 1 | | | | |
| 2 | | | | |
| 3 | | | | |
| 4 | | | | |
| 5 | | | | |

表1-39　"睦邻睦社"社区梦想家起航计划服务包承接申请表（个人）

| 一、个人信息 | | | | |
|---|---|---|---|---|
| 姓名 | | 性别 | | |
| 手机号码/微信 | | 年龄 | | |
| 政治面貌 | | 社区 | | |

续表

| 三、服务包承接意向 | |
| --- | --- |
| 服务包名称 | |
| 个人意愿及优势 | 1. 我申请加入服务包承接团队的原因：<br><br>2. 我的能力专长：<br><br>3. 我过往的相关服务经验：<br><br>4. 我可以用于此服务包的资源：<br><br>5. 其他有必要的内容： |
| 工作计划 | 如果申请承接服务包，我会如何做？ |
| 备注 | |

| 申请人 | | 申请时间 | |
| --- | --- | --- | --- |

表 1-36　"睦邻睦社"社区梦想家起航计划服务包承接申请表（团队）

| 一、申报团体情况 | | | |
| --- | --- | --- | --- |
| 团体名称 | | 所属社区 | |
| 成立时间 | 　　　年　　月 | 团队人数 | |

续表

| 二、负责人详细信息 | | | | |
|---|---|---|---|---|
| 姓名 | | | 性别 | |
| 手机号码/微信 | | | 年龄 | |

| 三、申报项目基本情况 | | |
|---|---|---|
| 计划名称 | | |
| 团队实施<br>此计划的优势 | 1. 能力专长（个人/团队）：<br><br>2. 社会资源（个人/团队）：<br><br>3. 参与或实施社区服务的经验：<br><br>4. 获奖情况：<br><br>5. 媒体报道情况：<br><br>6. 其他申报团队认为有必要的内容： | |
| 工作计划 | 如果申请成功团队会如何开展梦想计划？ | |
| 备注 | | |

表1-41　"睦邻睦社"社区梦想家起航计划服务组工作安排表

| 服务包 | | | 负责社工 | |
|---|---|---|---|---|
| 承接团队 | | | 填表日期 | |
| 一、工作安排 | | | | |

| 角色 | 工作职责 | 工作安排<br>（请负责社工与项目主任共同完成） |
|------|----------|------|
| 教育者 | 在前期服务中，每次社工均陪着队伍，给予指导评估，2次。 | |
| 陪伴者 | 陪同开展服务，3次。 | |
| 支持者 | 定期的会议座谈，收集意见及问题，及时给予支持，每次。 | |
| 监督者 | 监督服务包工作完成情况。 | |

表1-42　"睦邻睦社"社区梦想家起航计划会议记录

| 基本信息 | | | |
|------|------|------|------|
| 会议主题 | | | |
| 主持人 | | 会议地点 | |
| 记录人 | | 日期/时间 | |
| 参加人员 | | | |
| 迟到、缺席人员 | | | |
| 内容纪要 | | | |
| 备注：内部会议需关注各同工的工作情况，及时提供支持；发现问题并制定后期跟进/解决方案。 | | | |
| 阅后签名 | | | |
| | | | |

表1-43　"睦邻睦社"社区梦想家起航计划服务组工作检查记录表

使用时间：

| 分项完成情况 | 分项检查项目 | 服务包完成情况 | | | | | | | |
|---|---|---|---|---|---|---|---|---|---|
| | | 服务包1 | 服务包2 | 服务包3 | 服务包4 | 服务包5 | 服务包6 | 服务包7 | 服务包8 |
| | 服务总体完成情况 | | | | | | | | |
| | 团队成员参与情况 | | | | | | | | |
| | 社工认为最有成效地方 | | | | | | | | |
| | 社工认为最困难的地方 | | | | | | | | |
| 改进建议 | | | | | | | | | |
| 整体情况评价 | | | | | | | | | |

## "睦邻睦社"社区梦想家起航计划服务协议

甲方：广州市××街社工服务站

乙方：_____

为了充分发挥双方优势，加强双方的合作，共同为××街道居民服务，经平等友好协商，在双方相互尊重和自愿原则的基础上，双方达成以下合作协议：

一、合作内容

甲乙双方经友好协商、双向选择后，确认由乙方承接甲方"'睦邻睦社'社区梦想家起航计划"服务包。

甲方责任：详情请见附件1《服务包信息表》，根据工作内容对乙方进行必要的专业支持与服务技能培训，并尽力解决运作中遇到的问题，为推进工作提供必要的支持和帮助

乙方责任：详情请见附件1《服务包信息表》，根据工作内容提升服务能力，按岗位要求完成工作任务，积极进行沟通反馈，使工作顺利进行。遵守中心的保密制度，详见附件2《参加志愿服务保密协议》。

二、合同期限

本协议有效期自_____年_____月_____日起到_____年_____月

_____日止。

本协议到期后自动终止，甲乙双方也可以在和平协议的情况下随时终止本合同。

协议到期前，若双方有意愿继续合作，可重新签署续签协议。

三、争议处理

本协议书在履行过程中引起的纠纷，双方应通过友好协商解决。

四、其他

本协议未尽事项，可经甲乙双方协商约定。

本合同一式二份，甲乙双方各执一份。

本合同自甲乙双方签字、盖章之日起生效。

甲方负责人签字：　　　　　　　　　　　　　　乙方负责人签字：
　　年　　月　　日　　　　　　　　　　　　　　年　　月　　日

## "睦邻睦社"社区梦想家起航计划参加志愿服务保密协议

为了全面规范广州市洋城社会工作服务中心的保密工作，结合中心的实际情况，制定本保密制度。本制度适用于本中心所有承接项目的所有志愿者。遵守中心的保密制度是所有志愿者应尽的职责。

保密文件的内容指以文字、数据、符号、图形、图像、声音等方式得知的一切信息。

1. 不得向服务对象窥探、过问非本人职责范围内之信息。

2. 不得向任何人透露服务对象的任何信息。

3. 志愿者退出中心志愿服务时，一切相关资料交回中心负责人，切不可随意移交其他人员。

4. 任何志愿者不得擅自扩大传阅其负责服务对象资料的范围。

5. 违反保密规定、以致发生泄密事件的，视情节轻重、损失大小予以惩戒，并赔偿服务对象因此所造成的损失，立即取消志愿者资格；构成犯罪的，移送司法机关依法追究刑事责任。

表1-40　"睦邻睦社"社区梦想家起航计划承接团队信息表

| 一、团体信息 | | | |
|---|---|---|---|
| 团体名称 | | 所属社区 | |
| 成立时间 | 　　年　　月 | 团队人数 | |

| 活动内容<br>（业务范围） | |
|---|---|

二、负责人信息

| 姓名 | | | 性别 | |
|---|---|---|---|---|
| 手机号码/微信 | | | 年龄 | |

三、团队人员信息

| 序号 | 姓　名 | 性别 | 年龄 | 联系电话 | 居住社区 | 备注 |
|---|---|---|---|---|---|---|
| 1 | | | | | | |
| 2 | | | | | | |
| 3 | | | | | | |
| 4 | | | | | | |
| 5 | | | | | | |

表1-45　"睦邻睦社"社区梦想家起航计划个人发展档案

| 一、当事人资料 | | | |
|---|---|---|---|
| 档案编号 | | 建档时间 | |
| 姓名 | | | |
| 性别 | □男　□女 | | |
| 身份证号码 | | | |
| 年龄层 | □儿童（<14）　□青少年（14~28）　□成人　□长者（>=60） | | |
| 职业 | | | |
| 户籍 | □本地居民　□外地人员，请注明：＿＿＿＿＿＿＿ | | |
| 住址 | | 所属社区 | |

续表

| 联络方式 | 手机： | |
|---|---|---|
| | 微信： | |
| | QQ： | |
| 语言 | □普通话 □广东话 □其他，请注明：_____ | |

二、特长/技能

| 序号 | 特长内容 | 掌握程度 | 服务意向 |
|---|---|---|---|
| 1 | | | |
| 2 | | | |

三、发展计划

| 步骤 | 内容 | 计划日期 | 检视日期 |
|---|---|---|---|
| 1 | | | |
| 2 | | | |

四、社工建议

| | | | |
|---|---|---|---|
| 社工签名 | | 日期 | |

表1-46 "睦邻睦社"社区梦想家起航计划服务包服务完成情况检查表

服务包： 使用时间：

| 序号 | 分项检查项目（按服务包内容更新） | 月度指标 | 服务开展完成情况 | 服务记录完成情况 | 整体服务累计完成情况 | 总体评价 |
|---|---|---|---|---|---|---|
| 1 | 家访 | | | | | |
| 2 | 电访 | | | | | |
| 3 | 课程 | | | | | |
| 4 | 活动 | | | | | |

**二、社区活动实施过程文书**

（一）社区活动筹备期

社区活动筹备期，社工需要完成需求分析、理论依据、招募计划、人员配置及工作分工、预计困难、经费预算等任务。

1. 需求分析。社工需要了解社区的基本情况，可以从以往服务资料、项目的整体服务计划、社工同事交流、社区走访、政府部门访谈等途径进行调研。社工需要从社区的实际情况出发，分析收集到的资料，确定社区的服务需求。

服务需求可能是社区存在的一些共同问题，如乱丢垃圾、乱停车、缺少活动场所等；也可能是一部分居民的公共爱好，比如书法、戏曲、舞蹈等，社工需要结合已有的人力、物力确定介入的需求。

2. 理论依据。确定好介入需求后，社工要确定适用的理论，即针对这个需求的介入，哪一个理论能帮助社工设计活动方案。

3. 招募计划。社区活动的主要服务对象是哪些居民，可以通过宣传海报、微信群、QQ 群等途径提前进行招募。一些政策宣传、支持宣传的活动，不需要特定的服务对象，能够参与的居民越多越好，社工选择居民出行较多的时间和地点就能有不错的宣传效果。一些主题类的社区活动，如文艺表演、座谈会等，参与的人员需要提前做一定的准备，这就需要前期进行招募，以确保参与者能够到场。

4. 人员配置及工作分工。计划开展的社区活动需要多少工作人员，在实际工作中一些小型的社区活动，2~3 个社工就可以完成，工作总量相对较少，容易开展。

这里主要说明的是一些中大型的活动，比如中秋节面向社区居民开展的文艺表演活动，需要提前确定表演的节目、现场布置、现场秩序等工作，这就需要社工能够提前预想可能的情况，根据社区活动的流程及工作总量，确定需要多少社工及志愿者，明确每个岗位主要的工作内容和要求。

5. 预计困难。开展社区活动，动社工需要设想一些可能出现的困难及解决的方案，特别是一些室外的活动，对于天气的依赖很大，下雨或者太热都会影响活动的开展。社工要提前做好预案，如果出现不良天气，是改期还是更换场地，是否可以通过帐篷的使用减少不良的影响等。

6. 经费预算。开展社区活动需要用到哪些物资，物资是否需要提前购买。在大型社区活动的筹备中，经费的预算需要提前做好，包括项目能够提供的预算有多少，是否有其他社区资源可以整合等。

（二）社区活动开展期

社区活动开展中，社工需要事先做好场地布置、工作人员签到、工作人员调配等。

1. 场地布置。社工需要根据社区活动方案到指定地点对场地进行布置，确保场地能够完成活动计划的内容。对于一些大型的社区活动，场地的布置需要在活动开展前半小时布置好，条件允许的话可以提前一天布置好。

2. 人员签到。社工需要做好工作人员的签到工作，确定工作人员是否全部到岗，先到的人员可以开始一部分工作；晚到的工作人员，主要负责人需要联系本人，了解情况。

3. 工作人员调配。社工需要对工作人员安排相应的工作，一般的社区活动都会发动志愿者的力量参与服务，志愿者到现场后社工需要告知其具体的工作任务和工作要求。一些大型的社区活动，社区需要在活动开展前1~2天对志愿者进行培训，明确工作任务，比较正式的活动需要提前进行彩排。

4. 关注居民参与情况。活动开始后，各个工作岗位的人员对自己的工作任务完全熟悉，能够独立完成自己的工作任务，整体活动比较顺畅，社工可以把注意力放在服务对象的观察上。观察服务对象参与服务的积极性，在一些宣传类的活动中，社工可以适时选择一些服务对象进行访谈，了解对宣传内容的接受程度，对宣传形式的建议等。

5. 应对突发情况。活动开展过程中也可能发生一些突发问题，如居民之间的冲突、居民和工作人员的冲突、工作人员之间的冲突等，主要负责社工需要关注活动整个场面，发生突发问题时及时介入。社工应优先控制局面，极可能把冲突者和其他居民隔离开，了解冲突的原因及过程，协调冲突者的问题，维持活动正常开展。

6. 物资整理。居民参与社区活动全部流程后离场，社工需要对场地和物资进行整理，将场地恢复原样，一些可重复利用的物资进行分类整理回收，对整个活动进行总结。

7. 成效评估。社工需要关注服务成效评估，社工可以通过问卷、观察、访谈等方式评估服务的成效。

表1-47　参加者意见表

这份问卷的目的是收集您对本次服务的意见，以改善我们将来的服务。请选择最能代表您意见的答案。您的意见将会被保密，而您给予的意见并不会影响您现时或将来所接受的服务。

现诚意邀请您抽空填写问卷，完成后请交予有关职员。多谢合作！

活动名称：（根据社区活动计划书填写）

活动目标：（根据社区活动计划书填写）

请圈出以下最能代表你意见的答案

一、对本次活动评价

| 类　型 | 分　值 | | | | |
|---|---|---|---|---|---|
| （一）您认为活动可达到以下目标（目标可增减） | 1 表示非常不符合，5 表示非常符合 | | | | |
| 1.1（根据社区活动目标填写） | 1 | 2 | 3 | 4 | 5 |
| 1.2（根据社区活动目标填写） | 1 | 2 | 3 | 4 | 5 |
| 1.3（根据社区活动目标填写） | 1 | 2 | 3 | 4 | 5 |
| （二）您对本次活动安排的满意程度 | 1 表示非常不满意，5 表示非常满意 | | | | |
| 2.1 活动的时间安排 | 1 | 2 | 3 | 4 | 5 |
| 2.2 活动的形式 | 1 | 2 | 3 | 4 | 5 |
| 2.3 活动的场地 | 1 | 2 | 3 | 4 | 5 |
| （三）工作员表现 | 1 表示非常不满意，5 表示非常满意 | | | | |
| 3.1 我满意工作员的工作表现 | 1 | 2 | 3 | 4 | 5 |
| 3.2 我满意工作员的工作态度 | 1 | 2 | 3 | 4 | 5 |
| （四）整体评价 | 1 表示非常不满意，5 表示非常满意 | | | | |
| 您对本次服务的整体评价 | 1 | 2 | 3 | 4 | 5 |

二、您对本次活动的其他意见或建议

_____

参加者姓名：　　　　　日期：

表 1-48　活动访谈记录表（选用）

| 活动名称 | | 活动日期时间 | |
|---|---|---|---|
| 活动地点 | | 访问员 | |
| 访谈名单 | | | |
| 访谈情况记录 | 若采用居民访谈作为成效评估的一种方式，则需开展访谈，了解居民参加活动的感受、收获等，侧重活动目标达成相关情况的询问和记录。 | | |
| 目标达成情况 | 根据访谈的情况，社工自己进行评估、分析。 | | |
| 备注 | | | |

表 1-49  活动观察记录表（选用）

| 活动名称 | | 活动日期时间 | |
|---|---|---|---|
| 活动地点 | | 记录员 | |
| 参与者表现 | 若选择观察法作为成效评估的手段之一，则需完成活动观察记录表，可包含参与者的互动情况、参与者的投入度等，侧重与活动目标相关行为表现的管擦记录。 | | |
| 目标达成情况 | 根据参与者的表现，社工自己的评估、分析。 | | |
| 备注 | | | |

（三）社区活动结束期

社区活动开展完成后，社工需要对活动整体情况进行总结，完成《社区活动总结报告》《经费决算表》、新闻稿等。《经费决算表》、新闻稿内容可以与小组工作中的内容相似，大家可以回顾小组工作中的内容。

《社区活动总结报告》中，社工需要说明采用了哪种分析方式对活动成效进行评估，分析成效评估的结果，评估活动目标是否达成。

回顾活动整个过程，在沟通协调、物资准备、人员安排、场地安排等方面是否合理，哪些细节没有预想到，社工是如何处理的，哪些安排在后续服务中可以进行优化等。

表 1-50  社区活动总结报告

| 活动名称 | | 活动地点 | |
|---|---|---|---|
| 活动日期 | | 活动时间 | |
| 负责社工 | | 出席人数 | |
| 活动筹备情况评估 | 沟通协调、物资准备、人员安排、场地安排、物资统筹等是否合理 | | |

续表

| | |
|---|---|
| 目标达成情况 | 目标达成情况如何，有哪些情况可以证明 |
| 内容评估 | 评估方案设计是否对目标达成有效。活动开展情况如何，内容设置是否利于目标达成，居民接受程度如何，内容设置方面哪些方面做得好，可以发扬，哪些做得不足，需改进，如何改进。 |
| 反思 | 1. 不足<br>2. 优点或值得发扬的地方 |
| 督导意见 | 督导签名：　　　　　　　　　　日期： |

社工：　　　　　　　服务主任（负责人）：

日期：　　　　　　　日期：

**[情景设计一社区活动案例]**

暑假即将到来，家长和学校都很关注学生安全的问题，因社区内有一条河流，担心学生会去玩耍，为此社工开展了防溺水安全教育活动，引导社区内青少年了解溺水的风险和避免溺水的防范要点，增强他们的防范意识，活动得到社区家长的认可。

根据社区活动流程，各阶段社工完成文书如下：

1. 活动筹备期：完成《社区活动计划书》《经费预算表》《活动报名表》。

表1-51　社区活动计划书

| 活动名称 | 安全小卫士——防溺水安全教育活动 | 活动规模 | □大型　□中型　■小型 |
|---|---|---|---|
| 活动时间 | 2019.××.××　14：00~15：00 | 活动地点 | 某社工站 |
| 活动负责人 | 周×× | 活动对象 | 社区6~14岁儿童青少年及家人 |
| 预计参与人数 | 30~40人 | 人手编排 | 2名社工 |

续表

| | |
|---|---|
| 1. 活动背景 | 在焦点小组和问卷调查中，89%以上的儿童青少年及家人认为开展与安全，有关的服务有必要，希望社工站多开展一些安全教育方面的活动。特别是放暑假期间，大部分父母要上班，对于孩子放假在家无人看管或交由祖父母帮忙照看，一致认为祖父母安全意识薄弱且安全知识掌握较少，担心小孩安全，孩子们也表示放假很无聊。为此社工特设计了今次"安全小卫士——防溺水安全教育活动"，让儿童青少年到家综参与活动，保障其个人安全，令家长放心工作，减少儿童青少年危机因素，让儿童青少年和祖父母在共同参与过程中学习安全知识，促使儿童青少年及照顾其的家人提升安全意识，对儿童青少年安全给予更多关注，形成爱幼的社区氛围。 |
| 2. 理论架构 | 社会学习理论，是行为主义理论和认知理论调和的产物。该理论认为人类的学习并非都是个体式的学习，还包括群体性的相互影响这一类学习；人类的学习也并非都是构筑知识体系，还包括社会态度和行为的形成；人的学习也并非都通过其行为的直接后果即直接经验获得的，而往往通过借鉴其他学习者的行为进行学习。该理论认为，人类的社会行为和人格，主要是通过观察学习、模仿学习和自我调节过程以及榜样作用而形成的。 |

| | | |
|---|---|---|
| 3. 目的目标 | 目的：通过参与中心服务，让儿童青少年到家综参与活动，保障其个人安全，令家长放心工作，减少儿童青少年危机因素，让儿童青少年和祖父母在共同参与过程中学习安全知识，促使儿童青少年及照顾其的家人提升安全意识，对儿童青少年安全给予更多关注，形成爱幼的社区氛围。 | |
| | 目标 | 3.1 80%以上的参与者了解溺水的原因； |
| | | 3.2 80%的参与者学习"六不"防范溺水要点； |

| | |
|---|---|
| 4. 宣传招募方法 | 4.1 在社区微信群发布招募信息，接受报名； |
| | 4.2 在日常接触过程中宣传并招募，接受报名； |
| | 4.3 电联之前有意愿的服务对象，告知招募信息，收集其意愿，接受报名； |

| | |
|---|---|
| 5. 评估方法 | □过程评估<br>　□活动过程中社工对组员的观察、感受<br>　□活动过程中社工与组员的互动问答<br>　■活动过程中社工对小组环节的观察和小结<br>　□其他评估方法，请注明：<br>□结果评估<br>　□活动结束后社工与参加者的成效访谈<br>　□参加者填写的成效问卷<br>　■参加者的意见反馈表<br>　□其他评估方法，请注明： |

续表

| 时间 | 目标 | 内容 | 物资 | 负责人 | 备注 |
|------|------|------|------|--------|------|
| ×××.7.15~25 | 结合服务对象需求和资源，拟定计划 | 收集服务对象需求，拟定活动计划书，提交审批。 | | ×× | |
| ×××.7.25~30 | 活动宣传和招募 | 通过电话邀请、微信群发布活动信息，招募志愿者，统计预报名参加人数 | | ×× | |
| ×××.7.30 | 购买活动所需物资 | 购买活动物资 | | ×× | |
| ×××.8.3 | 促进参与者了解溺水的原因和学习"六不"防范溺水要点； | 签到，派发防溺水安全小册子。<br>社工讲解活动开展目的及内容，邀请参与者指出社区有哪些地方容易发生溺水事故以及可从哪些方面预防溺水事故发生。<br>观看卡通片《防溺水安全教育》和《预防学生溺水安全教育宣传片》，了解溺水原因学习"六不防范溺水要点"，防范溺水事件发生，观看模拟仿真教学实例让参与者了解遇到类似状况时能如何应对。<br>"六不防范溺水要点"是：①不私自下水游泳；②不擅自结伴游泳；③不在无家长和老师带领下游泳；④不到无安全设施和救援人员的水域游泳；⑤不到不熟悉的水域游泳；⑥不熟悉水性的学生不随便下水施救。<br>引导参与者分享其观看感受；活动结束后，听取参与者反馈，填写意见反馈表。 | | ×× | |

**6. 活动具体安排**

续表

| ××××.8.4 | 完成文书撰写 | 活动文书的撰写 | | ×× | |
|---|---|---|---|---|---|

| 7. 风险及<br>应对 | 风险 | | 应对 | | |
|---|---|---|---|---|---|
| | 7.1 人多比较嘈杂 | | 招募志愿者或邀请其他社工协助维持秩序，及时提醒参与者保持安静。 | | |
| | 7.2 在观看视频中发生不适或拒绝等行为 | | 及时介入，可引导参与者离开活动现场并让其他社工进行一对一的辅导。 | | |

| 8. 物资及<br>预算 | 支出内容 | | 单价（元）×数量 | 预算金额（元） | |
|---|---|---|---|---|---|
| | 1 | 糖果 | 20×10 | 200 | |
| | 2 | 饮料 | 60×2 | 120 | |
| | 合计（元） | | | 320 | |

| 9. 服务审批 | 社工签名 | | 日期 | | |
|---|---|---|---|---|---|
| | 主管/主任意见：<br><br>　　　　　　　　　　　　　　　签名：　　　　日期： | | | | |
| | 督导意见：<br><br>　　　　　　　　　　　　　　　签名：　　　　日期： | | | | |

表1-52　安全小卫士——防溺水安全教育活动报名表

| 编号 | 姓名 | 年龄 | 电话 | 备注 |
|---|---|---|---|---|
| 1 | 周×× | 13 | | |
| 2 | 吴×× | 10 | | |
| 3 | 张×× | 8 | | |
| 4 | …… | …… | | |

负责社工：＿＿＿＿＿＿＿＿＿＿＿＿

**2.** 活动开展期：完成服务对象观察、《参加者意见表》、照片收集。

### 表1-53　参加者意见表

这份问卷的目的是收集您对本次服务的意见，以改善我们将来的服务。请选择最能代表您意见的答案。您的意见将会被保密，而您给予的意见并不会影响您现时或将来所接受的服务。

现诚意邀请您抽空填写问卷，完成后请交予有关职员。多谢合作！

活动名称：安全小卫士——防溺水安全教育活动
活动目标：1. 80%以上的参与者了解溺水的原因
　　　　　 2. 80%的参与者学习"六不"防范溺水要点

请圈出以下最能代表你意见的答案
一、对本次活动评价

| 类型 | 分值 | | | | |
|---|---|---|---|---|---|
| （一）您认为活动可达到以下目标（目标可增减） | 1表示非常不符合，5表示非常符合 | | | | |
| 1.1 我了解可能溺水的原因 | 1 | 2 | 3 | 4 | 5 |
| 1.2 我了解"六不"防范溺水要点 | 1 | 2 | 3 | 4 | 5 |
| （二）您对本次活动安排的满意程度 | 1表示非常不满意，5表示非常满意 | | | | |
| 2.1 活动的时间安排 | 1 | 2 | 3 | 4 | 5 |
| 2.2 活动的形式 | 1 | 2 | 3 | 4 | 5 |
| 2.3 活动的场地 | 1 | 2 | 3 | 4 | 5 |
| （三）工作员表现 | 1表示非常不满意，5表示非常满意 | | | | |
| 3.1 我满意工作员的工作表现 | 1 | 2 | 3 | 4 | 5 |
| 3.2 我满意工作员的工作态度 | 1 | 2 | 3 | 4 | 5 |
| （四）整体评价 | 1表示非常不满意，5表示非常满意 | | | | |
| 您对本次服务的整体评价 | 1 | 2 | 3 | 4 | 5 |

二、您对本次活动的其他意见或建议

_____

参加者姓名：　　　　日期：

3. 活动结束期：完成《社区活动总结报告》《经费决算表》、新闻稿。

表 1-54　社区活动总结报告

| 活动名称 | 安全小卫士——防溺水安全教育活动 | 活动地点 | 某社工站 |
|---|---|---|---|
| 活动日期 | 2019.××.×× | 活动时间 | 14：00~15：00 |
| 负责社工 | 周×× | 出席人数 | 社区 6~14 岁儿童青少年及其祖父母 36 人 |
| 活动筹备情况评估 | 在宣传招募方面，中心把活动的消息发到服务站微信群、QQ 群进行宣传，同时通过骨干志愿者口口相传，由于前期宣传和招募工作做得较为充分和细致，宣传效果不错，共有 36 人参与。由于活动预计只有 30 人参与，只准备了 30 把凳子，在活动开始后有几个居民赶过来参加，因此不得不暂停，让其他社工帮忙搬来一些凳子。社工提前购买好所需物资和布置会场，提前准备好投影仪、手提电脑和音响并调试好，邀请了日托的工作人员协助到来参与者签到和就座，准备好所需的音响和投影仪并调试好，在活动开始前，播放一些音乐吸引附近居民。活动开展较为顺利。 | | |
| 目标达成情况 | 从现场观察来看，全部参与者积极踊跃参与，从 36 名参与者中抽取了 10 名填写了《参加者意见表》，从《参加者意见表》统计分析得出，10 名参与者都认为通过今次活动了解到了溺水的原因并学习了"六不"防范溺水要点，100%选择了"非常满意"，故由此推测"80%以上的参与者了解溺水的原因"和"80%的参与者学习'六不'防范溺水要点"这两个目标能较好地达成。 | | |
| 内容评估 | 共有 36 人到来参加，主要是儿童青少年和负责照顾其的奶奶，还有两名奶奶带着几个月大的宝宝参加。参与者收集了 10 份《参加者意见表》，在意见表中显示参与者对活动安排情况如下：100%参与者对活动时间、场地、工作人员带领和表现都表示非常满意。活动内容主要是通过观看防溺水安全小册子，让参与者指出社区有哪些地方容易发生溺水事故以及讨论可从哪些方面预防溺水事故发生，让参与者留意到身边安全隐患并关注儿童青少年安全，观看卡通片《防溺水安全教育》和《预防学生溺水安全教育宣传片》，促进参与者了解溺水原因、学习"六不"防范溺水要点防范溺水事件发生，观看模拟仿真教学实例让参与者知道遇到类似状况时如何应对。100%参与者感到非常满意，在分享感受时，参与者纷纷称赞这活动，能够和孙子一起学习安全知识，帮助教育孙子（认为孙子听社工的话），同时也提醒自己作为照顾者应时刻关注孙子安全。可见活动内容设置对目标达成有效，参与者对今次活动感到非常满意，表示今次活动真是"及时雨"，正因为小孩爸妈上班，主要是自己负责小孩照顾，对安全方面也表示很是担忧。 | | |

| 反思 | 今次活动针对儿童青少年及其照顾者祖父母，在挑选视频时，考虑到儿童青少年特性以及祖父母关注，特挑选了卡通版和广东省广州市教育体育局学校安全办公室制作的《预防学生溺水安全教育宣传片》，视频内容围绕溺水原因、"六不"防范要点以及模拟仿真教学实例防溺水而设计的，到来的祖父母和儿童青少年表示能清晰看懂视频内容。 |
|---|---|
| 督导意见 | 督导签名：　　　　　　　　日期： |

社工：　　　　　　　　　　服务主任（负责人）：

日期：　　　　　　　　　　日期：

## 安全小卫士——防溺水安全教育活动

在焦点小组和问卷调查中，有89%以上的儿童青少年及家人认为开展安全有关的服务有必要，希望家综多开展一些安全教育方面的活动，特别是放暑假期间更为担忧，大部分父母反馈要上班，对孩子放假在家无人看管或交由祖父母帮忙照看，而一致认为祖父母安全意识薄弱和安全知识掌握较少，担心小孩安全，孩子们放假也表示很无聊，为此社工于2019年××月××日14：00～15：00在某社工站开展了"安全小卫士——防溺水安全教育活动"。

本次活动同吸引来自社区的36名儿童青少年及祖父母参加，现场气氛非常热烈。活动通过观看防溺水安全小册子、让参与者指出社区有哪些地方容易发生溺水事故以及讨论可从哪些方面预防溺水事故发生，让参与者留意到身边安全隐患并关注儿童青少年安全，观看卡通片《防溺水安全教育》和《预防学生溺水安全教育宣传片》，促进参与者了解溺水原因、学习"六不"防范溺水要点，观看模拟仿真教学实例让参与者遇到类似状况时能如何应对。透过参与中心服务，让儿童青少年到社工站参与活动，保障其个人安全，令家长放心工作，减少儿童青少年危机因素，让儿童青少年和祖父母共同参与过程中学习安全知识，促使儿童青少年及照顾其的家人提升安全意识，对儿童青少年安全给予更多关注，形成爱幼的社区氛围。透过参与中心服务，为儿童青少年在兴趣、人际提供指引与支持，促使儿童青少年解决问题能力提升，同时链接爱心企业资源，企业代表给每一位到来的儿童青少年送上节日礼物，令更多人关注到儿童青少年群体，营造了爱幼的社区氛围。

参与者积极投入，反馈良好，参与者表示今次活动真是及时雨，小孩正因为小孩爸妈上班，主要是自己负责小孩照顾，对安全方面也表示很是担忧，纷纷称赞这活动好，和孙子一起学习安全知识，帮助教育孙子，同时也提醒自己作为照顾者应时刻关注孙子安全，参与者对今次活动感到非常满意，期待日后多开展类似活动。

××社工站周×× 供稿

日期：2019年××月××日

**思考与练习**

1. 社区社会工作过程有什么特点？

2. 社区活动筹备阶段需要完成哪些准备？

3. 以上案例中，我们进行成效评估可以采用哪些方法？

# 单元 二

# 社会工作文书各领域运用

## 项目一 老年社会工作文书

### 知识目标

1. 了解老年社会工作的特点。

2. 正确把握社会工作过程。

3. 正确书写涉及的文书，写作时要点及注意事项要清晰。

### 能力目标

掌握老年社会工作所涉及文书的写作。

### 案例导入

李婆婆 59 岁，自己患有糖尿病，丈夫 63 岁，患有高血压。两人平时按时吃药，情况都比较稳定，儿女在外地工作，一年回家一两次。两人是空巢老人。日常饮食主要由李婆婆负责，由于糖尿病和高血压在饮食方面都有一定的忌口，这使得婆婆需要在口味和健康饮食之间做一定的平衡，夫妻偶尔会因为饮食问题发生一些小冲突。

思考：

1. 这对夫妻在饮食规范、情感陪伴、合理用药、预防跌倒等方面有无需求？是否还有其他潜在需求？

2. 一次个案服务选择 1~2 个目标进行跟进，你会选取什么需求进行跟进？为什么？

知识链接

## 任务一　老年社会工作基础知识

### 一、老年社会工作含义

老年社会工作是指老年社会工作机构和老年社会工作者运用社会工作的理论或方法，为老年人提供社会保障和社会服务，解决老年人的社会问题，使老年人能够继续参与社会生活，幸福安度晚年。

### 二、老年人的特点

老年是生命的最后一个阶段，老年人的显著特点是老化，包括生理的老化、心理的老化、社会的老化。

（一）生理的老化

从生物的角度看，老年人随着年龄的增加，新陈代谢减慢，身体的恢复能力、自我更新能力都逐步降低，会出现很多不可逆的身体功能老化，比如视觉、听觉、味觉、嗅觉等方面的老化。生理的老化使得老年人在身体健康、慢性病管理、居家安全等方面有更多的需求。

（二）心理的老化

在心理上，老年人的自我认知、感官过程也会发生很大的转变，在知觉、智力、学习、信息接受及处理等方面的能力都大大降低，表现出来就是反应迟缓的现象。心理的老化使得老年人在防骗、购物、学习新知识方面需要得到关注。

（三）社会的老化

老年人大多都已退休，从工作岗位退出之后，时间分配、角色转变都需要一个重新适应的过程，特别是一些做过管理工作的老年人退休，在角色转变的方面需要更多的关注。

在老年人的阶段，不可避免需要面对死亡的问题，亲人、同辈人的死亡，会对老年人的社会关系和社会角色的适应带来更多的挑战。社会的老化使得老年人在赡养问题、社会参与、财产分配问题、自身权益维护等方面有较多需求。

## 任务二　老年社会工作主要内容

### 一、老年社会工作主要内容

老年社会工作整体流程可以按照需求评估、目标制定、介入方案设计、方案实施、成效评估几个步骤开展，具体的内容前文有叙述，就不再重复。

在需求评估的过程中，针对老年人可以制定老年能力评估表，通过生理、心理、社会三个层面的评估，测评为失能、半失能、自理三种状态，根据测评表确定不同的照顾等级、工作手法、介入方案等。老年社会工作常见的需求有以下几种：

（一）健康维护

老年人群体是各种疾病的多发群体，在一些患有高血压、糖尿病等慢性病的老年人中，对于慢性病知识的了解、日常饮食管理、药物管理、生活习惯管理等都有服务的需求。

相对比较健康的老年人也需要关注疾病的预防知识，树立合理的疾病观念，发现不适及时就医，不过度重视或轻视疾病等。

（二）居家安全

老年人由于生理机能的退化，在日常生活如做饭、出行等方面能力有所降低，在居家环境方面需要社工和子女更多的关注，如房屋内光线是否充足；电线线路是否有裸露或老化的现象；常用电器的功能是否正常；房屋内的家具摆放是否合理；主要通道上是否有杂物堆放；厨房、厕所的地面是否防滑；等等。

（三）预防诈骗

老年人工作一辈子，大多有一定的积蓄，同时在信息处理、新事物学习等方面的能力有所退化，这也使得很多不法分子把老年人作为主要的诈骗对象，社会上也存在通过理财产品、保健品、医疗器械等手段进行不法诈骗的案例。

在老年人社会工作中社工可以提供一些预防诈骗的知识，提供正确的消费观念。如果发现疑似被骗的老年人，应及时和其家人沟通，协助家庭梳理情况，共同缓解问题。

（四）学习新知识

对于日新月异的新产品、新的娱乐方式，很多老年人不熟悉，在亲朋好友中不一定能够得到足够的学习信息，社工需要关注老年人对于学习新知识的潜能和需求。如智能手机，很多老年人有使用的需求，这是老年人和社会沟通互动的重要途径和载体。有的老年人能够自学使用，这里我们主要讨论那些学习能力较差的老年人，他们对于智能手机的功能认识不全，对于一些应用程序的使用不熟悉。例如，在服务中遇到对移动支付功能不熟悉的老年人，他们有使用这项"新科技"的需求和动力，社工可以针对智能手机使用设计相关的服务，帮助老年人更好地使用智能手机。

（五）赡养问题

老年人的赡养问题需要从经济保障和情感保障两个方面入手，经济保障方面了解老年人有无养老金，我国现代的养老保险制度是延期支付，老年人是否有资格领取养老金、能否足额按时领取、养老金是否满足基本生活、子女是否有经济支持等都需要了解。在情感保障方面，子女对于赡养父母的观念和行为如何，与父母的期望有无差距，如何调节等。

（六）婚姻家庭

老年人也有维持和向往美好婚姻生活的权利，伴侣和家庭支持系统对于老年人的生命质量和生活质量有十分重要的意义，老年人在伴侣去世后，能否适应新的生活，也有部分老人会有重组家庭的想法，子女是否支持等都是社工可能遇到的问题。

（七）社会参与

随着经济和医疗水平的发展，人民的预计平均寿命逐步增加，现在很多老年人，特别是60~70岁的低龄老年人在生理、心理等各方面还有很大的能量，可以贡献社会，参与社会生活，现在不少地方都有主要由老年人组成的志愿服务队伍，积极发挥自身能量。有的老年人到了退休年龄后还有继续工作的愿望和需求，很多工作经验丰富的老年人会被单位返聘，在一些行业老年人的经验发挥巨大作用，比如中医、教师等行业，积累的经验越多，越容易得到人民的认可。也有的老年人选择在退休后把更多的时间放在休闲上，养花、养宠物、练习书法、绘画、旅游、欣赏戏曲等。

（八）财产分配

老年人属人生最后一个历程和阶段，很多老人和子女会关注老年人去世的问题，在多子女的家庭这一环节也可能会出现分歧或矛盾。同时去世后的后事操办、墓地选择及购置等也是老年人关心的问题。

（九）老年人自身权益维护

社工在工作中要尽可能做好预防服务，向老年人提供一定的政策信息、预防诈骗知识等宣传服务，但老年人在生活中也会遇到一些侵权的情况。比如老年人被诱骗购买不合格商品、保健品等，遇到类似的情况除了优先处理老年人情绪问题外，也要了解相关的法律、政策信息，遇到侵权案件后如何维护老年人自身的权益。

还有一些家庭生活层面的问题，比如不赡养老人、虐待老人等，在中国传统文化的影响下，很多老年人可能不会主动把这些遭遇向外人说起，自己默默忍受，遇到这些问题需要协助老年人寻找合适的处理方式，维护老年人权益。

**二、老年社会工作原则**

（一）消除对年龄的歧视

因为生理、心理、社会三个层面的老化，很多人对于老年人的看法会比较负面，甚至歧视，社工要消除这种歧视，老年作为人生发展的最后一个阶段，除了老化之外还有发展的潜力和能力。

（二）优势视角

运用优势视角看待老年人，发掘老年人的潜能。老年人有着丰富的生活经验，这些是他们的优势，其中低龄老年人的时间和精力都比较充足，可以通过志愿服务、兴趣爱好团体、邻里互助等方面促进社会参与，提升老年人的自我效能感。

（三）关注老年人特点，营造适宜和老人沟通的环境

在与老年人沟通时，要根据老年人自身的特点，选择合适的环境，一般选择老年人相对熟悉、感觉舒适的环境，比如老年人家中、社区聚集地（常聊天、打牌的地方）等。对于一些听力或表达不是特别清楚的老人，要多方求证社工理解的意思和老年人希望表达的意思是否一致。

在小组工作和社区活动的设计中，要关注老年的生理特点，设计适合老年人参与的活动内容。

（四）要更有耐心

和其他服务对象相比，老年人在语速、听力、理解能力等方面容易有退化的现象，很多时候老年人聊天会比较发散，会聊一些和主题不相关的事情。社工在运用聚焦的技术之外，要有更多的耐心，倾听老年人的心声，从中进一步了解老年人的想法和需求。

（五）尊重案主自决

在老年人的服务中要尊重老年人的意愿，协助老年人梳理分析遇到的情况、可能的后果，最终尊重老年人自己的选择。

## 任务三　老年社会工作案例实践

**[情景设计一：老年个案服务案例]**

**一、案例背景及分析**

张爷爷是一位 94 岁高龄的老年人，一共有五个子女，但是他并没有与子女同住，而是跟妻子同住，两个女儿已外嫁，三个儿子住在相邻的房子，女儿会经常回来探望两位老人，三个儿子也会每天到老人家中照看，案主夫妻两人都享受政府的爱心午餐。一直以来，张爷爷性格乐观，经常参加社工站的活动。最近张爷爷不小心摔跤了，对他的生活造成一些影响，情绪比较低迷。社工在日常探访的过程中发现了张爷爷的情况，随后进行介入。

（一）问题及需求

1. 问题分析：案主平时性格乐观、乐于助人，近期因摔倒后有段时间行动不便，目前情绪低迷，不愿出门也不愿与人交流。

2. 需求分析：

（1）生理层面，案主摔倒后基本恢复正常，能够自由活动，暂无需求。

（2）心理层面，案主情绪低迷，需要提供情绪支持。

（3）社会层面，案主之前经常参加社工组织的活动，近期不愿意出门，也不想和别人说话，需要引导案主恢复社交活动。

（二）理论基础

社会支持网络：人无法自绝于社会而存在，人类生存需要与他人共同合作，以及仰赖他人协助。人类生命发展历程都会遭遇一些可预期和不可预期的生活事件。遭遇生活事件时，需要资源以因应问题。

（三）服务目的

协助案主走出摔倒后的阴影、重新找回对生活的热爱、重新定位人生方向。

服务目标：①为案主提供情绪支持。②引导案主参与社区活动，与人交流。

（四）介入计划

1. 收集案主的资料，接案，多与案主交谈、沟通，了解案主内心想法，与案主建立信任的关系。

2. 和案主一起评估案主的服务需求。并与案主制定服务计划，邀请案主参加社区活动、小组活动，让案主保持与他人的接触，协助案主回到自己的社交圈中，陪伴案主走出跌倒的阴影，重新找回对生活的热爱、重新定位人生的方向。

3. 与案主签订协议，明确社工的服务和双方责任。

4. 开展服务，根据制定的计划，社工在服务过程中担任使能者、联系人、教育者等角色，协助案主一起完成提升。

5. 结案，案主的目标基本达成时便可讨论结案时宜。

（五）服务评估

在社工的协助、家人的陪伴下，案主的情绪逐渐好转，重新回到了自己以前的朋友圈，参加社区活动，案主现在已经回到了摔跤前的状态，心态乐观，不再像社工刚接触他时候的样子，结案后案主每天出门散步，跟邻居街坊聊天，日子过得舒服自在。

（六）服务反思

1. 收集案主的资料，评估案主的服务需要，制定切实可行的服务方案；

2. 通过邀请案主参加社区活动、到案主家中面谈、与案主儿子面谈等手法，了解案主更多资料，带领案主走出家门，跟一同参加小组的组员聊天，找回以前大家一起参加活动的开心时光

3. 案主通过参加社区活动、与小组成员聚会、与家人沟通交流，情绪一点一点恢复，逐渐走出因摔跤所带来的阴影。

## 二、个案服务过程及记录

社工根据个案工作流程，完成相关文书，具体如下：

表2-1 个案接案表

| 1. 基本信息 | | | |
|---|---|---|---|
| 案主姓名 | 张×× | 填表社工 | 赵×× |
| 性别 | 男 | 年龄 | 94岁 |
| 籍贯 | ×× | 接案日期 | 2019.××.×× |
| 单位或学校 | | 职业或专业 | |
| 联系电话 | | 联系地址 | ××社区 |
| 婚姻状况 | □未婚■已婚□离异□丧偶□再婚□是否有子女（请注明）： | | |
| 教育程度 | □文盲□略懂文字□小学■初中□高中□中专□大专□本科及以上 | | |
| 房屋情况及居住状态 | □租房■自建房□自购房□单位房/工厂宿舍□寄宿亲属的房屋□其他（请注明）：（注明与谁合住或独住） | | |
| 收入状况 | □无收入■1000元以下□1001~2000元□2001~3000元□3000元以上 | | |
| 个案来源 | □自我申请■社工主动接触□中心内社工转介□家人/亲属/朋友/邻居求助□街道/居委转介□其他社工中心转介□医疗服务单位□其他：_____ | | |
| 使用社工服务的记录 | □没有<br>□曾经有（请注明服务及何时）：<br>■现仍有接受服务（请注明）：只要社工到社区开展老年人社区活动或者老年人小组活动，案主都会参加。 | | |
| 2. 家庭成员情况 | | | |

| 姓名 | 关系 | 年龄/出生日期 | 职业/年级 | 电话 | 收入 | 联系地址（单位） |
|---|---|---|---|---|---|---|
| 方× | 夫妻 | 87 | | | | |
| 张×× | 父子 | 52 | | | | |
| 张×× | 父子 | 54 | | | | |
| 张×× | 父子 | 50 | | | | |

| 张×× | 父女 | 56 | | | | |
|---|---|---|---|---|---|---|
| 张×× | 父女 | 48 | | | | |
| 家庭图 | | | | | | |

3. 问题与需求

| | |
|---|---|
| （1）□健康问题（□肢体□智障□精神□疾病） | （10）□吸毒／□酗酒／□赌博 |
| （2）■情绪问题（□易激动□抑郁□自杀<br>■其他：<u>案主自从中秋节前一天在家中摔倒后就情绪低落。</u>） | （11）□院舍住宿安排（请注明：） |
| （3）□家庭关系（□兄弟姊妹□父母子女□夫妻□其他） | （12）□行为问题（请注明：） |
| （4）□人际关系（□同事□邻居□朋辈□其他） | （13）□儿童照顾（请注明：） |
| （5）□家庭暴力（□虐儿□虐待配偶□虐老） | （14）□学习问题（请注明：） |
| （6）□政策咨询（□特困补助□残疾补助□其他） | （15）□老人照顾（请注明：） |
| （7）□住房安排（□房屋修葺□房屋卫生□其他） | （16）□婚恋问题（请注明：） |
| （8）□就业服务（□找工作□就业培训□其他） | （17）□经济援助（请注明：） |
| （9）□司法矫正／安置帮教 | （18）□其他（请注明：） |

| 4. 具体情况介绍（包括心理、生理、社会、支持系统、资源等） |
|---|
| 案主是一位94岁高龄的老年人，一共有五个子女，但是案主并没有与子女同住，而是跟妻子同住，两个女儿已外嫁，三个儿子住在相邻的房子，女儿会经常回来探望两位老人，三个儿子也会每天到老人家中照看，案主夫妻两人都享受政府的爱心午餐。<br><br>案主的主要需求和问题分析：<br>案主本来是一位热爱生活、情绪乐观、乐于助人的老年人，但是自从在国庆期间摔倒后，整个人都闷闷不乐，既不外出串门，也很少跟别人说话。<br>社工猜测，这是因为案主在国庆期间的摔倒，希望通过专业的个案辅导协助案主走出摔倒的阴影。 |

| 5. 社工评估与建议 | |
|---|---|
| 跟进■ | 原因：案主在家中摔倒后情绪不佳，社工希望通过个案辅导协助案主找回对生活的热爱。 |
| 不跟进□ | 原因： |
| 待定□ | 原因： |
| 危机因素：无：□ 有（□高/□中/□低）（请注明）： | |
| 社工备注： | |
| 社工签名： | 日期： |
| 主任/督导对是否开案的意见 | □是 □否 具体原因/意见：<br><br>□委派/转介予： |
| | 主任/督导签名：　　　　　　　　　　　　日期： |

表2-2　个案服务同意书

张××先生／女士：

　　根据本中心赵××社工早前与您/您子女面谈的评估，现安排

　　赵××社工跟进您/您子女的需要，提供个案辅导服务，如您/您子女同意我们开启个案服务，请仔细阅读下面的内容，并签名确认。

　　为了有效地向您/您子女提供优质及多元化的服务，本中心在提供服务过程中会搜集您/您子女的数据、服务记录及进度。

　　1. 收集资料的目的是为了评估及提供更有效的服务；

　　2. 倘若您未能提供足够或正确的资料，本中心可能无法处理您的申请或提供更适切的服务；

　　3. 您所提供的有关数据，将会记录下来以便跟进及提供服务；

　　4. 所有记录将会于个案完结后保存三年，以供负责社工在工作上使用；

　　5. 根据法律的规定，社工会对您的个人资料予以保密；

　　6. 您可查阅本中心在服务过程中所搜集的数据及服务记录，任何关于查阅或更改数据之查询，可致电：×××××与本中心负责社工赵××联络。

　　7. 如案主或监护人不方便签署，可口头同意接受社工服务。

　　8. 若个案目标已达成，社工会主动与本人商讨结束个案。您也有权利随时与社工协商，终止服务。


　　□ 书面签署　　　　　　　　　　　■ 口头同意

　　案主（监护人）：_____　　社工：_____

　　日期：_____　　　　　　日期：_____


表2-3　个案服务计划表

| 案主姓名 | 张×× | 个案开启日期 | 2019.××.×× |
|---|---|---|---|
| 案主问题及需求 | 案主本来是一位热爱生活、情绪乐观、乐于助人的老年人，但是自从在国庆期间摔倒后，整个人都闷闷不乐，既不外出串门，也很少跟别人说话。社工认为，这和案主国庆期间摔倒有关，希望通过专业的个案辅导协助案主走出摔倒的阴影。 | | |
| 协议目标 | 协助案主走出摔倒后的阴影、重新找回对生活的热爱、重新定位人生方向。 | | |

| 介入模式及具体方法 | **社会支持网络**<br>发展社会支持源自鲍尔拜的依附理论，20 世纪 60 年代社会支持网络开始用于精神病学的临床治疗。20 世纪 70、80 年代，美国社会支持计划推进了社会支持网络的应用。<br>1. 基本假设：人无法自绝于社会而存在，人类生存需要与他人共同合作，以及仰赖他人协助。人类生命发展历程都会遭遇一些可预期和不可预期的生活事件。遭遇生活事件时，需要资源以因应问题。资源分为内在与外在两种。社会支持网络为外在资源之一种，可分为有形与无形两类。<br>2. 定义：①一组由个人接触所构成的关系网，透过这些关系网个人得以维持其认同，并获得情绪支持、物质援助、服务、讯息、新的社会接触等。②由各种有形的和无形的支持构建起来的支持体系就是社会支持网络。<br>3. 分类：社会支持网络按不同的标准有不同的分法，如按内涵分，可以分为工具性支持和表达性支持；按主/客观来分，可以分为实际支持和主观感受。另外一种分法是我个人觉得比较容易理解的，分为有形的支持和无形的支持，其中有形的支持包括物质或金钱的支持和援助，而无形的支持多半属于心理、精神上的，如鼓励、安慰、嘘寒问暖、爱及情绪上的支持等。<br>4. 功能：①社会支持的增加，会使人们的心理及心理健康显著提高；②支持适时介入到有压力的环境中，可以预防或者减少危机的发生；③适当的支持可以介入压力的处理，解决问题，减少压力所造成的不良影响。<br>5. 社会支持程度之影响因素：①发展因素：个人过去经验对其社会生活之影响。②个人因素：如坚毅的性格、自尊、学识等。③环境因素：物理与社会环境影响。<br>6. 应用：社会工作需要对服务对象的社会支持网络在个人和社区不同的层面进行评估，从而拟定工作计划。正是从这个角度看，社会工作的任务是一方面帮助服务对象运动网络中的资源解决基本问题；另一方面是帮助服务对象弥补和拓展其社会支持网络，使他们提升掌握建立和运用社会支持网络的能力，从而达到助人自助的目的。 |
|---|---|
| 具体行动计划 | 1. 收集案主的资料，接案，多与案主交谈、沟通，了解案主内心想法，与案主建立信任的关系。<br>2. 和案主一起评估案主的服务需求。并与案主制定服务计划，邀请案主参加社区活动、小组活动，让案主保持与他人的接触，协助案主回到自己的社交圈中，陪伴案主走出跌倒的阴影，重新找回对生活的热爱、重新定位人生的方向。<br>3. 与案主签订协议，明确社工的服务和双方责任。<br>4. 开展服务，根据制定的计划，社工在服务过程中担任使能者、联系人、教育者等角色，协助案主一起完成提升。<br>5. 结案，案主的目标基本达成时便可讨论结案事宜。 |

续表

| 中心主任 | 中心主任签名：<br>日期： |
|---|---|
| 督导意见 | 督导（签名）：<br>日期： |

社工签名：　　　　　日期：

表 2-4　个案服务记录表

**个案服务记录表（一）**

| 案主姓名 | 张×× | 跟进社工 | 赵×× | 年　龄 | 94 岁 | 性　别 | 男 |
|---|---|---|---|---|---|---|---|

| 跟进日期 | 2019.××.×× | 跟进时间 | 35 分钟 | 第 1 次个案面谈/活动 |
|---|---|---|---|---|

| 面谈/活动方式 | □电话<br>□到访中心<br>□上门探访（地点）<br>■参加小组（编号和名称）争做不倒翁——老年人防跌小组<br>□参加活动（编号和名称）<br>□外展（地点）<br>□其他方式（地点） |
|---|---|
| 个案问题 | 案主本来是一位热爱生活、情绪乐观、乐于助人的老年人，但是自从在国庆期间摔倒后，整个人都闷闷不乐，既不外出串门，也很少跟别人说话。社工猜测，这是因为案主在国庆期间的摔倒，希望通过专业的个案辅导协助案主走出摔倒的阴影。 |
| 本次个案面谈/活动目标 | 了解和收集案主的有关情况，与案主建立初步的信任关系，评估案主的服务需要。 |

| 个案面谈/活动概况 | 1. 面谈内容：<br>案主是社工"争做不倒翁——老年人防跌小组"的组员，一直都很健谈，乐于助人，每次小组开始前都会提前来跟社工聊天。刚好今天是小组的最后一节集会，社工发现案主没到集会地点，就到案主家中找案主。当社工看见案主时，案主正坐在院子里晒太阳，以前案主远远地看见社工就会打招呼，让社工坐，但是今天看见社工来，案主还是闷闷不乐的，也没跟社工打招呼，这让社工觉得很反常。在看到案主的脸后，社工发现案主整个右脸都是擦伤，询问案主脸是怎么受伤的。案主就只是一直摆手，说"没事、没事"，社工感觉到案主并不想谈及脸上的伤，所以也就不继续追问了，邀请案主参加最后一节的小组集会，案主考虑了一会还是跟社工一同去小组聚会的地方（集会点在案主家隔壁），社工发现案主需要拄拐走路。到了集会地点，其他组员都已经到了，大家看到都主动跟案主打招呼，但是案主对于大家的问好无动于衷，只是静静地坐下，整节小组下来，案主完全没有投入到大家的讨论中，只是坐在那发呆，小组结束后，也没有跟大家打招呼就走了。社工在把案主送回家后，回到小组集会地点，跟组里的其他成员聊天，组员告诉社工，案主是在国庆期间在家中跌倒了，所以脸上跟手臂都有大面积的擦伤，且行动缓慢。组员还告诉社工，自从跌倒了后，案主就性情大变了，天天都不说话，就只坐在院子里发呆，也不跟别人说话，组员让社工多找案主说话，开导一下案主。<br>社工分析：<br>案主在社工提及他脸上的伤时，明显地选择了逃避，不愿意正面回答社工的问题，且情绪低落，不爱言语。根据小组其他成员的反馈，社工得知案主受伤的真相，而且案主还因为跌倒而性情大变，不再与人交谈、变得郁郁寡欢。在了解案主跌倒的情况后，社工停止了跟大家的交谈，也嘱咐大家不要在案主面前谈论案主受伤的事情。 |
|---|---|
| 个案进展情况 | 目标达成，初步了解了案主受伤的大概经过，案主本是社工小组的组员，与社工有基本的信任关系，社工进一步与案主的交谈会比较顺畅。 |
| 下一步跟进计划 | 了解案主更多情况，与案主建立专业的个案辅导关系。 |
| 中心主任意见 | 签名：<br>日期： |
| 督导意见 | 签名：<br>日期： |

社工签名：＿＿＿＿＿＿＿＿　　日期：＿＿＿＿＿＿＿＿

## 个案服务记录表（二）

| 案主姓名 | 张×× | 跟进社工 | 赵×× | 年 龄 | 94 岁 | 性 别 | 男 |
|---|---|---|---|---|---|---|---|
| 跟进日期 | 2019.××.×× | | 跟进时间 | 45 分钟 | 第 2 次个案面谈/活动 | | |

| 面谈/活动方式 | □电话<br>□到访中心<br>□上门探访（地点）<br>□参加小组（编号和名称）<br>■参加活动（编号和名称）亮眼看世界——白内障普查活动<br>□外展（地点）<br>□其他方式（地点） |
|---|---|
| 个案问题 | 案主本来是一位热爱生活、情绪乐观、乐于助人的老年人，但是自从在国庆期间摔倒后，整个人都闷闷不乐，既不外出串门，也很少跟别人说话。社工猜测，这是因为案主在国庆期间的摔倒，希望通过专业的个案辅导协助案主走出摔倒的阴影。 |
| 本次个案面谈/活动目标 | 了解案主更多情况，与案主建立专业的个案辅导关系。 |
| 个案面谈/活动概况 | 1. 面谈内容：<br>社工邀请案主参加"亮眼看世界——白内障普查活动"。活动结束后，社工在送案主回家的途中与案主交谈，询问了案主配偶的身体状况，跟案主分享自己女儿发生的趣事。说着说着，案主主动提及自己身上的伤，案主告诉社工手臂上的擦伤已经掉痂了，说着还把脸转过来给社工看，说脸上的痂只有一点点没掉，然后伤感地抓着社工的手说，"人老啦，没用啦，连累孩子啊"。案主告诉社工，自己只是踢了一脚地上的板凳，就重心不稳跌倒了，因为自己，连累孩子请假回家带其去医院，所以案主觉得自己拖累了孩子，让孩子不能放心地去上班，请假要扣工资等。途中偶遇了案主的邻居，中断了社工与案主的谈话。<br>2. 社工分析：<br>社工在与案主的交谈中运用了自我披露、鼓励支持、积极回应等技巧。在送案主回家的途中，社工一直搀扶着案主，在案主与自己分享其伤口的愈合情况时，积极回应了案主，提醒案主要注意伤口的清洁，必要时让家人帮其给伤口消毒。在感觉到案主的消极情绪时，社工告诉案主，不要妄自菲薄，家人在其受伤的第一时间赶回家带其去医院，证明案主的孩子都是关心案主的，让案主不要有过多的担忧，也不用觉得自己拖累了家人。<br>社工建议案主不要每天只坐在院子里胡思乱想，可以到附近的邻居家串串门，跟大家多聊聊天，多参加社区活动。 |

续表

| | |
|---|---|
| 个案进展情况 | 目标完成，案主主动告诉社工其跌倒的过程，也透露了自己觉得年纪大会拖累孩子的想法。 |
| 下一步跟进计划 | 与案主儿子联系，了解案主儿子的想法。 |
| 中心主任意见 | 签名：<br>日期： |
| 督导意见 | 签名：<br>日期： |

社工签名：＿＿＿＿＿＿＿＿＿＿ 日期：＿＿＿＿＿＿＿＿＿＿

## 个案服务记录表（三）

| 案主姓名 | 张×× | 跟进社工 | 赵×× | 年　龄 | 94岁 | 性　别 | 男 |
|---|---|---|---|---|---|---|---|
| 跟进日期 | 2019.××.×× | | 跟进时间 | | 35分钟 | 第3次个案面谈/活动 | |
| 面谈/活动方式 | □电话<br>□到访中心<br>■上门探访（地点）案主家中<br>□参加小组（编号和名称）<br>□参加活动（编号和名称）<br>□外展（地点）<br>□其他方式（地点） | | | | | | |
| 个案问题 | 案主本来是一位热爱生活、情绪乐观、乐于助人的老年人，但是自从在国庆期间摔倒后，整个人都闷闷不乐，既不外出串门，也很少跟别人说话。社工猜测，这是因为案主在国庆期间的摔倒，希望通过专业的个案辅导协助案主走出摔倒的阴影。 | | | | | | |
| 本次个案<br>面谈/活动目标 | 与案主儿子联系，了解案主儿子的想法。 | | | | | | |

续表

| | |
|---|---|
| 个案面谈/<br>活动概况 | 1. 面谈内容：<br>社工联系了案主的小儿子，了解其对案主在家中摔倒有什么看法，案主儿子告诉社工，其实自己希望父母搬来一起住。案主与妻子两人住在另外几间房子，就在小儿子家前面，但是案主坚持跟老伴两个人住，拒绝跟儿子住。案主儿子称，虽然担心，但是也拗不过两位老人家，两间房子的距离也就两三米，所以也就没再勉强案主跟他们一起住。<br>但是说到自己父亲这一次摔倒，案主儿子也责怪自己对父亲照顾不周，导致父亲在家中厨房摔倒，而且其他也有留意到父亲自从摔倒后，就有点闷闷不乐的，老是一个人呆呆地坐着，也不去找老朋友聊天。案主儿子称很担心自己的父亲，但是自己一个大男人也不知道该怎么跟父亲沟通，希望社工可以帮助一下他父亲走出摔倒的阴影。<br>社工告诉案主儿子，其实案主变成这样，其中的一个原因是其认为，自己年纪大，没用了，觉得自己的摔倒拖累了孩子而感到自责，案主儿子从社工口中得知自己父亲的想法，感到十分愧疚，居然让自己的父亲有这样的想法，觉得是因为自己平时对老人家不够好，才导致他在摔倒后产生这样的想法。<br>2. 社工分析：<br>社工在与案主儿子的交谈中运用倾听、积极回应、自我披露等技巧。在社工跟案主儿子交谈的过程中，案主坐在院子晒太阳、打瞌睡，期间社工有注意到案主的孙子经常故意在案主身边经过，观察案主的情况，或者坐在案主旁边与案主攀谈。可以看得出来，案主的家人都很关心案主，只是又不知道该怎么做，所以大家在面对案主时都变得很小心翼翼。<br>其中，社工也分享了一些自己跟家中老年人相处的心得：其实老人家跟小朋友一样，只要稍微用心，老人家就很容易打开心扉。<br>社工建议案主的家人可以多跟案主聊聊天，没必要这么小心翼翼地试探案主，大家可以放心地跟案主互动，或者鼓励案主去找老朋友聊聊天，但是不要把案主逼得太紧，先鼓励案主出家门去走走，串串门。 |
| 个案进展情况 | 目标完成，了解了案主儿子的真实想法，也鼓励了其家人多跟案主沟通。 |
| 下一步跟 进计划 | 了解案主近况及情绪变化。 |
| 中心主任意见 | 签名：<br>日期： |
| 督导意见 | 签名：<br>日期： |

社工签名：＿＿＿＿＿＿＿＿　　　　　　　日期：＿＿＿＿＿＿＿＿

## 个案服务记录表（四）

| 案主姓名 | 张×× | 跟进社工 | 赵×× | 年　龄 | 94 岁 | 性　别 | 男 |
|---|---|---|---|---|---|---|---|
| 跟进日期 | 2019.××.×× | | 跟进时间 | 35 分钟 | | 第 4 次个案面谈/活动 | |
| 面谈/活动方式 | □电话<br>□到访中心<br>■上门探访（地点)××祠堂<br>□参加小组（编号和名称)<br>□参加活动（编号和名称)<br>□外展（地点)<br>□其他方式（地点) | | | | | | |
| 个案问题 | 案主本来是一位热爱生活、情绪乐观、乐于助人的老年人，但是自从在国庆期间摔倒后，整个人都闷闷不乐，既不外出串门，也很少跟别人说话。社工猜测，这是因为案主在国庆期间的摔倒，希望通过专业的个案辅导协助案主走出摔倒的阴影。 | | | | | | |
| 本次个案面谈/活动目标 | 了解案主近况及情绪变化。 | | | | | | |
| 个案面谈/活动概况 | 1. 面谈内容：<br>社工邀请了之前一起参加小组的组员在××祠堂小聚，并邀请案主一起参加，因为大家都是社区里几十年的老邻居，互相之间不会感到陌生。社工先关心一下大家的身体状况，邀请大家分享近况。社工抛出问题，大家都会你一言我一语的，分享着各自的近况，案主自然而然地跟着大家的节奏，分享着自己的近况，大家聊着聊着就聊到了过去，聊到了年轻的时候，聊着以前的苦与乐，感慨现在社会好、生活好、日子好，不用吃苦。不知不觉中半个小时过去了，大家纷纷表示要回了，最后剩下社工跟案主两人，因为案主就住在祠堂附近，所以社工陪案主一起回家。在回家途中，案主抓着社工的手，称非常感谢社工带他出来跟大家聊天，案主称已经很久没跟大家坐在一起聊天了，今天真的很开心。<br>2. 社工分析：<br>社工在与案主的交谈中运用了鼓励支持、积极回应等技巧。在送案主回家的途中，社工一直搀扶着案主，鼓励案主多走出家门，多跟大家散步聊天。社工告诉案主，其实他的孩子都很关心他，他的儿子从来不觉得案主是负担，让案主不要有过多的担忧，也不用觉得自己拖累了家人而郁郁寡欢，他这样反而让家人更加担心。<br>社工建议案主可以多跟家人交谈，让家人及时了解案主的情绪变化，拉近跟家人间的距离。 | | | | | | |

续表

| | |
|---|---|
| 个案进展情况 | 目标完成，了解了案主的近况，成功把案主带出家门。 |
| 下一步跟进计划 | 与案主儿子联系，了解更多案主的故事。 |
| 中心主任意见 | 签名：<br>日期： |
| 督导意见 | 签名：<br>日期： |

社工签名：_____　　　　　　　日期：_____

个案服务记录表（五）

| 案主姓名 | 张×× | 跟进社工 | 赵×× | 年　龄 | 94岁 | 性　别 | 男 |
|---|---|---|---|---|---|---|---|
| 跟进日期 | 2019.××.×× | | 跟进时间 | 30分钟 | 第5次个案面谈/活动 | | |
| 面谈/活动方式 | □电话<br>□到访中心<br>■上门探访（地点）案主儿子家中<br>□参加小组（编号和名称）<br>□参加活动（编号和名称）<br>□外展（地点）<br>□其他方式（地点） | | | | | | |
| 个案问题 | 案主本来是一位热爱生活、情绪乐观、乐于助人的老年人，但是自从在国庆期间摔倒后，整个人都闷闷不乐，既不外出串门，也很少跟别人说话。社工猜测，这是因为案主在国庆期间的摔倒，希望通过专业的个案辅导协助案主走出摔倒的阴影。 | | | | | | |
| 本次个案面谈/活动目标 | 与案主儿子联系，了解更多案主的故事。 | | | | | | |

| | |
|---|---|
| 个案面谈/<br>活动概况 | 1. 面谈内容:<br>当社工去到案主儿子家中时,案主跟妻子两人正在院子里晒太阳,案主的小儿子在给案主腰部更换药膏贴。远远的,案主就主动跟社工打招呼,案主的心情看来很不错,社工才刚坐下,案主就迫不及待地跟社工分享自己的近况,主动告诉社工,自己腰上的旧患又发作了,所以要贴膏药,自己又贴不了,还要麻烦孩子帮自己贴膏药,真是太没用了。不过社工注意到,虽然案主嘴上说自己没用,但是脸上的神情跟一个多月前摔倒时跟社工诉苦的样子截然不同,脸上依然是笑意盈盈的。案主儿子告诉社工,经过社工几次的开导,以及家人经常鼓励案主走出家门,案主现在已经慢慢走出了跌倒的阴影,已不再像一开始那样自怨自艾,而且案主儿子告诉社工,因为明天就是冬至,又是周末,案主的其他子女、孙辈的都会回来跟案主过节,所以案主这几天心情都很好,一家人好不容易才可以好好聚在一起,所以老人家特别期待。<br>2. 社工分析:<br>社工在与案主的交谈中运用了倾听、积极回应等技巧。在整个面谈过程中,社工是个很好的聆听者,倾听着案主父子分享着一些近况,以及案主对于家人团聚的期待,社工很欣慰案主可以在这么短时间内调整好自己的心情,找回从前那个乐观的自己。<br>根据社工的观察,案主与其儿子的互动也明显增加了,偶尔会说说话,不像上一次面谈那样,两人都是各做各的,完全没有交流,希望可以一直保持下去。 |
| 个案进展情况 | 目标完成,了解了案主更多近况。 |
| 下一步跟 进计划 | 了解案主近况,邀请案主参加××月××日在××文化站开展的活动。 |
| 中心主任意见 | 签名:<br>日期: |
| 督导意见 | 签名:<br>日期: |

社工签名: _____     日期: _____

个案服务记录表（六）

| 案主姓名 | 张×× | 跟进社工 | 赵×× | 年　龄 | 94岁 | 性　别 | 男 |
|---|---|---|---|---|---|---|---|
| 跟进日期 | 2019.××.×× | | 跟进时间 | 40分钟 | 第6次个案面谈/活动 | | |

| 面谈/活动方式 | □电话<br>□到访中心<br>■上门探访（地点）案主家中<br>□参加小组（编号和名称）<br>□参加活动（编号和名称）<br>□外展（地点）<br>□其他方式（地点） |
|---|---|
| 个案问题 | 案主本来是一位热爱生活、情绪乐观、乐于助人的老年人，但是自从在国庆期间摔倒后，整个人都闷闷不乐，既不外出串门，也很少跟别人说话。社工猜测，这是因为案主在国庆期间的摔倒，希望通过专业的个案辅导协助案主走出摔倒的阴影。 |
| 本次个案<br>面谈/活动目标 | 了解案主近况，邀请案主参加××月××日在××文化站开展的活动。 |
| 个案面谈/<br>活动概况 | 1. 面谈内容：<br>社工抵达案主家中时，案主正准备出门散步，所以社工边陪案主散步，边了解案主的近况。社工在跟案主交谈的过程中了解到，原来案主跟社工的爷爷以前是好朋友，可惜社工爷爷已经去世几年了，所以案主一直把社工当"小孙女"。案主跟社工说，自己现在身体还可以，当初摔跤的伤口也早就愈合结痂，现在也已经连伤疤都看不见了，经过社工的开导、家人的陪伴，自己已经完全走出了阴霾，现在自己每天都会到祠堂坐一下，跟邻居聊聊天，或者陪老伴在院子里晒晒太阳。案主告诉社工，其实生老病死也没什么可怕的，每个人都需要经历，自己已经看开了；自己已经九十多岁了，多活一天赚一天，当然要开开心心的生活下去，案主最后还叮嘱社工，骑电动车回办公室要小心一点。<br>2. 社工分析：<br>社工在与案主的交谈中运用了自我披露、鼓励支持、积极回应等技巧。在陪案主散步的过程中，社工分享了自己以前跟爷爷相处的一些小趣事，了解了一下案主的近况。案主主动提起了上周末冬至，子孙们都回来了，刚刚蹒跚学步的小重孙也回来了，家里十分热闹，案主称，自己已经很久没感受到这么开心了，平时大家工作都忙，很少有这样的机会，大家坐在一起，闲话家常，案主笑着跟社工说希望自己可以长命一点，多享受一下儿孙福。<br>在面谈的最后，社工邀请案主参加××月××日在××文化站开展的活动。 |

续表

| | |
|---|---|
| 个案进展情况 | 目标完成，了解了案主的近况，成功邀请案主参加活动。 |
| 下一步跟 进计划 | 以案主共同讨论结案事宜。 |
| 中心主任意见 | 签名：<br>日期： |
| 督导意见 | 签名：<br>日期： |

社工签名：_____                日期：_____

个案服务记录表（七）

| 案主姓名 | 张×× | 跟进社工 | 赵×× | 年　龄 | 94岁 | 性　别 | 男 |
|---|---|---|---|---|---|---|---|
| 跟进日期 | 2019.××.×× | | 跟进时间 | 40分钟 | 第7次个案面谈/活动 | | |

| | |
|---|---|
| 面谈/活动方式 | □电话<br>□到访中心<br>□上门探访（地点）<br>□参加小组（编号和名称）<br>■参加活动（编号和名称）什么是高血压？<br>□外展（地点）<br>□其他方式（地点） |
| 个案问题 | 案主本来是一位热爱生活、情绪乐观、乐于助人的老年人，但是自从在国庆期间摔倒后，整个人都闷闷不乐，既不外出串门，也很少跟别人说话。社工猜测，这是因为案主在国庆期间的摔倒，希望通过专业的个案辅导协助案主走出摔倒的阴影。 |
| 本次个案面谈/活动目标 | 与案主讨论结案事宜。 |

| | |
|---|---|
| 个案面谈/<br>活动概况 | 1. 面谈内容：<br>社工邀请案主参加"什么是高血压?"活动，活动结束后，社工询问了案主血压情况。社工准备送案主回家，发现原来案主儿子刚好休息在家，所以陪案主一起来参加活动，社工顺便帮父子俩都测量了一下血压，案主儿子告诉社工，父亲的血压挺正常的，身体跟情绪都挺好的。<br>鉴于服务已达到预期目标，社工跟案主商量结案事宜。社工首先引导案主一起回顾整个个案的历程，协助案主总结一下自己在服务过程中的改变和进步。案主认为在社工的帮助下进步很大，刚开始案主内疚、埋怨自己拖累孩子，一直郁郁寡欢，拒绝外出，也不跟邻居来往，现在案主在社工的帮助下已经成功的走出摔跤的阴影，也重新回到自己以前的圈子，又变回以前那个热爱生活、乐于助人的自己。<br>案主表示很感谢社工的帮忙，如果没有社工的鼓励，自己可能还沉浸在自己的悲伤里无法自拔，极有可能因为自己无法走出摔跤的阴影而做出极端的事情，案主问是不是结案了就不能再找社工了? 社工向案主表示以后只要有需要都可以到中心或者打电话找社工帮忙，社工也会定期到案主家中进行家访，了解案主的近况。<br>2. 社工分析：<br>社工评估个案已经达到预期设定的服务目标，案主已经完全走出摔跤所带来的悲伤，而且能重新融入到自己从前的群体活动当中，所以与案主协商结案事宜。并且认真地聆听案主传达的信息，了解到了案主这段时间的情况，并表示为案主的改变感到高兴。同时社工肯定了案主这段时间的努力和进步，同时鼓励案主继续努力，让自己的生活过得多姿多彩。 |
| 个案进展情况 | 目标完成，案主已走出摔倒所带来的阴影，重新找回对生活的热爱。 |
| 下一步跟进计划 | |
| 中心主任意见 | 签名：<br>日期： |
| 督导意见 | 签名：<br>日期： |

社工签名：_____　　　　日期：_____

## 表 2-5　终止辅导服务同意书

个案开始日期：2019.××.××跟进社工：赵××

个案终结日期：2019.××.××案主姓名：张××

本人同意终止接受中心所提供的辅导服务，个案终结之原因为：

☑已达成辅导目标

□同意转介至其他服务

□自行决定不再接受辅导服务

□辅导成效未如理想

□其他：_____

＊请在适当的□内加√。

案主签署：　　　　　社工签署：　　　　　服务主任/项目负责人：

签署日期：　　　　　签署日期：　　　　　签署日期：

----------------------- 沿此线剪下 -----------------------

辅导服务终止通知

_____先生/女士/小姐：

于_____年_____月_____日的会谈中，经社工_____与您商讨后，您同意终止个案辅导服务，故特此通知：个案辅导服务由_____年_____月_____日起正式终止。本中心仍然欢迎您继续参与本中心各项活动及服务，您如有任何查询，请留意中心信息动态，或致电_____与本中心联络。

顺祝：生活愉快！

项目主任/项目负责人

年　　　月　　　日

## 表 2-6　个案结案报告

| 案主姓名 | 张×× | 性别 | 男 | 年龄 | 94 岁 |
|---|---|---|---|---|---|
| 开案日期 | 2019.××.×× | | 结案日期 | | 2019.××.×× |
| 结案原因 | ■目标达到　□没有所需要的服务　□案主不愿意继续接受服务<br>□失去联络　□去世　□住院不便接受服务<br>□其他（请注明） | | | | |

续表

| | |
|---|---|
| 案主曾面临问题 | 案主本来是一位热爱生活、情绪乐观、乐于助人的老年人,但是自从在国庆期间摔倒后,整个人都闷闷不乐,既不外出串门,也很少跟别人说话。社工猜测,这是因为案主在国庆期间的摔倒,希望通过专业的个案辅导协助案主走出摔倒的阴影。 |
| 目标达成情况 | 目标达成情况良好,在社工的协助、家人的陪伴下,案主的情绪逐渐好转,重新回到了自己以前的朋友圈,参加社区活动。案主现在已经回到了摔跤前的状态,心态乐观,不再像社工刚接触他时候的样子。案主现在每天出门散步,跟邻居街坊聊天,日子过得舒服自在。 |
| 个案跟进过程简要 | 社工首先收集案主的资料,评估案主的服务需要,制定切实可行的服务方案;然后通过邀请案主参加社区活动、到案主家中面谈、与案主儿子面谈等手法,了解案主更多资料,带领案主走出家门,跟一同参加小组的组员聊天,找回以前大家一起参加活动的开心时光。案主通过参加社区活动、与小组成员聚会、与家人沟通交流,情绪一点一点恢复,逐渐走出因摔跤所带来的阴影,最后了解案主近况,结案。 |
| 案主现况 | 案主现在已经回到以前正常生活的状态,每天跟老伴一起在院子里晒晒太阳,然后自己一个人在社区里散散步,遇见邻居就聊一下天,再到××祠堂拿自己和老伴两人的爱心午餐,每天的日子虽然平淡但是很充实。 |
| 督导意见 | 督导:<br>日期: |

社工:　　　　　　　　中心主任:

日期:　　　　　　　　日期:

表2-7　服务对象跟踪回访表

| 服务对象姓名 | 张×× | 联系方式 | |
|---|---|---|---|
| 家庭地址 | ×社区 | | |
| 原负责社工 | 赵×× | 回访社工 | 赵×× |
| 结案日期 | 2019.××.×× | 回访日期 | 2019.××.×× |
| 回访方式 | □电话　■探访　□其他: | | |

续表

| | |
|---|---|
| 服务对象现状 | 社工先给案主拜年,随后了解案主的近况。案主称,过年期间吃得有点多,亲戚朋友之间来往比平时更加频密,案主称过完年要吃得清淡一点才行,年纪大了,不能再吃大鱼大肉了,要学会养生,这样才能活得更加健康,案主还邀请社工到社区开展健康养生的活动。 |
| 是否需要继续跟进 | □否 ■是:定期探访 |

回访社工签名: 日期:

**[情景设计二:老年小组服务案例]**

**一、案例背景及分析**

××社区是个有着浓厚客家文化的社区,社区老年人在年轻的时候,大家都是辛苦劳作时会用山歌对唱的方式苦中作乐,或者唱些对应当时情况的"口水歌"市井味十足,现在时代不同了,已经没什么人耕田种地了,唱客家山歌的人也越来越少了,很多喜欢客家山歌的老年人都是让子女买一台机器,再买些山歌的碟片,自己在家听,全然没有了以前大家一起对山歌的那种氛围,所以社工希望开展一个客家山歌交流小组,提供一个平台给喜欢山歌的老年人,大家互相交流、分享,重拾对山歌的热爱。

(一)问题及需求

1. 问题分析:随着社会的发展,老年人曾经熟悉的唱客家山歌的习俗渐渐没落,客家山歌作为客家文化的重要组成部分,需要一定的传承。

2. 需求分析:①心理层面,社区老年人对唱客家山歌的潜在需求。②社会层面,客家文化包含客家的山歌、美食、服饰、习俗等内容,作为优良的传统文化有保育传承的需求。

(二)理论基础

针对社会撤离理论所提出的老年人因活动能力下降和生活中角色的丧失而愿意自动地脱离社会的观点,认为:①活动水平高的老年人比活动水平低的老年人更容易感到生活满意和更能够适应社会;②老年人应该尽可能长久地保持中年人的生活方式以否定老年的存在,用新的角来取代因丧偶或退休而失去角色,从而把自身与社会的距离缩小到最低限度。

活动理论对老年社会工作的意义在于,无论从医学和生物学的角度,还是从日常生活观察表明,"用进废退"基本是生物界的一个规律,因此,社会工作者不仅要在态度和价值取向上鼓励老年人积极参与他们力所能及的一切社会活动,而且更需要为老年人的社会参与提供更多的机会和条件。

（三）服务目的

希望通过小组为组员们提供一个客家山歌互动、交流的平台，让大家重拾以往对客家山歌的热爱。

服务目标：①80%组员通过小组重新开口唱山歌。②100%组员能完全参与到小组中来。

（四）介入计划

1. 订立小组契约，引出小组主题。

2. 重新了解客家山歌，了解社区老年人以往的唱山歌的习惯和趣事。

3. 引导社区老年人一起唱山歌。

4. 引导组员相互交流，鼓励在生活中一起多唱山歌。

（五）服务评估

所有组员在每一节小组集会中的参与度都很高，6节小组下来，所以组员都做到了全勤的出勤率，虽然有个别组员因为干家务活而导致迟到，这基本不影响大家前来参加小组的热情，很多组员已经几十年没有唱山歌了。小组一开始大家都不是很愿意开口唱，随着小组内容的深入，组员从听、看、再到唱，一步一步地，社工慢慢的引导组员，以及社工跟着组员们一起唱山歌，社工笨拙地跟着视频学习，组员们忍不住纠正社工发音，有了社工五音不全的对比，更加激励了组员开口唱的信心。

社工通过现场观察发现，所有成员都能开心地参与到小组中来、开口唱山歌，特别是在山歌对唱环节，大家纷纷唱起以前耕种是唱的咸水歌，每一首咸水歌背后的故事都不一样，每首歌都能引起组员们的共鸣。

（六）服务反思

经过开展小组发现，社区老年人还是很喜欢唱山歌的，只是迫于没有适当的场地，整个小组从开始到结束，所有组员都能坚持到场，这一点非常值得肯定。

社工通过开展这个小组，了解到了组员们更多内心深处的想法，以及一些大家不曾提及过的往事，组员们通过参加小组，找回很多以前美好和难忘的记忆，社工通过开展小组更加了解组员。

## 二、小组服务过程及记录

根据小组工作流程，各阶段社工完成文书如下：

1. 小组筹备期：社工根据社区实际情况，制定小组服务计划，完成《小组计划书》；进行组员招募，整理《小组报名表》；完成《经费预算表》进行必要的物资采购及准备。

表 2-8　小组计划书

| 小组名称 | 客家山歌互动交流小组 | 负责社工 | 王×× |
|---|---|---|---|
| 小组分类 | □教育小组　□成长小组　■支持小组　□治疗小组　□其他 | | |
| 小组对象 | 70 岁以上高龄老年人 | 小组人数 | 6~8 人 |
| 小组日期 | 2019.××.××~2019.××.×× | 活动地点 | 某社工站 |
| 小组时间 | 10：00~10：45 | 所需人力 | 1 名社工 |
| 招募宣传方法 | □社区外展宣传招募；<br>□电话邀请以往的服务对象参加；<br>□家访邀请居民参加；<br>□邀请社区合作单位、基团单位宣传招募；<br>（请注明：□街道办；□街道党政办；□居委会）<br>□社区宣传栏张贴活动宣传预告；<br>□其他招募宣传方法，请注明： | | |
| 小组背景及理论 | ××社区是个有着浓厚客家文化的社区，社区老年人在年轻的时候，大家都是辛苦劳作时会用山歌对唱的方式苦中作乐，或者唱些对应当时情况的"口水歌"市井味十足，现在时代不同了，已经没什么人耕田种地了，唱客家山歌的人也越来越少了，很多喜欢客家山歌的老年人都是让子女买一台机器，再买些山歌的碟片，自己在家听，全然没有了以前大家一起对山歌的那种氛围，所以社工希望开展一个客家山歌交流小组，提供一个平台给喜欢山歌的老年人，大家互相交流、分享，重拾对山歌的热爱。 | | |
| | 活动理论：针对社会撤离理论所提出的老年人因活动能力下降和生活中角色的丧失而愿意自动地脱离社会的观点，认为：<br>1. 活动水平高的老年人比活动水平低的老年人更容易感到生活满意和更能够适应社会；<br>2. 老年人应该尽可能长久地保持中年人的生活方式，用新的角色来取代因丧偶或退休而失去的原来的角色，从而把自身与社会的距离缩小到最低限度。<br>活动理论对老年社会工作的意义在于，无论从医学和生物学的角度，还是从日常生活观察表明，"用进废退"基本是生物界的一个规律，因此，社会工作者不仅要在态度和价值取向上鼓励老年人积极参与他们力所能及的一切社会活动，而且更需要为老年人的社会参与提供更多的机会和条件。 | | |

| 小组目的与目标 | 目的：希望通过小组为组员们提供一个客家山歌互动、交流的平台，让大家重拾以往对客家山歌的热爱，以及通过唱山歌， | |
|---|---|---|
| | 目标1 | 80%组员通过小组重新开口唱山歌； |
| | 目标2 | 100%组员能完全参与到小组中来。 |

| 小组评估 | □过程评估<br>　■小组过程中社工对组员的观察、感受<br>　□小组过程中社工与组员的互动问答<br>　□小组过程中社工对小组环节的观察和小结<br>　□其他评估方法，请注明：<br>□结果评估<br>　□社工组员的成效访谈<br>　□组员的成效问卷<br>　□组员的意见反馈表<br>　■其他评估方法，请注明：　前后测 |
|---|---|

| 经费预算 | 支出项 | 单价（元)×数量 | 小计（元） |
|---|---|---|---|
| | 水果 | 10×8 斤 | 80 |
| | 饼干点心 | 20×5 斤 | 100 |
| | 零食 | 22×5 斤 | 110 |
| | 总计（元） | | 290 |

| | 预计困难 | 应对措施 |
|---|---|---|
| 1 | 天气原因或者其他原因，小组活动不能按时间进行。 | 提前查看天气预报，与老年人协商，适时延迟小组开展时间。 |
| 2 | 组员不配合或迟到早退。 | 做好前期准备，及时了解组员的想法，根据组员的喜好调整小组内容。 |

| | |
|---|---|
| 负责社工签署： | 日期： |
| 主管/主任意见： | |
| 督导意见： | |
| 中心主任签名：<br>日期： | 督导签名：<br>日期： |

表 2-9　程序安排

第 1 节

小组名称：　<u>客家山歌互动交流小组</u>

小组日期：　<u>2019.××.××</u>

本节小组目标：　<u>订立契约，引出主题</u>

| 时长 | 目标 | 内容 | 物资 | 负责人 | 备注 |
|---|---|---|---|---|---|
| 5min | 自我介绍<br>说明小组<br>目的 | 开场白，社工自我介绍，说明小组活动<br>的目的、意义。并由组员提出他们的疑<br>问，社工作相关解答。 | | | |
| 10min | 破冰游戏 | 破冰游戏——你比我猜<br>目的：活跃气氛。<br>游戏规则：组员两两一组，由社工在其<br>中一位组员耳旁说一个词语，由该名组<br>员通过动作比划，让另外一名成员猜，<br>用时最少的队伍获胜，输的队伍进行自<br>我介绍。 | | 王×× | |
| 10min | 澄清组员的<br>期望、订立<br>契约 | 跟组员解释小组的开展形式和小组内容，<br>并与组员约定之后小组开展的时间，引<br>导组员发表自己对小组的期望和希望大<br>家遵守的约定，协助组员订立契约，并<br>写在纸上，让组员签名。 | 纸、笔 | | |
| 5min | 引出主题 | 讨论分享：<br>邀请组员分享各自对于参加小组的一些<br>期望，以及希望达到的目的。 | | | |

续表

| 时长 | 目标 | 内容 | 物资 | 负责人 | 备注 |
|---|---|---|---|---|---|
| 10min | 前测 | 引导组员进行小组前测，考虑到组员年纪大，看不清或者不识字，社工可一条条口述，并做好解释，让组员选择。 | 小组前测表 | 王×× | |
| 5min | 总结及预告下节内容 | 总结本节内容，并预告下节小组时间及内容。 | | | |

第 2 节

小组名称：　客家山歌互动交流小组

小组日期：　2019.××.××

本节小组目标：　重新了解客家山歌

| 时长 | 目标 | 内容 | 物资 | 负责人 | 备注 |
|---|---|---|---|---|---|
| 5min | 回顾 | 引导组员回顾上节小组内容，并预告本节小组内容。 | | | |
| 30min | 重新了解客家山歌 | 通过一些资料讲解，观看关于客家山歌的视频，以及邀请组员分享以前一些朗朗上口的客家山歌，通过一系列手法，重燃组员对客家山给的热爱。 | 纸质资料、客家山歌视频 | 王×× | |
| 10min | 总结 | 总结本节内容，并预告下节小组内容。 | | | |

第 3 节

小组名称：　客家山歌互动交流小组

小组日期：　2019.××.××

本节小组目标：　引导组员重新开口唱客家山歌

| 时长 | 目标 | 内容 | 物资 | 负责人 | 备注 |
|---|---|---|---|---|---|
| 10min | 回顾并介绍本节活动内容 | 引导组员一起回顾上节内容，并预告本节小组内容。 | | | |
| 30min | 齐唱客家山歌 | 社工先用手机播放一些比较朗朗上口的客家山歌，邀请领袖组员带领其他组员一起跟着手机唱，在唱山歌的过程中，邀请组员分享以前唱客家山歌的情景。 | 手机、移动音箱 | 王×× | |
| 5min | 总结 | 总结本节内容，并预告下节小组内容。 | | | |

第 4 节

小组名称：　客家山歌互动交流小组

小组日期：　2019.××.××

本节小组目标：　让组员分组，完成一次山歌对唱

| 时长 | 目标 | 内容 | 物资 | 负责人 | 备注 |
|---|---|---|---|---|---|
| 5min | 回顾上节内容 | 引导组员一起回顾上一节所学的内容。 | | | |
| 35min | 山歌对唱 | 组员先分成两两一组，完成一轮山歌对唱，内容不限、长短不限。 | | 王×× | |
| 5min | 讨论交流 | 讨论分享：所以组员轮流分享各自的感受，社工作最后总结并预告下节小组内容。 | | | |

第 5 节

小组名称：　客家山歌互动交流小组

小组日期：　2019.××.××

本节小组目标：　邀请小组领袖带领大家学习一首自创的客家山歌

| 时长 | 目标 | 内容 | 物资 | 负责人 | 备注 |
|---|---|---|---|---|---|
| 5min | 回顾与告知 | 引导组员一起回顾上一节所学的内容。并告知这是下节小组集会最后一次活动。 | | | |
| 35min | 学习新歌曲 | 小组中其中一位组员很喜欢自创一些跟黄麻社区有关的客家山歌，所以社工邀请她教组员们学习她创作的其中一首客家山歌，让大家在学习的过程中，有更多的互动交流。 | | 王×× | |
| 5min | 总结 | 总结本节内容，并预告下节小组内容。 | | | |

第 6 节

小组名称：　客家山歌互动交流小组

小组日期：　2019.××.××

本节小组目标：　总结交流，巩固知识，互相鼓励

| 时长 | 目标 | 内容 | 物资 | 负责人 | 备注 |
|------|------|------|------|--------|------|
| 15min | 回顾与告知 | 对一直参加活动的组员进行表扬，引导组员一起回顾所学内容，并告知这是最后一次活动。 | | | |
| 25min | 发表小组收获 | 让组员依次发表自己在小组中的收获。引导组员互相交流。 | | 王×× | |
| 5min | 后测并填写意见表 | 协助组员填写小组后测表和意见登记表，宣告小组结束。 | | | |

表 2-10　小组活动预算表

项目名称：×××　　　　　制表时间：2019.××.××

| 活动名称 | 客家山歌互动交流小组 | | |
|---|---|---|---|
| 活动时间 | 2019.××.××～2019.××.××　　10：00～10：45 | | |
| 活动内容 | 通过开展小组，为大家提供相互交流、学习客家山歌的平台。 | | |
| 活动地点 | 某社工站 | | |
| 活动规模 | 大□　中□　小□ | 时数： | |
| | 人数：参加者 8 人、志愿者 0 人，共计 8 人 | | |
| | 支出内容 | 费用预算［单价（元)×数量] | 预算金额（元） |
| 1 | 饼干 | 15×3 | 45 |
| 2 | 山楂糕 | 20×2 | 40 |
| 3 | 凉果 | 35×4 | 140 |
| 4 | 瓜子 | 8×3 | 24 |
| 预算合计金额（元） | | | 249 |
| 经办人签字：　　　年　　月　　日 | | | |
| | | 中心主任审核：　　　年　　月　　日 | |

表2-11　小组报名表

小组名称：<u>客家山歌互动交流小组</u>

日期及时间：<u>2019××.××~2019.××.×× 10：00~10：45</u>

小组名额：<u>8</u>（成人）<u>0</u>（儿童）

总人数：<u>8人</u>

小组收费：<u>0（成人）0（儿童）</u>

总收入：<u>0</u>

| 序号 | 姓 名 | 年龄 | 性别 | 住 址（具体到社区/村委） | 电 话 | 收费 | 备注 |
|------|-------|------|------|---------------------------|--------|------|------|
| 1 | 吴×× | 77 | 女 | 某社区 | | | |
| 2 | 周×× | 86 | 男 | 某社区 | | | |
| 3 | 周×× | 83 | 男 | 某社区 | | | |
| 4 | 张×× | 83 | 女 | 某社区 | | | |
| 5 | 徐×× | 83 | 女 | 某社区 | | | |
| 6 | 朱×× | 88 | 女 | 某社区 | | | |
| 7 | 周×× | 76 | 男 | 某社区 | | | |
| 8 | 周×× | 80 | 男 | 某社区 | | | |
| … | | | | | | | |

负责社工：<u>王××</u>

2. 小组开展期：社工根据小组服务计划，开展小组，完成《小组过程记录表》，每次开展小组完成《小组点名表》。

表2-12　小组过程记录表

小组过程记录表（一）

| 第 1 节 | 参与人数 8 人 | 日期 | 2019 年××月××日 |
|---------|----------------|------|-------------------|
| 地 点 | 某社工站 | 时间 | 10：00~10：45 |

续表

| 本节目标 | 订立契约，引出主题。 | | |
|---|---|---|---|
| 过　程 | 参与者表现 | 工作员的处理 | 督导意见 |
| 本节小组过程 | 本节小组主要分六个部分进行：社工自我介绍、破冰游戏、订立小组契约、引出主题、填写前侧表及约定下节小组时间。<br>1. 社工在自我介绍环节也顺势介绍了家综，询问组员是否参加过社工组织的活动，有些组员表示第一次参加，大部分组员表示参加过。对于社工讲的小组内容，组员也显示出感兴趣。<br>2. 在玩游戏环节，所有组员都能很好地参与到游戏当中来，通过游戏，大家把小组气氛推到了高潮。<br>3. 在社工的引导下，组员你一句我一句地说出自己希望在小组中得到的东西，以及参加这个活动希望大家共同遵守的规则。有组员提出自己的想法后，其他组员都会点头表示赞成。<br>4. 社工在跟组员聊天的过程中引出了小组的主题"客家山歌"，组员们纷纷表示已经几十年没有开口唱山歌了，都不记得怎么唱山歌了。<br>5. 在小组前测环节，很多组员表示没带老花眼镜，看不清题目，经过社工一条条口述，解释下，组员有说有笑的完成了测试。<br>6. 跟组员约定下节时间，组员都表示会准时参加，并开心的与社工道别。 | 1. 社工重点感谢了组员能坚持参加社工组织的活动，并希望这次小组内容能吸引他们以后更多参与社工活动。<br>2. 因为组员们都是老邻居，所以大家在玩游戏的时候都很配合，可能会有个别组员因为害羞，有点迟疑，但是在其他组员的带动下，还是能开心的参与到游戏中来。<br>3. 这环节社工主要以引导为主，让组员自己说出希望大家一起遵守的规则，然后替组员总结归纳写在白纸上让组员签名。<br>4. 社工通过跟组员聊天得知每位组员年轻时候都是说唱山歌的能手，组员纷纷表示希望通过参加小组重新找回对客家山歌的热爱。<br>5. 考虑到组员的年纪特征，社工一条条口述前测内容，并做好解释，让组员自行选择。<br>6. 跟组员表明下节活动的时间，表示希望下节还能看到他们参加，增强组员参加活动的动力。 | |

续表

| 本节小组目标达致及效果评估 | 本节小组活动通过玩游戏互相认识，活跃了现场气氛，引导了组员一起订立了小组契约，澄清了小组期望。所以本节目标达成。 | | |
|---|---|---|---|
| 下次小组的计划和安排 | 带领组员重新了解客家山歌。 | | |
| 签 名 | 负责社工签名 | 中心主任签名 | 督导签名 |
| | | | |
| 日 期 | | | |

小组过程记录表（二）

| 第 2 节 | 参与人数 8 人 | | 日 期 | 2019 年××月××日 |
|---|---|---|---|---|
| 地 点 | 某社工站 | | 时 间 | 10：00～10：45 |
| 本节目标 | 带领组员重新了解客家山歌。 | | | |
| 过 程 | 参与者表现 | 工作员的处理 | | 督导意见 |
| 本节小组过程 | 1. 由社工带领组员共同回顾上节小组内容，且大家都很自觉的遵守小组契约条例，大家都很准时的到达集会地点。<br>2. 社工通过一些资料讲解、观看关于客家山歌的视频，带领大家重新领略客家山歌的风采，引导大家回忆从前，再邀请组员分享一些以前朗朗上口的客家山歌，通过资料讲解、观看视频、组员分享，一系列的手法，重燃组员对客家山歌的热爱。<br>3. 最后由社工带领大家对今天的小组内容进行总结及预告下节小组内容。 | 1. 对于全体组员都提前到达集会地点给予适当的表扬，鼓励组员们再接再厉，坚持不迟到。<br>2. 在通过资料讲解、观看视频、回忆等手法，唤醒大家对客家山歌的回忆，因为大家已经几十年没唱客家山歌了，所以要求组员马上重新开口唱歌比较困难，社工首先邀请个别热爱客家山歌的组员分享，从而带动其他组员开口唱。<br>3. 通过组员的分享，结合组员的喜好，适当的调整小组内容。 | | |

续表

| | |
|---|---|
| 本节小组目标达致及效果评估 | 本节小组通过资料讲解、观看视频、回忆等手法，唤醒组员心中对客家山歌的记忆，邀请个别组员分享人生故事，以及以前在什么情况下会唱客家山歌，让大家从几个不同的方面对客家山歌有更多的了解，所以本节目标达成。 |
| 下次小组的计划和安排 | 引导组员重新开口唱客家山歌。 |

| 签　　名 | 负责社工签名 | 中心主任签名 | 督导签名 |
|---|---|---|---|
| | | | |
| 日　　期 | | | |

小组过程记录表（三）

| 第__3__节 | 参与人数__8__人 | 日期 | 2019 年××月××日 |
|---|---|---|---|
| 地　　点 | 某社工站 | 时间 | 10：00～10：45 |
| 本节目标 | 引导组员重新开口唱客家山歌。 | | |

| 过　　程 | 参与者表现 | 工作员的处理 | 督导意见 |
|---|---|---|---|
| 本节小组过程 | 1. 本节小组有个别组员迟到，在小组开始十几分钟后才到，原来组员是干家务活忘记了时间，在回顾上节小组内容时，大家都很踊跃，特别是说到一些几十年前的往事时，大家更是滔滔不绝，然后由社工预告本节小组内容。<br>2. 因为上节小组结束后，社工在跟组员聊天中收集了一些大家都喜欢听的客家山歌，社工提前把这些山歌下载到手机中，社工先把山歌播放给组员听，最后由组员选出最喜欢的一首山歌，大家一起学习唱山歌，一开始大家都有点放不开，不怎么开口唱，于 | 1. 社工一开始以为组员年龄大，记忆力可能不是很好，谁知道组员在社工完全没有提醒的情况下，回顾了上节小组的内容。<br>2. 社工提前收集了组员喜欢听的一些客家山歌，但是组员到了唱歌环节都有点害羞，不怎么愿意唱，社工主动跟着手机学习唱山歌，慢慢的大家从纠正社工的发音到了一起唱，最后大家在没有音乐伴奏下完成一首山歌也演唱。<br>3. 对于组员可以顺利地完场山歌的演唱给予适当的表扬、鼓励。 | |

续表

| | | | |
|---|---|---|---|
| | 是社工就跟着手机唱，而且因为社工并不会唱客家山歌，所以唱得有点五音不全，导致大家会忍不住纠正社工，场面十分滑稽，随后组员在社工的带领下，逐渐地找到了感觉，即使社工关了手机上的音乐，大家都能凭记忆把歌曲完整的唱出了，在大家唱山歌的过程中，社工邀请组员分享各自的人生故事，以及印象最深刻的关于客家山歌的事情。<br>3. 最后由社工带领大家对小组内容进行简单的总结并预告下节小组内容。 | | |
| 本节小组目标达致及效果评估 | 本节小组旨在让组员重新开口唱山歌，虽然社工笨拙学唱的样子很滑稽，恰恰因为如此，激励了组员开口唱山歌的信心，所以本节小组目标达成。 | | |
| 下次小组的计划和安排 | 让组员分组，完成一次山歌对唱。 | | |
| 签　　名 | 负责社工签名 | 中心主任签名 | 督导签名 |
| | | | |
| 日　　期 | | | |

小组过程记录表（四）

| 第　4　节 | 参与人数　8　人 | 日期 | 2019 年××月××日 | |
|---|---|---|---|---|
| 地　　点 | 某社工站 | 时间 | 10：00～10：45 | |
| 本节目标 | 让组员分组，完成一次山歌对唱。 | | | |

| 过　程 | 参与者表现 | 工作员的处理 | 督导意见 |
|---|---|---|---|
| 本节小组过程 | 1. 本节回顾上节内容比较简单，大家都能很好的把上一节学的山歌唱一遍，由社工预告本节小组内容。<br>2. 本节小组内容有点像玩游戏，组员们两两一组，商量完成一段山歌对唱，内容、长短不限，可以是一般的山歌，也可以是自创的咸水歌，大家可以发挥想象力，或者回想以前唱的一些咸水歌，随后由组员们相互投票，选出票数最高的一组，可获得小礼品一份。最后，四组都一致选择唱以前务农时唱的咸水歌，咸水歌比较短，一般都是4~6句为主，每组的歌词都不一样，每一组演唱完都会引起其他组员的共鸣，引出一波又一波的回忆杀，表演结束，大家在一片欢声笑语中选出来彼此眼中的最佳。<br>3. 最后由社工带领组员对今天小组内容进行简单的总结，并预告下节小组内容，大家称这节小组时间过得太快了，最后获奖组员把小礼品在小组结束后跟其他组员一起分享，气氛和乐融融。 | 1. 虽然老年人记忆力不好，但是却能记住只唱了几遍的客家山歌。<br>2. 本家小组内容非常轻松，大家在山歌对唱的过程中有说有笑，每一首山歌都引出大家的人生故事，在进行山歌对唱的同时，大家边回忆边分享人生趣事，边讨论当时的那首咸水歌是怎么来的，在欢声笑语中完场山歌对唱，也票选出了大家心目中的最佳，获奖的组员也将礼品跟大家一起分享。<br>3. 在分享讨论的过程中，组员称通过参加小组找唤醒了从前被遗忘的回忆，大家一起谈笑风生、非常开心。 |  |
| 本节小组目标达致及效果评估 | 本节小组通过山歌对唱，让大家更愿意开口唱山歌，也在山歌对唱的过程中找回了一些原本被遗忘的回忆，每一首歌都能引起大家的共鸣，所以本节小组目标达成。 | | |
| 下次小组的计划和安排 | 邀请小组领袖带领大家学习一首自创的客家山歌。 | | |
| 签　名 | 负责社工签名 | 中心主任签名 | 督导签名 |
|  |  |  |  |
| 日　期 |  |  |  |

小组过程记录表（五）

| 第__5__节 | 参与人数__8__人 | 日期 | 2019年××月××日 |
|---|---|---|---|
| 地　点 | 某社工站 | 时间 | 10：00~10：45 |
| 本节目标 | 邀请小组领袖带领大家学习一首自创的客家山歌。 | | |

| 过　程 | 参与者表现 | 工作员的处理 | 督导意见 |
|---|---|---|---|
| 本节小组过程 | 1. 本节回顾上节内容，大家都表现的很踊跃，对于唱山歌大家已经没有一开始那么扭捏，说唱就能开口唱，因为小组时间比较紧凑，所以大家都能记住上节小组的你内容。<br>2. 本节小组主要是邀请组员吴阿姨教其他组员唱她自编的客家山歌"山村好地方"歌词：山是好地方，青山绿水好风光，处处梯田成粮仓，郁郁果树满岭岗，丛丛野花遍地开。丛丛野花遍地开，还有公路通村庄，大车小车常来往，农家美食好地道，避暑度假真爽朗！避暑度假真爽朗，公路两边有灯光，早晚散步精神好，锻炼身体寿年长！在吴阿姨的带领下，大家很快就领略了歌词的意思，因为歌不是很长，所以大家很快学会了。<br>3. 整节小组下来，大家纷纷表示，歌词形容得非常贴切，某社区就是如此的一个好地方。最后由社工带领大家对今天小组内容进行总结，并预告下节小组集会是最后一节。 | 1. 为了让组员们更加放开的唱山歌，社工都跟组员一起唱，跟组员们保持平等，拒绝特殊化。<br>2. 一开始社工建议大家先对歌词朗读几遍，先了解歌词的意思，对歌词有了基本的熟悉，再由吴阿姨带领大家一起学习，组员们也非常配合，很快就学会了。<br>3. 提前告知组员下节小组是最后一节，让组员提前有个心理设防。 | |
| 运用本节小组目标达致及效果评估 | 本节小组由其中一名组员教其他组员学习其自编的，赞颂某社区的客家山歌，大家很快的就学会了整首歌，所以本节小组目标完成。 | | |

续表

| 下次小组的计划和安排 | 带领组员回顾小组内容，总结交流，巩固知识，互相鼓励。 | | |
|---|---|---|---|
| 签　名 | 负责社工签名 | 中心主任签名 | 督导签名 |
| | | | |
| 日　期 | | | |

小组过程记录表（六）

| 第　6　节 | 参与人数　8　人 | 日期 | 2019 年××月××日 |
|---|---|---|---|
| 地　点 | 某社工站 | 时间 | 10：00～10：45 |
| 本节目标 | 带领组员回顾小组内容，总结交流，巩固知识，互相鼓励。 | | |
| 过　程 | 参与者表现 | 工作员的处理 | 督导意见 |
| 本节小组过程 | 1. 本节回顾小组全部内容，因为小组节与节之间的时间间隔不是很长，所以在回顾小组内容时，只要社工稍微提醒一下，大家都很快的记起前面几节小组的主要内容，再由小组领袖成员带来大家一起复习在参加小组期间大家一起唱过的一些客家山歌。<br>2. 组员在发表小组感言时，大家都感慨，因为参加小组，而重新开口唱客家山歌，时隔几十年还有机会跟大家一起进行山歌对唱，而且大家都还记得当初务农时所唱的咸水歌，参加整个小组下来，唤醒了很多已经遗忘的记忆，每节小组都很轻松、愉快，重拾当年唱山歌的喜悦。 | 1. 最回顾小组内容时，组员都表现的很雀跃，社工稍作提醒，大家都能想起前面几节小组的内容。<br>2. 在组员分享参加小组的收获是，社工也是感触良多，在引导组员唱山歌、山歌对唱、学唱山歌等手法，从中了解到组员不少的人生故事，原来以前唱山歌是为了苦中作乐，在以前清贫的日子中，务农是来一首山歌对唱，是很好的激励。<br>3. 因为大家都看不清后测表上的字，所以社工一条一条口述，协助组员完成测试。 | |

续表

| | | |
|---|---|---|
| | 3. 最后大家一起填写后测表,由社工宣布小组结束,小组结束后大家一样可以到日托中心唱山歌,遇到困难记得找社工。 | |
| 本节小组目标达致及效果评估 | 本节小组又社工带领组员回顾整个小组的主要内容,巩固大家的知识,告知组员虽然小组结束,但是大家依然可以到日托中心唱山歌,所以本节小组目标完成。 | |
| 下次小组的计划和安排 | | |

| 签 名 | 负责社工签名 | 中心主任签名 | 督导签名 |
|---|---|---|---|
| | | | |
| 日 期 | | | |

### 表2-13 小组点名表

小组名称: <u>客家山歌互动交流小组</u>    小组日期: <u>2019.××.××~2019.××.××</u>

小组时间: <u>10:00~10:45</u>    负责社工: <u>王××</u>

| 序号 | 内容\姓名 | 第1节 | 第2节 | 第3节 | 第4节 | 第5节 | 第6节 | 次数统计 |
|---|---|---|---|---|---|---|---|---|
| 1 | 吴×× | ✓ | ✓ | ✓ | ✓ | ✓ | ✓ | 6 |
| 2 | 周×× | ✓ | ✓ | ✓ | ✓ | ✓ | ✓ | 6 |
| 3 | 周×× | ✓ | ✓ | ✓ | ✓ | ✓ | ✓ | 6 |
| 4 | 张×× | ✓ | ✓ | ✓ | ✓ | ✓ | ✓ | 6 |
| 5 | 徐×× | ✓ | ✓ | ✓ | ✓ | ✓ | ✓ | 6 |
| 6 | 朱×× | ✓ | ✓ | ✓ | ✓ | ✓ | ✓ | 6 |
| 7 | 周×× | ✓ | ✓ | ✓ | ✓ | ✓ | ✓ | 6 |
| 8 | 周×× | ✓ | ✓ | ✓ | ✓ | ✓ | ✓ | 6 |
| 出席人数 | | 8 | 8 | 8 | 8 | 8 | 8 | 48 |

3. 小组结束期，总结整个小组过程，完成《小组总结报告》、宣传新闻稿、《经费决算表》。

表2-14　小组总结报告

| 小组名称 | 客家山歌互动交流小组 | 编号 | ×××× |
|---|---|---|---|
| 小组分类 | □教育小组　□成长小组　■支持小组　□治疗小组　□其他 | | |
| 小组对象 | 70 岁以上高龄老年人 | 人　　数 | 8 人 |
| 日　　期 | 2019.××.×× ~ 2019.××.×× | 地　　点 | 某社工站 |
| 负责社工 | 王×× | 人手编排 | 1 名社工 |
| 举行节数 | 共　6　节 | | |

| 总出席人次 | ___48___ 人次 | 平均出席人数 | ___8___ 人 | 有效出席率 | ___100___ % |
|---|---|---|---|---|---|

| 小组过程评估 | 筹备情况：此次小组组员招募没有张贴宣传单、也不适用于在微信群上发布活动信息，因为活动对象是社区高龄老年人，老年人们不会使用智能手机、也不认识字，所以即使张贴宣传单以及在微信群发布信息，也不会知道，所以社工选择在享受爱心午餐的成员中招募组员，再上门咨询是否愿意参加小组，物资准备方面，在小组开始前几天，社工提前购买好所需物资，小组前期准备工作顺利进行。<br>人手分工：小组主要由××负责统筹、宣传、招募组员、购买活动物资、开展小组。<br>内容设计：本小组共6节，小组开始社工会带领组员通过玩破冰游戏，增加小组成员间凝聚力、活跃小组气氛。小组内容主要围绕"客家山歌"开展，因为小组组员都是高龄老年人，所以不会设置难度过高的环节，每节小组都是在轻松、愉快的氛围下开展，社工带领组员通过资料讲解、观看视频、听、看、唱、学客家山歌等手法，带领组员们重新了解了客家山歌、重新开口唱山歌，从而再重新爱上唱山歌。<br>社工表现：社工在组员当中充当学习者角色，让组员通过教导社工唱山歌当中获得一定的成就感，跟着组员们一起了解客家山歌，学习怎么唱山歌，了解山歌在组员们心中是怎样的存在。<br>参加者表现：所有组员在每一节小组集会中的参与度都很高，6节小组下来，所以组员都做到了全勤的出勤率，虽然有个别组员因为干家务活而导致迟到，这基本不影响大家前来参加小组的热情，因为客家山歌对客家人，尤其 |
|---|---|

| | |
|---|---|
| | 是老年人的影响非一般，出来个别组员还会偶尔唱山歌，其他组员已经几十年没有唱山歌了，小组一开始大家都不是很愿意开口唱，随着小组内容的深入，组员从听、看、再到唱，一步一步地，社工慢慢地引导组员，以及社工跟着组员们一起唱山歌，社工笨拙地跟着视频学习，组员们听不下去忍不住纠正社工发音，正因为有了社工五音不全的对比，更加激励了组员开口唱的信心，毕竟大家年轻时生活中都是离不开山歌的。 |
| 小组目标达成情况分析 | 社工通过现场观察发现，所有成员都能开心的参与到小组中来、开口唱山歌，特别是在山歌对唱环节，大家纷纷唱起以前耕种是唱的咸水歌，每一首咸水歌背后的故事都不一样，每首歌都能引起组员们的共鸣，由此可见目标1、2达成情况良好。 |
| 经验分享/跟进工作 | 经过开展小组发现，社区老年人还是很喜欢唱山歌的，只是迫于没有适当的场地，整个小组从开始到结束，所有组员都能坚持到场，这一点非常值得肯定，且社工通过开展这个小组，了解到了组员们更多内心深处的想法，以及一些大家不曾提及过的往事，组员们通过参加小组，回忆了从前，社工通过开展小组更加了解组员，总的来说，此次小组开展得非常成功，既给组员提供了重新唱山歌的平台，又让组员在小组中回忆了从前，忆起一些尘封的往事。 |

负责社工签署：　　　　　　日期：

主管/中心主任意见：

督导意见：

主管签名：　　　　　　中心主任签名：　　　　　　督导签名：
日期：　　　　　　　　日期：　　　　　　　　日期：

表2-15　小组活动决算表

项目名称：××社工站　　　　制表时间：2019.××.××

| 活动名称 | 客家山歌互动交流小组 |
|---|---|
| 活动时间 | 2019.××.××~2019.××.××　10：00~10：45 |
| 活动内容 | 通过开展小组，为大家提供相互交流、学习客家山歌的平台。 |

| 活动地点 | 日托中心一楼 | | |
|---|---|---|---|
| 活动规模 | 大□　中□　小□ | | 时数： |
| | 人数：参加者　8　人、志愿者　0　人，共计　8　人 | | |
| | 支出内容 | 费用决算［单价（元)×数量］ | 决算金额（元） |
| 1 | 瓜子 | 7.9×3 | 23.7 |
| 2 | 盐津铺子糕点 | 49×1 | 49 |
| 3 | 购物袋 | 0.4×1 | 0.4 |
| 4 | 糖果 | 39.95×2 | 79.9 |
| 5 | 山楂片 | 11.5×3 | 34.5 |
| 6 | 话梅 | 12.99×3 | 38.97 |
| 决算合计数（元） | | | 226.47 |
| 经办人签字：　　　　年　　　月　　　日 | | | |
| 中心主任审核：　　　　年　　　月　　　日 | | | |

## 客家山歌互动交流小组新闻稿

黄麻社区家庭服务中心于2019年××月××日～××月××日在社工站针对社区高龄老年人开展"客家山歌互动交流小组"。

本小组共分为六节，活动开始通过破冰游戏——"你比我猜"活跃气氛，增加组员之间、组员与社工之间的互动，每节小组内容都是围绕"客家山歌"开展，通过小组为组员提供一个平台，让组员通过听、看、唱等手法，重新开口唱山歌，在唱山歌的过程中，组员们回忆起了年轻时的时光，分享着那段辛苦又幸福的回忆，组员通过参加小组重新找回了对客家山歌的热爱、社工通过开展小组对组员有了更多的了解。我们的小组既让组员针对客家山歌有了互动、交流，也通过参加小组分享了各自人生的精彩故事，通过参加小组，每位组员都回味了一次各自人生的苦与甜，此次小组既加强了组员间的互动、交流，也让社工对组员有了新的认识，听到了一些不曾听过的人生故事，组员的分享让社工的内心更加丰富。

最后社工邀请大家分享了彼此参加小组以来的收获以及改变，组员称很感谢社工开展了这么一个小组，既让大家重拾了对客家山歌的热爱，又从山歌中唤醒了深藏的回忆，最重要的是让大家有了可以聚在一起唱山歌的场地，社工希望即使小组结束，大家还是可以继续聚在一起唱山歌，保持对山歌的热爱。

××社工站 王××　　供稿

日期：2019 年××月××日

### 思考与练习

1. 以上个案未整理家庭结构图，根据案主情况完善家庭结构图。
2. 以上表格分别在个案工作流程的那个阶段填写？
3. 针对高龄老年人我们服务时需要注意什么？
4. 小组开展各个阶段的主要任务是什么？
5. 以上小组对各个组员的表现有哪些可以改善的地方？

# 项目二　家庭社会工作文书

### 知识目标

1. 了解家庭社会工作的含义和特点。
2. 准确把握家庭社会工作的文书特色。
3. 正确书写涉及的文书，清晰写作时的要点及注意事项。

### 能力目标

掌握家庭社会工作所涉及文书的写作。

### 案例导入

家庭是社会的细胞，是每个人一生都要生活的单位。家庭的功能发挥，不仅关系到家庭成员的成长，还关系到整个社区和社会的发展。

家庭常常会遇到各种的问题和挑战，比如亲子关系紧张、夫妻沟通不良、家庭暴力等问题。

作为一名社工，应该如何介入呢？家庭社会工作和其他类型的社会工作有哪些区别呢？有哪些注意事项呢？

知识链接

## 任务一　家庭社会工作基础知识

### 一、家庭社会工作

家庭社会工作，是以家庭为工作对象，运用社会工作的专业理论，采用个案、小组、社区等专业手法进行介入，以解决家庭问题，完善家庭的社会功能，促进家庭发展的专业服务活动。

### 二、家庭社会工作特点

（一）以家庭为服务对象

与其他类型的社会工作不同，家庭社会工作的服务对象是整个家庭，服务关注的是整个家庭。

（二）系统的服务视角

家庭社会工作，在介入不能单独看案主个人的问题，而是要把案主放在家庭这个系统中去评估和介入。家庭系统，包括夫妻的次系统、亲子的次系统、兄弟姐妹的次系统等。

（三）家庭的生命周期

家庭的发展有其生命周期，具体可分为家庭组成阶段、学前子女家庭阶段、学龄子女家庭阶段、青少年家庭阶段、子女独立家庭阶段、家庭调整阶段、中年夫妇家庭阶段、老年人家庭阶段共八个阶段，每个阶段的家庭都有不同的主要任务和互动关系。社工介入时，要充分考虑家庭的生命周期。

### 三、常见的家庭类型

在国内外的家庭研究中，学者们发现，最主要的家庭形式有：联合家庭、主干家庭、核心家庭、单亲家庭、再婚家庭（重组家庭）、领养家庭、丁克家庭等。领养家庭和丁克家庭在中国尚属不常见，我们将主要介绍常见的几种家庭形式。由于形式不同，不同的家庭所面临的问题也各异。

（一）联合家庭

指父母与多个已婚的成年子女共同居住，共同生活的模式。这个家庭形式是传统的中国大家庭的居住形式，即兄弟姐妹婚后不分家，与父母共同生活。他的特点是在这个大家庭中，有多对同代或隔代夫妻共处，人口多，关系复杂。

（二）主干家庭

父母与一对已婚子女共同生活组成的家庭，也就是我们常说的三代同堂的家庭。父母与唯一的子女，或者多个子女中的一个，共同居住，共同生活，其他子女分家单过。主干家庭的特点是，只有两对隔代夫妻，家庭有两个中心，人口不多，关系相对联合家庭要简单一些。

（三）核心家庭

夫妻与未婚子女组成的家庭，其特点是一对夫妻，一个中心，家庭关系比较简单。

（四）单亲家庭

夫妻双方因丧偶或者离异，留下一方（父或者母）与未婚子女组成的家庭。其特点是没有夫妻关系，只有亲子关系。

（五）重组家庭

重组家庭是两个离了婚且都带有子女的人再婚，重新组合为一个家庭。是基于再婚而产生的，其家庭成员之间的关系不是基于血缘关系而是基于姻亲关系引起的，其包括直系姻亲关系和法律拟制直系血亲关系。

## 任务二　家庭社会工作主要内容

### 一、家庭社会工作主要内容

（一）家庭救助和帮扶的服务

该服务是以整个家庭作为帮助的对象，其目的是保障整个家庭的基本生活水平。因生活变故或者意外灾害引发的特殊困难，政府也会向困难家庭发放救济金，提高困难家庭应对生活困境的能力，保障困难家庭基本的生活水平。另外，家庭社会工作服务可以发动正式资源和非正式资源，搭建困境家庭的救助和帮扶的资源平台，提供及时有效的救助和帮助。

（二）改善亲子关系的服务

该服务是以父母亲和子女关系的改善为服务焦点，并且以增进亲子之间的沟通交流和家庭社会功能为目标开展的各项社会工作专业服务活动。常见的有家庭行为学习、亲职能力训练和家庭心理健康教育等。

1. 家庭行为学习。该学习是根据行为学习理论的原理，对家庭中的年轻女子在成长过程中遇到的行为问题进行干预的服务，帮助孩子健康地成长。

2. 亲职能力训练。该训练是根据行为学习理论的原理设计，针对家庭中的父母亲，尤其那些在与孩子沟通交流中感到困难、在孩子照顾上遇到挑战的家长。通过亲职能力训练，帮助家长理解孩子，掌握与孩子沟通的技巧，建立良好的亲子关系。

3. 家庭心理健康教育。该教育是将家庭教育、技能训练和社会支持等方式综合为一体的服务活动，它最初运用于精神疾病患者的家庭，后来扩展到涉及其他健康问题的家庭，如学习情绪控制与管理的家庭等。

（三）改善夫妻关系的服务

该服务主要包括夫妻之间的婚姻辅导、家庭暴力的干预等服务介入，通过社会工作服务调节夫妻的婚姻关系，提高婚姻的质量，维持家庭的稳定和谐。

1. 婚姻辅导是针对夫妻的婚姻状况而开展的服务活动，涉及夫妻角色的界定、扮演以及相互之间沟通交流方式的改善等。

2. 家庭暴力的干预是针对家庭中的暴力现象而开展的服务活动，通常涉及妇女和儿童权益的保护，还包括对家庭施暴者的心理辅导等内容。

## 二、家庭社会工作文书

（一）个案工作文书

家庭社会工作个案，在预估中需要评估评估家庭的需求和主要问题，了解的家庭的基本情况、家庭关系、家庭资源等，服务中常用的工具包括是社会历史报告、家庭生态系统图、社会支持系统图等。

（二）小组工作文书

小组社会工作，在服务中不仅要评估组员的个人情况，还有关注组员的家庭关系、家庭结构、家庭沟通模式等因素，服务使面临相似问题的组员聚集在一起，共同探讨，同时建立和完善家庭的社会支持系统，促进家庭问题的解决，推动家庭的发展。

（三）社区工作文书

家庭社区工作，注重整个家庭的参与，常见的服务包括亲子沟通、夫妻互动、知识宣传、社区参与等。在具体的服务中，要考虑参与家庭中不同的家庭成员的需求，同时注意现场秩序的维持，并做好活动过程的安全保障，特别是亲子类服务。

## 任务三　家庭社会工作案例实践

**[情景设计一：家庭个案服务案例]**

### 一、案例背景及分析

案主今年41岁，育有两个孩子，大女儿13岁在黄麻小学读五年级，小儿子一岁半左右，案主丈夫在企业做司机，因为案主夫妻二人都要工作，所以小儿子交由其婆婆帮忙带，案主下班或者休息的时候就自己带孩子，案主跟社区内几位年龄相仿的宝妈关系比较好，几个人经常带孩子散步或者约一起逛街。

（一）问题及需求

1. 案主问题。案主叶××主动找到社工说，告诉社工自己最近真的很烦，她和丈夫俩经常因为钱的事情吵架。案主虽然跟丈夫结婚了十几年，但是婆婆的关系并不融洽，这些烦心事也不好跟同社区的朋友说，担心会传到自己丈夫、婆婆的耳边，案主称实在找不到可以倾诉的对象，希望社工可以帮其解决问题。

2. 案主需求。根据案主叶××的描述和社工的分析，案主的需求包括夫妻关系、婆媳关系调试，情绪处理，社会支持网络完善等方面的需求。

（二）理论基础

社会支持网络理论认为，人无法自绝于社会而存在，人类生存需要与他人共同合作，以及仰赖他人协助。社会支持网络可分为工具性支持、情感性支持、信息性支持。案主叶××社会支持网络薄弱，难以应对生活中遇到的夫妻矛盾、婆媳矛盾、情绪低落等方面的挑战。

（三）服务目的/目标

1. 服务目的：完善案主的社会支持网络，使其能够应对生活中遇到的夫妻矛盾、婆媳矛盾、情绪低落等方面的挑战。

2. 服务目标：

（1）案主的情绪低落情况得到改善，在感到烦时能找人倾诉来排解情绪。

（2）案主的夫妻关系和婆媳关系能得到改善。

（3）案主的社会支持网络得到改善，并能利用网络来应对生活中的挑战。

（四）介入计划

1. 第一阶段，了解案主，收集案主资料，与案主建立信任的关系。

2. 第二阶段，和案主一起评估案主的服务需求，评估案主的社会支持网络，了解案主的社会支持情况，以备更好的协助案主寻找解决问题的方法。

3. 第三阶段，与案主签订协议，明确社工的服务和双方责任。

4. 第四阶段，根据制定的计划，社工在服务过程中担任使能者、教育者等角色，协助案主完善社会支持网络，面对和解决遇到的挑战。

5. 第五阶段，社工评估目标达成情况，社工和案主回顾个案介入过程，总结改变经验，和案主商讨结案事项。

（五）服务评估

1. 目标达成情况。通过社工与案主的沟通、案主与家人的沟通、案主与婆婆共同参加活动等方式，梳理了案主的社会支持网络，推动了案主与丈夫、婆婆的沟通，缓解了案主遇到的问题，同时案主表示在情绪低落时可以找到人来倾诉。

2. 社工角色分析。社工发挥使能者、教育者等角色，鼓励案主积极和家人沟通，并梳理和完善案主自身社会支持网络，使得案主可以利用社会支持来面对生活中遇到的挑战。

（六）总结反思

1. 对案主问题的深入分析。本个案中，案主面临较多的挑战，社工没有将案主的问题进行简单的个人归因，而是深入分析后，从社会支持网络理论出发，引导案主梳理和利用社会支持网络来解决问题。

2. 社工专业技巧的应用。本个案中，社工在面谈过程中运用了倾听、积极回应、同理心、自我披露等技巧，得到了案主的信任，并推动案主产生了正向的改变。

## 二、个案服务过程及记录

表2-23　个案接案表

| 一、基本信息 | | | |
| --- | --- | --- | --- |
| 案主姓名 | 叶×× | 填表社工 | 李×× |
| 性别 | 女 | 年龄 | 41岁 |
| 籍贯 | 广东省广州市 | 接案日期 | 2019.××.×× |
| 单位或学校 | ××××× | 职业或专业 | ×××× |
| 联系电话 | ××× | 联系地址 | 某社区 |
| 婚姻状况 | □未婚■已婚□离异□丧偶□再婚□是否有子女（请注明）： | | |
| 教育程度 | □文盲□略懂文字□小学■初中□高中□中专□大专□本科及以上 | | |
| 房屋情况及居住状态 | □租房■自建房□自购房□单位房/工厂宿舍□寄宿亲属的房屋□其他（请注明）：（注明与谁合住或独住） | | |
| 收入状况 | □无收入□1000元以下□1001~2000元□2001~3000元■3000元以上 | | |
| 个案来源 | ■自我申请□社工主动接触□中心内社工转介□家人/亲属/朋友/邻居求助<br>□街道/居委转介□其他社工中心转介□医疗服务单位<br>□其他：_____ | | |
| 使用社工服务的记录 | □没有<br>□曾经有（请注明服务及何时）：<br>■现仍有接受服务（请注明）：经常参加社区活动 | | |

## 二、家庭成员情况

| | 姓名 | 关系 | 年龄/出生日期 | 职业/年级 | 电话 | 收入 | 联系地址（单位） |
|---|---|---|---|---|---|---|---|
| 1 | 周×× | 夫妻 | 49 岁 | 司机 | | | 某社区 |
| 2 | 周×× | 母女 | 13 岁 | 五年级 | | | 某社区 |
| 3 | 周×× | 母子 | 1 岁半 | | | | 某社区 |

| 家庭图 | |
|---|---|

## 三、问题与需求

| | |
|---|---|
| 1.□健康问题（□肢体□智障□精神□疾病） | 10.□吸毒 / □酗酒 / □赌博 |
| 2.■情绪问题（□易激动□抑郁□自杀■其他：案主告诉社工，自己跟丈夫最近经常吵架，妯娌关系不好，跟婆婆关系也不融洽，很烦。） | 11.□院舍住宿安排（注明：） |
| 3.■家庭关系（□兄弟姊妹□父母子女■夫妻■其他：婆媳、妯娌） | 12.□行为问题（注明：） |
| 4.□人际关系（□同事□邻居□朋辈□其他） | 13.□儿童照顾（注明：） |
| 5.□家庭暴力（□虐儿□虐待配偶□虐老） | 14.□学习问题（注明：） |
| 6.□政策咨询（□特困补助□残疾补助□其他） | 15.□老人照顾（注明：） |
| 7.□住房安排（□房屋修葺□房屋卫生□其他） | 14.□婚恋问题（注明：） |
| 8.□就业服务（□找工作□就业培训□其他） | 17.□经济援助（注明：） |
| 9.□司法矫正 / 安置帮教 | 18.□其他（注明：） |

续表

（一）具体情况介绍（包括心理，生理，社会、支持系统、资源等）

案主今年 41 岁，育有两个孩子，大女儿 13 岁在黄麻小学读五年级，小儿子一岁半左右，案主丈夫在企业做司机，因为案主夫妻二人都要工作，所以小儿子交由其婆婆帮忙带，案主下班或者休息的时候就自己带孩子，案主跟社区内几位年龄相仿的宝妈关系比较好，几个人经常带孩子散步或者约一起逛街。

（二）案主的主要需求和问题分析

案主主动找到社工，告诉社工自己最近真的很烦，最近他们夫妻俩经常因为钱的事情吵架，而且案主虽然跟丈夫结婚了十几年，但是案主跟其婆婆的关系并不融洽，妯娌关系也不好，这些烦心事也不好跟同社区的朋友说，担心会传到自己丈夫、婆婆的耳边，案主称实在找不到可以倾诉的对象，希望社工可以帮其解决问题。

根据案主的陈述，社工需要多接触案主，了解案主更多情况，协助案主找到其跟丈夫、婆婆、妯娌之间相处的问题，找出问题所在，尝试逐一解决。

四、社工评估与建议

| 跟进■ | 原因：案主因为跟丈夫、婆婆、妯娌间相处的问题很烦恼，很迫切想解决问题。 |
|---|---|
| 不跟进□ | 原因： |
| 待定□ | 原因： |

危机因素：无：□ 有（□高/□中/□低）（请注明）：

社工备注：

| 社工签名： | 日期： |
|---|---|

| 主任/督导对是否开案的意见 | □是 □否 具体原因/意见：<br><br>□委派/转介予： |
|---|---|
| | 主任/督导签名： | 日期： |

## 个案服务同意书

___叶××___先生／小姐：

根据本中心___李××___社工早前与您/您子女面谈的评估，现安排

___李××___社工跟进您/您子女的需要，提供个案辅导服务，如您/您子女同意我们开启个案服务，请仔细阅读下面的内容，并签名确认。

为了有效地向您/您子女提供优质及多元化的服务，本中心在提供服务过程中会搜集您/您子女的数据、服务记录及进度。

1. 收集资料的目的是为了评估及提供更有效的服务；

2. 倘若您未能提供足够或正确的资料，本中心可能无法处理您的申请或提供更适切的服务；

3. 您所提供的有关数据，将会记录下来以便跟进及提供服务；

4. 所有记录将会于个案完结后保存三年，以供负责社工在工作上使用；

5. 根据法律的规定，社工会对您的个人资料予以保密；

6. 您可查阅本中心在服务过程中所搜集的数据及服务记录，任何关于查阅或更改数据之查询，可致电：___××××××××××××___与本中心负责社工___××___联络。

7. 如案主或监护人不方便签署，可口头同意接受社工服务。

8. 若个案目标已达成，社工会主动与本人商讨结束个案。您也有权利随时与社工协商，终止服务。

□ 书面签署 　　　　　　　　　　　　　　■ 口头同意

案主（监护人）：_____ 　　　社工：_____

日期：_____ 　　　　　　　　日期：_____

### 表2-24　个案服务计划表

| 案主姓名 | 叶×× | 个案开启日期 | 2019.××.×× |
|---|---|---|---|
| 案主问题及需求 | 案主主动找到社工，告诉社工自己最近真的很烦，最近他们夫妻俩经常因为钱的事情吵架，而且案主虽然跟丈夫结婚了十几年，但是案主跟其婆婆的关系并不融洽，这些烦心事也不好跟同社区的朋友说，担心会传到自己丈夫、婆婆的耳边，案主称实在找不到可以倾诉的对象，希望社工可以帮其解决问题。 | | |
| 协议目标 | 协助案主找到其跟丈夫、婆婆、之间相处的问题，找出问题所在，尝试逐一解决。 | | |
| 介入模式及具体方法 | **社会支持网络**<br>社会支持网络理论认为，人无法自绝于社会而存在，人类生存需要与他人共同合作，以及仰赖他人协助。人类生命发展历程都会遭遇一些可预期和不可预期的生活事件。遭遇生活事件时，需要资源以因应问题。资源分为内在与外在两种。社会支持网络为外在资源之一种，可分为有形与无形两类。 | | |

| | |
|---|---|
| | 社会支持网络有不同的分类,如按内涵分,可以分为工具性支持和表达性支持;按主/客观来分,可以分为实际支持和主观感受。另外一种分法是我个人觉得比较容易理解的,分为有形的支持和无形的支持,其中有形的支持包括物质或金钱的支持和援助,而无形的支持多半属于心理、精神上的,如鼓励、安慰、嘘寒问暖、爱及情绪上的支持等。<br><br>社会支持网络理论认为,社会支持的增加,会使人们的心理及心理健康显著提高;支持适时介入到有压力的环境中,可以预防或者减少危机的发生;适当的支持可以介入压力的处理,解决问题,减少压力所造成的不良影响。<br><br>社会支持程度的影响因素包括发展因素,即个人过去经验对其社会生活之影响;个人因素,如坚毅的性格、自尊、学识等;环境因素,物理与社会环境影响。<br><br>因此社工需要对服务对象的社会支持网络在个人和社区不同的层面进行评估,从而拟定工作计划。社工的任务一方面是帮助服务对象运动网络中的资源解决基本问题;另一方面是帮助服务对象弥补和拓展其社会支持网络,使他们提升掌握建立和运用社会支持网络的能力,从而达到助人自助的目的。 |
| 具体行动计划 | 1. 收集案主的资料,接案,多与案主交谈、沟通,了解案主内心想法,与案主建立信任的关系。<br>2. 和案主一起评估案主的服务需求,并与案主制定服务计划,多接触案主身边的人,了解更多案主的情况,以备更好的协助案主寻找解决问题的方法。<br>3. 与案主签订协议,明确社工的服务和双方责任。<br>4. 开展服务,根据制定的计划,社工在服务过程中担任使能者、联系人、教育者等角色,协助案主一起完成提升。<br>5. 结案,案主的目标基本达成时便可讨论结案时宜。 |
| 中心主任 | <br><br>中心主任签名:<br>日期: |
| 督导意见 | <br><br>督导签名:<br>日期: |

社工签名: __李××__          日 期: __2019.××.××__

表 2-25  个案服务记录表

个案服务记录表（一）

| 案主姓名 | 叶×× | 跟进社工 | 李×× | 年 龄 | 41 岁 | 性 别 | 女 |
|---|---|---|---|---|---|---|---|
| 跟进日期 | 2019. ××. ×× | 跟进时间 | 30 分钟 | 第 1 次个案面谈/活动 | | | |
| 面谈/活动方式 | □电话<br>■到访中心<br>□上门探访（地点）<br>□参加小组（编号和名称）<br>□参加活动（编号和名称）<br>□外展（地点）<br>□其他方式（地点） | | | | | | |
| 个案问题 | 案主主动找到社工，告诉社工自己最近真的很烦，最近他们夫妻俩经常因为钱的事情吵架，而且案主虽然跟丈夫结婚了十几年，但是案主跟其婆婆的关系并不融洽，这些烦心事也不好跟同社区的朋友说，担心会传到自己丈夫、婆婆的耳边，案主称实在找不到可以倾诉的对象，希望社工可以帮其解决问题。 | | | | | | |
| 本次个案面谈/活动目标 | 了解和收集案主的有关情况，与案主建立初步的信任关系，评估案主的服务需要。 | | | | | | |
| 个案面谈/活动概况 | 1. 面谈内容：<br>案主自己本身就是经济社的居民，案主为了照顾两个孩子，所以选择在日托中心上班，因为日托本身就只有一个工作人员，所以案主平时在工作时间也没有可以聊天、倾诉的对象，因为社工站的办公室就在日托中心后面，所以案主偶尔会到社工站跟社工倾诉。<br>这次案主一脸愁容的找到社工，案主告诉社工自己真的快要死掉了，最近天天跟其丈夫因为钱的事情吵架，本来跟婆婆关系就不怎么融洽，前段时间更因为一些小事意见不合，跟婆婆也闹得有点僵，加上小儿子又生病了，一堆琐碎的事情堆积在一起，案主告诉社工，自己是生完大女儿十几年后作为高龄产妇生下的小儿子，很多育儿方面的事情都已经不记得怎么做了，十几年后在重新养育一个婴儿，手忙脚乱的，自己快被这些事情压得透不过气了，虽然上班地点就在家附近，但是儿子还是得交给婆婆帮忙带，这段时间孩子不舒服，睡不安稳，自己也跟着没得睡，然而丈夫却只会当甩手掌柜，什么忙都不帮，自己就会越想越来气，忍不住跟丈夫吵架，案主一脸无助的问社工该怎么办才好？<br>2. 社工分析：<br>社工在面谈过程中运用了倾听、积极回应、同理心、自我披露等技巧，因为社工也同为人妻、人母、人媳，与案主有相同立场，一样需要处理夫妻、婆媳、亲子之间的关系，在倾听案主的反馈时，社工对于案主的处境十分有同感，听到案 | | | | | | |

| | |
|---|---|
| | 主说孩子不舒服，社工也分享了自己在孩子不舒服时会用的一些方法，建议案主可以尝试一下，在听到案主说，其跟丈夫经常因为钱的问题吵架时，社工咨询案主是否可以举例说明时，因为办公室还有其他同工，案主表现得有点犹豫，此时社工告知案主，如果不愿意讲可以不讲，说到与其婆婆之间的问题，案主情绪有点激动，称与婆婆间的恩怨，已经不是一天两天形成的局面，自己也不奢望跟婆婆之间会有什么进一步的互动，更别说冰释前嫌。<br>根据案主的反馈中，社工发现案主整个人情绪都很激动，对于时隔十几年在重新养育孩子表现的有点茫然，社工需要多接触案主，取得案主更多的信任，了解更多案主的情况，再对症下药，协助案主寻找解决问题的方法。 |
| 个案进展情况 | 目标基本达成，初步了解了困扰案主的事情是什么，提高案主与社工有基本的信任关系，社工进一步与案主的交谈会比较顺畅。 |
| 下一步跟进计划 | 了解案主更多情况，与案主建立专业的个案辅导关系。 |
| 中心主任意见 | 签名：<br>日期： |
| 督导意见 | 签名：<br>日期： |

社工签名：_____　　　　　日期：_____

个案服务记录表（二）

| 案主姓名 | 叶×× | 跟进社工 | 李×× | 年　龄 | 41岁 | 性　别 | 女 |
|---|---|---|---|---|---|---|---|
| 跟进日期 | 2019.××.×× | | 跟进时间 | 30分钟 | | 第2次个案面谈/活动 | |
| 面谈/活动方式 | □电话<br>□到访中心<br>■上门探访（地点）案主家中<br>□参加小组（编号和名称）<br>□参加活动（编号和名称）<br>□外展（地点）<br>□其他方式（地点） | | | | | | |

续表

| | |
|---|---|
| 个案问题 | 案主主动找到社工，告诉社工自己最近真的很烦，最近他们夫妻俩经常因为钱的事情吵架，而且案主虽然跟丈夫结婚了十几年，但是案主跟其婆婆的关系并不融洽，这些烦心事也不好跟社区的朋友说，担心会传到自己丈夫、婆婆的耳边，案主称实在找不到可以倾诉的对象，希望社工可以帮其解决问题。 |
| 本次个案面谈/活动目标 | 了解案主更多情况，与案主建立专业的个案辅导关系。 |
| 个案面谈/活动概况 | 1. 面谈内容：<br>案主告诉社工，用了社工教的方法，小儿子红屁屁终于治好了，这几天终于好带了一点，晚上睡觉也不会一晚上的哭闹不停了，真的非常感谢社工，案主苦着脸告诉社工，自己昨晚又跟丈夫吵架了，案主称，自己因为各种原因，觉得压力很大，又找不到可以倾诉的人，所以就喜欢上了打麻将，丈夫也因为自己打麻将的事情跟自己吵过几次，案主自己也知道打麻将是不对，但是自己也控制不了，只要有点时间，自己就总是想去打麻将，不然一个人呆着无聊就会胡思乱想，案主说，只有在打麻将的时候才是最轻松的，虽然想戒掉，但是每次心烦还是喜欢去打麻将。<br>2. 社工分析：<br>根据案主的反馈，社工发现案主是因为积压的压力无法释放，找不到其他解压的方法，只能在打麻将的时候才觉得最轻松的，社工问案主她压力这么大，有没有跟其丈夫沟通过，案主称自己从来没有跟丈夫讲过，案主觉得就算讲了，丈夫也不会理解她，只会觉得她矫情、做作，社工建议案主可以尝试跟丈夫沟通一下，毕竟打麻将解决不了问题，还会激发夫妻间更多不必要的矛盾。<br>对于案主用打麻将来舒缓压力，社工表示理解，但是也明确告知案主，这个方法是不可取的，建议案主每次想打麻将的时候就做一些别的事情分散自己的注意力，或者可以到社工站跟社工聊天，实在忍不住的情况下，再去打，而且逐渐减少每次打麻将的时间，循序渐进的把麻将戒掉。 |
| 个案进展情况 | 目标完成，案主主动告诉社工，自己跟丈夫经常争吵的原因。 |
| 下一步跟进计划 | 与案主丈夫接触，了解案主更多情况。 |
| 中心主任意见 | 签名：<br><br>日期： |
| 督导意见 | 签名：<br><br>日期： |

社工签名：_____    日期：_____

个案服务记录表（三）

| 案主姓名 | 叶×× | 跟进社工 | 李×× | 年　龄 | 41 岁 | 性　别 | 女 |
|---|---|---|---|---|---|---|---|
| 跟进日期 | 2019.××.×× | 跟进时间 | | 30 分钟 | | 第 3 次个案面谈/活动 | |

| 面谈/活动方式 | □电话<br>□到访中心<br>■上门探访（地点）案主家中<br>□参加小组（编号和名称）<br>□参加活动（编号和名称）<br>□外展（地点）<br>□其他方式（地点） |
|---|---|
| 个案问题 | 案主主动找到社工，告诉社工自己最近真的很烦，最近他们夫妻俩经常因为钱的事情吵架，而且案主虽然跟丈夫结婚了十几年，但是案主跟其婆婆的关系并不融洽，这些烦心事也不好跟同社区的朋友说，担心会传到自己丈夫、婆婆的耳边，案主称实在找不到可以倾诉的对象，希望社工可以帮其解决问题。 |
| 本次个案面谈/活动目标 | 与案主丈夫接触，了解案主更多情况。 |
| 个案面谈/活动概况 | 1. 面谈内容：<br>因为案主丈夫跟社工已经见过几次面，所以此次面谈，在简单的寒暄后，案主丈夫也直奔主题，案主丈夫也在苦恼如何才能让案主戒掉打麻将的瘾，案主丈夫告诉社工，案主现在只要一有空就去打麻将，孩子扔给老人家带，这都算了，打麻将不是赢就是输，案主经常一输就是好几百，为了不让案主打麻将，案主丈夫连家用钱都不给案主，以为这样案主就会不去打麻将了，结果，毫无作用。社工问案主丈夫，是否知道案主打麻将背后的原因，是否有跟其坐下来沟通过，案主丈夫说，沟通什么，滥赌的人要去赌博哪里需要理由，社工告诉案主丈夫，其实案主去打麻将是有原因的，因为案主作为高龄产妇，四十岁才生二胎，育儿压力、婆媳关系、姑娌关系等问题，但是没有可以倾诉的对象，所以只能通过打麻将解压。<br>听完社工的陈述，案主丈夫有点震惊，其告诉社工，案主从来没有跟他说过这些，而且案主丈夫觉得都已经是老夫老妻了，从来都不会主动关心这些问题，觉得就算有问题，案主都四十岁的人了，什么都可以自己解决。<br>2. 社工分析：<br>经过跟案主丈夫的面谈，社工发现，案主夫妻之间最缺乏的是沟通，案主丈夫理所当然地认为，案主已经是个成年人，自己能解决所有问题，因为忽略了案 |

续表

| | |
|---|---|
| | 主的情绪变化，也没有察觉到案主是因为生活压力导致其通过打麻将解压，社工建议案主丈夫可以多跟案主聊天，及时了解案主的情绪变化，下班回家主动帮案主做一些力所能及的事情，周末可以带家人出去玩一下，至于婆媳关系，作为儿子跟丈夫，应该起到润滑双方关系的作用，冰冻三尺非一日之寒，可在日常生活中多促进两者的沟通、交流、互动，假以时日，付出的努力总会得到回报的。 |
| 个案进展情况 | 目标完成，成功与案主丈夫沟通，让其了解了案主打麻将背后的原因。 |
| 下一步跟进计划 | 了解案主近况及情绪变化。 |
| 中心主任意见 | 签名：<br>日期： |
| 督导意见 | 签名：<br>日期： |

社工签名：_____　　　　　　　　日期：_____

个案服务记录表（四）

| 案主姓名 | 叶×× | 跟进社工 | 李×× | 年　龄 | 41岁 | 性　别 | 女 |
|---|---|---|---|---|---|---|---|
| 跟进日期 | 2019.××.×× | 跟进时间 | | 30分钟 | | 第4次个案面谈/活动 | |
| 面谈/活动方式 | □电话<br>□到访中心<br>■上门探访（地点）案主家中<br>□参加小组（编号和名称）<br>□参加活动（编号和名称）<br>□外展（地点）<br>□其他方式（地点） | | | | | | |
| 个案问题 | 案主主动找到社工，告诉社工自己最近真的很烦，最近他们夫妻俩经常因为钱的事情吵架，而且案主虽然跟丈夫结婚了十几年，但是案主跟其婆婆的关系并不融洽，这些烦心事也不好跟同社区的朋友说，担心会传到自己丈夫、婆婆的耳边，案主称实在找不到可以倾诉的对象，希望社工可以帮其解决问题。 | | | | | | |

续表

| 本次个案面谈/活动目标 | 了解案主近况及情绪变化。 |
|---|---|
| 个案面谈/活动概况 | 1. 面谈内容：<br>案主刚进社工办公室就一脸兴奋地告诉社工，上次社工跟其丈夫聊过一次后，她老公跟变了个人似的，下班回家主动带小儿子出去玩，偶尔也会帮着她一起做饭，偶尔还会跟其聊聊自己内心的想法，清明假期间还带着家人去了公园玩，案主告诉社工，这段时间因为心情都挺好的，后来回忆才发现，自己打麻将的次数变少了，虽然说并不是完全戒掉了打麻将，但是这对于自己来说已经是很大的进步了，但是案主也跟社工说了自己的担忧，担心自己丈夫这一系列的改变，会是昙花一现的景象，一段时间后又变回从前那样，所以自己还是有点忐忑不安。<br>最后案主告诉社工，上次一家人外出游玩，自己跟婆婆的关系也有所缓和了，经过丈夫的开导，自己也知道，人要活在现在，不能一直抓住以前的事情不放，而且自己一直跟婆婆剑拔弩张，丈夫夹在中间也很难做，所以，案主称自己也要慢慢学着释怀。<br>2. 社工分析：<br>首先对于案主减少了自己打麻将的次数，社工及时给予案主肯定，以及鼓励案主坚持，对于案主说怕其丈夫的改变是昙花一现的现象，社工建议案主，对于丈夫的改变，案主需要及时给出回应，不能一味地只是对方付出，双方多沟通、交流，多换位思考，有问题及时解决，在婆媳关系中，对于案主自己能有如此的觉悟给予肯定，社工表示自己也不一定有案主做得好，鼓励案主慢慢来。 |
| 个案进展情况 | 目标完成，了解了案主的近况。 |
| 下一步跟进计划 | 与案主讨论结案事宜。 |
| 中心主任意见 | 签名：<br>日期： |
| 督导意见 | 签名：<br>日期： |

社工签名：_____　　　　　　　日期：_____

个案服务记录表（五）

| 案主姓名 | 叶×× | 跟进社工 | 李×× | 年 龄 | 41岁 | 性 别 | 女 |
|---|---|---|---|---|---|---|---|
| 跟进日期 | 2019.××.×× | 跟进时间 | | 30分钟 | 第5次个案面谈/活动 | | |
| 面谈/活动方式 | □电话<br>□到访中心<br>■上门探访（地点）案主家中<br>□参加小组（编号和名称）<br>□参加活动（编号和名称）<br>□外展（地点）<br>□其他方式（地点） | | | | | | |
| 个案问题 | 案主主动找到社工，告诉社工自己最近真的很烦，最近他们夫妻俩经常因为钱的事情吵架，而且案主虽然跟丈夫结婚了十几年，但是案主跟其婆婆的关系并不融洽，这些烦心事也不好跟同社区的朋友说，担心会传到自己丈夫、婆婆的耳边，案主称实在找不到可以倾诉的对象，希望社工可以帮其解决问题。 | | | | | | |
| 本次个案面谈/活动目标 | 与案主讨论结案事宜。 | | | | | | |
| 个案面谈/活动概况 | 1. 面谈内容：<br>鉴于服务已达到预期目标，社工跟案主商量结案事宜。社工首先引导案主一起回顾整个个案的历程，协助案主总结一下自己在服务过程中的改变和进步。案主认为在社工的帮助下进步很大，刚开始案主因为各种原因而导致压力过大，且找不到倾诉的对象，只能过通过打麻将解压，后来经过社工开导，丈夫的改变，以及与婆婆之间关系的缓解，这些原本是案主压力的来源，现已都往好的方向发展，在案主不需要解压的情况下，自然案主需要打麻将释放压力的事情也就变少了，案主称，假以时日，自己定能戒除麻将瘾。<br>案主表示很感谢社工的帮忙，以及分享自己的育儿经，如果没有社工的鼓励支持与帮助，自己跟丈夫可能还是只有无穷的争吵，养育孩子还是焦头烂额，跟婆婆间的关系也不可能得到缓解，这一系列的改变都得益于社工与自己丈夫的面谈后，案主问是不是结案了就不能再找社工了？社工向案主表示以后只要有需要都可以到中心或者打电话找社工帮忙，社工也会定期到案主家中进行家访，了解案主的近况。<br>2. 社工分析：<br>社工评估个案已经达到预期设定的服务目标，案主已经完全走出摔跤所带来的悲伤，而且能重新的融入到自己从前的群体活动当中，所以与案主协商结案事宜。并且认真的聆听案主传达的信息，了解到了案主这段时间的情况，并表示为案主的改变感到高兴。同时肯定了案主这段时间的努力和进步，同时鼓励案主继续努力，让自己的生活过得多姿多彩。 | | | | | | |

续表

| 个案进展情况 | 目标完成，案主经过社工的开导、与丈夫的沟通，困扰案主的问题都逐渐得到解决。 | |
|---|---|---|
| 下一步跟进计划 | 定期回访。 | |
| 中心主任意见 | | 签名：<br>日　期： |
| 督导意见 | | 签名：<br>日　期： |

社工签名：_____　　　　　　　日　期：_____

　　介入结束后评估个案服务的效果，与案主签订《终止服务同意书》，并完成《个案结案报告》。

终止辅导服务同意书

个案开始日期：　2019.××.××　跟进社工：　李××

个案终结日期：　2019.××.××　案主姓名：　叶××

本人同意终止接受中心所提供的辅导服务，个案终结之原因为：

☑已达成辅导目标

□同意转介至其他服务

□自行决定不再接受辅导服务

□辅导成效未如理想

□其他：_____

＊请在适当的□内加✓。

案主签署：　　　　社工签署：　　　　服务主任/项目负责人：

签署日期：　　　　签署日期：　　　　签署日期：

----------------------- 沿此线剪下 -----------------------

辅导服务终止通知

_____先生/女士/小姐：

　　于_____年_____月_____日的会谈中，经社工_____与您商讨后，您同意终止个案辅导服务，故特此通知：个案辅导服务由_____年_____月_____日起正式终止。本中心仍然欢迎您继续参与本中心各项活动及服务，您如有任何查询，请留意中心信息动态，或致电

159

_____与本中心联络。

　　顺祝：生活愉快！

项目主任/项目负责人：

年　　月　　日

表 2-26　个案结案报告

| 案主姓名 | 叶×× | 性别 | 女 | 年龄 | 41 岁 |
|---|---|---|---|---|---|
| 开案日期 | 2019.××.×× | | 结案日期 | 2019.××.×× | |
| 结案原因 | ■目标达到　　□没有所需要的服务　　□案主不愿意继续接受服务<br>□失去联络　　□去世　　□住院不便接受服务<br>□其他（请注明） | | | | |
| 案主曾面临问题 | 案主主动找到社工，告诉社工自己最近真的很烦，最近他们夫妻俩经常因为钱的事情吵架，而且案主虽然跟丈夫结婚了十几年，但是案主跟其婆婆的关系并不融洽，这些烦心事也不好跟同社区的朋友说，担心会传到自己丈夫、婆婆的耳边，案主称实在找不到可以倾诉的对象，希望社工可以帮其解决问题。 | | | | |
| 目标达成情况 | 目标达成情况良好，在社工的协助下，案主与其丈夫通过沟通，相互了解，对彼此有了更深的了解，经过案主丈夫在中间周旋，案主与婆婆之间的关系也有所缓和，经过与社工分享月儿经验，案主在养育孩子方面的焦虑也减少了。 | | | | |
| 个案跟进过程简要 | 首先收集案主的资料，评估案主的服务需要，制定切实可行的服务方案；然后通过到案主家中面谈、案主到访社工站与案主丈夫面谈等手法，了解案主更多资料，通过引导案主丈夫与案主沟通，建议案主丈夫帮案主分担一些力所能及的家务及缓解案主与婆婆之间的关系，彼此间换位思考，最后了解案主近况，结案。 | | | | |
| 案主现况 | 经过个案辅导后，案主通过与丈夫沟通，得到了丈夫的理解，与婆婆间的关系得到缓解，对于养育孩子逐渐有了经验，压力最大程度得到了缓解，日子过得舒心自在，能很好地控制自己打麻将的次数，只是跟邻居偶尔玩一下，并不是赌博的性质，仅限娱乐一下而已。 | | | | |
| 督导意见 | <br><br>　　　　　　　　　　　　　　　　　　　　　　　　督导：<br>　　　　　　　　　　　　　　　　　　　　　　　　日期： | | | | |

社工：　　　　　　　　　中心主任：

日期：　　　　　　　　　日期：

[情景设计二："亲子护卫队"社区守护小组服务案例]

一、案例背景及分析

××社区属于城中村社区，外来人口多，社区安全隐患较多，加上儿童和家长的安全意识薄弱，容易造成儿童安全意外的发生。

××社区的家庭主妇较多，她们大多是全职在家照顾孩子，也有些是做钟点工，有较多的空闲时间，但主要的时间精力放在孩子身上，自己的人际交际圈小，娱乐活动缺乏，部分家庭亲子关系紧张。

××社区的儿童，学业压力较大，平时周六周日主要在家写作业和上辅导班，除此之外，主要是看电视和打游戏，对社区较为陌生，社区安全意识薄弱。

于是，××社区服务中心的社工决定开展"亲子护卫队"社区守护小组，来回应这三个方面的问题和需求。

（一）问题及需求

1. 家长需要。家长需要扩大人际圈，获得同辈支持，丰富娱乐生活，并加强亲子沟通，改善亲子关系。

2. 儿童需要。儿童需要缓解学习压力，熟悉和了解社区，丰富课余生活，改善亲子关系。

3. 社区需要。社区层面，需要提升儿童和家长的安全意识，预防社区安全事故的发生。

（二）理论基础

小组动力学理论认为，小组是一个动力整体，每个部分的变化都会对整体产生影响。小组动力是维持和推动小组活动的能量和方向。在小组中，社会工作需要激发和维系小组动力，来推动小组目标的实现。

（三）服务目的/目标

1. 小组中80%以上的家长的人际网络得到扩大，认识8个以上的家长并相互支持。

2. 小组中80%以上的儿童认识8个以上的同伴，参加5类以上的课余活动，丰富课余生活。

3. 小组中80%以上的孩子和家长学到并运用5种以上的亲子沟通技巧，亲子关系得到改善。

4. 通过社区宣传和倡导，200名社区居民知晓儿童社区安全意外的种类和预防方法，儿童安全意识得到提升。

（四）介入计划

1. 成员招募与筛选。

2. 成员相互熟悉，确立小组契约，学习沟通技巧。

3. 学习亲子沟通技巧，增强团队凝聚力，提升社区安全意识。

4. 亲子社区走访，发现社区安全隐患并记录，在过程中应用亲子沟通技巧，提升社区安全意识。

5. 通过亲子制作社区安全地图，组员强化使用亲子沟通技巧，并提升安全意识。

6. 通过亲子共同走访社区和发放安全地图，传播儿童安全知识，提升社区居民的安全意识。

7. 亲子小组聚餐，总结小组过程，结束小组。

（五）服务评估

1. 评估方式。本小组采用前后测、观察法、参与者意见表等方式进行评估。

2. 小组过程评估。本次小组，除一对亲子因临时有事请假而缺席一节服务外，其他组员都全部参加。查看观察记录发现，小组组员积极投入到小组服务中，小组氛围活跃。参与者意见表显示，服务对象对小组的整体满意度高达95%。

3. 小组结果评估。经过前后测数据分析和参与者意见表，小组中90%的家长都表示自己的人际网络得到了扩大，认识了认识8个以上的家长并相互支持；100%的儿童认识8个以上的同伴，参加5类以上的课余活动，丰富课余生活；80%以上的孩子和家长学到并运用5种以上的亲子沟通技巧，亲子关系得到改善；通过社区地图发放记录和服务推文的阅读量，220名社区居民知晓儿童社区安全意外的种类和预防方法，儿童安全意识得到提升。

（六）总结反思

1. 关注小组目标的达成。在小组的具体开展中，常常会出现各种的意外，会有不同的干扰，比如组员对某个游戏特别感兴趣而想多玩几次，组员之间的互动冲突等，此时社工要关注小组目标，结合具体的情境进行决策。在每节小组中，社工要将小组目标的完成情况告知组员，引导组员共同关注目标的达成。

2. 注重服务的多元体验。亲子类小组，要考虑家长、孩子、亲子等不同群体的互动，服务的多元体验则有利于实现这些互动。本小组中，社工采用游戏、绘图、社区走访、社区宣传、小组聚餐等方式，创造了多元的体验，进而实现了小组组员间的沟通，保障了沟通的效率和效果。

3. 发挥社工权变的角色。小组中，社工的角色不是一成不变的，需要随着小组的进展和具体的情景而发生改变。在小组前期，社工处于中心位置，扮演领导者、组织者、鼓励者等角色，带领组员相互认识，组织组员制定小组活动，鼓励组员参与小组环节；在小组中期，社工逐渐由中心位置转向边缘，主要是协助者、引导者、支持者、调解者的角色，引导组员向小组目标迈进，协助组员完成小组中的任务，调解小组中出现的矛盾冲突等；在小组后期，社工重新回到了中心位置，担任引导者、领导者的角色，引导组员处理好离别情绪，帮助组员巩固小组成果，鼓励组员将学到的知识应用到实际生活中，结束小组。

### 二、小组服务过程及记录

（一）小组筹备

1. 制定服务计划。社工制定小组服务计划，同时邀请了社区骨干志愿者、部分家长和儿童共同来设计具体的服务。结合服务目标和组员的时间安排情况，本次小组共分为7节。同时结合孩子和家长的时间，制定具体的服务开展时间为每周日的上午9：00~11：00，并告各位组员。

2. 组员招募与筛选。社工通过微信群、QQ群和活动宣传栏、外展服务、居民骨干传播等方式来宣传"亲子护卫队"社区守护小组服务，邀请L社区的亲子报名参与服务。

亲子报名后，社工根据孩子的年龄、小组参与时间的保障、家长的需求等方面，筛选出符合条件的10对亲子。对于暂时未能入选的亲子，社工告知未入选的原因，并欢迎其参加后续类似的服务。

3. 场地物资准备。根据小组中不同环节的具体要求，协调好对应的场地，对于室外的社区走访和排查，则需要事先踩点确认场地。

对于活动物资，社工根据服务计划的开展情况、财务报销时间安排等，决定统一采购或者分散采购，在具体采购过程中，可邀请社区骨干志愿者共同参与。

（二）小组程序设计

"亲子护卫队"社区守护小组从暑期开始，共开展了6节，达成了小组目标。

1. 小组前期。这一阶段，小组组员和社工，小组组员之间都不太熟悉。社工通过"大风吹"热身互动、自我介绍等环节，使得组员之间相互认识；同时引导组员讨论小组组名，制定小组规则，使得组员积极参与到小组中，并明确了小组目标。社工一方面通过"千里传音""你比我猜"互动游戏，引导组员学习沟通技巧，另一方面通过"彩砖过河"的游戏，提升团队的凝聚力，提高小组动力，营造温暖、信任的小组氛围。引导小组组员共同向小组目标而努力。

表 2-27　小组程序设计

| 节数 | 目标 | 内容 |
|---|---|---|
| 第1节 | 成员相互熟悉，确立小组契约，学习沟通技巧。 | 1. 社工自我介绍。<br>2. 热身活动：大风吹。<br>3. 组员自我介绍。<br>4. 社工说明小组目标。<br>5. 小组组员讨论小组组名，确定小组规则，表决通过后签名确认。<br>6. 互动游戏："千里传音"，组员学习沟通技巧。<br>7. 小组分享，结束活动，告知下节活动安排。 |
| 第2节 | 学习亲子沟通技巧，增强团队凝聚力，提升社区安全意识。 | 1. 回顾上节小组内容，回顾小组目标和小组规则。<br>2. 分组开展"你比我猜"活动，学习沟通技巧。<br>3. 分组开展"安全找茬"活动，提升社区安全意识。<br>4. 分组开展"彩砖过河"游戏，提升团队凝聚力。<br>5. 小组分享，结束本节服务，告知下节活动安排。 |

2. 小组中期。这一阶段，组员对小组的认同感加强，组员间的互动增强，同时组员间的冲突也会增加，社工要协助小组处理好小组冲突，及时总结小组目标的进度情况，引导组员关注小组的目标。这一阶段，通过"看图识安全"游戏、社区走访发现安全隐患、绘制社区安全地图、发放安全地图等环节，组员一方面提升组员社区安全意识并传播社区安全知识，另一方面也强化应用了在小组中学到的沟通技巧。

表 2-28　小组程序设计

| 节数 | 目标 | 内容 |
|---|---|---|
| 第3节 | 亲子社区走访，发现社区安全隐患并记录，在过程中应用亲子沟通技巧，提升社区安全意识。 | 1. 回顾上节小组内容。<br>2. 亲子分组，进行"看图识安全"游戏，学习社区安全隐患的知识和安全隐患的分类。<br>3. 社区走访，发现社区安全隐患，并记录。<br>4. 小组讨论，分享发现的安全隐患，和活动中使用的沟通技巧。<br>5. 结束本节服务，告知下节活动安排。 |
| 第4节 | 通过亲子制作社区安全地图，组员强化使用亲子沟通技巧，并提升安全意识。 | 1. 回顾上节小组内容。<br>2. 开展"大树松鼠"互动游戏。<br>3. 社工讲解地图绘制知识。<br>4. 组员绘制社区安全地图，强化应用亲子沟通技巧。<br>5. 小组分享，讨论地图绘制的过程，讨论使用到的亲子沟通技巧。<br>6. 结束本节服务，告知下节活动安排。 |

续表

| 第 5 节 | 通过亲子共同走访社区和发放安全地图，传播儿童安全知识，提升社区居民的安全意识。 | 1. 回顾上节小组内容。<br>2. 选举小组组长 2 名（其中家长 1 名，孩子 1 名）。<br>3. 在小组组长的带领下，外出走访社区，发生社区安全地图，宣传社区安全知识。<br>4. 小组分享，讨论发生社区安全地图的过程，讨论使用到的亲子沟通技巧。<br>5. 讨论下节小组聚餐的菜品和分工。<br>6. 结束本节服务，告知下节活动安排。 |
| --- | --- | --- |

3. 小组后期。这一阶段内部会产生较多的离别情绪，需要社工来处理，并巩固组员所学知识。这一阶段，社工组织组员回顾小组内容，讨论小组中的收获，来巩固组员所学到的沟通技巧和安全知识，同时通过小组聚餐和互赠留言，来处理离别情绪。

表 2-29　小组程序设计

| 第 6 节 | 亲子小组聚餐，总结小组过程，结束小组。 | 1. 回顾整个小组内容。<br>2. 亲子聚餐。<br>3. 讨论分享小组中的收获。<br>4. 小组组员互赠留言。<br>5. 结束小组，提醒组员在小组结束后，继续使用亲子沟通技巧，宣传倡导社区安全。 |
| --- | --- | --- |

**思考与练习**

1. 家庭社会工作如何满足多方的需求？

2. 亲子类小组服务中，如何兼顾孩子和家长的需要？

3. 小组工作的不同阶段，社会工作的角色是如何转变的？

4. 上述案例中，在小组的不同阶段，社工需要填写哪些文书表格？有哪些注意事项？

# 项目三　青少年社会工作文书

**知识目标**

了解青少年社会工作的含义和特点，正确把握青少年社会工作的文书特色，清晰文书写作的要点及注意事项。

**能力目标**

掌握青少年社会工作所涉及文书的写作，能独立完成一份青少年活动文书的撰写。

**案例导入**

××街道位于某市的东北部，是典型的城乡结合部。辖区内有×××等大中专院校13所，×××等3所中学，在读中学生2000多人，大学生群体6万多人。另外，该社区的外来随迁子女众多，父母忙于生计无法及时暇顾及他们的生理心理变化，由于文化程度的限制很多父母无法在学业教育、人际沟通、职业规划等方面给孩子更多的支持，使得很多孩子在校学生成为不爱学习、不守纪律、爱游荡，甚至染上抽烟、喝酒、早恋、网瘾等恶习，成为边缘青少年或者问题青年。

请你针对该社区青少年的需求，设计一份服务计划。

**知识链接**

## 任务一　青少年社会工作基础知识

### 一、青少年社会工作的定义

青少年社会工作是指在专业的价值观指导下，以青少年为服务对象，根据青少年的身心特点、动机需求、兴趣爱好，社会工作者充分运用专业的理论、方法和技巧，以帮助青少年解决问题、克服困难，恢复功能和获得全面发展的一种服务活动和服务过程。[1]

### 二、青少年社会工作特点

#### （一）青少年的特点

青少年是人生的一个阶段，要完成青少年到成年人的过渡。这一阶段，青少年会进入青春期，身体快速发育成长；心理上，青少年开始寻找自我认同，会遇到焦虑、抑郁、愤怒、自卑、嫉妒、孤独等情绪困扰；社会方面，青少年开始寻求自我独立，更为注重朋辈关系。

#### （二）青少年社会工作的特点

青少年社会工作涵盖治疗性、预防性、发展性、支持性等不同类型的服务，同时服务涉及家庭、朋辈群体、社区、学校等不同的系统，需要采取个案工作、小组工作、

---

〔1〕　陆士桢、李江英、洪江荣编著：《中国青少年社会工作实务案例精选》，华东理工大学出版社2010年版。

社区工作、社会工作行政等多种手法进行介入。服务群体涉及药物滥用青少年、抑郁症青少年、恋爱青少年、受虐青少年、学业倦怠青少年、贫困青少年、流动青少年等。

青少年社会工作服务内容广泛，《青少年社会工作服务指南》将青少年服务内容分为思想引导、身心健康促进、婚恋交友支持、就业创业支持、社会融入与参与支持、社会保障支持、合法权益维护、违法犯罪预防和其他等 9 大类服务，涉及青少年成长的各个方面。

### 三、青少年社会工作文书特色

（一）服务内容的丰富性

青少年处于变化和发展之中，对于青少年的服务，社工需要设计丰富多彩的服务服务，吸引青少年的参与，进而帮助青少年解决问题。

（二）服务的参与性

青少年社会工作的服务，社工要发挥青少年的主动性，推动青少年的参与，使得青少年在参与和互动的过程中，习得新的经验、知识和技巧，促进青少年的成长和发展。

（三）服务的主体性

接纳和尊重青少年，发挥青少年的主体定位。一方面青少年处于青少年到成人的过渡期，需要逐渐适应和扮演各类角色，另一方面根据青少年的特点，开展具有针对性的服务。

（四）服务的发展性

青少年正处于成长和发展的过程中，社工要注重挖掘青少年的潜力，激发青少年的动力，促进青少年的发展。

（五）服务的整体性

青少年的成长，受到家庭、学校、社区、朋辈群体等多方面的影响，社工的服务设计要考虑从多个维度进行介入，一方面促进青少年个体的改变，另一方面营造有利于青少年成长的环境。

## 任务二　青少年社会工作主要内容

青少年的本质特征是其发展性，青少年社会工作的目的是激发青少年自我发展、自我成长的潜能。由此，青少年社会工作的主要内容有三类：一是针对青少年的生理、心理和社会发展需要，提供社会资源，协助正常发展而设计的发展性青少年社会工作服务；二是针对青少年个人及其家庭、学校、社区现状而开展的预防性青少年社会工作服务；三是针对已经发生问题的青少年的个人、家庭、社区环境的不良因素而提供的治疗性青少年社会工作服务。

**一、发展性青少年社会工作**

（一）发展性青少年服务的定义

能够发展社会资源和青少年潜能，使青少年的生活能力得到增强的社会工作服务。

（二）发展性青少年服务的主要内容

1. 提供青少年闲暇场所；

2. 举办并设计各种活动，使青少年学习并建立正确的人生目标、做事负责任的态度、领导及创造能力；

3. 提供资讯服务，使青少年了解世界发展的趋势，并明确自己所应扮演的角色；

4. 提供青少年发展中的生理、心理、情绪、行为、人际交往、社会适应等各方面的知识性辅导服务，增进人际关系、法律常识、性教育、生理保健的知识与能力；

5. 提供就业信息及就业辅导服务，以拓展青少年的就业能力等。

**二、预防性青少年社会工作**

（一）预防性青少年服务定义

是指通过社会工作的各类服务，对一些潜在的，阻碍社会功能有效发挥的条件和情境进行早期发现和控制。

（二）预防性青少年服务的主要内容

1. 改善青少年家庭生活环境，为青少年提供服务，提供青少年父母亲职教育服务，以增进父母教导青少年的技巧。

2. 改善青少年学校生活环境，加强学校对不适应学业之学生的学业辅导、技艺训练、发展补充性课程及相应活动。

3. 改善青少年社区生活环境，加强社区各组织在青少年社会工作中的合作，整合各类社区资源，为青少年发展提供良好的社会支持。

4. 探索建立学校、家庭、社区良性互动的青少年社会工作服务模式。

5. 倡导有效的青少年服务和发展政策等。

**三、治疗性的青少年社会工作**

（一）治疗性青少年服务的定义

是指运用各类专业方法，协助青少年恢复处于崩溃边缘的社会功能。

（二）主要内容

1. 提供就学或生活补助，以帮助有困难家庭的青少年正常成长。

2. 提供被忽略或虐待的青少年的保护服务。

3. 提供安全保护、收容服务及不适合家庭居住的青少年安置服务。

4. 提供在身体、情绪、精神等方面功能失调，以及社会人际适应不良等方面的治疗性服务。

5. 提供犯罪青少年及过失青少年的矫正服务，尤其注重社区层面的服务提供。

## 任务三　青少年社会工作案例实践

[情景设计一：青少年个案服务案例]

### 一、案例背景及分析

×××就读于××小学，属于××街辖区内。社工每周都有半天的时间在学校上课期间在学校驻点，可以接触到服务对象；服务对象和家人居住在×××沙溪，周末社工可以和服务对象接触。

×××在经常不交作业，班主任跟社工反应。×××妈妈反映，他经常玩手机，一到家里就拿手机玩，而且还不知道时间吃饭，写作业。×××经常和小一年级的同学打架。此外，×××经常说大话，班里的同学都不喜欢跟他玩。妈妈很担心×××的情况，主动向社工求助。

（一）问题及需求

1. 问题分析：

（1）案主×××在经常不交作业，经常玩手机，一到家里就拿手机玩，而且还不知道时间吃饭，写作业。

（2）×××经常和小一年级的同学打架。×××经常说大话，班里的同学都不喜欢跟他玩，在学校没有朋友。

2. 需求分析：

（1）改变不良习惯的需求：案主不能按时完成作业，玩手机耽误吃饭和写作业，影响他的正常学习和生活。需要帮助纠正行为偏差，让案主恢复正常的生活。

（2）修复人际支持网络的需求：由于案主的不良习惯，导致家人对他无可奈何，关系比较紧张。加上在学校没有朋友，人际支持网络比较薄弱，需要协助案主改变对人际关系的认知，修复案主与亲人及同学的关系。

（二）理论基础

认知学派认为，人的行为受学习过程中对环境的观察和解释的影响。不适宜的行为产生于错误的知觉和解释。所以在认知理论看来，要改变人的行为，就要首先改变人的认知。案主之所以产生"经常玩手机，一到家里就拿手机玩，而且还不知道时间吃饭，写作业"等不适宜行为，是由于案主对人际关系的认知产生了错误。社工协助案主了解自己的认知错误，改变案主的行为，进而改变案主的人际关系，特别是同伴关系。

（三）服务目的/目标

1. 协助案主认识到自身娱乐时间的认知错误，并改变业余时间的安排，进而促进人际关系。

2. 协助案主在生活中，拓宽个人在同辈中的交往圈。

（四）介入计划

1. 了解在学校的情况，以及在学校的同伴关系和存在的不良习惯或行为偏差。

2. 了解以往案主与母亲及其他家人的关系，以及案主在学校的人际关系。

3. 改变娱乐方式，邀请案主参加玩大富翁游戏。

4. 改变娱乐方式，邀请案主踢足球活动。

5. 社工和案主共同回顾开始到现在的改变，和掌握的有效人际沟通的技巧。

（五）服务评估

1. 个人方面：让案主了解到娱乐方式还有很多的，而不仅仅是玩手机。同时让案主喜欢上丰富多彩的业余生活。

2. 家庭方面：让其母亲自导案主还有优点，而不是破罐子破摔，缓和亲子之间的关系。

3. 学校、社区方面：利用社区活动的资源，以社区活动作为平台，让案主自己去结交新朋友。经过个案服务，案主开始自己去认识新的朋友。

经过评估，个案的目标达成，协商一致结案。

（六）总结反思

1. 社工通过面谈和社区活动的方式介入服务，多元化的服务让案主更加容易接受，服务成效比较突出。

2. 在青少年的实务中，社工要比较熟悉这类群体的特征，才能更快地和他们建立专业关系。

## 二、个案服务过程及记录

表2-30　个案服务一览表

| 序号 | 发展阶段 | 时间 | 地点 | 接触人士/与案主关系 | 服务方式 | 主要内容 |
|---|---|---|---|---|---|---|
| 1 | 建立关系 | 2014.09.03，13：00~17：00 | ××小学 | 案主的班主任及同学 | 面谈 | 了解在学校的情况，以及在学校的同伴关系和存在的不良习惯或行为偏差 |

续表

| 序号 | 发展阶段 | 时间 | 地点 | 接触人士/与案主关系 | 服务方式 | 主要内容 |
|---|---|---|---|---|---|---|
| 2 | 建立关系 | 2014.09.09，13：00~14：00 | ××小学教师书吧 | 案主 | 面谈 | 了解在学校的情况，以及在学校的同伴关系和存在的不良习惯或行为偏差 |
| 3 | 建立关系 | 2014.09.12，17：00~18：00 | 案主家 | 案主及其妈妈 | 面谈 | 了解以往案主与奶奶及其他家人的关系，以及案主在学校的人际关系 |
| 4 | 辅导阶段 | 2014.09.17，15：45~16：20 | ××小学教师书吧 | 案主 | 面谈 | 与案主共同探讨自身的不良行为和习惯的影响 |
| 5 | 辅导阶段 | 2014.09.17，16：20~17：00 | 社工站 | 案主的班主任及同学 | 游戏中辅导 | 改变娱乐方式，邀请案主参加玩大富翁游戏 |
| 6 | 辅导阶段 | 2014.09.21，17：00~18：30 | ××小学 | 案主 | 活动中辅导 | 改变娱乐方式，邀请案主踢足球活动 |
| 7 | 总结阶段 | 2014.09.27，14：00~17：00 | 案主家 | 案主 | 面谈 | 和案主一起回顾和总结，这段时间的成长和收获 |

**表2-31　个案基本资料**

一、个案基本情况

×××，男，11岁，××小学五年级学生，是××大沙人。家里有2个孩子，他最大，妹妹3岁。与父母同住，其父亲在开酒店，母亲有时过去帮忙，家庭经济水平较好。平常自己上下学。

二、开案理由

（一）可接触：

×××就读于××小学，属于××街辖区内。社工每周都有半天的时间在学校上课期间在学校驻点，可以接触到服务对象；服务对象和家人居住在××沙溪，周末社工可以和服务对象接触。

（二）有需求：

1. 行为偏差：×××在经常不交作业，班主任跟社工反应。×××妈妈反映，他经常玩手机，一到家里就拿手机玩，而且还不知道时间吃饭，写作业。×××经常和小一年级的同学打架。

2. 人际关系需求：×××经常说大话，班里的同学都不喜欢跟他玩。社工分析，×××因为个人的常说大话，影响到他跟同学的人际交往。

（三）在服务范围内：一方面案主是居住在××沙溪，属于××街服务范围；另一方面案主的是不良习惯纠正和人际关系需求属于青少年服务范围。

三、开案同意情况

主管同意情况：□是□否，意见：

中心主任同意情况：□是□否，意见：

中心督导同意情况：□是□否，意见：

表 2-32　个案介入计划

（一）家庭关系图/社会生态系统图

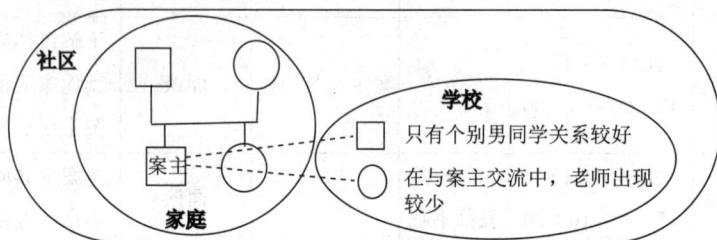

（二）接受过服务情况

参加过社工站举办的小组和活动，但没有接受过个案服务。

（三）需求评估

不良行为：×××在经常不交作业，班主任跟社工反应。×××妈妈反映，他经常玩手机，一到家里就拿手机玩，而且还不知道时间吃饭，写作业。×××经常和小一年级的同学打架。

人际关系需求：×××经常说大话，班里的同学都不喜欢跟他玩。社工分析，×××因为个人的常说大话，影响到他跟同学的人际交往。

（四）理论

认知学派认为，人的行为受学习过程中对环境的观察和解释的影响。不适宜的行为产生于错误的知觉和解释。所以在认知理论看来，要改变人的行为，就要首先改变人的认知。案主之所以产生"经常玩手机，一到家里就拿手机玩，而且还不知道时间吃饭，写作业"等不适宜行为，是由于案主对人际关系的认知产生了错误。社工协助案主了解自己的认知错误，改变案主的行为，进而改变案主的人际关系，特别是同伴关系。

（五）介入目标

协助案主认识到自身娱乐时间的认知错误，并改变业余时间的安排，进而促进人际关系；

协助案主在生活中，拓宽个人在同辈中的交往圈。

（六）介入计划

| 序号 | 预计时间 | 地点 | 小节目标 | 工作内容以及预计运用技巧 |
|---|---|---|---|---|
| 1 | 2014.08.27 | ××小学 | 了解在学校的情况，以及在学校的同伴关系和存在的不良习惯或行为偏差。 | 1. 通过和其班主任了解案主在家的情况。<br>2. 通过案主的同学，了解案主在学校班级的不良行为和习惯。<br>3. 通过案主自己，了解其自己的想法。 |

| 2 | 2014.09.5 | 案主家里 | 了解以往案主与母亲及其他家人的关系，以及案主在学校的人际关系 | 1. 从案主奶奶了解案主在家的表现，以及和家人、朋辈的沟通互动关系<br>2. 了解案主在学校时的人际关系。 |
|---|---|---|---|---|
| 3 | 2014.09.13 | 社工站舒心坊 | 改变娱乐方式，邀请案主参加玩大富翁游戏 | 1. 邀请案主参加大富翁游戏；<br>2. 介绍新朋友给案主；<br>3. 观察案主在游戏中的表现及人际关系的 |
| 4 | 2014.09.18 | ××小学教师书吧/教室 | 改变娱乐方式，邀请案主踢足球活动 | 1. 邀请案主参加踢足球活动；<br>2. 介绍新朋友给案主；<br>3. 观察案主在游戏中的表现及人际关系的 |
| 5 | 2014.09.25 | ××小学教师书吧 | 社工和案主共同回顾开始到现在的改变，和掌握的有效技巧 | 1. 回顾案主改变后，运用的有效交往技巧<br>2. 分享案主交往的新朋友与关系<br>3. 建议案主出现疑惑和自己无法解决应对的，同样希望其来寻求社工帮助 |

督导意见：

督导签名：
时间：

## 表2-33　个案过程记录

| | 第一节 |
|---|---|
| 目标 | 了解在学校的情况，以及在学校的同伴关系和存在的不良习惯或行为偏差。 |
| 过程记录 | 社工约见其班主任。班主任表示，案主在学校期间，学习成绩只有数学比较好，其他科都很差。班主任说："×××在学校和同级的同学很瘦有矛盾，就是会欺负低年级的同学。有些低年级的同学家长都会告到学校来。×××头脑是挺灵活的，不笨，个子又高，还有许多不好的习惯，这可能是与父母做生意，没时间管有关系。"<br>社工走访案主班级，了解到案主在班上基本都是和另一同学在一起玩，他没有其他朋友。班上的同学都说他脏，案主经常说大话，以致在班级没有什么朋友。另一同学和案主一样都是成绩不好，没有多少朋友。 |

| 社工分析 | 案主平时比较安静，说明案主不善于言辞。案主有不良的行为，经常说大话，其他同学都不理他，也不愿意和他在一起玩。老师比较关心案主，同学们虽然排斥他，但不会做出侮辱性的行为。社工认为，可以从案主的说大话的行为跟进，让班级同学接纳他，回归班级，找到自信心。 |
|---|---|
| 第二节 | |
| 目标 | 了解案主在学校的情况，以及在学校的同伴关系和存在的不良习惯或行为偏差。 |
| 过程记录 | 案主和×××在书吧聊天。为了迎合青少年的特点，社工和他们一起玩拍桌子游戏，睡接不上，谁就要说出自己的一个信息。案主在这过程中，分享到，他家有4口人，爸爸妈妈经常在佛山的酒店工作，自己都是自己做饭的多。之前奶奶还在时（奶奶去世还不到一个月），经常跟奶奶在一起。案主最喜欢的是玩手机。回到家就玩手机，特别喜欢玩游戏。但是他妈妈不给他玩。<br>当说到最开心的事时，就是和几个好朋友一起玩手机。社工了解到，案主的从小都是被差生对待，案主有点想"破罐子破摔"。 |
| 社工分析 | 案主在游戏过程中说出来的信息和老师及同学们的信息相符。案主喜欢手机玩游戏，玩入迷，同时喜欢和几个好朋友一起玩。社工认为，可以从玩其他游戏来替代手机上的游戏，同时让案主和他的朋友一起来玩。 |
| 第三节 | |
| 目标 | 了解以往案主与奶奶及其他家人的关系，以及案主在学校的人际关系。 |
| 过程记录 | 放学后，案主带社工回到案主的家了。妈妈在煮饭，看到社工就回应了一下。接着社工在厨房和案主妈妈聊起天来。从案主家中的楼房，知道案主家里经济条件富裕，一楼、二楼组别人，三楼是大厅和主卧，四楼是厨房和客房。<br>妈妈告诉社工，案主现在胆子很大，自己一个人都敢去到佛山自己的酒店，而且是走路去。妈妈和爸爸因为开了酒店很少有时间管案主，基本上都是晚上回来吃了饭就睡觉。妈妈说案主就是喜欢玩手机游戏，一回到家就玩，不给就生气，这样的情况已经持续很久了。偶尔他爸爸骂他，就听一下，其他人都说不动他。妈妈的语气中似乎有点对案主放弃的意思。社工说，在个案主接触的，发现身上还是有有点的，他的脑子转得很快等。尽量让案主妈妈看到案主的优势。 |
| 社工分析 | 案主妈妈和爸爸都忙，觉得案主已经是破罐子破摔，有些放弃的念头。社工需让其父母觉得案主还是一个有优点的人，而不是一个毫无改变的可能。案主的玩手机行为也需要和案主探讨，是否少玩一些，或换一种游戏玩，可以丰富自己的业余生活。 |

续表

| | 第四节 |
|---|---|
| 目标 | 改变娱乐方式，邀请案主参加玩大富翁游戏。 |
| 过程记录 | 社工把在××小学的同龄人××介绍给案主和××。案主显得很高兴。案主在介绍自己时，声音洪亮且清晰。最后在社工和两位新朋友一起玩大富翁游戏。开始，案主表现得很会玩，经常纠正其他人的玩法，并引导大家一起玩。其他人有些不服气，就跟案主争吵，案主开始也不礼让。最后社工和案主单独到隔壁的动力坊沟通，引导案主，在自己有优势的时候，也观察和别人的情绪和感受。<br>案主感觉到自己的行为有些不好意思，就主动跟玩伴道歉，并邀请和他们一起再玩大富翁。 |
| 社工分析 | 在此次玩大富翁游戏中，在社工的引导下，当其了解到自己的不对之后，会主动道歉，并再次邀请其他玩伴一起玩。说明案主会控制自己的行为，并愿意为影响人际关系的不好的行为道歉和改过，从而改善其自身的人际关系。从游戏中可以看得出案主也喜欢玩大富翁，而不只是玩手机。 |
| | 第五节 |
| 目标 | 改变娱乐方式，邀请案主踢足球活动。 |
| 过程记录 | 社工介绍给案主一名×学校的同龄人×××。案主就很热情带着×××到学校的各个地方转。篮球场、足球场、图书馆和教学楼。最后案主和×××邀请×××一起踢足球。案主能够和新朋友玩得很嗨，到天黑才回家。<br>案主者过程中，一直说很久没有那么尽兴了。社工回应，是啊，你有时间可以多邀请×××来踢哦。于是案主就央求社工约定下周五再踢一次。社工建议案主和×××互换联系方式，以后可以联系踢球和做其他活动。 |
| 社工分析 | 案主在看到×××时表现很热情，这是他热心肠的表现。案主在踢足球中能够玩得尽兴，说明案主玩手机的行为不是不能改，而是没有好的娱乐方式替代。社工将鼓励案主进行业余娱乐的计划，如每周踢球一次，去"好又多"看书一次，去湿地公园跑步一次。通过这样的安排，分散案主玩手机的时间。 |
| | 第六节 |
| 目标 | 和案主一起回顾和总结，这段时间的成长和收获。 |

| | |
|---|---|
| 过程记录 | 案主听说社工要离开××。在得知社工是去社工站后，案主和××就在附近的社工站找。找了一天，去了×社区的社工站，××街的社工站，找不到，感觉很难过。下午，×××奶奶听到案主没来社工站，就和社工到附近的娱乐场所找。最后通知了学校的班主任和学校辅导员。案主到傍晚18：40才回到家。<br><br>社工通知了班主任和辅导员后，就和案主一起回顾我过去的收获。案主从和社工接触，给社工的感觉就是很灵活。案主开始喜欢几个朋友一起玩游戏，社工就建议案主可以邀请朋友到社工家玩大富翁。在说到大富翁中的游戏的争执，案主还觉得不好意思。社工安慰案主，你意识到就好了，我们以后也可以和××一起再玩啊。案主喜欢的还是在××小学的踢足球活动，能够给案主很多好的回忆。社工就咨询案主什么时候邀请×××再过来玩。案主马上说："好。" |
| 社工分析 | 案主知道自己可以娱乐安排多一些后，觉得很开心。社工分析，那是案主的一个很大的收获和成长。<br><br>案主对社工有离别情绪，后面社工介绍另一位社工给他认识，同时也让他留下自己的QQ，并约定在有成长的时候跟社工说，社工会关注他的。 |

表2-34　个案结案报告

| | |
|---|---|
| 个案基本情况 | ××，男，11岁，××小学五年级学生，是××人。家里有2个孩子，他最大，妹妹3岁。与父母同住，其父亲在开酒店，母亲有时过去帮忙，家庭经济水平较好。平常自己上下学。 |
| 个案跟进情况 | 1. 服务时间：由××月××日到××月××日<br>2. 电话访谈：0次；面谈：4次；参与其他服务次数：社区活动2次。<br>3. 开展服务：<br>（1）个人方面：让案主了解到娱乐方式还有很多，而不仅仅是玩手机。同时让案主喜欢上丰富多彩的业余生活。<br>（2）家庭方面：让其母亲知道案主还有优点，而不是破罐子破摔。<br>（3）学校、社区方面：利用社区活动的资源，以社区活动作为平台，让案主自己去结交新朋友。 |
| 个案服务发展历程描述 | 案主开始认为自己什么都不用担心了，反正没人管了，破罐子破摔。社工在这个时候去关注案主，给案主一种支持。同时通过让其妈妈了解到案主还是有优点的，于是和案主一起讨论，从案主喜欢和朋友一起玩的这一点出发，介绍新朋友给案主，让案主玩了大富翁和踢足球。在"大富翁"游戏中，案主差点与其他同伴打起来，但是在社工的单独辅导中，认识到自己的不妥，并主动邀请其他同伴一起继续玩，缓解了一次人际危机。这是一次危机，也是让案主成长的机遇。案主行为不再那么自以为是。而在踢足球中，则能感受到案主的热情和尽兴的感觉。通过这两次的安排，案主的娱乐方式更多了，而不是单一的玩游戏，转移了案主的注意力，也丰富了案主的娱乐方式。 |

| | | |
|---|---|---|
| 结案原因 | 1. 不在机构或个人的服务范围　□<br>2. 案主不愿意接受服务　□<br>3. 无法持续接触潜在个案　□<br>4. 经评估介入目标达成　✓<br>5. 阶段性结案　□<br>6. 其他　_____ | |
| 案主对结案的态度 | 案主表示，以后多来社工站，参加活动认识朋友。案主现在为自己有新朋友而高兴。对结案并没有恐惧和离别的情绪。 | |
| 督导意见 | | |

[情景设计二：青少年社区活动服务案例]

**一、案例背景及分析**

××社区属于城中村社区，电线裸露、道路狭窄，建筑工地多，池塘水库较多，社区安全隐患多。社区青少年的安全意识薄弱，经常在马路上嬉戏玩耍、乱穿马路。而不少社区家长会带着孩子闯红灯，安全意识薄弱。在安全教育上，社区开展的安全教育主要是防火演练，内容单一，针对性不强；学校开展的安全教育，主要是课堂灌输，内容枯燥、效果不佳，这使得××社区的青少年比较容易出现安全意外。

（一）问题及需求

××社区安全隐患多，社区的青少年容易出现安全意外，而已有的安全教育在形式、内容和效果上难以满足青少年的需求。因此，需要结合青少年的特点，来设计安全教育活动，满足青少年安全教育的需求。

（二）理论基础

历奇是指一个离开个人安舒区，进入不肯定、不可知的处境，经历一些具有一定技巧难度，而且是陌生的、新鲜有趣的、具有挑战性的、与日常生活方式不同的活动过程。参加者在活动中必须面对成功与挫败，更要处理即时的危机和真实的处境。

本次历奇活动与安全教育相结合，加强组员间的沟通和信任，提增强分工合作能力，培养团队精神，同时加深组员对安全隐患和安全标识的认知，提高组员的安全意识。

（三）服务目的/目标

1. 服务目的：加强青少年组员间的沟通与合作，提高组员的安全意识。

2. 服务目标：

（1）80%以上的组员信任自己的团队成员，知晓沟通的 5 个要素。

（2）80%以上的组员的团队分工与合作能力得到提升。

（3）80%以上的组员的在游戏中认识了 5 种安全标志和 5 类安全隐患，安全意识得到了提升。

（四）介入计划

1. 开场破冰，活跃氛围。

2. 通过历奇游戏，青少年体验和学习团队合作的重要性。

3. 通过历奇游戏，青少年体验和学习沟通技巧，提升团队分工合作能力。

4. 通过历奇游戏，青少年识别安全隐患与标识，培养团队间的信任与沟通。

5. 通过历奇游戏，青少年强化对安全隐患与安全标识的知识，并进行实践应用。

（五）服务评估

1. 内容评估。组员们积极参与热身游戏、主题游戏、互动分享等环节。在这个过程中，历奇这种形式，有效激发了组员的参与热情，同时在参与中认识了安全标识和安全隐患，也在游戏中进行强化，并鼓励组员将学到的知识应用到生活中，促进了服务目标的达成。

2. 目标达成情况评估。

（1）通过反馈意见汇总表发现，90%的组员表示信任自己的团队成员，也知道沟通的 5 个要素，这在对组员的访谈中也得到了证实。

（2）通过观察发现，所有的组员都参与到了团队合作的游戏中，并进行分工和合作，来完成团队任务；通过反馈意见汇总表也发现，85%的组员表示自己的团队分工与合作能力得到提升。

（3）参加者意见表显示：100%的组员在游戏中认识了 5 种安全标志和 5 类安全隐患，安全意识得到了提升，目标得到了实现。

（六）服务反思

1. 社工的角色转换。在活动中，社工的角色从活动开始到活动结束这个阶段，也是出于一个不断转换的过程。在活动开始阶段，社工作为组织者、领导者，告知服务内容，活跃活动氛围。在活动的中期，社工作为一个引导者，在告知游戏规则的情况下，引导组员按照规则完成任务。在活动的分析结束阶段，社工重新转换成活动的组织者，带领组员分享各自的体验，总结本次活动，鼓励组员在生活中应用所学到的知识和技巧。

2. 活动的引导分享。活动的分享环节，社工要善于观察，发现那些活动中比较活跃的组员先进行分享，激活活动分享的氛围；同时社工也要邀请那些不太活跃的成员来进行分享。同时在活动分享过后，可邀请组员在便签纸上写下本次服务的感受和建议,使得不太善于言语表达或者不愿意公开分享的组员也可以通过文字表达自己的意见。

3. 活动的灵活调整。活动中设置了不同的环节,每个环节都有其对应的目标和操作方式。在活动前,社工要尽量考虑服务中各种可能的突发情况及应对措施,但在具体的活动执行中还是会出现各种意外的情况,这时就要求社工灵活应变。社工要区分活动目标和策略手段,依据活动目标来调整活动的具体环节,既保证活动目标的实现,又保证活动的顺利进行。

4. 游戏设计要有考虑性别因素的影响。"穿越地雷阵"环节,由于是随机分组,没有考虑好组员之间的性别因素,男女组员在游戏中会进行肢体接触,而组员会显得有些尴尬,对服务的效果有一些影响。

5. 游戏的新颖性是要重点考虑。本次活动的游戏,是社工在已有的游戏基础上,加以改编而成,保证了服务的新颖性,激发了组员的动力。

## 二、服务过程及记录

表 2-35　活动计划书

| 活动名称 | 青少年安全意识提升活动 | 活动规模 | □大型　☑中型　□小型 |
|---|---|---|---|
| 活动时间 | ××年 8 月 14 日~8 月 15 日<br>10：00~11：30 | 活动地点 | ××社区服务中心 |
| 活动负责人 | 王社工 | 活动对象 | 8~12 岁社区青少年 |
| 预计参与人数 | 20 人 | 人手编排 | 社工 2 人,志愿者 2 人 |
| 1. 活动背景 | 为提升青少年的社区安全意识,××社区服务中心特开展青少年社区安全项目。前期项目开展了社区安全地图活动、看图识安全比赛等活动,使孩子基本了解了社区的安全隐患和安全标识。接下来将采用历奇教育的方式,将安全教育融入历奇活动中,加深认识,提高孩子们的安全意识。 | | |
| 2. 理论架构 | 历奇是指一个离开个人安舒区,进入不肯定、不可知的处境,经历一些具有一定技巧难度,而且是陌生的、新鲜有趣的、具有挑战性的、与日常生活方式不同的活动过程。参加者在活动中必须面对成功与挫败,更要处理即时的危机和真实的处境。<br>本次历奇活动与安全教育相结合,加强组员间的沟通和信任,提增强分工合作能力,培养团队精神,同时加深组员对安全隐患和安全标识的认知,提高组员的安全意识。 | | |

| | | |
|---|---|---|
| 3. 目的目标 | 目的：加强青少年组员间的沟通与合作，提高组员的安全意识。 | |
| | 目标 | 3.1　80%以上的组员信任自己的团队成员，知晓沟通的5个要素。 |
| | | 3.2　80%以上的组员的团队分工与合作能力得到提升。 |
| | | 3.3　80%以上的组员的在游戏中认识了5种安全标志和5类安全隐患，安全意识得到了提升。 |

| | |
|---|---|
| 4. 宣传招募方法 | 4.1 QQ群宣传 |
| | 4.2 电话邀请 |
| | 4.3 亲子志愿者队宣传 |

| | |
|---|---|
| 5. 评估方法 | ☑过程评估<br>　☑活动过程中社工对组员的观察、感受<br>　☑活动过程中社工与组员的互动问答<br>　☑活动过程中社工对小组环节的观察和小结<br>　□其他评估方法，请注明：<br>☑结果评估<br>　☑活动结束后社工与参加者的成效访谈<br>　□参加者填写的成效问卷<br>　☑参加者的意见反馈表<br>　□其他评估方法，请注明： |

7. 活动具体安排

时间：××年8月14日 10∶00~11∶30

地点：××社区服务中心

| 时间 | 目标 | 内容 | 物资 | 负责人 | 备注 |
|---|---|---|---|---|---|
| 10∶00~10∶03 | 让组员了解活动内容。 | 介绍本次活动情况。 | 无 | 王社工 | |
| 10∶03~10∶10 | 活跃氛围 | 热身游戏：唐伯虎点秋香。组员围成一圈，一人做唐伯虎，另一人做秋香，其他人跟着秋香做动作，由唐伯虎猜出谁是秋香。 | 扑克牌、音响、电脑 | 王社工、李社工 | |
| 10∶10~10∶20 | 初步体验体验合作重要性 | 护气球。组员围成一圈，社工发球，组员用身体守护气球，保证气球不落地、不破损。 | 气球3个 | 李社工 | |

| 10：20~10：35 | 体验团队合作与沟通的重要性 | 生存大逃离1。音乐开始后，组员在规定时间内，由危险区逃到安全区，并坐到椅子上；当所有人员都坐到椅子上时，示意社工任务完成。此时，社工告知所用时间，宣布任务是否完成。 | 椅子12～13张，电脑，音响。 | 王社工、李社工 | |
|---|---|---|---|---|---|
| 10：35~10：40 | 分享事实和感受 | 活动分享。 | 无 | 王社工 | |
| 10：40~10：50 | | 中场休息 | 茶点 | 李社工 | |
| 10：50~11：10 | 学习沟通技巧 | "千里传音"沟通游戏。组员分为3组，排成3列，每组的第1位组员任务卡，将任务卡上的任务悄悄口头告知第二个组员，这个过程中，第二个组员不得说话；随后由第二个组员告知第三位组员，规则同上，直到将任务传递给最后一位组员；由最后一位组员说出任务的内容，并和第一位组员的任务卡上的内容进行对比。 | 游戏道具3副 | 王社工、李社工 | |
| 11：10~11：15 | 分享事实感受与应用 | 分享"千里传音"沟通游戏的过程和结果。 | 无 | 王社工、李社工 | |
| 11：15~11：25 | 提高团队沟通合作能力 | 生存大逃离2。在"生存大逃离1"的基础上，给予组员2分钟的沟通时间，确定逃离策略。音乐开始后，组员在规定时间内，由危险区逃到安全区，并坐到椅子上；当所有人员都坐到椅子上时，示意社工任务完成。此时，社工告知所用时间，宣布任务是否完成，并和"生存大逃离1"的结果进行对比。 | 椅子12～13个，电脑，音响 | 王社工、李社工 | |

续表

| 11：25~11：30 | 分享活动发现，引导组员引用经验 | 分享"生存大逃离2"活动的发现和经验。 | 无 | 王社工 | |

时间：××年8月15日 10：00~11：30
地点：××社区服务中心

| 时间 | 目标 | 具体安排 | 所需物资 | 负责人员 | |
|------|------|----------|----------|----------|---|
| 10：00~10：10 | 活跃氛围 | 热身游戏：解手链。所有人围成一圈，面朝内站好；所有人举起右手，握住不相邻的、组员的右手，然后左手握住另一人的左手；所有组员在手不分开的情况下解开这个手链。 | 无 | 李社工 | |
| 10：10~10：25 | 培养团队协作能力 | 气球运输。组员分为3组，每组有人负责吹气球，有人负责背靠背运气球，有人负责接气球；在规定时间里，运送气球最多的小组获胜。 | 气球30个 | 李社工、王社工 | |
| 10：25~10：40 | 识别安全隐患与标识，培养组员信任与沟通 | 穿越地雷阵。组员分成2队，每队组员两人一组，其中一人带上眼罩，由另一个组员带领，穿过由安全隐患和安全标识组成的地雷阵。 | 气球、安全隐患和标识图片、眼罩 | 王社工、李社工 | |
| 10：40~10：45 | 分享活动事实与感受 | 组员分享"气球运输"和"穿越地雷阵"活动的过程和感受。 | 无 | 李社工 | |
| 10：45~10：50 | | 中场休息 | 茶点 | 王社工 | |

| 时间 | 目标 | 内容 | 物资 | 负责人 |
|---|---|---|---|---|
| 10：50~11：00 | 提升团队沟通合作能力 | 生存大逃离 3。在"生存大逃离 2"的基础上，给予组员 3 分钟的沟通时间，确定逃离策略。音乐开始后，组员在规定时间内，由危险区逃到安全区，并坐到椅子上；当所有人员都坐到椅子上时，示意社工任务完成。此时，社工告知所用时间，宣布任务是否完成，并和"生存大逃离 2"的结果进行对比。 | 椅子 12 张 | 王社工、李社工 |
| 11：00~11：05 | 分享活动感受与发现 | 组员分享"生存大逃离 2"活动的感受和发现。 | 无 | 李社工 |
| 11：05~11：20 | 识别安全隐患与标识，应用所学到的经验 | 泰坦尼克号。组员分成两组，每组 3 个垫子，组员相互协作，利用垫子建成泰坦尼克号，在所有组员不离开垫子的情况下，穿越由安全隐患和安全标识组成的危险区，到达安全区。 | 垫子 6 张，安全隐患和标识图片 6 张 | 王社工、李社工 |
| 11：20~11：30 | 分享活动发现，引导组员应用。 | 分享"泰坦尼克号"活动的发现，引导组员将安全隐患和安全标识的内容进行应用。 | 无 | 王社工 |

| 7. 风险及应对 | 风险 | 应对 |
|---|---|---|
| | 7.1 天气下雨 | 视天气情况决定是否推迟活动。 |
| | 7.2 游戏中有成员摔倒 | 活动前讲解注意事项，提醒组员注意安全。 |

续表

| | | 支出内容 | 单价（元）×数量 | 预算金额（元） |
|---|---|---|---|---|
| 8. 物资及预算 | 1 | 音响 | 0元（中心已有)×1个 | 0 |
| | 2 | 相机 | 0元（中心已有)×1台 | 0 |
| | 3 | 投影仪 | 0元（中心已有)×1个 | 0 |
| | 4 | 签字笔 | 0元（中心已有)×20个 | 0 |
| | 5 | 茶点 | 25元/袋（中心已有)×4袋 | 100 |
| | 6 | 气球 | 0元（中心已有)×1袋 | 0 |
| | 7 | 眼罩 | 0元（中心已有)×8个 | 0 |
| | 8 | 尼龙绳 | 0元（中心已有)×1卷 | 0 |
| | 9 | 笔记本电脑 | 0元（中心已有)×1台 | 0 |
| | | 合计（元） | | 100 |

| | 社工签名 | | 日期 | |
|---|---|---|---|---|
| 9. 服务审批 | 主管/主任意见：<br><br>签名：　　日期： | | | |
| | 督导意见：<br><br>签名：　　日期： | | | |

表 2-36　青少年安全意识提升活动报名表

| 编号 | 姓名 | 年龄 | 电话 | 备注 |
|---|---|---|---|---|
| 1 | ×× | 12 | 1359852×××× | 五年级 |
| 2 | | | | |
| 3 | | | | |
| 4 | | | | |
| 5 | | | | |

表 2-37  青少年安全意识提升活动签到表

××年××月××日

| 编号 | 姓名 | 电话 | 备注 |
|------|------|------|------|
| 1 | | | |
| 2 | | | |
| 3 | | | |
| 4 | | | |
| 5 | | | |

表 2-38  参加者意见表

这份问卷的目的是收集您对本次服务的意见，以改善我们将来的服务。请选择最能代表你意见的答案。你的意见将会被保密，而你给予的意见并不会影响你现时或将来所接受的服务。

现诚意邀请你抽空填写问卷，完成后请交予有关社工。多谢合作！

活动名称：  青少年安全意识提升活动
活动目的：  加强青少年组员间的沟通与合作，提高组员的安全意识。
（此栏内容由工作员填写）

请圈出以下最能代表你意见的答案
一、对本次活动评价

| 类型 | 分值 | | | | |
|------|------|---|---|---|---|
| （一）你认为活动可达到以下服务目标（目标可增减） | 1 表示非常不符合，5 表示非常符合 | | | | |
| 1.1 我信任自己的团队成员，知道沟通的 5 个要素。 | 1 | 2 | 3 | 4 | 5 |
| 1.2 我在活动中的团队分工与合作能力得到提升。 | 1 | 2 | 3 | 4 | 5 |
| 1.3 我认识了 5 种安全标志和 5 类安全隐患，安全意识得到了提升。 | 1 | 2 | 3 | 4 | 5 |
| （二）你对本次活动安排的满意程度 | 1 表示非常不满意，5 表示非常满意 | | | | |
| 2.1 活动的时间安排 | 1 | 2 | 3 | 4 | 5 |
| 2.2 活动的形式 | 1 | 2 | 3 | 4 | 5 |
| 2.3 活动的场地 | 1 | 2 | 3 | 4 | 5 |

续表

| 类型 | 分值 | | | | |
|---|---|---|---|---|---|
| （三）你对活动环节的满意程度（环节可相应增减） | 1表示非常不满意，5表示非常满意 | | | | |
| 3.1 热身游戏：唐伯虎点秋香 | 1 | 2 | 3 | 4 | 5 |
| 3.2 热身游戏：唐伯虎点秋香 | 1 | 2 | 3 | 4 | 5 |
| 3.3 护气球游戏 | 1 | 2 | 3 | 4 | 5 |
| 3.4 生存大逃离游戏 | 1 | 2 | 3 | 4 | 5 |
| 3.5 "千里传音"沟通游戏 | 1 | 2 | 3 | 4 | 5 |
| 3.6 热身游戏：解手链 | 1 | 2 | 3 | 4 | 5 |
| 3.7 气球运输游戏 | 1 | 2 | 3 | 4 | 5 |
| 3.8 穿越地雷阵游戏 | 1 | 2 | 3 | 4 | 5 |
| 3.9 泰坦尼克号游戏 | 1 | 2 | 3 | 4 | 5 |
| （四）工作员表现 | 1表示非常不满意，5表示非常满意 | | | | |
| 4.1 我满意工作员的工作表现 | 1 | 2 | 3 | 4 | 5 |
| 4.2 我满意工作员的工作态度 | 1 | 2 | 3 | 4 | 5 |
| （五）整体评价 | 1表示非常不满意，5表示非常满意 | | | | |
| 你对本次服务的整体评价 | 1 | 2 | 3 | 4 | 5 |

二、你对本次活动的其他意见或建议

参加者姓名：

日期：

表2-39 活动总结报告

| 活动名称 | 青少年安全意识提升活动 | 活动地点 | ××社区服务中心 |
|---|---|---|---|
| 活动日期 | ××年8月14日～8月15日 | 活动时间 | 10：00～11：30 |
| 负责社工 | 王社工 | 出席人数 | 20 |
| 活动筹备情况评估 | 活动开始前，社工积极和同工协调场地、设备资源，同时协调同工帮忙；物资方面，及时和行政工作，确定已有物资情况。另外，社工专门召开了活动分工会议，明确了在活动中各自的职责分工，这些都保障了服务的正常进行。 | | |

| | |
|---|---|
| 目标达成情况 | 目标1：80%以上的组员信任自己的团队成员，知晓沟通的5个要素。通过反馈意见汇总表发现，90%的组员表示信任自己的团队成员，也知道沟通的5个要素，这在对组员的访谈中也得到了证实。因此目标1得到了实现。<br>目标2：80%以上的组员的团队分工与合作能力得到提升。通过观察发现，所有的组员都参与到了团队合作的游戏中，并进行分工和合作，来完成团队任务；通过反馈意见汇总表也发现，85%的组员表示自己的团队分工与合作能力得到提升。因此，目标2得到了实现。<br>目标3：80%以上的组员的在游戏中认识了5种安全标志和5类安全隐患，安全意识得到了提升。参加者意见表显示：100%的组员在游戏中认识了5种安全标志和5类安全隐患，安全意识得到了提升，目标得到了实现。 |
| 内容评估 | 在活动中，组员们积极参与热身游戏、主题游戏、互动分享等环节。在这个过程中，历奇这种形式，有效激发了组员的参与热情，同时在参与中认识了安全标识和安全隐患，也在游戏中进行强化，并鼓励组员将学到的知识应用到生活中，促进了服务目标的达成。 |
| 反思 | 1. 社工的角色转换。在活动中，社工的角色从活动开始到活动结束这个阶段，也是处于一个不断转换的过程。在活动开始阶段，社工作为组织者、领导者，告知服务内容，活跃活动氛围。在活动的中期，社工作为一个引导者，在告知游戏规则的情况下，引导组员按照规则完成任务。在活动的分析结束阶段，社工重新转换成活动的组织者，带领组员分享各自的体验，总结本次活动，鼓励组员在生活中应用所学到的知识和技巧。<br>2. 活动的引导分享。活动的分享环节，社工要善于观察，发现那些活动中比较活跃的组员先进行分享，激活活动分享的氛围；同时社工也要邀请那些不太活跃的成员来进行分享。同时在活动分享过后，可邀请组员在便签纸上写下本次服务的感受和建议，使得不太善于言语表达或者不愿意公开分享的组员也可以通过文字表达自己的意见。<br>3. 活动的灵活调整。活动中设置了不同的环节，每个环节都有其对应的目标和操作方式。在活动前，社工要尽量考虑服务中各种可能的突发情况及应对措施，但在具体的活动执行中还是会出现各种意外的情况，这时就要求社工灵活应变。社工要区分活动目标和策略手段，依据活动目标来调整活动的具体环节，既保证活动目标的实现，又保证活动的顺利进行。<br>4. 游戏设计要有考虑性别因素的影响。"穿越地雷阵"环节，由于是随机分组，没有考虑好组员之间的性别因素，男女组员在游戏中会进行肢体接触，而组员会显得有些尴尬，对服务的效果有一些影响。<br>5. 游戏的新颖性是要重点考虑。本次活动的游戏，是社工在已有的游戏基础上，加以改编而成，保证了服务的新颖性，激发了组员的动力。 |

| 督导意见 | |
|---|---|
| | 督导签名：<br>日期： |

社工：　　　　　　　　　　服务主任：

日期：　　　　　　　　　　日期：

### 思考与练习

1. 上述个案中，社工如何发挥青少年的主体性？
2. 上述个案文书中，你觉得哪些地方可以进行完善？
3. 上述个案中，你学到的最重要的经验是什么？
4. 社工服务中，如何发挥青少年的主体性？
5. 社会工作者如何提高青少年参与服务的积极性？
6. 在青少年社区活动过程中，社工的角色是如何转换的？

# 项目四　社区矫正社会工作

### 知识目标

1. 了解社区矫正社会工作的含义、特点。
2. 把握社区矫正社会工作的流程。
3. 了解如何书写社区矫正社会工作文书，清晰写作时的要点及注意事项。

### 能力目标

掌握社区矫正社会工作过程及相关文书的写作。

### 案例导入

李某是××社区的社区矫正对象，现年 28 岁，未婚，文化程度达高中水平，犯非法拘禁罪，社区矫正期限为 1 年。问卷显示该社区矫正对象的危险性，报告呈现在家庭方面可介入的空间较大。

请问你作为矫正社会工作者，如何为该对象提供服务？

知识链接

## 任务一　社区矫正社会工作基础知识

### 一、矫正社会工作

史伯年教授曾经指出："社区矫正是世界上一种新兴的刑法制度与理念，其性质可以从多个方面进行解读，但是其最基本的两种性质是对犯罪人员的一种惩罚手段和社会福利。"[1] 社区矫正工作坚持监督管理与教育帮扶相结合，专门机关与社会力量相结合，采取分类管理、个别化矫正，有针对性地消除社区矫正对象可能重新犯罪的因素，帮助其成为守法公民。[2]

社区矫正社会工作是社会工作的相关知识被实施运用司法矫正体系中，为有需要的犯罪人员提供系列服务，使其消除违法犯罪心理结构，适应社会生活的一种社会福利服务活动。[3] 在司法社会工作服务中，社区矫正社会工作是指将社会工作理念运用到社区矫正，协助司法行政机关开展社区矫正对象的行为矫正、社会适应辅导等工作，为社区矫正对象提供有力的政府监管、有效的社区矫正和预防犯罪服务，从而有效维护社会稳定、促进社会和谐，建设具有特色的司法社会工作体系。

### 二、社区矫正社会工作对象

（一）社区矫正社会工作对象

对被判处管制、宣告缓刑、假释和暂予监外执行的罪犯，依法实行社区矫正。[4]

（二）社区矫正社会工作特点

社区矫正的特殊性在于他体现了以人为本的精神，是一种更人性化的监管方式，他能充分利用社区、民间组织、专业社会工作者、志愿者等力量，更好地发挥社区的社会整合功能，还能有效避免犯罪人员的交叉感染，有利于犯罪人员的社会化。

---

〔1〕 史伯年："刑罚执行与社会福利：社区矫正性质定位思辨"，载《华东理工大学学报（社会科学版）》2009 年第 1 期。

〔2〕《中华人民共和国社区矫正法》（2019 年 12 月 28 日第十三届全国人民代表大会常务委员会第十五次会议通过）。

〔3〕 许莉雅主编：《个案工作》，北京高等教育出版社 2004 年版。

〔4〕《中华人民共和国社区矫正法》（2019 年 12 月 28 日第十三届全国人民代表大会常务委员会第十五次会议通过）。

（三）社区矫正社会工作需求

结合×市×区 5 年的工作文献及 2019 年××月份的需求调研数据，可以了解到社区矫正社会工作的需求有如下几点：

1. 普法需求。社区矫正对象及刑满释放人员在经历了自己的犯罪事件后，深知法律的重要性，了解具体的社区矫正规定，有助于其更加顺利地度过矫正期。另外，对法律不熟悉，也容易出现情绪不稳定、再犯、重犯的情况，因此社区矫正对象及刑满释放皆有更系统、更多元的法律知识普及的需求。

2. 适应需求。无论是从监狱出来的暂予监外执行类和假释类的社区矫正对象，还是从普通人变为"戴罪之身"的缓刑类社区矫正对象，在社区矫正阶段内，其身份角色以及对社会、对自身的认知都有所变化，并对这种变化表现不适应。具体表现为：对社区矫正无所适从，不愿意配合矫正，对服刑事件有情绪变化，无法很快地调整好自己的心态去适应其中的变化。因此社区矫正对象及刑满释放人员具有适应需求，一方面是适应社区矫正环境，另一方面是适应回归社会。但是两者有所异同，社区矫正对象及刑满释放人员希望能够给以更多有关普法的支持，促进适应社区矫正，而后者不希望后期有过多的介入。

3. 个别化需求。根据以往的工作经验，社区矫正对象及刑满释放人员作为"个体人"的角度有着其各自的个别化需求，如人际交往问题（如交友圈等）、经济问题（如失业、就业困难等）、家庭问题（如家庭关系不好等），以及由于犯罪事件波及的个人生活相关问题（如被解雇、离婚等），这些个别化需求也需要个别化跟进服务。

## 任务二　社区矫正社会工作流程及文书

### 一、社区矫正社会工作流程

国家鼓励、支持企业事业单位、社会组织、志愿者等社会力量依法参与社区矫正工作。[1] 目前社区矫正社工一般是以驻司法所的形式开展社区矫正协助性工作。社区矫正社会工作过程可参照下图：

---

[1]《中华人民共和国社区矫正法》（2019 年 12 月 28 日第十三届全国人民代表大会常务委员会第十五次会议通过）。

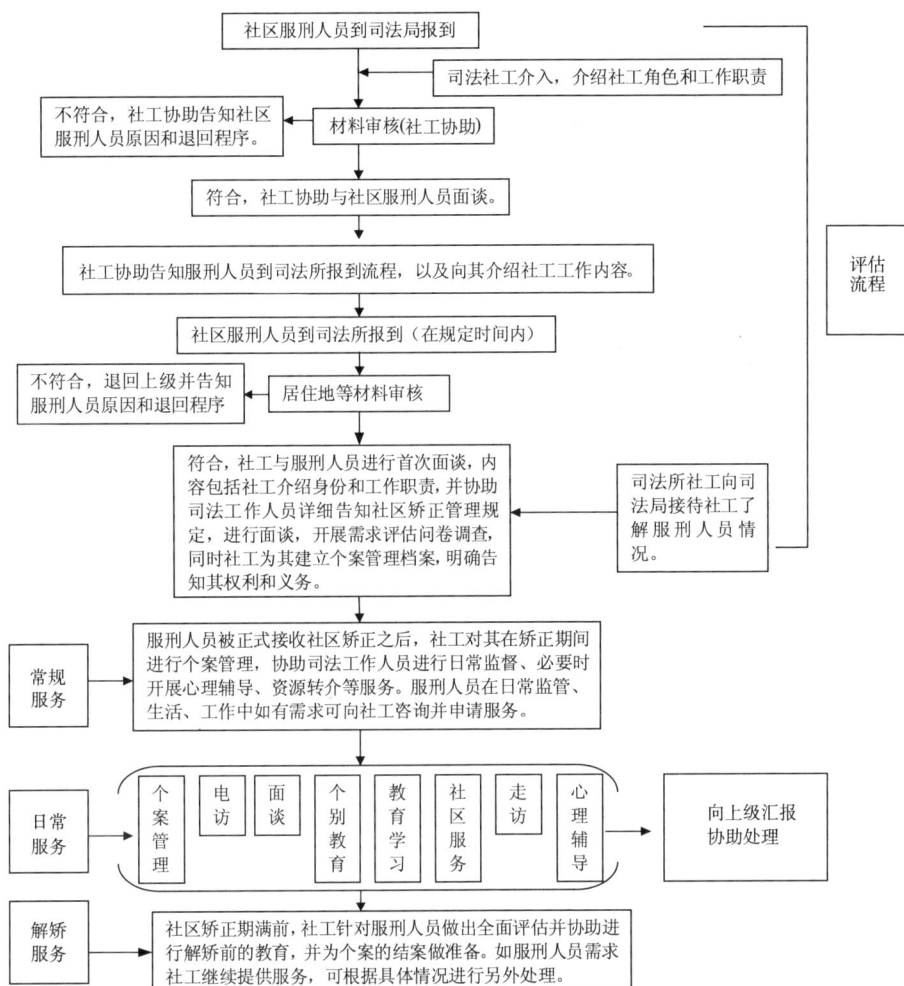

图 2-1  社区矫正社会工作流程

从上图可知，从社区矫正对象报到至解矫，社区矫正社会工作者均需要参与其中，这就要求社会工作者需要清晰掌握有关社区矫正的相关管理规定，知晓相关的法规条例，才能更好地将社会工作专业手法嵌入到社区矫正过程中，更好地运用社区矫正社会工作者的角色作用。

## 二、社区矫正社会工作文书内容

社区矫正社会工作以驻司法所形式开展协助性工作，结合工作流程可知，社区矫正社会工作文书包括司法行政文书以及社会工作专业文书。司法行政文书内容一般用以记录以下三方面的工作。

（一）判前社会调查及居住地核实服务

社工需要走访社区、街道、派出所等相关部门、社区矫正对象工作单位或学校、相关社区群众等，从多方面了解其家庭背景、成长经历、社会关系、过往表现、犯罪行为对所在社区的影响等情况，制作详细的调查笔录，撰写调查评估意见书，填写相关表格，出具相关证书，形成庭前调查报告，客观公正地反馈给司法机关，为审判工作提供参考。

（二）初始评估服务

协助新入矫社区矫正对象完成需求、问卷调查表填写等工作，梳理工作流程；制作社区矫正对象评估报告；制定社区矫正具体实施方案。问卷调查及评估报告等由第三方机构进行开展，社工会根据接收的资料及初始评估报告呈现的内容进行矫正实施方案设定，遵循司法系统的固定表格模板。

（三）日常监管工作

日常监管工作包括面谈、电访、家访、个别教育、教育学习和社区服务、电子定位手环、网络教育学习、日常活动情况等；对于日常工作中的面谈、电访、个别教育等，一般社区矫正社工会运用司法系统固定的套表。个案服务、社区服务和集中教育学习方面，则会另外制定相应的社工文书表格，凸显社工专业服务技巧。

**三、社区矫正社会工作专业服务文书内容**

社区矫正社工工作文书主要包括个案文书以及社区服务、集中教育等服务记录。

（一）个案服务

社工需要撰写个案建档表及接案表，填写接案表不一定等于开案，需按照开案程序，提交给直属领导及督导进行审批。

个案开启需要与服务对象（本人或家属、监护人）签订服务协议/服务知情同意书，澄清服务的权利和义务。

（二）教育帮扶服务

根据社区矫正实施办法中相关的规定，社区矫正对象需要完成既定时数的社区服务及集中教育学习，后续随着《社区矫正法》的实施，教育帮扶的服务时数有所变化。社区矫正社会工作者可以运用小组活动的工作手法开展相应的服务内容。

（三）注意事项

遵循保密性原则。司法系统既定的文书材料，不经用人单位的允许下不可带出司法系统档案室，既定的模板也需要经过司法系统相关领导同意方可提供学习使用。社工专业服务文书模板专属项目内部使用，在经使用单位同意的情况下，可提供行业内共享学习。

（四）社区矫正文书

表 2-40 调查类汇报表

| 社工姓名 | | 驻点司法所 | |
|---|---|---|---|
| 对象姓名 | | 调查时间 | |
| 调查类型 | □判前调查 □居住地核查 □假释调查 □暂予监外执行调查 □其他（ ） | | |
| 调查结果 | | | |
| | | | |

    上表主要功能在于简单地登记基本信息，有助于社工进行调查时记录。不管被调查对象是否符合社区矫正接收条件，均需要填写此表，做好记录工作。由于调查工作属于行政类工作，需要司法所、民警、居委会等职能部门工作人员进行跟进，社会工作者属于提供协助性工作，并不具有调查的权利，在记录的时候需要注意协助性语言表述，如："在司法所所长的带领下，社工协助了解了该社区矫正对象的居住情况。"

表 2-41 初始评估汇报表

| 社工姓名 | | 驻点司法所 | |
|---|---|---|---|
| 对象姓名 | | 危险性评分 | |
| 重新犯罪的危险度 | □轻度 □中度 □重度 | | |
| 认为应重点介入内容 | | | |
| | | | |

    上表是对社区矫正对象的初始评估登记，有助于直观呈现服务对象的危险程度，便于社工分析介入方向。其中危险性评分为司法局委托他方专业机构进行测评评估得来的结果，他方机构会将测评报告发给相应的司法所工作人员。重新犯罪的危险度根据危险性评分而定，分为轻度、中度、重度，工作人员均会将相应的结果及服务建议呈现于评估报告中。社区矫正社会工作者则根据相应的结果、服务建议以及日常的面

谈预估,将认为应重点介入的内容进行记录,可供后续个案服务介入方案撰写进行参考。

表 2-42 个案建档表

基本情况

| 接案社工 | | 接案日期 | ××年××月××日 |
|---|---|---|---|
| 案主姓名 | | 所属司法所 | |
| 出生日期 | ××年××月××日 | 犯罪年龄 | |
| 性别 | □男 □女 | 婚姻状况 | □已婚 □离婚 □未婚 □丧偶 |
| 社区矫正类型 | | 刑期 | |
| 社区矫正开始时间 | ××年××月××日 | 社区矫正结束时间 | ××年××月××日 |
| 罪名 | | | |

家庭情况

| 姓名 | 年龄 | 性别 | 与案主的关系 | 职业/就读年级 | 是否同住 | 其他 |
|---|---|---|---|---|---|---|
| | | | | | | |
| | | | | | | |

案主其余情况

| | |
|---|---|
| 犯罪原因(自述) | |
| 对被判决的看法态度 | |
| 对社区矫正的看法态度 | |
| 案件对其个人的影响 | |
| 目前家庭居住、家庭关系、人际交往情况 | |

续表

| 目前经济/就业情况 | |
|---|---|
| 目前最需要帮助的问题 | |
| 其他 | |

上表作为建档的基本信息收集，一方面可较为系统地协助社工了解服务对象个人基本情况，包括犯罪基本信息、家庭信息、经济社会情况及犯罪意识态度、存在需求等；另一方面也有助于社工带着个案建档的记录要点设定与服务对象的初次面谈提纲，更加全面更有效地收集到服务对象的基本情况。

### 表 2-43　个案接案评估表

个案编号：　　　　　　接案日期：

1. 案主资料：

| 姓名 | | 出生日期： | | 性别： |
|---|---|---|---|---|
| 个案类别 | | □社区矫正 | 矫正期限 | |
| | | □安置帮教 | 帮教时间 | |

2. 介入评估

该个案危险性需求评估总分为＿＿＿＿＿分，危险度为：□ 轻度　　□ 中度　　□ 重度

| 特别危险因素 | □没有　□有，请注明： |
|---|---|
| 介入类型 | □常规介入　　　　□深度介入　　　□其他： |
| 介入领域 | □矫正意识　□罪行态度　□教育/工作　□经济　□家庭/婚姻/情感<br>□居住环境　□同辈群体　□精神/情绪　□休闲娱乐　□社会排斥<br>□酒精/毒品依赖　□其他： |
| 服务建议 | 1. 初步跟进目标：<br><br>初步跟进建议：<br><br>□如需转介，转介建议： |

跟进社工签名：　　　　　　填写日期：

上表主要功能在于对基本信息的研判后，社工对服务对象提出介入的初步方向，项目主管或者督导可根据服务对象的基本信息、需求情况、社工的预估等对介入的初步方向给以建议。介入类型的选取是指社工开展此次个案要介入的方向，并非服务对象表现出的所有问题。

## 表 2-44　个性化服务介入方案

跟进社工姓名：　　　　　　　　　　　方案制定时间：

| 姓名 | | 年龄 | | 性别 | |
|---|---|---|---|---|---|
| 罪名 | | | | 矫正期限 | |

该个案危险性需求评估总分为_____分，危险度为：□轻度　　□中度　　□重度

| 介入问题 | |
|---|---|
| 服务目标 | |
| 服务方案 | |

上表的重点在于服务目标与服务方案的记录，介入问题方面需要社工在服务对象的客观事实需求上作出概述，很多社工往往习惯于填写服务对象的表象情况，未能根据服务对象呈现出来的情况，评估出案主的实质问题及需求。整个表的设计是环环相扣的，在撰写的时候要注意其中的逻辑性，服务目标的设定是要缓解或解决服务对象的问题，回应服务对象的需求；服务方案是为了促进服务目标的达成。

## 表 2-45　个案跟进记录表

个案姓名：　　　　　　　　　　　第____次个案面访
跟进社工：　　　　　　　　　　　跟进时间：
其他参与者：

### 基本情况记录

| 面对面个案服务 |
|---|
| 　　□中心面访　　　　　□司法所面访　　　　□家庭探访 |
| 　　□就业地点探访　　　□学校面访　　　　　□外展面访 |
| 　　□其他地点（请说明） |
| 非面对面个案服务 |
| 　　□电话会谈　　　　　□QQ、微信、邮件等交流 |
| 如未参加相关活动（请说明）： |

个案服务内容记录

| 本次跟进目标 | |
|---|---|
| | |
| 会谈摘要 | 社工评述 |
| | |
| 对本次面谈的评估 | |

| 对面谈效果评估 | 1. 目标的达成情况：□完满达成　□基本达成　□没有达成<br>2. 对解决个案问题的帮助程度：□很大　□一般　□没有帮助<br>3. 其他： |
|---|---|
| 对个案对象面谈表现评估 | 1. 个案对象的配合度：□非常配合　□一般　□不配合<br>2. 个案对象的表现：□积极主动表达　□一般　□多半不耐烦或沉默<br>3. 个案对象对面谈内容：□很感兴趣　□一般　□不感兴趣　□其他： |
| 社工对自身表现评估 | 1. 准备工作：□充分　□一般　□不充分<br>2. 社工理论或面谈技巧运用：□得当　□一般　□不恰当<br>3. 引领谈话的方向及控制谈话的进程：□很好　□一般　□不太顺利<br>不太顺利的原因是： |
| 本次面谈发现个案对象主要问题及需求 | 1. 个案主要问题涉及的方面（可多选）：<br>□教育/工作　□经济　　　□婚姻家庭　　　□居住环境<br>□休闲娱乐　□同辈群体　□酒精/毒品依赖　□精神情绪<br>□罪行态度　□社会排斥　□其他<br>2. 具体表现： |
| 下一步服务计划 | 1. 拟跟进的方面：<br>□教育/工作　□经济　□婚姻家庭　□居住环境　□休闲娱乐　□同辈群体<br>□酒精/毒品依赖　□精神情绪　□罪行态度　□社会排斥　□其他<br>2. 服务方式：□个案辅导　□小组工作　□社区工作　□其他<br>3. 具体计划： |

填表社工：_____　填表日期：_____

上表用于详细记录社工与服务对象面谈的过程及情况，会谈摘要旨在记录重点对话，社工评述引导社工对关键对话进行分析。经验丰富的社工也可以采用概要式的记录方式。采取关键对话记录方式更有助于社工分析面谈技巧运用的情况。面谈评估采用勾选方式，帮助社工快速记录，提高文书效率。

表2-46　司法社会服务记录一览表

服务对象姓名：　　　　　　　　　所属司法所：

跟进社工姓名：

| 时　　间 | 服务方式 | 服务时数 | 备查服务台帐 |
|---|---|---|---|
| 年　　月 | 电话汇报 | 次 | |
| | 当面汇报 | 次 | |
| | 公益活动 | 小时 | |
| | 教育学习 | 小时 | |
| | 个别谈话教育 | 小时 | |
| 年　　月 | 电话汇报 | 次 | 具体内容详查司法所社区矫正工作档案、相关社工活动文书等 |
| | 当面汇报 | 次 | |
| | 公益活动 | 小时 | |
| | 教育学习 | 小时 | |
| | 个别谈话教育 | 小时 | |
| 年　　月 | 电话汇报 | 次 | |
| | 当面汇报 | 次 | |
| | 公益活动 | 小时 | |
| | 教育学习 | 小时 | |
| | 个别谈话教育 | 小时 | |

　　上表一方面在于协助社工厘清对该社区矫正对象的介入过程，快速统计介入的次数，另一方面也有助于项目评估时，体现社工在社区矫正行政协助方面的工作。

表2-47 个案结束表

案主姓名：　　　　　　　　　　　跟进社工：

接案日期：　　　　　　　　　　　结案日期：

| 开案时服务对象问题的表现情况 | 结案时服务对象的问题改善/解决情况 |
| --- | --- |
| | |

| 服务对象开案时主要问题分析 |
| --- |
| |
| 服务提供及个案发展过程 |
| |
| 结案原因：<br>□ 1. 目标达到　　□ 2. 没有所需　　□ 3. 社工认为不适宜继续　　□ 4. 案主不愿意继续接受服务　　□ 5. 情况有变（如案主死亡，搬家等）　　□6. 其他<br>（第3、4、5、6种情况请说明：＿＿＿＿＿＿＿＿）<br>案主知道个案已结束并知道在有需要时如何得到服务：□是　　□否 |
| 服务对象对结案的态度及反应<br>□坦然接受，自己能解决面对的问题<br>□能理解，有事时希望还能得到社工的支持<br>□不能接受，希望社工继续提供服务<br>□其他： |
| 社工对服务对象整个服务过程的检讨和反思<br>1. 目标的完成情况：□超出预期　　□达到预期　　□未达成<br>2. 对解决服务对象问题的帮助程度：□非常大　　□一般　　□没有帮助<br>3. 介入方案的执行情况：□有效执行　　□一般　　□基本没有执行<br>4. 社工对自己工作的满意度：□非常满意　　□一般　　□不满意<br>5. 社工认为本案的工作亮点：□无　　□有（请简要说明）：<br><br>社工在服务过程发现的问题或反思：<br><br> |

跟进社工签名：　　　　　　　　　　　结案填报日期：

199

续表

| 项目主管或督导意见： | |
|---|---|
| 项目主管/督导签名： | 批阅日期： |

上表为结案所用，主要引导社工对介入目标进行回顾和评估，交代结案的原因，引导社工对本案进行反思与思考，协助社工积累介入经验。项目主管及督导的意见，主要用于给社工专业指导，同时符合结案过程的审批流程。服务提供及个案发展过程方面，一般建议社工分阶段撰写，个案前期、个案中期、个案后期，社工分别运用了什么工作手法，扮演什么工作角色，发挥了什么作用，服务对象发生了什么变化，等等。社工在服务过程发现的问题或反思方面，往往只写做得不好的地方，其实不然，此处可以写做得好的地方，也可以写需要改进的地方，还可以提出一些服务的建议。

表2-48　活动过程记录

| 活动主题 | | | |
|---|---|---|---|
| 活动形式 | □ 教育学习活动 | □ 集体公益劳动 | □ 其他： |
| 活动的组织或主持者 | | 活动时间 | |
| 出席人数 | | 活动地点 | |
| 活动内容简介 | | | |
| 活动目标： | | | |
| 活动过程记录： | | | |

社工对服务对象整个服务过程的检讨和反思

1. 目标的完成情况：□ 超出预期　　□ 达到预期　　□ 未达成

（未达成的原因：_____）

2. 服务对象的参与程度：□ 热烈，积极参与　□ 一般　□ 冷场，不参与

（冷场或不参与的原因：_____）

3. 服务对象的出席情况：出席率：_____%　　请假_____人　　无故缺席_____人

4. 社工对自己工作的满意度：□ 非常满意　□ 一般　□ 不满意

5. 社工认为本次的工作亮点：□ 无　　□ 有（请简要说明）：



社工在服务过程发现的问题或反思：



活动下一节跟进措施及建议：



跟进社工签名：　　　　　　　填写日期：

上表整合集中教育学习及社区公益服务，撰写过程中要注重呈现社工的工作以及协助性的角色作用。

## 任务三　社区矫正案例实践

**[情景设计一：社区矫正个案服务案例]**

过程描述：

1. 接收之前：司法社工协助做居住地核查，核查社区矫正对象居住地，是否符合接收条件，并填写《调查类汇报表》，以李××为例：

**表 2-49　调查类汇报表**

| 社工姓名 | 陈×× | 驻点司法所 | ××司法所 |
|---|---|---|---|
| 对象姓名 | 李×× | 调查时间 | 2019 年××月××日 |
| 调查类型 | □判前调查　■居住地核查　□假释调查<br>□暂予监外执行调查　□其他（　　） | | |

续表

| 调查结果 |
| --- |
| 　　经司法所和居委会核查，李××和父母居住在××小区，此房产属于其父母所有，居住时长符合在本辖区接受社区矫正的条件。 |

　　此调查工作完成后，若初步确定可以接收，司法所即可将结果反馈给司法局，并准备开展后续的报道、接收工作。为了更好地完成协助调查工作，社工需要非常了解符合接收的条件。

　　2. 接收之后：结合李××的《社区矫正对象评估报告》（此评估报告由司法局委托他方专业机构作出）以及社工的初步评估情况，司法社工需做好前期的服务评估工作，并填写《初始评估汇报表》：

表 2-50　初始评估汇报表

| 社工姓名 | 陈×× | 驻点司法所 | ××司法所 |
| --- | --- | --- | --- |
| 对象姓名 | 李×× | 危险性评分 | 1 |
| 重新犯罪的危险度 | ■轻度　　□中度　　□重度 | | |
| 认为重点介入内容 | | | |
| 根据量表的评估结果显示，社区矫正对象的得分为1分，危险性为轻度，重新犯罪的可能性不大。对该社区矫正对象应采取轻度介入。<br>该社区矫正对象现年28岁，未婚，文化程度达高中水平，犯非法拘禁罪，社区矫正期限为1年。问卷显示该社区矫正对象的危险性，报告层现在家庭方面可介入的空间校大。<br>建议：<br>根据本次问卷调查结果，该社区矫正对象重犯罪可能性不大，建议后续跟进的措施有：<br>①建议在社区矫正前期加强法制教育，增强法制观念，树立正确的人生观和价值观，防止重新犯罪。②家庭方面，该社区矫正对象的父亲有过犯罪记录，建议进一步了解该社区矫正对象对其父亲犯罪史的看法，了解这件事是否对该社区矫正对象的思想及行为产生影响，以此事为切入点，与其探讨违法犯罪的后果，协助其树立正确的法制观念，明白违法犯罪行为的危险性。同时，建议引入志愿力量结对帮扶，发挥志愿者的支持示范作用，协助社区矫正对象扩大正面社会交往，树立积极向上的人生观。 | | | |

　　案主在填写评估测量表时，有可能会存在不真实的情况，从而影响量表测评的有

效性，对司法社工而言，这个评估结果有一定的借鉴作用。关键要掌握危险性评分，以及重新犯罪的危险度，如果是重度则一定要给予个案形式开展服务。另外，一些主观性的问题，会随着案主的经历而有所变化，社工需要动态关注案主的情况，给以分析并及时介入。

3. 建立个案档案：当司法社工收集到案主的基本信息后，需要填写《个案建档表》，对案主有个较全面的了解。

表2-51　个案建档表

基本情况

| 接案社工 | 陈×× | 接案日期 | ××年××月××日 |
| --- | --- | --- | --- |
| 案主姓名 | 李×× | 所属司法所 | ××司法所 |
| 出生日期 | ××年××月××日 | 犯罪年龄 | 28 |
| 性别 | ■男　□女 | 婚姻状况 | □已婚　□离婚　■未婚　□丧偶 |
| 社区矫正类型 | 缓刑 | 刑期 | 1年 |
| 社区矫正开始时间 | ××年××月××日 | 社区矫正结束时间 | ××年××月××日 |
| 罪名 | 犯非法拘禁罪 | | |

家庭情况

| 姓名 | 年龄 | 性别 | 与案主的关系 | 职业/就读年级 | 是否同住 | 其他 |
| --- | --- | --- | --- | --- | --- | --- |
| 李×× | × | 男 | 父子 | ××公司 | 是 | |
| 李×× | × | 女 | 母子 | ××公司 | 是 | |

案主其余情况

| 犯罪原因（自述） | 案主的朋友跟其说做工程，希望案主能投资一起做，想到是比较好的朋友，所以案主投进去了一笔款。投资的时候其朋友说会立即开工，但是时间过了一年多也不见开工，后来案主了解到，该工程根本不存在。朋友已经承诺了很多次说还钱给案主，但还是一直未见下文。于是在×年×月×日，案主想气一气他朋友，没有提前跟其朋友说明情况，将朋友孩子带到其他地方，结果被案主朋友以绑架的名义报警了。 |
| --- | --- |

续表

| 对被判决的看法态度 | 案主自愿认罚，对判决结果也表示认可。 |
| --- | --- |
| 对社区矫正的<br>看法态度 | 案主希望在社区矫正的期间，如有事可以提前申请一下请假，并提出手环是否可不带手上，放包里自己随身携带。另外案主觉得社区矫正制度很好。比在监狱里服刑好太多，会积极配合司法所监管改正。 |
| 案件对其个<br>人的影响 | 案主表示这件事对其影响很大，现在不仅留下了前科案底，而且在亲戚朋友中留下很大的负面影响，案主也视之为人生一辈子污点。尽管该事情非常简单，但自己不仅是被拘留了一下，造成的损失及对以后的影响深远，最大的影响乃是该事情让其对人性之恶有了更深的理解。 |
| 目前家庭居住、<br>家庭关系、<br>人际交往情况 | 案主现在和其父母同住，居住环境良好，一家人相处和睦。 |
| 目前经济/就业情况 | 案主目前在其父亲公司工作，担任总经理一职，收入良好。案主平时业务比较忙，需要约客户谈合作、签合同，每天都跑来跑去，一个月30天，休息的时间不过两三天，其余时间都在工作。案主在工作上是比较认真努力的，目前经济上也存在一定的压力，需要还房贷两三百万，其也表示会努力工作赚钱。 |
| 目前最需要帮助的是 | 增强其社区矫正意识，协助其尽快适应社区矫正和按时完成矫正任务。 |
| 其他 | 无 |

　　完成此表后，基本上掌握了案主的基本信息，有助于社工更好地分析评估案主的情况。上表内容以案主的自述、客观情况为主。撰写过程中，社工要将客观事实记录下来，而非社工的主观评价。为更有效地完成基本情况的收集，社工需要具备一定的面谈技巧，以及保持中立、不批判的服务价值观。

　　个案介入：结合初始评估情况、建档表资料，对应案主的需求开展个案服务，按照司法社工项目的个案服务要求进行逐步跟进，填写《个案接案表》《个性化服务介入方案》《个案跟进记录表》《司法社会服务记录一览表》，其中《司法社会服务记录一览表》每月填写一次即可。

**表 2-52 个案接案评估表**

个案编号： 接案日期：××年××月××日

1. 案主资料

| 姓名 | 李×× | 出生日期：××××.××.×× | | 性别：男 |
|---|---|---|---|---|
| 个案类别 | ■社区矫正 | 矫正期限 | 2019.××.×× ~ 2020.××.×× | |
| | □安置帮教 | 帮教时间 | | |

2. 介入评估

该个案危险性需求评估总分为 __1__ 分，危险度为：■ 轻度 □中度 □重度

| 特别危险因素 | □没有 ■有，请注明：案主戴上电子手环后，内心感到非常耻辱，在家用刀片类的工具私自拆卸电子手环。 |
|---|---|
| 介入类型 | □常规介入 ■深度介入 □其他： |
| 介入领域 | ■矫正意识 ■罪行态度 □教育/工作 □经济<br>□家庭/婚姻/情感 □居住环境 □同辈群体 ■精神/情绪 □休闲娱乐<br>□社会排斥 □酒精/毒品依赖 □其他： |
| 服务建议 | 初步跟进目标：与案主建立专业关系，疏导案主情绪，强调社区矫正管理规定。<br><br>初步跟进建议：继续关注案主电子手环使用情况，强化社区矫正意识。<br><br>□如需转介，转介建议： |

跟进社工签名： 陈×× 填写日期： ××年××月××日

**表 2-53 个性化服务介入方案**

跟进社工姓名： 陈×× 方案制定时间： ××年××月××日

| 姓名 | 李×× | 年龄 | 28 | 性别 | 男 |
|---|---|---|---|---|---|
| 罪名 | 犯非法拘禁罪 | 矫正期限 | 1 年 | | |

该个案危险性需求评估总分为 ___1___ 分，危险度为：■轻度　　□中度　　□重度

| 介入问题 | 1. 案主以前给亲戚朋友的印象都很好，现在不仅给自己留下了前科案底，而且也给亲戚朋友造成很大的负面影响。案主对前后身份发生的变化，存在较大的心理压力。<br>2. 案主在司法所佩戴电子手环时，以保护自身合法权益为由，存在抗拒佩戴电子手环的心理。 |
|---|---|
| 服务目标 | 1. 强调社区矫正管理规定。<br>2. 疏导案主情绪，缓解心理压力，协助其尽快适应社区矫正。 |
| 服务方案 | 1. 通过集中教育、面谈的方式、利用一些案例讲解不遵守社区矫正管理规定带来的后果。<br>2. 通过倾听、同理心等方式疏导案主情绪。 |

　　接案日期不一定等于接收日期，一般情况，社工可以将《个案接案表》以及《个性化服务介入方案》一起提交给项目主管或督导批阅。完成了此表不一定就严格按照此方案进行，案主的需求不是恒常不变的，目标也可能会有所调整。社工制定此介入方案需要建立在案主的需求之上，同时，在制定目标及方案时需要案主的加入，不断促进案主的改变动力。若后续跟进目标及方案有所改变，社工需要在服务记录中有所呈现，要注意服务记录的衔接性。

表2-54　个案跟进记录表

个案姓名：李×× 　第 ___1___ 次个案面访

跟进社工：___陈××___ 　跟进时间：___××年××月××日___

其他参与者：无

基本情况记录

| |
|---|
| 面对面个案服务<br><br>□中心面访　　　　　■司法所面访　　　　　□家庭探访<br><br>□就业地点探访　　　□学校面访　　　　　　□外展面访<br><br>□其他地点（请说明）<br><br>非面对面个案服务<br><br>□电话会谈　　　　　□QQ、微信、邮件等交流<br><br>如未参加相关活动（请说明）： |

个案服务内容记录

| 本次跟进目标 | 了解案主电子手环出现拆卸和越界的情况 |
| --- | --- |

| 会谈摘要 | 社工评述 |
| --- | --- |
| ××月××日早上，社工经查省社矫系统的监控定位，发现案主在周末期间出现越界和拆卸手环的违规信息，因此社工联系案主，询问其情况并让案主来司法所做笔录。<br>当日下午，案主来到司法所做手环违规笔录。案主见到社工就开始跟社工抱怨，说自己很冤，当初那么好的朋友，如今闹到这种地步，而且那边已经发了原谅书给自己，但这件事自己留下了不可抹去的案底，真的感觉很不好。对此，社工对案主说道，"我明白你的心情，但是人都会犯错，现在最重要的是知道错了，能去改正，才是对自己、家人、社会负责。如果一直抓着一件事不放，应该也会活得比较累吧。既然你现在在社区服刑，就应该遵守社区矫正的各项规定，顺利度过这个特殊的阶段，你再坚持几个月，就期满了"。<br>然后社工开始给案主做越界违规笔录，让案主解释说明××日下午的行程。案主称××日下午去了非监管辖区处理业务，并且这几天都会在其他地方工作，当日和客户短暂洽谈后，就回居住地了，可能是回去路上信号不小心漂移了，案主表示自己没有去邻市。<br>对此，社工让案主提供当天下午在非监管辖区工作的证明材料。接着社工询问案主手环拆卸情况，案主表示其他的电话报告、当面报告、思想汇报、学习，还有劳动自己都愿意去做，只有电子手环不想戴。案主内心非常抗拒，因为一看到手环就觉得很羞耻，内心感到非常排斥，很不想戴手环，所以自己在家尝试用刀片拆卸手环，并再次问社工能不能申请不戴手环，或者摘掉手环放包里。<br>社工跟案主说明社区矫正各项管理规定，手环是必须要佩戴的，有一些人甚至要戴四五年。社工告知案主，私自拆卸电子手环已经违反了社区矫正管理规定，是要对案主进行警告的，并跟案主说明如果被警告3次以上，会被收监执行，让案主清楚被警告3次以上是很容易的事情，提醒其要严格遵守社区矫正的各项管理规定。 | 案主还是不能接受自己被判刑的现状，觉得当初自己的朋友不该那样欺骗自己案主对此事耿耿于怀，心中难以释怀，社工对其进行心理疏导，让其明白既然在社区矫正期间，就应该遵守这些规定，认真改造。<br>社工查看电子系统，发现案主出现越界和拆卸手环的违规行为，因此约案主来司法所做笔录。案主能如实做笔录。虽然案主平时工作比较忙，但是电话汇报、当面报告、思想汇报、学习等都会积极完成，只有手环，其内心非常抗拒。<br>关于手环拆卸的行为，案主能坦诚自己的行为，认错态度还是比较好的。<br>案主内心还是非常抗拒佩戴电子手环，社工会继续关注其电子手环使用情况及矫正情况。 |

| 对本次面谈的评估 | |
|---|---|
| 对面谈效果评估 | 1. 目标的达成情况：□完满达成　■基本达成　□没有达成<br>2. 对解决个案问题的帮助程度：■很大　□一般　□没有帮助<br>3. 其他： |
| 对个案对象面谈表现评估 | 1. 个案对象的配合度：□非常配合　■一般　□不配合<br>2. 个案对象的表现：■积极主动表达　□一般　□多半不耐烦或沉默<br>3. 个案对象对面谈内容：■很感兴趣　□一般　□不感兴趣<br>其他： |
| 社工对自身表现评估 | 1. 准备工作：□充分　■一般　□不充分<br>2. 社工理论或面谈技巧运用：□得当　■一般　□不恰当<br>3. 引领谈话的方向及控制谈话的进程：□很好　■一般　□不太顺利<br>不太顺利的原因是： |
| 本次面谈发现个案对象主要问题及需求 | 1. 个案主要问题涉及的方面（可多选）：<br>■教育/工作　□经济　□婚姻家庭　□居住环境<br>□休闲娱乐　□同辈群体　□酒精/毒品依赖　■精神情绪　■罪行态度<br>□社会排斥　□其他<br>2. 具体表现：案主内心非常抗拒佩戴电子手环，觉得戴上电子手环非常羞耻，私自用刀片拆卸电子手环。<br>3. 个案的需求：疏导案主情绪，澄清社区矫正各项规定。 |
| 下一步服务计划 | 1. 拟跟进的方面：<br>□教育/工作　□经济　□婚姻家庭　□居住环境　□休闲娱乐　□同辈群体<br>□酒精/毒品依赖　■精神情绪　□罪行态度　□社会排斥　□其他<br>2. 服务方式：■个案辅导　□小组工作　□社区工作　□其他<br>3. 具体计划：关注其社区矫正表现情况。 |

填表社工：陈×× 　　　　　填表日期：××年××月××日

　　社工围绕个案服务目标开展的个案面谈，将面谈概要及跟进进度记录于《个案记录表》。有的社工习惯于将整个过程用流水账的方式记录下来，这样会浪费太多的时间在记录和撰写上，只需要将与本节目标相关的内容记录下来即可。每次面谈中社工需要将本节的目标与案主进行阐述，并咨询案主是否有所调整，面谈结束前，需要对本节面谈进行总结，并告知案主有关下一节面谈的初步计划。这些面谈的内容也需要记录于《个案记录表》中，清晰呈现整个个案的跟进进度，以及目标达成情况。

表2-55 司法社会服务记录一览表

服务对象姓名：李×× 所属司法所：××司法所

跟进社工姓名：陈××

| 时　　间 | 服务方式 | 服务时数 | 备查服务台帐 |
|---|---|---|---|
| 2019年7月 | 电话汇报 | 4次 | |
| | 当面汇报 | 2次 | |
| | 公益活动 | 0小时 | |
| | 教育学习 | 1小时 | |
| | 个别谈话教育 | 1小时 | |
| 2019年8月 | 电话汇报 | 6次 | 具体内容详查司法所社区矫正工作档案、相关社工活动文书等 |
| | 当面汇报 | 2次 | |
| | 公益活动 | 0小时 | |
| | 教育学习 | 1小时 | |
| | 个别谈话教育 | 1小时 | |
| 2019年9月 | 电话汇报 | 8次 | |
| | 当面汇报 | 2次 | |
| | 公益活动 | 0小时 | |
| | 教育学习 | 1小时 | |
| | 个别谈话教育 | 1小时 | |

　　个案服务过程中，社工需要动态评估案主的需求，结合目标的完成情况及需求回应程度等衡量个案服务进度，当符合个案结案条件时，可进行结案工作并填写《个案结束表》，如李××个案进行的阶段性结案报告如下：

表 2-56  个案结束表

案主姓名：李××             跟进社工：___陈××___

接案日期：___2019 年××月××日___     结案日期：___2019 年××月××日___

| 开案时服务对象问题的表现情况 | 结案时服务对象的问题改善/解决情况 |
|---|---|
| 案主基本能完成电话报告、当面汇报、思想汇报、学习以及社区服务这些矫正任务，但是对佩戴电子手环，内心感到非常抗拒，认为是一件很羞耻的事，所以很排斥电子手环，甚至在家用刀片拆卸电子手环。 | 案主能严格遵守社区矫正的管理规定，配合司法所的监管。经过司法所和驻区警官的训诫后，虽然案主仍希望不再佩戴电子手环，或申请不戴，但是不会再私自拆卸电子手环。当手环使用异常时，案主能及时向社工汇报。<br>案主目前的矫正情况还是比较稳定的。居委会也跟社工反馈，案主现在会主动去居委会参加社区服务，居委会对案主的行为进行了表扬。 |

服务对象开案时主要问题分析：

电话汇报、当面报告、思想汇报、学习，以及公益活动案主能主动去做，但是其内心非常抗拒佩戴电子手环，觉得非常的丢脸、羞愧。案主在心里给自己贴了标签，觉得戴上这个电子手环非常耻辱，每天看着都觉得非常别扭，感到很不自在、丢人，所以内心非常的排斥，才导致出现私自拆卸手环的违规行为。

服务提供及个案发展过程：

社工是通过查看监控定位，发现案主出现违规拆卸电子手环的行为，因此致电案主来司法所解释说明情况。案主来司法所做笔录时，能如实跟社工交代拆卸手环的原因，是因为案主内心非常排斥这个手环，感到丢人，因此产生了想临时取下电子手环的念头。对此，社工也对案主进行心理疏导，鼓励案主调整心态，克服心理障碍，慢慢调整接受社区矫正这个过程。另外，社工还举例说明在监狱服刑和社区服刑的区别，提醒案主珍惜社区服刑的机会。同时，社工跟案主说明社区矫正的管理规定，告知其私自拆卸手环的行为已经违反了社区矫正相关的管理规定，接下来会被警告。

被警告后，案主表示已经认识到了自己的错误，不应该私自拆卸手环，违反规定。对于给司法所的工作人员增加了工作负担，案主感到愧疚。在接下来的服刑期间，案主会严格要求自己，遵守矫正管理规定，遵守电子手环的使用规定，不会再发生私自拆手环这种幼稚的行为，积极配合矫正。经社工观察，案主被警告后，手环有使用异常的情况会第一时间告知社工，其他的矫正任务也能积极主动去完成，居委会对案主积极主动到社区参加社区服务的行为进行了赞赏。案主目前的矫正情况还是比较稳定的。

续表

| 结案原因： |
| --- |
| □1. 目标达到　□2. 没有所需　□3. 社工认为不适宜继续　□4. 案主不愿意继续接受服务<br>□5. 情况有变（如案主死亡，搬家等）　■6. 其他（第 3、4、5、6 种情况请说明：阶段性结案）<br>案主知道个案已结束并知道在有需要时如何得到服务：■是　□否 |
| 服务对象对结案的态度及反应<br>□坦然接受，自己能解决面对的问题<br>■能理解，有事希望还能得到社工的支持<br>□不能接受，希望社工继续提供服务<br>□其他： |
| 社工对服务对象整个服务过程的检讨和反思<br>1. 目标的完成情况：□超出预期　■达到预期　□未达成<br>2. 对解决服务对象问题的帮助程度：■非常大　□一般　□没有帮助<br>3. 介入方案的执行情况：■有效执行　□一般　□基本没有执行<br>4. 社工对自己工作的满意度：■非常满意　□一般　□不满意<br>5. 社工认为本案的工作亮点：■无　□有（请简要说明）：<br>社工在服务过程发现的问题或反思：<br>在服务的过程中，社工了解到，虽然案主平时工作非常忙碌，休息的时间很少，但是能按时到司法所报到、到居委参加社区服务，能认真学习法律知识。自从案主上次私自拆卸手环违规被司法所和驻区警官训诫后并经历社工的心理疏导后，其也表示自己会慢慢克服手环这个心理障碍。案主表示其实自己也慢慢想通了很多，不会再纠结手环这个问题，以后会积极配合矫正。<br>因为案主还有一段时间的矫正期，社工会继续关注其矫正情况。<br><br>跟进社工签名：＿＿陈××＿＿　　结案填报日期：＿＿××年××月××日＿＿ |

撰写完《个案结案表》后，整个个案的记录就完成了。个案服务时长不等同于案主的社区矫正期限，不一定要等案主解矫后才可以结案。当社工与案主就个案目标达成情况达成共识，决定结案后，在往后的社区矫正过程中，社工会依旧提供日常常规的司法社矫工作服务，将服务记录于司法行政系统内。

📋 **思考与练习**

1. 结合社区矫正社会工作的工作过程，社区矫正社会工作者专业手法如何与社区矫正行政工作结合？

2. 社区矫正社会工作的工作过程有哪些环节步骤？如何对应相应的文书撰写，撰写过程有哪些注意事项？

# 项目五　企业社会工作

📖 **知识目标**

1. 了解企业社会工作的含义和特点。
2. 准确把握企业社会工作的文书特色。
3. 正确书写涉及的文书，清晰写作时的要点及注意事项。

📖 **能力目标**

掌握企业社会工作领域的基础知识和所涉及的文书写作。

📖 **案例导入**

社工在开展企业社工服务过程中，经过调研及长期服务观察了解到，新入职 1 年左右的企业员工普遍反映没有什么职业规划，觉得薪酬能接受就入职了，没有什么规划与打算，对于自己也不太了解，不清楚自己的就业方向，缺乏必要的定位，对于前途比较迷茫，薪酬不合适就离职，走一步看一步。为此社工该怎样运用专业的知识协助企业员工厘清个人职业规划，明确今后发展目标？

📖 **知识链接**

## 任务一　企业社会工作基础知识

### 一、企业社会工作的含义

企业社会工作是指企业社会工作者运用社会工作专业理念和方法，以企业员工和企业自身为主要服务对象，为预防和解决企业员工和企业组织存在的问题，增进员工福利、促进员工全面发展和企业科学管理而开展的专业化工作过程。[1]

### 二、企业社会工作的服务对象

企业社会工作的服务对象并非孤立存在的，而是环境相同、面临问题相似的员工群体，以及与员工发展有密切关系的企业及其外部环境。具体而言，企业社会工作的服务对象包括：企业员工及其亲属、企业管理部门、企业整体和社区。[2]

---

〔1〕 薛海："我国企业社会工作的主要领域和内容"，载《中国社会工作》2009 年第 31 期。
〔2〕 周沛主编，高钟副主编：《企业社会工作》，复旦大学出版社 2010 年版，第 15~16 页。

### 三、企业社会工作的特点

企业作为企业社会工作的服务对象有着其独特的经济属性，这决定了企业社会工作具有不同于一般社会工作的特征，具体表现为:[1]

（一）争取员工福利是企业社会工作的核心内容

为更多地吸引人才，企业均有为员工提供现金或实物的福利项目和福利服务，但与专业的社会工作服务相比，差别在于现阶段企业自身提供的福利并未能较好地满足员工的需求，这也凸显了企业社工介入的必要性。

（二）监督企业落实涉及职工权益的法律、法规，是企业社会工作的重要手段

企业内社会工作的筹资具有明确的规范。对于企业社会工作项目的资金来源，有具体、明确的国家法律和政府部门的政策文件规定，如关于各项社会保险和补充的保险、各项员工现金、实物福利项目与服务、培训与教育经费、工会活动经费、劳动保护与职业安全卫生经费等。

（三）因地制宜开展和设计有特色的服务项目是企业社会工作的主要任务

不同类型企业的社会工作具有不同的特点。企业在规模、所处社会环境、自身企业文化及发展战略等方面的不同，决定了其在提供和承载的社会工作服务会有很大差异性。

（四）实现公共性、公益性与多方共赢的统一是企业社会工作的重要目标

企业社会工作的服务对象主要是企业员工，服务内容主要是帮助企业员工解决困难问题、促进自我发展和提升，也兼顾服务企业和满足企业发展的合理需求。因此，公共性和公益性应该是企业社会工作服务的主导属性，否则很可能沦为企业的一种管理手段和方法，服务于企业的利益尤其是经济利益的最大化，从而导致其与企业员工的合理利益和社会的整体利益出现背离或偏差，违背社会工作的宗旨、理念和价值观。为此，企业社会工作服务应主要由专业社工提供。

### 四、企业社会工作的功能

企业社会工作功能是指通过企业社会工作的实施，对企业及员工起到的建设性、积极性效果和作用。从价值追求角度看，企业社会工作的主要功能包括如下方面:[2]

（一）提供物质帮助，协助困难员工拜托困境

扶弱、济贫、帮困是现代社会工作的重要职责，也是企业社会工作的重要功能，随着经济体制改革的进一步深化，原有的宏观利益格局重新整合，社会各阶层之间的

---

〔1〕 张默主编:《企业社会工作》，社会科学文献出版社 2014 年版，第 19 页。
〔2〕 张默主编:《企业社会工作》，社会科学文献出版社 2014 年版，第 20~21 页。

贫富差距递来越大，企业中也因此出现了贫困问题。企业贫困人员主要包括失业、下岗工人，以及因各种疾病、伤残意外灾难事故或个人生存、劳动和发展等方面的能力障碍导致的贫困人员等。这些问题的存在严重影响了社会主义和谐社会的建设，成为全面建设小康社会进程中的不和谐因素。要有效解决这些问题，仅仅依靠政府机构及其工作人员的力量已显得不足，因此需要广泛动员社区组织、非营利机构、志愿者组织等多个层面的力量共同参与。

（二）为企业员工情绪疏导和心理支持

企业员工的工作压力和紧张度比较高，加之企业在资源与权限以及利益分布中存在事实上的不对称，职工处在明显的不利地位。为此，他们必然会面临一些问题，如工作环境和条件恶劣、劳资冲突、工资待遇偏低等。疲劳、头疼、胸闷、焦虑、紧张、情绪低落、注意力下降、记忆力下降、爱发脾气、对子女漠不关心等都是员工可能出现的心理问题。弱势的地位与处境使得他们很难单独通过自己的力量或者企业的力量来解决问题，而企业社会工作的介入则能够帮助他们提升这方面的能力。

（三）协调内外关系，增强企业组织的凝聚力

企业社会工作的一个突出功能就是促进企业良好的内部沟通，加强对外传播，塑造企业形象，推动实现从业人员的全面发展。从企业外部关系的角度看，企业必须履行社会责任，提供就业机会，资助公益事业，保护生态环境，支持社会保障体系的建立与完善，妥善处理好与股东、媒体、社区、政府、交易伙伴、消费者等特定对象的社会关系。从现实情况看，许多企业未能够有效履行社会责任，主要表现为经常裁减工人，随意排放污染物质，作虚假的广告宣传，不尽社区义务，违章经营作业，不正当竞争，制售假冒伪劣产品坑害消费者等。作为解决企业内外各种问题的专业活动，企业社会工作不仅可以有效解决企业组织的外部关系失衡问题，而且可以促进内部关系的协调，增强组织凝聚力。企业社会工作能够有效通畅职工之间的信息沟通渠道，并营造出群体内的民主气氛，使员工产生集体感、归宿感、荣誉感和价值感，从而愿意为企业发展承担责任和义务。

（四）维护员工合法权益，体现社会主义公平正义

维护企业员工合法权益是一个社会公平程度的表现，也是企业社会工作的重要职责。当前，员工权益受侵害的事实大量存在，劳资纠纷事件也日益增多。在这一社会背景下，社会工作者可依据《中华人民共和国工会法》《中华人民共和国劳动法》等相关的法律文献，在民政部门、劳动部门、社会保障部门、企业党团、工会组织、社区机构及社会服务机构广泛开展面向企业职工的维权服务，并通过个案工作、团体工作、社区工作、社会行政、社会政策等方法来提升实际工作的效果。

（五）预防问题产生，保障社会和谐稳定

企业社会工作能够以积极主动的态度对待组织内外产生的各种问题，及早预测、

发现、控制和消除那些可能妨碍社会稳定的因素，以保障社会的持久和谐。在企业结构要素变动活跃、动荡不定的条件下，形形色色的问题不断涌现，为保障企业的良性运行发展必须建立预防、抑制、化解矛盾的专业工作机制。

社会工作的预防功能通常在两个领域中付诸实施：一是预防可能在个人之间、个人与团体之间以及群体之间出现的问题；二是预防组织中可能出现的病态现象。企业社会工作还可以通过制度建设来发挥作用，即提出社会政策的修订建议，促进合理社会政策的出台，在制度层面弥补政策缺陷，有效预防企业问题的产生。

（六）促进能力建设，实现社会工作的持续创新

人们要想从事或完成某种活动，必须具备相应的实际或潜在能力，因而能力的缺乏会使个人陷入生活与工作的困境之中，使企业发展与创新失去相应的主体条件。帮助服务对象实现自身发展，并不断促进企业改革与创新已经成为构建社会主义和谐社会视域下企业社会工作的重要功能。企业社会工作作为当代社会中重要的专业性活动，应充分发掘社会资源，积极发挥个人和制度潜能，以确保社会的稳定、社会的发展。

## 任务二　企业社会工作主要内容

随着社会经济的发展，企业作为其中重要的一个组成部分不断推动着社会前进，而同时在前进的过程中出现各种各样的矛盾。企业社会工作正是以调整企业内部及外部的不良关系为出发点，促进企业与社区和谐发展、企业员工作为人的全面发展为目标，满足员工在企业中的需求。在实践过程中，企业社工在开展服务过程中的主要类型为:[1]

### 一、员工福利服务

广义员工福利包括社会福利和企事业单位福利，狭义的员工福利也称为机构福利、职业福利、劳动福利，是行业和单位为满足劳动者的生活需要，在工资收入以外，向企业员工及其家庭成员所提供的待遇，主要包括福利津贴、福利设施和福利服务。

在微观层面上，企业社会工作者向不同的员工群体、家庭和个人提供具体的服务服务，以弥补非人性化管理所导致的疏离倾向，提高企业员工福利的水平。在中观层面协调社区和企业设计、开发满足员工需要的福利设施和提供多样化的福利服务项目，在宏观层面上倡导员工福利政策的制度化等。

### 二、职业安全与健康

职业安全健康面临的严峻形势亟需加以改善，但是由于职业安全、健康问题产生的原因错综复杂，仅靠企业或员工个人的力量往往难以解决，迫切需要专业知识、技术与组织的协助。作为一种专业化的助人实践，企业社会工作的服务理念与目标，服

---

〔1〕　张默主编:《企业社会工作》，社会科学文献出版社 2014 年版。

务对象，服务内容与方法，都使其成为保障员工职业安全健康的重要服务机制。通过企业社会工作使员工获得更好的生产适应性，在制度、组织管理、培训、技术、工作场所等方面获得充分的保障，使员工能以良好的安全与健康状态去从事职业活动。

### 三、员工情绪管理与心理辅导

现代管理制度在提高生产力的同时，大大加重了企业员工的工作强度和压力，引发了企业员工的诸多情绪问题和心理问题。消极情绪累积到一定程度，则会使员工表现出不同程度的沮丧、不满、愤怒，导致其工作态度和行为转变，还可能造成免疫力降低和生理疾病，而有效的员工情绪管理可以在员工身心健康、员工家庭与人际关系协调、企业工作效率提高、和谐社会构建等方面发挥积极作用。

### 四、员工职业生涯辅导

员工职业生涯辅导就是专业辅导人员利用自己的专业知识，提供有系统的策略和方案措施，使案主结合自身情况，选择合适的生涯发展方向和目标，进行合理的规划，以达致自我实现。

企业社会工作者通过开展员工职业生涯规划服务，传达出组织对员工个人发展的重视以及对个人和企业共同发展的追求，在有助于增强员工对企业的归属感，提升其对组织的忠诚度。基于对员工的深入了解，企业也可以做好人才储备计划，构建合理的后备人才梯队，营造积极的组织氛围和良好的育人、留人企业环境。

### 五、劳动关系协调

劳动关系可以分为狭义的劳动关系和广义的劳动关系，狭义的劳动关系是指在具体的用人单位中劳动者个人与雇主之间的经济关系，广义的劳动关系是指在现实劳动的过程中，劳动者与劳动力使用者及相关社会组织之间的更为广泛的社会经济关系。企业的经济属性必然地使雇主与劳动者产生矛盾的劳动关系，企业社会工作者通过协调各方的矛盾，使企业得以顺利运转，有利于社会经济的发展。

### 六、员工闲暇生活服务

闲暇时间的增多并不意味着闲暇的实现，虽然职工的闲暇越来越受到重视，更有多项法律和法规保证职工休息的权利，但目前我国职工的闲暇仍存在不少问题，比如，职工的闲暇时间无法保证、闲暇活动单调、带薪休假落实难、长期超时加班成为常态等，长此以往，将损害职工的身心和心理健康，也不利于社会的进步，在相关制度上还要更加细化和完善。政府、企业、工会、社会服务机构、家庭、公众要共同推动闲暇的实现。

实现职工的闲暇，既是企业长久发展的需要，也是企业社会责任的体现。企业社会工作者可以开发出适合员工的活动形式，组织员工在其中娱乐休闲，实现对休闲设施的充分有效利用，为有相同爱好特长的员工提供交流平台，丰富员工的业余生活。

### 七、企业困难员工帮扶服务

随着社会经济日益发展，社会结构也日趋多样，企业随着改革开放的深入获得了更大的发展，大多数职工的生活水平不断提高，但仍有一部分职工因为种种原因陷入了困境。面对这种现象，政府须尽快查明原因，了解困难职工的生活现状，解决他们面临的问题。企业困难职工帮扶中心是企业实施帮扶服务的有效载体，在维护职工合法权益、为职工提供及时和便捷的服务方面发挥了非常重要的作用。而企业社会工作天然就是一种助人自助活动，在为困难职工提供服务方面采取了不同于传统的方法，在为困难职工提供帮助方面有着独特的优越性。

### 八、企业文化与职工文化建设

企业文化被业界称为企业的核心竞争力，是企业基业长青的"基因"，反映了企业及其管理者群体的价值追求和经营理念。企业社会工作在企业文化建设方面采用了社工理念和工作技巧，影响企业及其管理者群体的思想和行为，促进企业和职工之间建立和谐的劳动关系，从而打造企业的核心竞争力。在介入职工文化建设方面，企业社会工作可以塑造先进的职工文化，丰富职工文化生活，践行助人自助的社工理念，实现职工群众的自我教育、自我管理和自我提升。

## 任务三　企业社会工作案例实践

**[情景设计一：企业社会工作个案服务案例]**

### 一、案例背景及分析

（一）问题及需求

1. 问题分析：

（1）案主白血病复发，需进行体外骨髓移植。通过检查，案主已和父亲成功配对骨髓，但骨髓移植手术需要巨大的医疗费用。案主因第一次白血病发病住院治疗时已用尽家中的积蓄，案主一家已无力承担这次的医疗费用。目前，案主每日的医疗费用就要好几千块钱，一家为凑集60万的医疗费用而四处奔波。

（2）案主于几年前因白血病入院治疗，四年后复发，病情比上次更为严重。案主身体情况每况愈下，现出现肺部感染、高烧不退，需要定期化疗，随时会有生命危险。案主及家人期望尽快施行骨髓移植手术，但由于高烧不退而不能进行，因此感到担忧、焦虑、无助，心理和精神压力大。

2. 需求分析：

（1）缓解经济困难的需求。案主每个月的工资约 4000 元，妻子失业在家，还有一个七个月大的女儿需要抚养。父母在老家务农，收入仅能维持他们的生活。此次骨髓移植手术花费超过 60 万，这对于案主一家来说无疑是天文数字。解决医疗费用支出问题成为了案主一家迫切的需要。

（2）提供情绪疏导与心理支持的需求。案主一家期望通过手术恢复健康，但案主的身体每况愈下，如果不及时治疗，随时会有生命危险。由于病情而感到忧虑、恐惧、彷徨，这不利于案主病情的好转，需要排解消极情绪和缓解心理压力。

（二）理论基础

危机介入是指对危机状态下的个人、家庭或团体提供一种短期治疗或者调试的过程。他是一种特殊的介入，目的在于去除服务对象的紧张情绪、恢复功能，使他们走出危机。

社工了解案主所处的情境，确定案主所面临的问题，迅速判断案主对自我生命采取破坏性行为的可能性，及时给予案主支持，稳定案主的情绪。社工与案主及家人一起分析危机的成因，共同制定解决当前危机的方法和计划，搭建应对危机的支持网络。

（三）服务目的/目标

1. 服务目的：通过调动社会资源，增强案主社会支持网络，协助案主缓解个人和家庭危机，增强抗逆力。

2. 服务目标：

（1）链接医疗救助资源，增强社会支持网络，协助缓解经济危机。

（2）给予案主支持与陪伴，疏导消极情绪，协助缓解心理与精神压力。

（四）介入计划

1. 第一阶段目标：了解案主的基本情况，建立相互信任的专业关系。

（1）收集案主的基本情况资料，对案主的问题与需求进行评估，制定服务计划与介入目标。

（2）与案主及其家人开展会谈，制定介入策略。

2. 第二阶段目标：给予案主支持与陪伴，疏导消极情绪，协助案主及其家人缓解心理与精神压力。

（1）定期与案主及其家属联系，关心其健康状况，给予陪伴。

（2）了解案主对自己病情的看法，及时给予心理支持。

（3）案主身体或情绪状态不稳定时，及时给予安抚与鼓励，为其注入希望。

3. 第三阶段目标：调动社会资源，增强案主的社会支持网络。

（1）通过多渠道、多方式了解及搜集社会资源，制定资金支持计划，协助案主及其家人申请捐助，如轻松筹互助金、及时雨基金会、医疗救助申请、医院用血补助和慈善医疗救助等。

（2）推动公司工会提供救助，发动员工进行募捐。

（3）社工及时跟进各个渠道救助金的申请进度，协助案主及其家属办理（慈善医疗救助需出院后申请）。

（五）服务评估

1. 评估方法：本个案采用任务完成评估与实现目标评估两种方式。

2. 任务完成评估：为搜集社会医疗救助等资源，社工与案主及其家属一起搜索并申请符合条件的政策，如及时雨基金医疗救助基金、轻松筹互助金、慈善医疗救助等。这一过程中，社工与案主家属分工合作组织申请材料。案主父母与妻子都有很强的意识，能够在与社工的沟通与指导下熟悉各类医疗救助资源的申请流程，并能进行独立的申请。

3. 实现目标评估：在与案主建立专业关系后，案主及其家人的心理焦虑与压抑得到较大程度的缓解。注入案主的希望，一方面来源于社工引导的案主一家相互支持与鼓励，使案主得到情感与心理支持；另一方面来源于实现了医疗救助资源的获得，大大减轻其经济负担。

（六）总结反思

1. 注重社会资源的链接与整合。遭受重大疾病而无钱医治的个案，社工需要注重社会资源的链接与整合。在个案跟进过程中，社工需要了解慈善救助及医疗救助的政策及相关源的申请流程，更好地协助案主去申请，快速筹集所需的资金，从而提升医疗救助资源链接的能力。

2. 加强情绪疏导和心理辅导的理论知识和实践能力。在对案主及其家属的辅导过程中，关注案主的自我效能在本案中是特别重要的。自我效能感也是案主消极情绪与精神压力的来源，社工在建立专业关系过程中，链接医疗救助资源固然重要，但心理上的救助也同等重要。所以，社工在个案前期需要更多的探索案主对于自己病情看法、家庭成长的预期以及关于生命的思考，从而缓解案主对于这次危机的焦虑。

**二、个案服务过程及记录**

按照个案工作程序，社工为案主提供介入服务，具体情况如下文书所示：

表 2-57　个案接案表

<table>
<tr><td rowspan="9">案主<br>基本<br>信息</td><td>姓名</td><td>××</td><td>年龄</td><td colspan="2">28 岁</td><td>职业</td><td>职工</td></tr>
<tr><td>性别</td><td>男</td><td>受教育程度</td><td colspan="2">本科</td><td>户籍</td><td>广东</td></tr>
<tr><td>婚姻状况</td><td>已婚</td><td>语言</td><td colspan="2">粤语、普通话</td><td>民族</td><td>汉</td></tr>
<tr><td>联系方式</td><td colspan="6">固话：××××××××手机：××××××××××<br>电子邮箱：×××××@×××.×××<br>紧急联系人及联系方式：××××××××××</td></tr>
<tr><td>工作单位</td><td colspan="6">××</td></tr>
<tr><td>现居住地</td><td colspan="6">××</td></tr>
<tr><td>住所来源</td><td colspan="6">1.□自有房　　2.□出租屋　　3.√单位集体宿舍　　4.□其他（　　）</td></tr>
<tr><td rowspan="2">家庭成员</td><td>姓名</td><td>关系</td><td colspan="2">年龄</td><td colspan="2">备注</td></tr>
<tr><td></td><td></td><td colspan="2"></td><td colspan="2"></td></tr>
</table>

<table>
<tr><td>李××</td><td>夫妻</td><td>24 岁</td><td></td></tr>
<tr><td>张××</td><td>父子</td><td>56 岁</td><td></td></tr>
<tr><td></td><td></td><td></td><td></td></tr>
</table>

| 个案来源 | □主动求助　　□社工外展　　√转介（转介组织：__××有限公司__） |
|---|---|
| 接受社会服务经验 | √没有<br>□曾经：<br>□现仍有接受服务： |
| 改变动机与意愿 | 服务对象改变动机很强烈，目前白血病治疗需要花很多费用治疗，故案主迫切希望社工帮助寻求相关资源链接适当减轻家庭经济负担。 |
| 优势与支持网络 | 家庭的支持：案主父母、妻子从老家进城租住在案主就医的医院附近，在案主住院治疗期间为其提供照顾。同时，也为案主提供情感支持，鼓励其勇敢战胜病魔。最重要的是，案主父母和妻子为案主的治疗提供经济支持，积极筹集案主的医疗费用。<br>企业的支持：案主所在的企业十分关注案主的病况，愿为其转介服务。此外，案主与同事间的关系比较友好，也获得了来自同事们的关注与支持。<br>社区的支持：企业把案主的家庭危机转介到企业社工站，获得了社工机构的关注与介入。专业社工为案主提供了心理辅导与资源链接，能够有效地缓解案主一家的经济负担与心理压力，有利于案主家庭度过危机。 |

续表

| | |
|---|---|
| 主要诉求及期待结果 | 案主的主要诉求与期待：<br>1. 恢复健康。案主曾患急性非淋巴性白血病，现二次复发。案主及其家属都认为案主现在很年轻，失去生命十分可惜，是整个家庭都不能承受的，所以十分期望通过这次手术恢复健康，过上正常人的生活。<br>2. 减轻因本次治疗的经济压力。第一次发病时已耗尽家庭全部积蓄，并把老家的房子卖掉了。这次治疗需进行体外骨髓移植，预计需要 60 万的治疗费用。巨额的医疗费用是案主一家无力承担的。所以，案主希望通过外界的帮助解决巨额医疗费用支出的问题。 |
| 社工需求分析 | 1. 缓解经济困难的需求。案主每个月的工资约 4000 元，妻子失业在家，还有一个 7 个月大的女儿需要抚养。父母在老家务农，收入仅能维持他们的生活。此次骨髓移植手术花费超过 60 万，这对于案主一家来说无疑是天文数字。解决医疗费用支出问题成为了案主一家迫切的需要。<br>2. 提供情绪疏导与心理支持的需求。案主一家期望通过手术恢复健康，但案主的身体每况愈下，如果不及时治疗，随时会有生命危险。由于病情而感到忧虑、恐惧、彷徨，这不利于案主病情的好转，需要排解消极情绪和缓解心理压力。 |
| 社工分析 | □无需跟进（请注明原因）：<br>√需要跟进：<br>　　危机因素：√无<br>　　　　　　　□有（□高/□中/低）（请注明）：<br><br>案主是否愿意接受所建议的服务：√愿意　□不愿意　□不适用<br>如不愿意，请注明原因及建议其他跟进工作：<br><br>初步跟进计划：<br>需要收集案主的相关信息，为案主搜集可以获得的救助方式，制定救助计划，对案主及其家人进行情绪辅导和心理支持。 |

填表社工签名：＿＿＿＿＿＿＿＿　　　　　　填表日期：＿＿＿＿＿＿＿＿

| | |
|---|---|
| 督导/主任意见 | 1. 个案是否需要跟进：√是，指派跟进社工：＿陈××＿　□否<br>2. 个案委派/转介至：<br>3. 建议意见： |

督导/主任签名：＿＿＿＿＿＿＿＿　　　　　　填表日期：＿＿＿＿＿＿＿＿

表 2-58　个案工作评估计划表

| 案主姓名 | 张×× | 填写日期 | ××年×月×日 | 社工姓名 | 陈×× |
|---|---|---|---|---|---|
| 案主的问题 | | 困扰程度（由案主自评，请加○）<br>（由社工评估，请加 Δ） | | | |
| 1. 无法支付巨额的医药费用。 | | 1　2　3　4　5　6　7　8　9　10 | | | |
| 2. 案主及家人的情绪消极、精神压力大。 | | 1　2　3　4　5　6　7　8　9　10 | | | |
| 对案主问题的分析 | | 目前案主面临的问题进行分析：<br>1. 案主白血病复发，需进行体外骨髓移植。通过检查，案主已和父亲成功配对骨髓，但由于骨髓移植手术需要巨大的医疗费用。案主因第一次白血病发病住院治疗时已用尽家中的积蓄，案主一家已无力承担这次的医疗费用。目前，案主每日的医疗费用就要好几千块钱，一家为凑集 60 万的医疗费用而四处奔波。<br>2. 案主于几年前因白血病入院治疗，四年后复发，病情比上次更为严重。案主身体情况每况愈下，现出现肺部感染、高烧不退，需要定期化疗，随时会有生命危险。案主及家人期望尽快施行骨髓移植手术，但由于高烧不退而不能进行，因此感到担忧、焦虑、无助，心理和精神压力大。 | | | |
| 介入目标 | | 根据案主的问题评估案主的服务需求，医疗费用资源链接和情绪疏导是目前案主最迫切需要解决的问题，社工根据案主及其家人的服务需求制定以下介入目标：<br>（1）链接医疗救助资源，增强社会支持网络，协助缓解经济危机。<br>（2）给予案主支持与陪伴，疏导消极情绪，协助缓解心理与精神压力。 | | | |
| 具体目标 | | 具体行动计划 | | | |
| 了解案主的基本情况，建立相互信任的专业关系。 | | 搜集案主的基本情况资料，对案主的问题与需求进行评估，制定服务计划与介入目标。 | | | |
| | | 与案主及其重要他人开展会谈，制定介入策略。 | | | |
| 给予案主支持与陪伴，疏导消极情绪，协助案主及其家人缓解心理与精神压力。 | | 定期与案主及其家属联系，关系其健康状况，给予陪伴。 | | | |
| | | 了解案主对自己病情的看法，及时给予心理支持。 | | | |
| | | 案主身体或情绪状态不稳定时，及时给予安抚与鼓励，为其注入希望。 | | | |

| 调动社会资源，增强案主的社会支持网络。 | 通过多渠道、多方式了解及搜集社会资源，制定资金支持计划，协助案主及其家人申请，如轻松筹互助金、及时雨基金会、医疗救助申请、医院用血补助和慈善医疗救助等。 |
| | 推动公司工会提供救助，发动员工进行募捐。 |
| | 社工及时跟进各个渠道救助金的申请进度，协助案主及其家属办理（慈善医疗救助需出院后申请）。 |
| 督导意见： | |
| 社工签名： | 日期：　　年　　　月　　　日 |
| 中心主任（督导）签名： | 日期：　　年　　　月　　　日 |

表 2-59　个案会谈记录表

个案会谈记录表（一）

填写社工：　陈××

填写日期：　××年××月××日

| 案主姓名 | ×× | 会谈次数 | 第（1）次 | 会谈日期 | ××年××月××日 |
|---|---|---|---|---|---|
| 会谈时间 | （60）分钟 | 会谈地点 | 社工站 | 会谈对象 | 公司负责人×× |
| 会谈目的 | 1. 了解案主及其相关资料。<br>2. 了解案主需要解决的问题。<br>3. 介绍社工的服务内容，澄清社工能够提供的服务。<br>4. 与案主的相关负责人建立关系。 | | | | |
| 会谈过程记录 | 公司负责人××将企业员工个案转介给首信企业站的社工。社工从公司负责人××处了解到服务对象××的基本情况。<br>案主基本情况：<br>家庭背景：案主是企业的在职员工，其妻子半年前生了女儿后就失业在家照顾小孩。父母目前来到广州在案主接受治疗的医院附近租房子，方便就近照顾案主。<br>健康情况：案主2012年第一次被诊断为急性淋巴细胞白血病，急性淋巴白血病是一种起源于淋巴细胞的 B 系或 T 系细胞在骨髓内异常增生的恶性肿瘤性疾病，多发于 | | | | |

续表

| | 儿童及年轻人。经过自体移植手术后，初步治愈。但是今年病情突然复发，已经无法再进行自体移植，只能体外移植，目前与父亲配对成功。但由于案主目前身体状态较差，高烧不退，白细胞含量过低，还需要继续治疗观察，尚不能做手术。<br><br>经济状况：案主每个月的工资大约4000元，妻子失业在家，父母在家务农。上次白血病的费用都是亲友捐助加自费，没有申请社会救助。此次不计化疗，单手术费就要60万，这对于案主一家无疑是天文数字。<br><br>社工了解了相关情况后，向企业负责人介绍了企业社工站的相关服务，向其澄清社工能够提供的服务。企业负责人表示其对社工服务有一定的了解，愿意与社工一起去帮助案主。 |
|---|---|
| 本次面谈成效评估 | 社工从公司负责人××处了解到案主的相关信息及案主正面临的问题，与案主的相关负责人建立了关系。目标基本达成。 |
| 反思及下一步计划 | 反思：基本完成了转介工作。社工在与转介者（企业负责人）交流中使用了倾听、澄清、引导等技巧。<br><br>下一步计划：社工多渠道了解白血病相关救助渠道和此类个案基本处理方式，与企业负责人、案主及其家人一起商讨救助方式。 |
| 督导/主任意见 | <br><br>督导/主任签字：　　　　　　　　　日期： |

**个案会谈记录表（二）**

填写社工：__陈××__　　　　　　　　　　　填写日期：__××年××月××日__

| 案主姓名 | ×× | 会谈次数 | 第（2）次 | 会谈日期 | ××年××月××日 |
|---|---|---|---|---|---|
| 会谈时间 | （60）分钟 | 会谈地点 | 社工站 | 会谈对象 | 企业负责人、案主家人 |
| 会谈目的 | 1. 社工多渠道了解白血病相关救助渠道和此类个案基本处理方式，与企业负责人、案主及其家人一起商讨救助方式。<br>2. 社工了解案主过往的经历（第一次手术的资金解决情况）。<br>3. 在面谈过程中，社工关注案主及其家人的情绪，及时给予安抚。 | | | | |

续表

| 会谈过程记录 | 社工与企业负责人、案主家人一起面谈。<br>社工与案主家人初次见面，企业负责人向案主家人介绍了社工。社工简单向案主家人介绍了社工的服务，并向案主家人了解过往解决这一问题的经历。案主家人表示上次手术是几年前，费用是多年来的积蓄，加上亲友的捐助，当时不太了解情况，没有申请社会救助，都艰难地度过了一劫。说起以往的经历，案主家人情绪比较平稳，但社工观察到，案主家人眼睛泛红。社工轻轻拍了一下案主家人的肩膀，并同理案主家人，"这是一个比较艰难的经历，但也看得出家人之间比较团结，可以一起去面对。这一次对你们家庭来说也是一次挑战。现在社工和企业都陪着你们去面对"。<br>案主家人表示："感谢你们啊，这一次我们真的不知道怎么办好。"社工向案主家人表明社工目前收集到的相关资讯（了解申请慈善救助和民政救助的相关申请条件及情况、及时雨基金申请、轻松筹、了解医院相关制度申请部分用血补助、企业工会发布募捐活动筹集资金），与案主家人共同商讨，制定计划。 |
|---|---|
| 本次面谈成效评估 | 本次面谈目标基本达成。社工与案主家人建立关系，了解到案主过往主要通过自身的资源去筹集资金。社工向案主家人提供相关的咨询，与企业负责人、案主及其家人一起商讨救助方式。在面谈过程中，社工能及时关注案主及其家人的情绪，及时给予安抚。 |
| 反思及下一步计划 | 反思：社工在面谈前向同工、督导等搜索相关的资料，做好面谈的准备。面谈的过程中，社工运用倾听、同理等技巧。<br>下一步：协助企业工会开展募捐，发动企业员工捐款，为案主筹款。 |
| 督导/主任意见 | <br><br>督导/主任签字：　　　　　　　日期： |

### 个案会谈记录表（三）

填写社工：__×× __　　　　　　　　　　填写日期：__××年××月××日 __

| 案主姓名 | ×× | 会谈次数 | 第（3）次 | 会谈日期 | ××年××月××日 |
|---|---|---|---|---|---|
| 会谈时间 | （60）分钟 | 会谈地点 | 社工站 | 会谈对象 | 案主家人、企业负责人 |
| 会谈目的 | 1. 社工协助案主家人准备资料，协助企业工会开展募捐，发动企业员工捐款，为案主筹款。<br>2. 了解案主家人进行轻松筹的情况。 | | | | |

续表

| | |
|---|---|
| 会谈过程<br>记录 | 社工与案主家人、企业负责人一起准备募捐资料。案主家人负责提供资料，企业负责人负责整理资料，发出募捐通告，发动企业员工捐款，使案主获得企业员工的支持。企业工会的募捐持续进行中。此外，企业也向案主发放了慰问金，缓解案主的经济压力。<br>社工向案主家人了解轻松筹目前的情况。案主家人表示，目前通过轻松筹的方式筹集到几万元了，但是还是杯水车薪。社工回应到轻松筹在一定程度上也能筹集到资金，社工可以协助扩散出去，发动更多的人去捐款。 |
| 本次面谈成<br>效评估 | 此次面谈目的基本达成，社工协助案主家人准备资料，协助企业工会开展募捐，目前募捐活动持续进行中。此外，案主家人在轻松筹上已筹集到一些资金，后续继续扩散募集。 |
| 反思及下一<br>步计划 | 反思：在面谈过程中，社工主要做陪伴者的角色，与案主家人一起面对。<br>下一步计划：实地向东区街道办事处了解白血病救助的相关要求和所需资料。 |
| 督 导/主 任<br>意见 | <br><br>督导/主任签字：　　　　　　　　日期： |

个案会谈记录表（四）

填写社工：____×× ____　　　　　　　　　　填写日期：____××年××月××日____

| 案主姓名 | ×× | 会谈次数 | 第（4）次 | 会谈日期 | ××年××月××日 |
|---|---|---|---|---|---|
| 会谈时间 | （60）分钟 | 会谈地点 | ×××× | 会谈对象 | 街道办事处<br>工作人员 |
| 会谈目的 | 社工向街道办事处了解白血病救助的相关要求和所需资料。 | | | | |
| 会谈过程<br>记录 | 社工前往街道办事处，找到了负责慈善救助和医疗救助的工作人员。先和负责人大致讲述了案主的基本情况，包括健康情况和经济情况。接着，东区街道办事处工作人员打印了慈善救助和医疗救助的资料，按照申请标准一一和社工核对案主是否符合申请资格。然后，就每一项填报资料进行了详细的说明，做好了相关标注。<br>在谈及建议申请时间和大概金额时，办事处负责人建议在出院时一同申请，因为申请的金额和提供的医药费发票金额是有关的，出院后办理可以申请到更多的救助款项。<br>最后，社工留下了办事处负责人的联系电话，方便后续的咨询。<br>社工了解到情况后，也及时给予案主家人反馈，保持与案主家人的沟通联系。 | | | | |

续表

| 本次面谈成效评估 | 透过本次面谈，了解白血病救助的相关要求和所需资料，还了解到了较好的申请时机，目标基本达成。 |
|---|---|
| 反思及下一步计划 | 反思：社工此次主要着力于帮助案主扩大社会网络资源，提高其利用社会网络的能力，计划申请慈善救助、医疗救助和后续的及时雨基金救助。<br>下一步计划：电话联系及时雨基金负责人，了解救助要求和所需资料等详情。 |
| 督导/主任意见 | 督导/主任签字：　　　　　　　　　　日期： |

个案会谈记录表（五）

填写社工：＿＿××＿＿　　　　　　　　　　　　填写日期：＿＿××年××月××日＿＿

| 案主姓名 | ×× | 会谈次数 | 第（5）次 | 会谈日期 | ××年××月××日 |
|---|---|---|---|---|---|
| 会谈时间 | （60）分钟 | 会谈地点 | 电话、QQ | 会谈对象 | 及时雨基金负责人、××妻子 |
| 会谈目的 | 1. 了解及时雨基金申请要求及所需资料。<br>2. 与案主妻子反馈情况，并向其了解案主目前的情况。 | | | | |
| 会谈过程记录 | 社工致电及时雨基金官网电话，向基金负责人大致介绍了案主的基本情况，询问是否可以进行及时雨基金的申请，并且询问了慈善救助、医疗救助和及时雨基金都属于广州慈善会管理，会不会有冲突影响。及时雨基金的负责人一一解答了问题，告知按照社工陈述，案主符合申请及时雨基金的条件，及时雨基金、慈善救助和医疗救助是不冲突的，可以同时申请。随后，及时雨基金负责人让社工加了QQ，并且在QQ上发送了及时雨基金申请所需的材料清单和相关需要填写表格。社工询问了及时雨基金材料的收取点和联系方式等。<br>社工随后电话联系了案主妻子×××，告知其了解到的相关情况及所需的申请资料，并向其了解案主目前的情况。案主妻子表示目前与案主打算回老家一趟，先行出院，回广州后会联系社工。社工回应道，在这期间有需要社工协助的地方也可以提出来，社工尽可能协助。 | | | | |
| 本次面谈成效评估 | 本次面谈社工获取了及时雨基金申请所需的材料，大致了解了申请流程；并与案主妻子约定见面，目标基本达成。 | | | | |

续表

| | |
|---|---|
| 反思及下一步计划 | 反思：社工在链接资源的时候，及时与案主家人沟通，让案主家人也及时获得资讯。<br>下一步计划：与案主妻子进行会面，告知申请所需资料，协助申请；了解案主及家人基本情况，关注其家人的情绪状态，及时给予情绪支持。 |
| 督 导/主 任意见 | <br><br><br>督导/主任签字：　　　　　　　　　　日期： |

## 个案会谈记录表（六）

填写社工：　××　　　　　　　　　　　　　填写日期：　××年××月××日

| 案主姓名 | ×× | 会谈次数 | 第（6）次 | 会谈日期 | ××年××月××日 |
|---|---|---|---|---|---|
| 会谈时间 | （60）分钟 | 会谈地点 | 广东省中医院 | 会谈对象 | ××、案主妻子 |
| 会谈目的 | 1. 与案主妻子进行会面，告知申请所需资料，协助申请。<br>2. 了解案主及家人的情况，关注其家人的情绪状态，及时给予情绪支持。 | | | | |
| 会谈过程记录 | 案主妻子联系社工，表示自己和案主已经回到广州，目前在广东省中医院继续就诊。社工先初步了解了案主的身体状态，约定了会面时间。<br>×月×日，社工到广东省中医院会面了案主和案主妻子。见面后，社工先简单与案主及其家人寒暄，了解案主及家人的情况。<br>社工了解到案主的父亲与案主进行骨髓配对后配对成功，可以进行移植。但是案主回来广州以后，高烧不退，白细胞数量低，无法进行手术，还需要进行化疗，看案主身体状况再决定手术时间。社工观察到案主及家人情绪较稳定。<br>社工告知案主目前的医药费救助计划包括了申请医疗救助、慈善救助和及时雨基金救助，还一一列明了需要收集的资料，约定了3天后将资料收集完成，并且交给社工帮助申请及时雨基金。其他两个救助，根据和办事处的沟通，建议等到案主做完手术出院以后申请。<br>交代完救助资料后，考虑到案主需要休息，社工和案主妻子就前往中医院的休息室进行交谈。社工向案主妻子了解到案主和案主妻子本人的情绪情况和健康情况。社工肯定案主妻子这段时间的努力，很欣赏案主妻子的坚强，也同理案主妻子平时会产生消极情绪，要注意处理消极情绪，如果需要帮助可以随时联系社工。在此过程中，最后，案主妻子代案主签定了个案同意书并且协商制定了服务计划。 | | | | |

续表

| | |
|---|---|
| 本次面谈成效评估 | 本次会谈列明了申请救助所需资料，了解了案主及其妻子的情绪和健康情况，目标基本完成。 |
| 反思及下一步计划 | 反思：社工通过热情、同理心和自我暴露的专业技巧，和案主妻子建立了良好关系。<br>下一步计划：协助案主妻子收集申请及时雨基金的所需资料，并且将慈善救助和医疗救助的申请材料清单及相关文件转交给案主妻子。 |
| 督 导/主 任意见 | <br><br>督导/主任签字：　　　　　　　　日期： |

个案会谈记录表（七）

填写社工：___××___

填写日期：___××年××月××日___

| 案主姓名 | ×× | 会谈次数 | 第（7）次 | 会谈日期 | ××年××月××日 |
|---|---|---|---|---|---|
| 会谈时间 | （120）分钟 | 会谈地点 | 广东省中医院 | 会谈对象 | 案主妻子 |
| 会谈目的 | 1. 社工协助案主妻子收集申请及时雨基金的所需资料。<br>2. 社工将慈善救助和医疗救助的申请材料清单及相关文件转交给案主妻子。 | | | | |
| 会 谈 过 程记录 | 社工在广东省中医院与案主及其妻子会面，先是问候了案主这几天的身体情况，案主表示发烧还没有退下，需要继续观察。并且和案主妻子说让她保持好乐观的心情，注意自己和案主的营养补充。<br>接着，社工和案主妻子按照及时雨基金列出的材料清单，整理了申请及时雨基金所需要的全部材料，一一仔细核查，案主妻子不懂的部分，协助其填写相关文件，经过差不多一个小时终于把材料整理完毕。<br>最后，社工将整理好的医疗救助和慈善救助申请材料清单及相关文件转交给案主妻子，就其中需要的材料一一进行说明，在之前标注的地方做好了详细说明，让案主妻子在案主出院后进行相关申请，并表示如果还需要社工的帮助可以联系社工进行协助。<br>案主妻子表示可以做的都努力去尝试。医生也告知他们大概的情况，好的坏的都慢慢能接受了，做好各种心理准备。社工拍了拍案主妻子的肩膀，给予其力量。<br>离开医院后，社工立刻将整理后的及时雨基金申请资料及时送到及时雨基金的办公室所在地。 | | | | |

续表

| 本次面谈成效评估 | 此次面谈目的基本达成，汇总了及时雨基金所需要的全部申请资料，并且将慈善救助和医疗救助的文件转交给案主妻子，和她讲解了大概的申请流程。 |
|---|---|
| 反思及下一步计划 | 反思：由于时间限制，没有与案主及其妻子进行一些深入的沟通。<br>下一步计划：追踪及时雨基金申请，确认资金到账的情况；根据案主的情况，给予案主家人支持。 |
| 督导/主任意见 | <br><br><br>督导/主任签字：　　　　　　　日期： |

个案会谈记录表（八）

填写社工：__××__　　　　　　　　　　填写日期：__××年××月××日__

| 案主姓名 | ×× | 会谈次数 | 第（8）次 | 会谈日期 | ××年××月××日 |
|---|---|---|---|---|---|
| 会谈时间 | （60）分钟 | 会谈地点 | 电话、微信 | 会谈对象 | 及时雨基金负责人、案主妻子 |
| 会谈目的 | 追踪及时雨基金申请，和案主妻子确认资金到账，并了解案主的情况。 | | | | |
| 会谈过程记录 | 社工电话联系了及时雨基金负责人，询问案主申请情况进展。及时雨基金负责人查询后表示案主的申请已经通过，并且相应的救助款项已经汇到了案主的银行卡里。<br>接着社工立刻与案主妻子电话联系，告知其及时雨基金申请通过了，救助款项已经汇到案主的银行卡里，让其可以查询一下。<br>案主妻子查询后在微信回复说及时雨基金款项已收到。社工向案主妻子了解案主的身体情况及手术进展。案主妻子表示案主现在身体状态较稳定，近期会进行手术移植。社工肯定案主妻子所做的努力，同理案主妻子的情绪。<br>在交谈过程中，社工能感受到案主妻子态度较为乐观，案主身体不适内心难过无措，但是也心怀希望，对案主的病情持乐观态度。 | | | | |
| 本次面谈成效评估 | 此次会谈确认了及时雨基金已经到账，并且了解到案主身体状况较好，近期可进行手术。 | | | | |

续表

| 反思及下一步计划 | 反思：在交谈过程中，社工肯定案主妻子的努力，给予案主鼓励。案主近期进行手术，后续的慈善救助和医疗救助，还需要为案主提供帮助。<br>下一步计划：社工需要定期继续跟进案主的情况，随时为案主及其家人提供救助帮助和心理疏导。 |
|---|---|
| 督导/主任意见 | 督导/主任签字：　　　　　　　　日期： |

## 个案会谈记录表（九）

填写社工：　×× 

填写日期：　××年××月××日

| 案主姓名 | ×× | 会谈次数 | 第（9）次 | 会谈日期 | ××年××月××日 |
|---|---|---|---|---|---|
| 会谈时间 | （60）分钟 | 会谈地点 | 医院 | 会谈对象 | 案主妻子 |
| 会谈目的 | 1. 跟进案主的情况，关注案主及其家人的情绪，提供心理疏导。<br>2. 与案主及其家人回顾历程，引导案主及其家人总结经验，在未来面对其他重大事件的时候能较好应对。 ||||| 
| 会谈过程记录 | 社工与案主妻子约好见面。在医院，社工了解到案主的术后情况。案主表示术后情况较为乐观，身体情况慢慢在好转。这是第二次的手术了（之前也做过一次手术），希望能好起来，未来的生活也能慢慢进入正轨。社工肯定案主的坚强，同理案主的遭遇，并鼓励案主积极面对未来的生活。<br>在面谈中，社工引导案主及其家人总结经验，在未来面对其他重大事件的时候能较好应对。案主妻子回顾这段时间的历程，很多感触，并表示自己会与案主一同做好记录，以防万一。 ||||| 
| 本次面谈成效评估 | 目标基本达成。社工跟进案主的情况，了解到案主术后情况良好，并鼓励其积极面对未来生活。同时，社工与案主及其家人回顾历程，引导案主及其家人总结经验。 ||||| 
| 反思及下一步计划 | 反思：与案主及其家人回顾历程的时候，社工用倾听、鼓励等技巧。<br>下一步计划：引导案主和家人以积极的态度面对未来的生活；评估案主的情况，结案处理。 |||||

续表

| 督导/主任意见 | |
|---|---|
| | 督导/主任签字：　　　　　　　　日期： |

## 个案会谈记录表（十）

填写社工：　×× 　　　　　　　　　　　　　　填写日期：　××年××月××日

| 案主姓名 | ×× | 会谈次数 | 第（10）次 | 会谈日期 | ××年××月××日 |
|---|---|---|---|---|---|
| 会谈时间 | （60）分钟 | 会谈地点 | 案主家 | 会谈对象 | 案主妻子 |
| 会谈目的 | 强化案主及其家人处理重大事件的经验，引导案主和家人以积极的态度面对未来的生活；评估案主的情况，结案处理。 | | | | |
| 会谈过程记录 | 社工与案主约好在案主家见面。<br>在面谈中，社工强化案主及其家人处理重大事件的经验。案主及妻子回顾这段时间的历程，表示这将是一个希望用不上的经验。社工肯定案主及其家人在处理重大事件中的积极态度，引导案主和家人以积极的态度面对未来的生活。<br>社工表示案主情况也好转了，评估了案主的现状，也达成最初制定的目标，与案主及其妻子协商结案。评估后，案主及其妻子也同意结案。社工表示如果有需要，也可以及时联系社工。社工也会定期做回访。 | | | | |
| 本次面谈成效评估 | 目标基本达成。社工评估案主的情况，与案主商讨结案，案主也同意结案。 | | | | |
| 反思及下一步计划 | 反思：强化案主及其家人处理重大事件的经验。<br>下一步计划：已结案，做电话回访。 | | | | |
| 督导/主任意见 | 督导/主任签字：　　　　　　　　日期： | | | | |

表 2-60　个案结案评估表

| 案主姓名 | ×× | 开案日期 | ×× 年 ×× 月 ×× 日 |
|---|---|---|---|
| 个案晤谈次数 | 8 | 个案活动次数 | 0 |
| 个案活动类型 | 颁 参加小组 _____ 次；颁 参加活动 _____ 次；颁 担任志愿者 _____ 次；<br>颁 其他 _____ | | |
| 呈现问题/求助问题描述及分析 | 案主由于白血病复发，面临着生理上的痛苦。除此以外，案主和家人也承受着巨大的精神和心理压力。<br>这些压力一方面来源于对年轻的案主病情的担忧，另一方面来源于巨大的医疗费用支出（预估医疗费用为六十万）带来的经济压力。<br>后期，由于病情的恶化，年轻的案主和家人对离世的可能性出现心理抵触，拒绝接受手术失败的结果。 | | |
| 个案计划目标 | 根据案主的问题评估案主的服务需求，情绪疏导和医疗费用资源链接是目前案主最迫切需要解决的问题，社工根据案主和家人的服务需求制定以下介入目标：<br>1. 链接医疗救助资源，增强案主的社会支持网络；<br>2. 为案主及其家人疏导消极情绪，增强心理支持。 | | |
| 目标达成情况 | 通过社工的介入援助，案主获得了及时雨医疗救助基金和广州市慈善会的医疗救助，在轻松筹互助平台上发动募捐也获得了亲戚、朋友和同事的经济帮助，减轻了案主的医疗费用负担。<br>通过多次的接触和会谈，社工为案主提供了专业的心理辅导，为案主及家人疏导消极情绪，注入希望，增强自信心。<br>后期，为案主及家人开展适应性辅导，通过对案主重大事件的回顾，引导案主及其家人总结经验，在未来面对其他重大事件的时候能较好应对。通过日后展望，引导案主和家人以积极的态度面对未来的生活。<br>通过社工的辅导，介入目标基本达成。 | | |
| 结案原因 | √目标达成<br>请注明：<br>颁 转介<br>请注明：<br>颁 案主提出结案<br>请注明：<br>颁 其他<br>请注明： | | |

续表

| | |
|---|---|
| 社工介入手法反思（专业理论支持、秉承的价值理念、运用的社工技巧、辅导方式、时间频次、需改善地方） | 社工对案情进行充分评估，以案主的问题和需求为依据制定介入目标。在介入过程中，运用危机介入和人本主义为指导理论，运用了同理、接纳等专业社工技巧，取得了案主的肯定。社工在本次辅导中瞄准案主最重要的问题和需求，分别运用心理辅导和链接资源的技巧，使本次辅导整体取得了良好的成效。 |
| 跟进建议 | 在适应性辅导方面，社工可转介案主妻子所在地的社工机构，进一步保持对案主妻子的适应性辅导，尤其关注未成年子女抚养教育、个人生涯规划方面。 |
| 案主对于结案的反应 | 案主同意结案，对社工的介入表示感激。 |
| 填表社工： 填表日期： | |
| 督导/主任建议 | 督导/主任签名：＿＿＿＿＿＿ 日期：＿＿＿＿＿＿ |

## [情景设计二：企业新入职员工职业规划辅导小组服务案例]

### 一、案例背景及分析

（一）案例背景

某企业是一家做集成电路板的外资企业，拥有 5000 多名员工，普通工人居多，学历多为初中或高中。社工在入住该企业开展企业社工服务期间了解到，该企业员工中工龄在 1 年左右的员工离职几率很高。为此，社工针对该部分人员做了一定调查，了解到：

首先，此部分人群对自己的能力及职业价值观不是很清楚。他们择业的唯一标准是薪酬，在工作不顺心或薪酬达不到预期目标时便会跳槽，很难找到自己满意的职业，陷入反复就业怪圈。其次，他们不了解自己的职业前景。他们在一个岗位工作一段时间感觉没有提升空间便会离职，从而缺乏沉淀与自我反思的空间，没有自我成长的计划，一直处于底层工作阶段。

由以上情况来看，该人群需要专业的技巧引导他们更好的了解自己的能力、价值观等，明确个人职业规划。为此企业社工运用系统学习的专业职业生涯规划辅导技巧，为以上入职 1 年左右的企业员工开展职业生涯规划辅导小组，协助他们进行职业梳理。

（二）理论基础

帕金森的职业—人匹配理论：该理论认为，个人性格各异，性格类型、兴趣与职业都有密切关系，兴趣是人们活动的巨大动力，凡是具有职业兴趣的职业，都可以提高人们的积极性，促使人们积极愉快地从事该职业，且职业兴趣与性格特质之间存在很高的相关性。

职业选择的三大要素或条件：一是应该清楚地了解自己的态度、能力、兴趣、智谋、局限和其他特征。二是应清楚地了解职业选择成功的条件，所需知识，在不同职业工作岗位上所占有的优势、不利和补偿、机会和前途。三是上述两个条件的平衡。

而本小组主要是社工运用专业的职业生涯规划知识为新入职 1 年左右的企业员工进行职业生涯规划，协助其正确认知自我，了解自己的职业兴趣与定位，明确自身的职业生涯规划发展方向。

（三）服务目的/目标

1. 服务目的：协助新入职员工正确认知自我，了解自己的职业兴趣与定位，明确自身的职业生涯规划发展方向。

2. 服务目标：

（1）通过小组服务，有80%以上的组员能够正确认知自我（包括能力、兴趣、价值观等）；

（2）通过小组服务，有80%以上的组员能够清晰自己的职业定位。

（四）介入计划

1. 小组筹备：

（1）结合需求制定服务计划。主要负责的社工根据职业生涯规划的相关辅导进程，结合企业员工选取适合他们的阶段及相关工具制定小组服务计划，同时每个流程的设计邀请职工代表与社工共同设计并进行相关环节演示，以求更好的贴近该阶段企业员工的情况。根据该企业员工的上下班时间选择他们休息时间开展小组服务，如每周五晚 19：00~20：30。

（2）组员招募与筛选。①小组宣传与招募：社工通过企业内部 OA、微信公众号、企业宣传栏张贴宣传单张等渠道进行小组宣传招募，开展外展服务邀请符合相关情况的企业员工参与。②小组筛选：第一步，社工根据报名的企业员工信息，按照入职年限及目前企业员工情况进行初步筛选，保留 16 名相对符合条件的企业员工，并约时间面谈，对不符合小组条件的告知其原因，并欢迎其参与其他社工服务。第二步，约组员面谈，进一步了解组员目前职业情况，明确组员期待及需求，结合小组目标做最后的筛选，保留 8 名组员。

（3）场地及物资准备。根据小组计划每节小组开展前社工需要准备好该节小组所需要的物资，并至少提前一天进行场地使用预约登记。

2. 小组开展：

（1）小组初期。在小组开展初期，因组员与社工都不熟悉，社工首先通过自我介绍让组员间相互认识，随后组员分别陈述参加小组的目的及期待，社工结合组员期待针对小组内容及目标做澄清，让组员进一步了解小组目标，确定大家一致奋斗的方向，然后共同制定小组契约，增强小组团队感，并通过破冰游戏及互动分享环节，增进组员间的互动与交流，再通过理想职业分享、角色饼图练习、兴趣岛及霍兰德测试等职规专业工具让组员了解到自己目前与理想的差距，大致找准自己的就业方向，增加组员学习动力。

（2）小组中期。本阶段是小组知识学习的关键期，社工通过专业学习的职业生涯规划系列工具套表，针对组员进行职业价值观、兴趣及能力探索，让组员清晰了解自己以上内容，结合前期霍兰德测试进行自我职业定位，明确了解组员的就业方向，哪些是"糊口"职业、哪些是未来职业发展方面。整个流程下来基本可以促成小组目标达成，让组员的职业道路豁然开朗，很有成就感，整个过程紧凑有序，促使组员共同学习、成长，形成较好的团队氛围。

（3）小组后期。本环节是小组的最后一节，社工引导组员进行整个小组成果的总结，强化组员对小组知识的掌握，并让组员自主分享个人总结与收获，评估小组目标的达成情况。其次进行小组离别情绪处理，因为都在一个公司，离别情绪没那么突出，加上社工做一定转化处理，促使整个小组在愉悦感恩的氛围中结束。

（五）服务评估

1. 评估工具：每位组员填写的职规工具表、社工观察记录表、组员满意度调查表。

2. 小组过程评估：

（1）小组每节涉及的各类职规工具表。社工根据每节小组辅导中组员填写的职规工具表中的内容可以评估该组员100%掌握该环节内容。

（2）社工观察记录表。协助社工通过在每节小组过程中观察组员的互动及表现，填表时的动作，需要的时间等可以看出组员95%积极配合社工进行职规学习，认真分析个人情况，对小组的投入情况较好。

3. 小组结果评估：每位组员填写的职规工具表及组员满意度调查表了解到本次小组目标100%达成，通过系列职规套表的填写情况呈现出每位组员都有了解自己的能力、知识、才干、兴趣及价值观，明确了个人职业方向。组员对社工小组的设计及频次满意度达100%，整个小组开展很成功。

（六）总结反思

1. 始终围绕服务对象需求，紧扣小组目标的达成。本小组主要协助新入职企业员工进行职业生涯规划辅导，针对其不清楚自己的能力及职业价值观、不了解自己的职业前景等服务需求，在小组的具体开展中，社工运用专业的职规工具表，协助其进行职业生涯规划的梳理，通过了解自己的性格特点、兴趣爱好、知识技能等，挖掘自己的职业兴趣，逐步引导组员探索出适合自己的职业定位，促使组员达成本小组的目标，明确自身的职业生涯规划发展方向。

2. 注重专业技巧的运用。企业社工除了专业知识的储备外还需要系统学习掌握相关企业服务专业知识技巧，如职业生涯规划辅导、关于劳动就业劳动法基本知识了解等以便为企业员工提供更契合的服务。本节小组企业社工运用专业的职规辅导工具结合小组工作技巧，将两者很好的融合到小组环节中，针对性的解决企业员工需求，成效显著。

## 二、小组服务过程及记录

表 2-61　小组计划书

| 小组名称 | 职业生涯规划小组 | 开展地点 | 多功能室 |
|---|---|---|---|
| 小组节数 | 6 | 负责社工 | 陈社工 |
| 目标人群 | 新入职1年左右的企业员工 | 招募人数 | 8 |
| 小组时间 | 20××年×月×日～20××年×月×日每周五 19：00～20：30 | 后备时间 | 20××年×月×日～20××年×月×日每周六 19：00～20：30 |
| 协助社工及志愿者分工 | 郑社工，协助社工进行职业生涯规划小组，做好示范工作；职业生涯规划老师，指导组员进行职业生涯规划。 | | |
| 小组方案 | | | |
| 小组背景及意义 | 社工在开展企业社工服务过程中，了解到企业员工普遍反映对于自己不太了解，不清楚自己的就业方向，缺乏必要的定位，感觉前途比较迷茫，在当前就业难的现状中，想要谋得一份满意的工作普遍表示缺乏信心。而新员工初入职场开始职业生涯是他们"社会化"最关键的时期，一个良好的开端直接影响到今后的职业道路和职业发展，入职培训的职业生涯规划就显得尤为重要。<br>为此通过链接专业的职业生涯规划老师，为新入职的企业员工开展职业生涯规划小组，协助其正确认知自我，了解自己的性格特点、兴趣爱好、知识技能等，并挖掘自己的职业兴趣，从而探索出适合自己的职业定位，明确自身的职业生涯规划发展方向。 | | |

| | |
|---|---|
| 理论支持 | 帕金森的职业—人匹配理论<br>该理论认为，个人性格各异，性格类型、兴趣与职业都有密切关系，兴趣是人们活动的巨大动力，凡是具有职业兴趣的职业，都可以提高人们的积极性，促使人们积极愉快地从事该职业，且职业兴趣与性格特质之间存在很高的相关性。<br>职业选择的三大要素或条件：一是应该清楚地了解自己的态度、能力、兴趣、智谋、局限和其他特征。二是应清楚地了解职业选择成功的条件，所需知识，在不同职业工作岗位上所占有的优势、不利和补偿、机会和前途。三是上述两个条件的平衡。<br>而本小组主要是社工运用专业的职业生涯规划知识为新入职的企业员工进行职业生涯规划，协助其正确认知自我，了解自己的职业兴趣与定位，明确自身的职业生涯规划发展方向。 |
| 小组总体<br>目标 | 1. 总目标：协助新入职员工正确认知自我，了解自己的职业兴趣与定位，明确自身的职业生涯规划发展方向。<br>2. 子目标：<br>(1) 有80%以上的组员能够正确认知自我（包括兴趣、知识、技能、才干等）；<br>(2) 有80%以上的组员能够清晰自己的职业兴趣与定位。 |
| 小组组员宣<br>传招募计划 | 1. 通过微信公众号进行活动人员招募。<br>2. 通过合作企业内部进行招募。<br>3. 通过在企业宣传栏张贴宣传单张进行招募。<br>4. 通过在服务交流群发布招募信息进行招募。<br>5. 通过已有服务对象且有这方面需求的服务对象进行招募。 |

每节小组计划

| | | |
|---|---|---|
| | 本节主题 | 小组初期，订立契约 |
| | 本节目标 | 组员之间互相认识；明确小组内容；订立小组契约。 |
| | 本节时间 | 20××年××月××日　19：00～20：30 |

| 第一节 | 时间 | 环节目标 | 活动事项/流程 | 所需物资 |
|---|---|---|---|---|
| | 19：00～<br>19：10 | 自我介绍，组员相互认识 | 1. 社工介绍及组员自我介绍："我是××"规则：由社工开始说"我是小西，来自四川"，社工右手边的组员A接着说"他是小西，来自四川；我是胡明，来自广州"，该组员右手边的组员B说"他是胡明，来自广州；我是何敏，来自广西……"以此类推进行组员自我介绍。 | 无 |

| | | | | |
|---|---|---|---|---|
| 第一节 | 19：10~ 19：25 | 让组员清晰小组内容及目标 | 1. 组员分享来小组的目的及对小组的期待。<br>2. 社工介绍小组的目的以及内容，协助组员进一步澄清其对小组的期待。 | 无 |
| | 19：25~ 19：35 | 订立小组契约 | 组员共同商定小组规范并约定遵守。 | A3 纸 1 张，彩色笔 1 盒 |
| | 19：35~ 19：40 | 打破组员间陌生感 | 破冰游戏<br>逃跑游戏：组员围坐一圈，左手往左伸出手心朝下，右手往右伸出握拳伸出食指往上，顶住隔壁组员的左手掌心，社工念一段文字，出现"工作"二字时，每位组员右手食指要逃走，避免被隔壁组员抓住，同时左手要去抓左边组员的手指。<br>被抓次数最多的人在下一环节第一个分享。 | 一段文字打印稿（含较多"工作"二字） |
| | 19：40~ 20：00 | 组员分享理想中的职业，便于加深印象和后面测试比对 | "我的理想是做什么?"<br>请组员在 2 分钟内写下认为自己以后可能会从事的 5 种职业的名称并互相分享自己写下的职业，然后请组员在自己所写的词中割舍掉两个，用笔划掉，并对自己划掉的原因做出分享，然后再请组员划掉两个职业，剩下最后一个职业，并对自己的选择进行分享。 | A4 纸 10 张、彩色笔 1 盒 |
| | 20：00~ 20：20 | 让组员认识到自己职业 | 角色饼图练习<br>使用了两个圆形，第一个标注当前各种主要角色所占的比例，第二个圆形中标注理想中各种生涯角色所占比例。通过二者的直观比较，引发思考，认识到当前的生涯问题和未来的生涯发展方向。 | 角色饼图 10 张、签字笔 1 盒 |

续表

| | 时间 | 环节目标 | 活动事项/流程 | 所需物资 |
|---|---|---|---|---|
| 第一节 | 20：20～20：30 | 分享了解组员情况及评估本节目标达成情况 | 1. 组员分享：抛线球分享本节小组的收获和感受。所有组员围坐一圈，甲开始拿着线团说出自己在本节小组中的收获和感受后，捏着线头将线团抛给乙，乙重复甲的流程……只能抛给没有分享的人员。<br>2. 社工总结：以交错的线告诉组员我们现在是一个相互联系的团队，强调团队的目标及作用，进一步强化小组目标。其次总结组员分享内容，告知下一节小组时间及地点。 | 线团1个 |

| 第二节 | 本节主题 | 把握就业方向 | | |
|---|---|---|---|---|
| | 本节目标 | 通过霍兰德测试帮助组员确认自己适合的大致就业方向 | | |
| | 本节时间 | 20××年××月××日　19：00～20：30 | | |

| | 时间 | 环节目标 | 活动事项/流程 | 所需物资 |
|---|---|---|---|---|
| 第二节 | 19：00～19：10 | 巩固上节内容，加深印象，清晰本节小组内容 | 1. 社工与组员共同回顾上节介绍的小组内容。<br>2. 强化小组契约的作用。<br>3. 介绍本节小组活动的内容。<br>4. 介绍职规整体辅导流程。 | 小组契约1份 |
| | 19：10～19：35 | 协助组员了解自己真正的职业兴趣，发现自己所喜欢与不喜欢的职业，帮助组员更好地把握职业方向 | 1. 兴趣岛测试——发现我的岛：以下六个岛，你想降落在哪个岛上？选择你最喜欢的岛，如果这个岛不行，你会选哪个？你最不想去的是哪个岛？<br>2. 陈述与分析：社工告知组员六个岛屿代表着六种典型的职业生涯兴趣类型，引导组员探讨自己喜欢的职业和不喜欢的职业。 | "发现我的岛"资料10份、笔1盒 |

240

续表

| | | | | |
|---|---|---|---|---|
| 第二节 | 19：35～20：10 | 通过霍兰德测试，更精确的确定组员大致就业方向 | 1. 霍兰德测试，进一步明确组员就业方向。<br>社工给组员简单梳理一下整个职规的流程，然后介绍霍兰德测试如何填写，让组员扫码自行填写测试。<br>2. 引导分析组员结果<br>社工进一步讲解霍兰德职业兴趣六种类型内容，结合兴趣岛，组员根据自己的测试结果进行比对自我定位、分析。 | ppt（含整个职规环节介绍、霍兰德章节资料） |
| | 20：10～20：30 | 了解本节组员的情况，评估本节目标达成情况 | 组员分享：<br>社工带领组员对本节小组的收获和感受进行讨论与分享。<br>社工告知组员下一节小组时间及地点。 | A4 纸 1 张（记录组员分享情况） |

| | | |
|---|---|---|
| 第三节 | 本节主题 | 了解自身价值观及兴趣 |
| | 本节目标 | 帮助组员思考自身的价值观与兴趣。 |
| | 本节时间 | 20××年××月××日　19：00～20：30 |

| | 时间 | 环节目标 | 活动事项/流程 | 所需物资 |
|---|---|---|---|---|
| 第三节 | 19：00～19：05 | 让组员了解本节目标及内容 | 1. 社工引导组员回顾上节介绍的小组内容。<br>2. 社工介绍本节小组目标及内容。 | 无 |
| | 19：05～19：30 | 让组员了解自己的兴趣，从而更好的选择职业 | 1. 职规老师介绍兴趣星空图及金字塔的填写方式及对个人职业定位的作用。<br>2. 指引组员填写兴趣星空图及兴趣金字塔。<br>3. 带领组员相互分享，帮助组员探索自己的职业兴趣。 | 兴趣星空图10 张、兴趣金字塔 10 张、签字笔1 盒、白板 1 张、白板笔 2 种颜色各 2 支 |

| | 时间 | 环节目标 | 活动事项/流程 | 所需物资 |
|---|---|---|---|---|
| 第三节 | 19：30~<br>19：50 | 让组员了解<br>自己的价值<br>观，是否匹<br>配相关职业 | 1. 职规老师讲解职业价值观基础知识及<br>在职规中的作用<br>2. 指引组员填写《明确价值观索引表》<br>和《构建职业价值观表》协助组员构建<br>自己的价值观。<br>3. 引导组员分享。 | 明确价值观<br>索引表 10<br>张、构建职<br>业价值观表<br>10 张、签字<br>笔 1 盒、白<br>板 1 张、白<br>板笔 2 种颜<br>色各 2 支 |
| | 19：50~<br>20：20 | 进一步明确<br>自己的职业<br>价值观 | 结合上一环节内容，社工引导组员进行<br>价值观修炼四问，协助组员思考这些价<br>值观与职业的联系。 | 价值观修炼<br>四问清单<br>8 份 |
| | 20：20~<br>20：30 | 总结分享，<br>评估目标达<br>成情况 | 1. 每人一句话分享本节小组收获及感受<br>2. 告知下节小组时间地点。 | A4 纸 1 张<br>（记录组员分<br>享情况） |
| 第四节 | 本节主题 | 了解自身能力及目标岗位 | | |
| | 本节目标 | 运用能力三核帮助组员了解自身的能力 | | |
| | 本节时间 | 20××年××月××日　19：00~20：30 | | |
| | 时间 | 环节目标 | 活动事项/流程 | 所需物资 |
| | 19：00~<br>19：05 | 巩固上节内<br>容，介绍本<br>节小组目标<br>及内容 | 1. 社工带领组员回顾上节介绍的小组<br>内容。<br>2. 介绍本节小组内容。 | 无 |
| | 19：05~<br>19：45 | 组员了解自<br>身能力，明<br>确与目标岗<br>的差距 | 1. 社工介绍能力三核，带领组员运用能<br>力三核来寻找自身的能力与优势。<br>2. 能力加减法表：结合上一步能力三<br>核，写出组员目标岗位所需要的"知识、<br>技能、才干"。<br>3. 社工根据《加速职业发展》工作讲解<br>理想岗位与理想工作间的相互匹配情况，<br>便于协助组员进行下一步学习。 | 能力三核表<br>10 份、签字<br>笔 1 盒、双<br>面胶 1 卷、<br>A4 白纸 10、<br>白板 1 张、<br>白板笔 2 种<br>颜色各 2 支 |

| | 时间 | 环节目标 | 活动事项/流程 | 所需物资 |
|---|---|---|---|---|
| 第四节 | 19：45~ 20：15 | 组员了解目标岗位，制定阶段成长计划 | 转动三叶草：<br>社工带领组员根据前面两节的知识结合组员个人的价值观、兴趣、能力制定个人行动计划。 | 三叶草图1份、行动计划表8张 |
| | 20：15~ 20：25 | 本节知识强化 | 分享环节：大家根据前面四个环节的成果与第二节小组自己的就业定位进行总结、分享、反馈。 | 无 |
| | 20：25~ 20：30 | 总结，评估目标达成情况 | 1. 每人一句话分享本节小组收获及感受<br>2. 告知下节小组时间地点。 | 无 |
| 第五节 | 本节主题 | 职业定位 | | |
| | 本节目标 | 帮助组员进行职业定位，将个人特质与职业要素相匹配。 | | |
| | 本节时间 | 20××年××月××日　19：00~20：30 | | |
| | 时间 | 环节目标 | 活动事项/流程 | 所需物资 |
| | 19：00~ 19：20 | 巩固上节内容，协助组员进一步明确个人价值观 | 1. 社工带领组员共同回顾上节小组内容，查看组员作业完成情况。<br>2. 组员分享个人价值观清单情况。<br>3. 社工告知本节小组内容目标。 | 组员价值观修炼四问清单（组员自带） |
| | 19：20~ 19：40 | 清晰职业定位及就业选择 | 1. 职规老师介绍职业定位十字架的作用及相关填写方法。<br>2. 老师运用职业定位十字架帮助组员探索自己的职业定位，以为未来的职业发展方向与规划。<br>3. 引导组员进行自己的职业定位十字架分享。 | 职业定位十字架表10份、签字笔1盒、白板1张、白板笔2种颜色各2支 |
| | 19：40~ 20：20 | 总结巩固前面知识、探索职业发展方向 | 职业梳理清单。<br>根据前面学习的知识，组员自行填写个人职业梳理清单。 | 职业梳理清单8份 |

| | | | | |
|---|---|---|---|---|
| 第五节 | 20：20～20：30 | 总结及目标达成情况评估 | 1. 每人简单分享本节小组收获及感受。<br>2. 小组作业：下一次小组开始前每位组员带一份价值10元内自己觉得比较有纪念意义的小礼品。<br>3. 告知下一节小组是本小组的最后一节，并告知时间地点。 | A4纸1张（记录组员分享情况） |
| 第六节 | 本节主题 | 小组结束，职规总结 | | |
| | 本节目标 | 对整个小组内容进行回顾总结，处理组员离别情绪。 | | |
| | 本节时间 | 20××年××月××日　19：00～20：30 | | |
| | 时间 | 环节目标 | 活动事项/流程 | 所需物资 |
| | 19：00～19：10 | 巩固上节内容 | 1. 社工带领组员共同回顾上节内容。<br>2. 社工告知本节小组是最后一节，本节小组内容及目标。 | 无 |
| | 19：10～19：30 | 让组员更好的明确职规流程 | 职规知识总结：社工将整个小组的知识串联，做成清晰的流程图，引导组员一起回顾之前的知识。 | 整个职规套表及流程1套 |
| | 19：30～20：00 | 让组员明确个人职规收获，了解就业及努力的方向 | 组员总结与分享：组员每人分享自己整个小组每个职规流程的成长及收获情况，对照个人职业清单进行自我思考与分享。 | 白板1张、白板笔2种颜色各2支 |
| | 20：00～20：20 | 强化目标，以总结、感恩形式分散离别情绪 | 我想对你说：组员围坐一圈，由社工开始对自己左边的人说一句话"我在这个小组中学到了……，感谢您的陪伴"，然后将自己准备的纪念品送给对方，以此类推。<br>告知组员小组结束后组员有问题也可以继续咨询社工。 | 小礼品（组员及社工每人各准备1份） |
| | 20：25～20：30 | 合影留念 | 集体合影填写小组满意度调查表。 | 相机/手机1部、小组满意度调查表9份 |

| | 物资名称 | 数量 | 单价 | 总价 | 领用/借用/购买 | 是否归还 |
|---|---|---|---|---|---|---|
| 所用物质 | 签字笔 | 1盒 | 18元 | 18 | 购买 | 是 |
| | 彩色笔 | 1盒 | 25元 | 25 | 购买 | 是 |
| | 线团 | 1个 | / | / | 领用 | 是 |
| | A4纸 | 20张 | / | / | 领用 | 否 |
| | A3纸 | 2张 | / | / | 领用 | 否 |
| | 白板 | 1张 | / | / | 领用 | 是 |
| | 白板笔 | 4支 | 3元 | 12 | 购买 | 是 |
| | 小组签到表 | 1张 | / | / | 打印 | 否 |
| | 小组满意度调查表 | 9份 | / | / | 打印 | 否 |
| | 相机/手机 | 1部 | / | / | 领用 | 是 |
| | 职业梳理清单 | 8份 | / | / | 复印 | 否 |
| | 职业定位十字架表 | 10份 | / | / | 复印 | 否 |
| | 价值观修炼四问清单 | 10份 | / | / | 复印 | 否 |
| | 明确价值观索引表 | 10份 | / | / | 复印 | 否 |
| | 构建职业价值观表 | 10份 | / | / | 复印 | 否 |
| | 兴趣星空图 | 10份 | / | / | 复印 | 否 |
| | 兴趣金字塔 | 10份 | / | / | 复印 | 否 |
| | 能力加减法表 | 10份 | / | / | 复印 | 否 |
| | 能力三核表 | 10份 | / | / | 复印 | 否 |
| 合计 | | | | 55 | | |

活动评估方案

| 子目标/对应指标 | 评估方法 | 评估工具 |
|---|---|---|
| 有80%以上的组员能够正确认知自我（包括兴趣、知识、技能、才干等）。 | 观察法、问卷调查法 | 小组过程中组员分享、社工观察记录表、满意度反馈表 |
| 有80%以上的组员能够清晰自己的职业兴趣与定位。 | 观察法、问卷调查法 | 小组过程中组员分享、社工观察记录表、满意度反馈表 |

预期困难及应变措施

| 预期困难 | 应变措施 |
|---|---|
| 小组时间与企业员工工作时间相矛盾。 | 灵活变通，尽量将时间设置在多数企业员工不用上班的时间，如周六、周日等。 |
| 异地务工人员参与积极性大，活动报名人员超过限定人数。 | 对报名人员进行筛选。 |

续表

| 组员中途退出。 | 社工与之详谈了解退出原因后再做决定。 |
|---|---|

社工签字：_____                   日期：_____

督导/主任意见

督导/主任签字：_____                   日期：_____

<br>

表 2-62　小组活动记录表

小组活动记录表（第 1 节）

| 小组名称 | 职业生涯规划小组 | 活动地点 | 多功能室 | 负责社工 | 陈社工 |
|---|---|---|---|---|---|
| 活动时间 | 20××年×月×日<br>19：00～20：30 | 工作人员 | 陈社工、郑社工 ||||
| **本节目标及所需物资** |||||||
| 本节目标 | 组员之间互相熟悉，明确小组内容，确立小组契约。 ||||||
| 本节过程记录 | 1. 社工带领情况：<br>在小组开始时，社工作为小组的引导者，向组员介绍本次小组的目的以及内容，并协助组员澄清其对小组的期待，加强组员对本小组的了解，提高其投入到。接着社工通过自我认识与破冰游戏协助组员相互认识与熟悉。通过"我的理想是做什么？"环节，引导组员思考自己想要从事的职业，初步对自己的未来理想职业进行探索与思考，为后面的职业规划做铺垫。同时社工协助组员制定小组的契约，并通过分享环节了解组员情况及评估本节目标的达成情况。<br>2. 小组互动情况：<br>在本节小组中，组员均表现得较为认真与投入。在相互认识环节中，梁某表现较为积极热情，能主动地自我介绍，并且能耐心地向其他不会介绍的组员进行规则说明与引导。通过破冰游戏，部分组员的拘谨情绪得到缓解，营造了轻松愉悦的小组氛围。<br>在"我的理想是做什么？"环节中，组员写下自己可能以后会从事的 5 种职业的名称的过程中所用的时间比社工预计的时间花费的更久，在逐一划掉的过程中，大部分组员也都显得十分犹豫不决，难以决定。在社工带领组员对这一环节进行分享时，多数组员都表示对未来目标的确定有些迷茫，虽然现在已经就业，但是较多组员觉得目前的职业不是自己想要的，组员期望能够通过专业的老师帮助自己进行专业的规划与发展。 ||||||

246

续表

| 小组成员的表现记录（正面行为"√"，负面行为"0"） | | | |
|---|---|---|---|
| 组员 | 参与情况 | 小组角色 | 正/负面行为 |
| 梁×× | 积极参与，很善于也愿意分享自己的感受。 | 促进者 | √ |
| 王×× | 积极参与，小组开展过程中都比较积极，表现出自身对于职业生涯规划的兴趣。 | 促进者 | √ |
| 唐×× | 正常参与，性格有一些腼腆。 | 跟随者 | √ |
| 刘×× | 积极参与，性格活泼，对未来比较迷茫。 | 促进者 | √ |
| 刘×× | 正常参与，按照设计的流程完成相应活动。 | 跟随者 | √ |
| 彭×× | 积极参与，性格活泼，积极发表自己的意见。 | 促进者 | √ |
| 杨×× | 积极参与，对小组的兴趣较大，在分享的时候比较积极。 | 促进者 | √ |
| 叶×× | 正常参与，按照设计的流程完成相应活动。 | 跟随者 | √ |

| 本节活动评估 | | | | | | |
|---|---|---|---|---|---|---|
| 达成效果<br>评估项目 | 很差 | 较差 | 一般 | 较好 | 很好 | 情况说明 |
| 物资准备 | | | | | √ | 物资准备齐全，在活动过程中未出现缺少物资的情况。 |
| 主题设计 | | | | | √ | 主题设计合理，符合第一节小组组员的特点。 |
| 现场气氛 | | | | √ | | 组员在破冰游戏中参与度投入度较高，现场气氛较好。 |
| 流程执行 | | | | √ | | 流程按照计划目标执行。 |
| 目标达成 | | | | | √ | 通过破冰游戏、共同讨论制定小组契约组员认识熟悉，小组目标达成。 |
| 组员反馈 | | | | | √ | 组员对小组的期待度较高，也都比较需求职业生涯规划的指导，对下一节小组内容很期待。 |
| 总结与反思 | 社工在本节小组的介入情况较好，能够协助组员进一步认识本小组的内容与目标，同时通过相互介绍、破冰游戏、制定契约的环节，逐步加强组员的认识，增加对本小组的参与度。同时更是通过"我的理想是做什么?"环节，初步引导组员对自己的未来理想职业进行探索与思考，为后面的职业规划做铺垫。<br>而组员在本节小组的互动情况表现较好，均能投入到小组的开展中，其中唐某的性格腼腆，表现得较为被动，但是组员都很积极热情地协助其参与到小组中，形成了良好地小组氛围，有利于下面小组的开展。 | | | | | |

续表

| 下一节<br>需跟进事项 | 提前准备好活动物资，确认讲师的时间，提醒组员准时参与小组。 |
|---|---|
| 督导/主任建议 | |
| | |

**小组活动记录表（第2节）**

| 小组名称 | 职业生涯规划小组 | 活动地点 | 多功能室 | 负责社工 | 陈社工 |
|---|---|---|---|---|---|
| 活动时间 | 20××年×月×日<br>19：00~20：30 | 工作人员 | 陈社工、郑社工、职规老师 | | |

| 本节目标及所需物资 | |
|---|---|
| 本节目标 | 通过霍兰德测试帮助组员确认自己适合的大致就业方向。 |
| 本节过程记录 | 1. 社工带领情况：<br>本节小组主要由两部分组成，第一部分由社工协助组员巩固上节内容，加深小组印象，并且清晰本节小组内容，同时为组员介绍专业的职业生涯规划老师，加强组员对老师的了解与接纳。第二部分是由专业职业生涯规划老师为组员进行霍兰德测试，协助组员明确合适自己的就业方向，社工在此充当观察者与协助者的角色。<br>2. 小组互动情况：<br>小组的开始社工带领组员回顾了上节小组的内容并简单介绍了本节小组将由专业老师带领组员寻找目标，组员都表现得十分期待。老师在开始先使用了一幅图切入了主题，图上是一条马路上有一辆车正在向前方行驶，师让组员们思考自己是哪种车正在向前方行驶，有的组员分享认为自己是摩托车，有的认为自己是自行车，有的同学对这个问题稍显迷茫，在老师带领大家进行分享后为组员介绍了本节小组将使用的霍兰德测试表，介绍了填写方法后就开始由组员们进行填写测试。在组员们完成测试之后，老师首先向组员们介绍了几个编码的含义以及不同码型的联系与影响，随后带领组员一一对他们所测试出来的编码进行分析，组员测试出的结果大相庭径，以实际型、传统型、企业型、社会型、艺术型为主导的编码都有产生。组员觉得测试结果很符合自己的情况。<br>最后社工带领组员对本节小组的整体内容进行了分享，组员都表示经过了老师的指导，对自身的认识以及适合方向有了更加清晰的认识。 |
| 小组成员的表现记录（正面行为"√"，负面行为"O"） | |

| 组员 | 参与情况 | 小组角色 | 正/负面行为 |
|---|---|---|---|
| 梁×× | 积极参与，积极地与老师分享探讨自身的编码。 | 促进者 | √ |

续表

| 王×× | 积极参与，小组开展过程中都比较积极，对老师提出的问题都比较积极的回应。 | 促进者 | ✓ |
|---|---|---|---|
| 唐×× | 正常参与，按照设计的流程完成相应活动。 | 跟随者 | ✓ |
| 刘×× | 积极参与，对活动的参与配合度很高，表现出了较高的兴趣。 | 促进者 | ✓ |
| 刘×× | 正常参与，按照设计的流程完成相应活动。 | 跟随者 | ✓ |
| 彭×× | 积极参与，性格活泼，积极发表自己的意见。 | 促进者 | ✓ |
| 杨×× | 积极参与，在分享的时候十分积极。 | 促进者 | ✓ |
| 叶×× | 正常参与，按照设计的流程完成相应活动。 | 跟随者 | ✓ |

本节活动评估

| 评估项目＼达成效果 | 很差 | 较差 | 一般 | 较好 | 很好 | 情况说明 |
|---|---|---|---|---|---|---|
| 物资准备 | | | | | ✓ | 物资准备齐全，在活动过程中未出现缺少物资的情况。 |
| 主题设计 | | | | | ✓ | 主题设计合理，开始带领组员进入职业生涯规划。 |
| 现场气氛 | | | | ✓ | | 组员参与度投入度较高，现场气氛较好。 |
| 流程执行 | | | | ✓ | | 流程按照计划目标执行。 |
| 目标达成 | | | | | ✓ | 目标达成，组员对测试的结果都较为认可，也在分享中表示自己对发展发现变得更加清晰了。 |
| 组员反馈 | | | | | ✓ | 小组组员对测试的结果都较为认可，在分享中表示自己对发展发现变得更加清晰了。 |
| 总结与反思 | 在本节小组中，组员都表现积极，与老师的互动情况良好，能很好地配合老师进行测试，并且会主要地提出疑问，组员会主动进行分享。但是组员之间的互动较少，较多都是与老师的互动，之后的小组中可考虑增加组员互动。 | | | | | |
| 下一节需跟进事项 | 提前准备好活动物资，确认讲师的时间，提醒组员准时参与小组。 | | | | | |

督导/主任建议

| |
|---|
| |

## 小组活动记录表（第 3 节）

| 小组名称 | 职业生涯规划小组 | 活动地点 | 多功能室 | 负责社工 | 陈社工 |
|---|---|---|---|---|---|
| 活动时间 | 20××年×月×日<br>19：00~20：30 | 工作人员 | | 陈社工、郑社工、职规老师 | |

| 本节目标及所需物资 | |
|---|---|
| 本节目标 | 运用能力三核帮助组员寻找挖掘自身存在的优势。 |
| 本节过程记录 | 1. 社工带领情况：<br>小组的开始社工带领组员回顾了上节小组所进行的霍兰德测试，然后介绍了本节小组的内容。接着由老师带领组员通过能力三核来挖掘自身的优势，从才干、技能、知识三个方面去思考自身的优势。<br>2. 小组互动情况：<br>最开始老师让组员们之间互相询问，让对方给自己一个正面评价，感受在别人眼中你有哪一些优点，开始组员有些扭捏，在老师和社工的鼓励下慢慢的都开始互相的进行分享，随后老师为组员们介绍了能力三核所代表的含义，才干是指自身的个性、品质、内在特征，技能是指自身能操作与完成的事情，知识是指自身所懂得的自己。在老师带领组员去思考分享的时候，组员对这个问题大多数人都花费了较多的时间去思考，说明组员之前对于自身的优势并没有清晰明确的认识，在整个探索分享的过程中所花费的时间稍久，但是组员都比较愿意进行分享。 |

| 小组成员的表现记录（正面行为"✓"，负面行为"O"） | | | |
|---|---|---|---|
| 组员 | 参与情况 | 小组角色 | 正/负面行为 |
| 梁×× | 积极参与，很善于也愿意分享自己的感受。 | 促进者 | ✓ |
| 王×× | 积极参与，小组开展过程中都比较积极。 | 促进者 | ✓ |
| 唐×× | 正常参与，按照设计的流程完成相应活动。 | 跟随者 | ✓ |
| 刘×× | 积极参与，性格活泼，积极参与到小组中。 | 促进者 | ✓ |
| 刘×× | 正常参与，按照设计的流程完成相应活动。 | 跟随者 | ✓ |
| 彭×× | 积极参与，性格活泼，积极发表自己的意见。 | 促进者 | ✓ |
| 杨×× | 积极参与，积极地参与到小组过程之中，思考也很积极。 | 促进者 | ✓ |
| 叶×× | 正常参与，按照设计的流程完成相应活动。 | 跟随者 | ✓ |

| 本节活动评估 | | | | | | |
|---|---|---|---|---|---|---|
| 达成效果<br>评估项目 | 很差 | 较差 | 一般 | 较好 | 很好 | 情况说明 |

续表

| | | | | | |
|---|---|---|---|---|---|
| 物资准备 | | | | ✓ | 物资准备齐全，在活动过程中未出现缺少物资的情况。 |
| 主题设计 | | | | ✓ | 主题设计合理。 |
| 现场气氛 | | | | ✓ | 组员参与度投入度较高，现场气氛较好。 |
| 流程执行 | | | ✓ | | 流程按照计划目标执行。 |
| 目标达成 | | | | ✓ | 目标达成，通过能力三核去思考自身兴趣，组员基本都寻找到了自身的优势。 |
| 组员反馈 | | | | ✓ | 组员认为通过小组能够对于自身的认识更加的清晰与明确了。 |
| 总结与反思 | 在本节小组中，组员的投入地很高，都十分认真地参与到环节中，但是由于组员对我的认知不太清楚，花费了较多的时间进行思考，为此延长了小组开展的时间。因为在本小组中较大部分是引导组员进行思考，为此社工可在当节小组结束时向组员下节小组的内容，让组员可以提前了解与准备，避免在小组的过程中花费过多时间，影响小组进程。 | | | | |
| 下一节需跟进事项 | 提前准备好活动物资，确认讲师的时间，提醒组员准时参与小组。 | | | | |
| 督导/主任建议 | | | | | |
| | | | | | |

## 小组活动记录表（第 4 节）

| 小组名称 | 职业生涯规划小组 | 活动地点 | 多功能室 | 负责社工 | 陈社工 |
|---|---|---|---|---|---|
| 活动时间 | 20××年×月×日 19：00~20：30 | 工作人员 | 陈社工、郑社工、职规老师 | | |
| 本节目标及所需物资 | | | | | |
| 本节目标 | 帮助组员思考自身的价值观与兴趣。 | | | | |
| 本节过程记录 | 1. 社工带领情况：<br>小组的开始社工带领组员回顾了上节小组所进行的内容，然后介绍了本节小组的内容。本节小组老师带领组员通过兴趣金字塔与价值观13问去探索自身的职业价值观和兴趣爱好。老师带领组员了解如何去完成兴趣金字塔，将自己的兴趣从感官兴趣延伸到自觉兴趣再到志趣，来发掘自己的兴趣方向。<br>2. 小组互动情况：<br>在小组中组员都比较配合，也有组员在互动讨论中去寻找完成自己的兴趣金字塔，在兴趣金字塔完成后，老师带领组员继续完成了价值观13问，在13个职业 | | | | |

价值观中，先留下 8 个，再留下 6 个，再留下 4 个，最后保留下 3 个核心价值观。在完成兴趣金字塔和构建职业价值观之后，老师带领组员将两项结果与第二节小组中的霍兰德测试的结果进行结合分析，探索自己的爱好，价值观以及个人特质三者结合的结果。最后由社工引导组员对本节小组进行了分享，组员都表示经过志愿者老师的讲解，对自身的了解以及以后的方向的认知越来越清晰了，收获良多。在小组最后，社工布置了小组作业，希望组员根据参与小组中的自我认识，完成一份职业梳理清单，在最后一节根据清单进行职业规划。

| 小组成员的表现记录（正面行为"✓"，负面行为"O"） | | | |
|---|---|---|---|
| 组员 | 参与情况 | 小组角色 | 正/负面行为 |
| 梁×× | 积极参与，会主动的与其他组员进行探讨分享。 | 促进者 | ✓ |
| 王×× | 积极参与，小组开展过程中都比较积极。 | 促进者 | ✓ |
| 唐×× | 正常参与，按照设计的流程完成相应活动。 | 跟随者 | ✓ |
| 刘×× | 积极参与，性格活泼，积极参与到小组中。 | 促进者 | ✓ |
| 刘×× | 正常参与，按照设计的流程完成相应活动。 | 跟随者 | ✓ |
| 彭×× | 积极参与，性格活泼，积极发表自己的意见。 | 促进者 | ✓ |
| 杨×× | 积极参与，积极地参与到小组过程之中。 | 促进者 | ✓ |
| 叶×× | 正常参与，按照设计的流程完成相应活动。 | 跟随者 | ✓ |

| 本节活动评估 | | | | | | |
|---|---|---|---|---|---|---|
| 评估项目 \ 达成效果 | 很差 | 较差 | 一般 | 较好 | 很好 | 情况说明 |
| 物资准备 | | | | | ✓ | 物资准备齐全，在活动过程中未出现缺少物资的情况。 |
| 主题设计 | | | | | ✓ | 主题设计合理。 |
| 现场气氛 | | | | | ✓ | 组员参与度投入度较高，现场气氛较好。 |
| 流程执行 | | | | ✓ | | 流程按照计划目标执行。 |
| 目标达成 | | | | | ✓ | 目标达成，通过兴趣金字塔和价值观13问组员都基本认识到了自身的兴趣与职业价值观。 |
| 组员反馈 | | | | | ✓ | 组员对自身的了解以及以后的方向的认知越来越清晰了，收获良多。 |

续表

| 总结与反思 | 本节小组的内容设计较好，老师通过兴趣星空图及金字塔的填写逐步带领组员了解自我，探索自己的职业兴趣，同时也协助组员构建自己的价值观，让组员能了解自己的价值管是否匹配相关职业。同时老师带领组员将两项结果与第二节小组中的霍兰德测试的结果进行结合分析，探索自己的爱好，价值观以及个人特质三者结合的结果，从而更好地协助组员明确自己的职业方向。<br>而在本节小组中，组员的投入度和参与度都很好，均能跟着老师的节奏及要求进行测试与分享，同时也较为愿意地分享自身想法，小组氛围良好，组员间更是能相互给予支持。 |
|---|---|
| 下一节<br>需跟进事项 | 提前准备好活动物资，确认讲师的时间，提醒组员准时参与小组。 |
| 督导/主任建议 | |
| | |

### 小组活动记录表（第5节）

| 小组名称 | 职业生涯规划小组 | 活动地点 | 多功能室 | 负责社工 | 陈社工 |
|---|---|---|---|---|---|
| 活动时间 | 20××年×月×日<br>19：00~20：30 | 工作人员 | 陈社工、郑社工、职规老师 | | |
| 本节目标及所需物资 | | | | | |
| 本节目标 | 帮助组员进行职业定位，将个人特质与职业要素相匹配。 | | | | |
| 本节过程记录 | 1. 社工带领情况：<br>本节小组前期，社工带领组员共同回顾上节小组内容，并引导组员分享个人价值观清单情况巩固上节内容，协助组员进一步明确个人价值观。接着在由专业老师带领开展本节内容。老师带领组员使用职业定位十字架来与上一节小组的最后布置的职业梳理清单互相匹配探索，在志愿者老师的引导以及组员们的互相讨论下基本都完成了职业定位十字架，随后志愿者老师带领组员对该结果与霍兰德测试的个人特质相结合，基本帮助组员确定了大致的职业发展方向。<br>2. 小组互动情况：<br>组员的课后作业完成度很高，全部组员都按照讲师的要求完成了个人价值观清单，为此每人均能更好地明确个人价值观，同时彭某表现较为积极，向大家分享自己的清单。而在学习及使用职业定位十字架时，组员都很认真地倾听老师的介绍与引导，遇到疑惑也会主动提出。同时在完成的过程中，组员相互之间彼此分享与讨论，小组氛围融洽。 | | | | |

续表

| 小组成员的表现记录（正面行为"✓"，负面行为"0"） | | | |
|---|---|---|---|
| 组员 | 参与情况 | 小组角色 | 正/负面行为 |
| 梁×× | 积极参与，在将职业清单与职业定位十字架想匹配时遇到疑惑会主动向老师和社工寻求帮助。 | 促进者 | ✓ |
| 王×× | 积极参与，会主动地与组员进行讨论。 | 促进者 | ✓ |
| 唐×× | 正常参与，按照设计的流程完成相应活动。 | 跟随者 | ✓ |
| 刘×× | 积极参与，积极地配合参与到小组的各个环节中。 | 促进者 | ✓ |
| 刘×× | 正常参与，按照设计的流程完成相应活动。 | 跟随者 | ✓ |
| 彭×× | 积极参与，性格活泼，积极发表自己的意见。 | 促进者 | ✓ |
| 杨×× | 积极参与，积极地参与到小组过程之中，思考也很积极。 | 促进者 | ✓ |
| 叶×× | 正常参与，按照设计的流程完成相应活动。 | 跟随者 | ✓ |

| 本节活动评估 | | | | | | |
|---|---|---|---|---|---|---|
| 评估项目＼达成效果 | 很差 | 较差 | 一般 | 较好 | 很好 | 情况说明 |
| 物资准备 | | | | | ✓ | 物资准备齐全，在活动过程中未出现缺少物资的情况。 |
| 主题设计 | | | | | ✓ | 主题设计合理。 |
| 现场气氛 | | | | | ✓ | 组员参与度投入度较高，现场气氛较好。 |
| 流程执行 | | | | ✓ | | 流程按照计划目标执行。 |
| 目标达成 | | | | | ✓ | 目标达成，组员基本完成了职业定位，将个人特质与职业要素相匹配。 |
| 组员反馈 | | | | | ✓ | 组员纷纷表示在小组中收获了很多，确实对自己未来的职业选择方向有帮助，也帮助自己对自身有了更加明确清晰的认知。 |
| 总结与反思 | 在本节小组中，社工协助组员巩固上节内容，进一步协助组员清晰自身的个人价值观。而老师也能结合此前内容一同协助组员进行职规分析，小组内容设计有连贯性，更为有利于组员的投入与参与。<br>同时参与本小组的组员均对自己职业规划存在迷茫，为此在小组中投入度很高，同时由专业的职业规划老师进行带领，更能有效地协助组员进行规划，目前组员对本小组的反馈较好，均表示得到很大收获，对自己有了进一步的认识。 | | | | | |

续表

| 下一节 需跟进事项 | 无 |
|---|---|
| 督导/主任建议 | |
| | |

**小组活动记录表（第 6 节）**

| 小组名称 | 职业生涯规划小组 | 活动地点 | 多功能室 | 负责社工 | 陈社工 |
|---|---|---|---|---|---|
| 活动时间 | 20××年××月××日 | 工作人员 | 陈社工、郑社工 | | |
| 本节目标及所需物资 | | | | | |
| 本节目标 | 对整个小组内容进行回顾总结，处理组员离别情绪。 | | | | |
| 本节过程记录 | 1. 社工带领情况：<br>社工提前进行场地的布置，组员来到之后进行签到，社工引导组员进行上节知识回顾，让组员简单陈述个人职业定位十字架的情况，随后查看组员职业梳理清单填写情况，组员基本都有落实完成，就一些地方不太清楚填写是否正确进行咨询，社工建议下一环节分享咨询，随后告知组员这是本次小组的最后一节，希望大家把握。<br>随后进入到职业清单分享环节，社工引入话题，组员因为彼此比较熟悉，都积极分享，王××对其中自己不太明确的地方提出个人的疑惑，大家相互完善个人的职业清单。大家跟着社工的指引逐步回忆每一节小组的内容从霍兰德测试——能力三核、能力加减表——兴趣星空图及兴趣金字塔、职业价值观探索——职业定位。这个流程社工很好的引导组员协助其进一步梳理个人的职业观，巩固小组成效。<br>最后在小组结束环节，社工观察每个组员发自内心的感恩小组的每个人，很认真的总结自己在小组中的收获，大家在收到组员送的礼品感觉很有价值和收藏意义。此环节有一点凝重，但组员间相互鼓励感谢活跃了氛围，接收礼品后都仔细地标注组员称呼及时间，很宝贝地收起，体现大家对小组的认可和对组员情谊的珍视。<br>2. 小组互动情况：<br>在职业清单分享及小组总结中，组员间相互讨论，互帮互助，彼此提出自己意见。社工带领组员回顾了之前整个小组的流程及内容，其中一个组员说道，自己参加这个小组之前不太爱说话，对于自己的职业定位也不是很清晰，可是参加 | | | | | |

| | 完之后，自己和其他组员已经形成一个团队，成了朋友，自己也愿意跟他们说话，同时自己对职业的发展也有了一定的方向，自己会尝试去寻找适合自己的职业。<br>临近结束，组员总结与感恩环节让小组在组员的相互勉励中愉快结束，相互很真诚地表述自己的内心想法，每个组员总结形成了组员对整个小组成效的评价，整个互动环节氛围融洽，没有结束的失落与凝重。 |
|---|---|

| 小组成员的表现记录（正面行为"✓"，负面行为"O"） | | | |
|---|---|---|---|
| 组员 | 参与情况 | 小组角色 | 正/负面行为 |
| 梁×× | 积极参与，配合社工开展小组，在小组中有一定的带领作用。 | 参与者 | ✓ |
| 王×× | 喜欢思考，在填写量表的时候会提出很多的问题。 | 参与者 | ✓ |
| 唐×× | 小组过程中协助社工进行现场秩序的维护，有很强的团队意识。 | 参与者 | ✓ |
| 刘×× | 很愿意参加这种培训，听课较积极，做了笔记回去研究。 | 参与者 | ✓ |
| 刘×× | 认真听课，对于社工分配的任务认真完成，具有很强的原则性。 | 参与者 | ✓ |
| 彭×× | 有自己的想法，会跟老师进行讨论，有较强的表达能力。 | 参与者 | ✓ |
| 杨×× | 在游戏环节较积极，喜欢参与互动多的环节。 | 参与者 | ✓ |
| 叶×× | 比较内向，在最后一节中也陈述了很多，将自己的想法分享给整节小组说话较少，较安静。 | 参与者 | ✓ |

| 本节活动评估 | | | | | | |
|---|---|---|---|---|---|---|
| 评估项目＼达成效果 | 很差 | 较差 | 一般 | 较好 | 很好 | 情况说明 |
| 物资准备 | | | | | ✓ | 物资在小组开展前已经准备好，准备充足，每个组员都有精心挑选准备礼品，让社工很感动。 |
| 主题设计 | | | | ✓ | | 主题根据职规的流程发展、组员需求和小组进程发展设计，有一定的事实依据及逻辑性，很贴切。 |
| 现场气氛 | | | | | ✓ | 现场氛围非常好，虽说是小组结束，但社工在环节设计中分散了大家的离别情绪以感恩总结代替离别，组员很投入，效果较好。 |

续表

| | | | | | |
|---|---|---|---|---|---|
| 流程执行 | | | | ✓ | 流程根据计划书执行,时间把握较好。 |
| 目标达成 | | | | ✓ | 目标达成,从每个环节的设计及组员的反馈来看基本都有达成环节目标,组员在社工带领下积极分享各自的小组收获及感受,很好的促成目标达成。最后离别方面社工柔化处理,让组员很容易接受,故没有什么离别的情绪。 |
| 组员反馈 | | | | ✓ | 组员对本节小组的设计很满意,很惊喜,整个环节下来让组员更加明确了职规相关内容,也很有仪式感的结束,较好。 |
| 总结与反思 | 整个小组环节,社工担任引导者的角色,根据组员分享情况逐步引导组员进行自我分析与总结,经过五节小组的配合,组员很默契的跟随社工的引导进行自我总结,更加明确个人职业目标,促成小组目标达成,成效较好。<br>在互动环节中,因为组员彼此熟悉,对职规方面话题有很多未知也很感兴趣,故大家相互沟通的话题较多也积极发言,整个小组组员间互动性较好,最后一个感恩结束环节组员感觉很贴切,很有仪式感,大家都很喜欢小组给他们带来的团队感和亲切感,表示小组结束后还会持续联系。 | | | | |
| 下一节<br>需跟进事项 | 进行小组总结反思,促进以后小组服务情况的改善。 | | | | |
| 督导/主任建议 | | | | | |
| | | | | | |

表2-63 小组总结评估表

| 小组<br>名称 | 职业生涯规划小组 | 服务周期 | 20××年×月×日~20××年×月×日每<br>周五19:00~20:30 | | 负责社工 | 陈社工 |
|---|---|---|---|---|---|---|
| 出席<br>情况 | 节数 | 1 | 2 | 3 | 4 | 5 | 6 |
| | 应出勤人数 | 8 | 8 | 8 | 8 | 8 | 8 |
| | 实际出勤人数 | 8 | 8 | 7 | 8 | 7 | 8 |
| | 出勤率 | 100% | 100% | 87.5% | 100% | 87.5% | 100% |
| 小组具体目标完成情况 | | | | | | |
| 小组目标 | 达成情况 | | 原因分析 | | | |

| 1. 有80%以上的组员能够正确认知自我（包括兴趣、知识、技能、才干等） | 此目标达成87.5%。根据每节小组教学及组员分享和他们填写的各种职规表格显示此目标达成以上比例。 | 社工把目标中需要达成的知识点都设置在每节小组环节中，只要跟随社工及职规老师的节奏，填写相关表格基本都可以达成以上目标；<br>其次每一节都设有分享环节，让组员针对本节学习的知识进行分享，巩固自己相关知识的了解，更容易促成目标达成。 |
|---|---|---|
| 2. 有80%以上的组员能够清晰自己的职业兴趣与定位。 | 此目标达成87.5%。在小组过程中通过组员分享与最后的职业清单和满意度调查中社工可以得知本目标达成以上比例 | 在小组过程中，专业的职规老师通过兴趣金字塔、职业定位清单、职业定位十字架的工具，引导组员将个人特质与职业要素相结合，探索了适合自身的职业方向，以作业的形式补充巩固，强化目标达成。 |

小组经费决算（元）

| 预算支出 | 55 | 实际支出 | 48 |
|---|---|---|---|
| 超支 | 0 | 剩余 | 7 |

小组效果评估

| 评估项目 | 具体说明 |
|---|---|
| 组员参与情况及角色变化 | 在小组整个小组过程中组员都很配合老师进行职规相关知识学习，组员间的互动从刚开始的陌生到熟悉到相互探讨，整体情况较好。<br>部分组员对自己的职业方向十分迷茫，会主动在小组结束后向职规老师询问自己的疑惑。部分组员性格比较活跃，也比较善于表达自己，小组中一直比较积极地参与到分享中。部分组员对本次小组的兴趣较为浓厚，希望能够通过小组帮助自己有一个清晰的职业规划，所以在小组中一直都是一个积极参与分享的跟随者角色，以及协助社工促进流程顺利开展的协助者角色。部分组员的性格较为腼腆，但能够从小组最开始比较被动的跟随者，到后面成为主动参与的协助者，甚至成为主动引导其他组员进行分享的领导者。部分组员从小组边缘者转变为积极参与者，开始由于性格比较腼腆，比较被动地参与，在后期逐渐开始变化为主动地参与。 |
| 组员关系的变化 | 组员之间的共性较高，都是对未来职业感到迷惑的初入职人员，同质性较高，组员之间的关系能够较快地从相对陌生过渡到熟悉之中，在社工的引导下，组员之间的分享互动也比较积极主动。 |

| | |
|---|---|
| 社工带领技巧的运用 | 赋权：小组中的主要带领者角色不是社工，而是专业的职规老师来带领组员去进行自我探索与职业定位，专业的老师能够更加有效的切实帮助组员了解认识自身完成自身的职业规划。<br>鼓励：对于一些性格比较腼腆的组员，社工采用鼓励的方法，帮助组员提升自信心，鼓励组员参与到互动、分享中去。<br>协助：在小组过程中社工协助职规老师对组员进行职规指导，让组员更快速准确的重新认识自己，发现自己。 |
| 工作人员/志愿者的参与及配合 | 项目组同事积极配合主带社工的工作，协助准备物资及场地，主带社工与职规老师分工明确，能很好的协调互补，促进小组顺利开展。 |

其他事项说明：无

| 督导/主任建议 |
|---|
| 签名：　　　　　　　　　　　　　　　日期：××年××月××日 |

备注：本章节的内容由广州市协和社会工作服务中心黄埔企业项目组撰写。

📝 **思考与练习**

1. 在开展小组前，社工可以通过哪些渠道寻找符合小组要求的组员？本小组中企业社工是如何筛选小组组员的？

2. 企业员工工作繁忙，下班回家或休息，在这种情况下企业社工服务如何契合企业员工的时间来开展？

3. 请画出小组中的职业生涯规划大概辅导流程。

# 项目策划与创投

## 项目一　公益创投项目

📖 **知识目标**

1. 了解公益创投服务项目的流程。
2. 正确把握创投项目过程。
3. 正确书写涉及的申报书，写作时对要点及注意事项要清晰。

📖 **能力目标**

掌握公益创投服务项目所涉及文书的写作。

📖 **案例导入**

不同于项目招投标，公益创投服务申报是社工获得政府、企业、基金会等支持的另一种方式，适用范围广、灵活性高、互动性强。那项目申报的流程是怎样的呢？如何写好一份服务项目申报书？有哪些注意事项呢？

📖 知识链接

### 任务一　公益创投项目基础知识

#### 一、公益创投服务项目的特点

社工项目创投与一般的项目申报类似，基本流程一致。社工在公益创投服务项目申报时，要注重该群体的特点，在各方面设计项目。要想成功申请一个创投项目，必须先了解公益创投项目的特点。

（一）社会需求广泛性

项目所涉及群体的社会需求具有广泛性，在项目实施区域乃至街道、区市范围内有一定比例的群体遇到相同的社会问题。

（二）现实需要迫切性

项目所解决的该群体的问题具有明显的迫切性，现行社会福利服务体系尚未欧开展足够的专门服务以满足他们的这些需求，亟需公益创投项目的介入。

（三）目标定位公益性

项目服务指向明确，受益老年人的群体精准，扶贫救困的色彩突出，具有非营利性，体现公益服务。

（四）项目理念创新性

项目实施理念、运作模式、参与方式具有明显的创新性。

（五）实施主体专业性

项目实施团队的主要负责人和核心成员拥有与项目相关的老年人社会工作的专业技能和工作经验。项目执行团队人员配置得力、分工合理且普遍具有较高的专业性。

## 二、项目申报流程

（一）获得项目申报信息

项目申报的第一步是获取项目申报的信息。政府、企业、基金会会发布项目申报的信息，比如公益创投项目申报、"益苗计划"申报等，这些信息可从它们组织的官网站、微信公众号等渠道获得。

（二）决定是否申报项目

获得项目申报的信息后，首先要进行评估，决定是否申报项目。社工组织常常会遇到不同类别的项目申报，需要结合组织自身的使命、优势、发展战略、团队执行情况等方面，进行综合考虑，然后决定是否申报项目。比如，有的项目申报可能不支持人员费用或者办公费用，有的可能会要求组织自筹部分经费，也有的会要求社工组织在 3 个月或者 1 年的时间内完成项目，有的要求组织有前期的服务经验等。

（三）撰写项目申报书

决定申报项目后，就进入了撰写项目申报书的环节。不同的出资方给出的项目申报书模板可能会不太一样，但万变不离其宗。项目申报书一般包括项目背景、问题和需求分析、受益对象、项目目的目标、项目内容、项目预算、项目团队、项目风险及应对、项目评估、项目创新性与可持续性等。这一阶段，社工组织需要按要求完成项目申报书。

（四）提交项目申报书

参与评选的组织需要在规定日期前，严格按照申报要求递交项目申报书，有的项目评选可能需要发送电子版文件，有的可能还需要递交纸质版文件。

（五）项目评选

项目申报的组织方会组织内部或者外部专家，对申报的项目进行评审，有的可能只是评选项目申报书，有的可能还需要进行现场路演和问答。

（六）项目签约

项目通过评选后，就进入了项目签约阶段。签约阶段，要明确项目资金的到账时间和资金使用方式，明确出资方和项目实施方案各自的权利义务，然后按照要求签订项目合同。

## 任务二　公益创投项目申报书

### 一、公益创投服务项目申报书

根据项目申请书的内容要求填写申报书，一份好的申报书是创投成功的保证。

（一）封面

编号：申请书第一页右上角的"编号"由创投承办方填写，其余内容由申请方填写。项目名称、申报团队应全文统一。

（二）申请机构详细信息

1. 申请机构基本情况：根据申请表格填写相关内容。

2. 联系人：请填写充分了解申请项目情况的人员，创投承办方会直接与其沟通，完成尽职调查。

3. 服务领域：根据项目服务对象类型填写，每个项目只能对应一个项目领域。请将对应领域前面的"□"涂黑（插入符号■），如果选择"其他"，请简要说明。

4. 成立时间：若未注册机构正在民管局登记注册，则填写目前注册状态。

5. 执行过的同类项目：填写申请机构执行过的性质或领域相关的项目。

（三）项目基本信息

1. 项目实施时间：需写明起止年月，标明的月份按每月1日算，例如2月~3月，被认定为2月1日至3月1日，时间为1个月。

2. 项目实施地点：请尽量具体到街镇或社区，可以是多个。

3. 项目受益人数：指直接受益人数（项目直接服务对象的人数），如果对间接受益人数有预先估算，请另外注明。

4. 项目整体预算：填写完成项目所需资金的总量。

5. 申请"公益创投"资金额：填写需要向本创投大赛申请的配套资金，申请额度根据文件的相关规定。

（四）项目详细信息

1. 项目概述。项目概述是对项目的核心概括，需能够清晰、简练的介绍项目。应当包含项目针对的具体问题，以及计划通过何种方式（或活动）实现什么目标（或成效）等。

2. 项目是否申请其他资助。请注明目前已为该项目筹集的资金或预计资金的来源金额以及筹集的方式。如获得实物捐赠则需罗列明细清单与实物平均价格等。

3. 项目实施目标。预计通过项目的实施，项目针对的问题的改善程度，或服务对象（社区）需求的满足程度等，能明确反映出项目周期结束时预计能达到的服务成效。

4. 项目服务需求分析。说明项目实施的必要性。要说明项目针对的问题，分析其产生的社会背景和原因，分析此问题是否在社区或居民中广泛存在，是否迫切需要解决；介绍政府是否已有相关政策，其力度是怎样的；针对该问题，社会组织或者本项目可以介入的方式和途径是怎样的？

5. 项目实施受益人描述。要清晰界定本项目在项目实施期间内可以服务到的直接人群和间接人群，并提供其数量、基本特征、与项目相关的具体需求或问题状况等信息。

6. 服务效果预测。效果从活动、产出和成效三个方面进行填写，达到的具体成效，要求清晰、明确、可实现。活动要具体，具有可行性。产出指标清晰，可量化。成果围绕着"质"和"量"进行书写。值得注意的是，对于服务影响的填写，包含项目带来的整体改变及深远影响、社会影响和项目经验传播三个方面。

7. 项目实施方案。实施方案关注的是可行性、创新性、持续性和示范性。可行性是指项目在服务区域实施具有现实性和良好的群众基础，符合相关政策导向，落地区域给予场地、人员等方面的支持。项目创新性是指目标清晰，定位精确，项目针对明确的受益群体，彰显公益慈善理念；项目效果明显，受益人群面临的社会问题得到有效缓解或消除；项目操作模式设计凸显人文关怀，项目实施后能在较长时间内产生良好的社会影响力。项目可持续性是指项目具有清晰的发展模式，注重服务对象的可持续能力或项目具备其他已有或潜在的资源投入，项目在资助期结束后持续运作的可能性。项目的示范性包括项目的有效性和推广性。前者是指项目的实施有助于满足社会大众的多样化需求，有助于实现社会组织能力的建设和提升；项目受益人群面临的社会问题得到有效缓解或消除。后者指的是项目的运作模式可以形成一套标准化模式，可在条件类似的社区进行推广。

8. 项目预算合理性。项目有清晰合理的资金使用模式，具有成本效益，资金投入预计能产生良好社会效益。按照公益创投的资金使用要求进行填写。

9. 风险分析及应对策略。风险分析及应策略指的是在项目实施过程中可能或者已经面临的困难或风险以及应对的解决方法。

10. 主要合作机构。合作机构指申请项目一旦获选实施，会稳定、持续地向申请机构提供支持和合作的机构，提供每个主要合作机构的联系人信息，以便于创投执行办公室开展尽职调查。如有外地机构以资金托管形式申报项目，则合作机构中必须有体现其委托资金托管的那家本地公益性社会组织。

11. 合作机构的情况。合作机构的情况是指合作机构成立时间、地点、业务范围、业绩、记录。写明合作历史，该部分想要了解的是机构链接资源的能力，是否有其他资源的支持，推动项目的可持续发展。这里需要填写申请机构与合作机构开展过的合作内容、方式和时间。

12. 项目创新性。社工需要分析项目有别于过往同类项目的创新之处，结合申报项目的具体情况，可考虑从项目理念、项目模式、项目内容、项目工具等方面进行阐述。

13. 项目可持续性。社工需要考虑项目成果的可持续性，特别是项目结束后项目成果的可持续，结合申报项目的具体情况，可从项目模式、项目资金、人员和组织等方面进行阐述。

一般而言，项目申报书的主要内容包含以上内容，但是不同的公益创投项目有不同的要求，社工需要根据具体的申报书进行内容调整和填写。

## 二、项目申报撰写注意事项

### （一）项目预算多人把关

项目预算，一方面要将项目所需开支都列支进去，保障项目的执行，另一方面项目的预算内容需要满足项目申报的要求，同时项目预算还要满足机构的财务要求。因此，项目申报时，首先由项目工作人员根据项目内容和项目申报要求列支项目预算，随后由机构财务人员对预算进行审核把关。

### （二）注意项目申报节点

项目申报一般都有其时间申报节点，比如项目方案的提交时间、项目资料的报送时间等。在进行项目申报上，社工首先要明确项目的申报节点，同时也要留出 2~3 天的时间来处理可能的突发情况，比如突然的断网断电、临时紧急的工作安排等。

### 思考与练习

1. 公益创投服务项目申报书有哪些特点？

2. 项目目的和目标的区别和联系是什么？

3. 项目预算通常需要包含哪些费用?

# 项目二 公益创投项目实践案例

**知识目标**

了解各类公益创投的申报书。

**能力目标**

能够围绕某一个群体的需求，撰写一份公益创投服务项目。

**案例导入**

某农村社区内有户籍人口 5000 多人，其中 80 岁以上高龄长者 400 多人，社工在服务的过程中发现一些高龄长者处于独居状态，部分生活困难的长者在居住环境方面存在房屋漏水、电路老化等问题。

针对上述情况，社工可以设计什么样的项目开展服务?

**知识链接**

### 任务一 老年服务公益创投项目申报案例

以"耆享安康"为老居家改造项目作为教学案例，进行老年社会工作创投申报文书的学习。

表 3-1 老年公益创投服务项目的申报书

| 一、机构基本信息 | |
|---|---|
| 申报单位 | (□品牌社会组织 ■否) |
| 项目名称 | "耆享安康"为老居家改造项目 |
| 项目类别（单选） | ■为老服务类（申报此类项目，应当提供服务地区民政局/街道（镇）意见）<br>□助残服务类 □青少年服务类 □救助帮困类 □其他公益类 |

续表

| 历届创投经历（可多选） | □第一届 | | | |
|---|---|---|---|---|
| | 项目名称 | | 资助资金 | |
| | □第二届 | | | |
| | 项目名称 | | 资助资金 | |
| | □第三届 | | | |
| | 项目名称 | | 资助资金 | |
| | □第四届 | | | |
| | 项目名称 | | 资助资金 | |
| | □为老专项公益创投 | | | |
| | 项目名称 | | 资助资金 | |
| | □区级公益创投 | | | |
| | 项目称 | | 资助资金 | |
| | □无 | | | |

| 成立时间 | ××年××月 | 统一社会信用代码 | |
|---|---|---|---|
| 通讯地址 | | | |
| 邮政编码 | | 评估等级（单选） | □5A ■4A □3A □2A □1A □无 |
| 开户行 | | | |
| 户名 | | 开户账号 | |
| 申请金额（万元） | | 党的建设 | ■党支部 □联合党支部 □无 |

二、项目基本信息

| 项目联系人 | 姓名 | 职务 | 办公电话 | 移动电话 | 联系邮箱 |
|---|---|---|---|---|---|
| 联系人一 | | 中心主任 | | | |
| 联系人二 | | 长者领域主管 | | | |

266

续表

| （一）项目简述（500字以内） |
| --- |

本项目围绕"老年人防跌倒与居家安全"的主题，以80岁以上的高龄长者、独居或因病致残的长者为服务对象，通过"社工+党员志愿者+社区专才志愿者"入户宣传居家安全知识，了解服务对象居家安全状况及需求，为有需求的服务对象提供"防跌菜单"点餐服务和"安全屋"改造服务。××中心（下称"中心"）承接××社工站（下称"社工站"）项目，与社区居委会和服务对象建立了合作、信任关系。在中心党支部的支持和指导下，社工站社工联合社区居委会，发动党员积极分子（党员志愿者）和本地居民志愿者组建的"助老志愿者队"入户排查长者居家安全情况，建立信息库，经评估后筛选居家改造的服务对象。组建"为老居家改造志愿者队"为有需求的服务对象进行"防跌"和"安全屋"改造服务，减少长者居家安全隐患，便利长者生活起居。

本项目通过"社工+社区组织+社区"三社联动治理方式，"社区社工+社区党员志愿者+社区专才志愿者"的服务模式，为有需要的高龄独居长者、重残人士等提供50份"防跌菜单"的点餐服务和15份"安全屋"改造服务，以此增强服务对象及其陪护者居家安全意识，改善服务对象居家环境，提高服务对象的居家安全系数。

| （二）服务需求分析（800字以内） |
| --- |

××社区地处××中部，辖区面积××平方公里，设×××社区居委会，57个居民小组。户籍长者人口8436人，80岁以上长者750人，包括90岁以上长者91人，其中，调研组目前掌握的重点长者有：低保、低收入长者44人，孤寡长者75人。本项目服务对象为80岁以上独居长者，包括119名重点长者。调研组对38名的长者进行了家庭探访，发现以下问题：

1. 至少10名以上的因病致残的老人，由于腿脚不便，长期居住在家中无法出门，加上家中的家具、物品摆放容易妨碍行走，造成生活困扰。但因经济条件有限，并未对家中的环境进行无障碍改造，也未购置方便其日常生活实用的物资，这类长者只能长期在家中忍受不便利的家中环境。

2. 辖区内的高龄长者的行动越来越困难，90%的长者居家存在诸多安全隐患，如电线乱挂、坐厕高低不平、缺乏扶手安装、没有小夜灯、外墙脱落、窗户旧坏等；有些长者行动不便，自我照顾的能力越来越差；也有些长者曾在半夜起床时因不注意跌倒过多次，虽然他们也很小心，但是不知如何预防。

3. 根据社工访谈得知，辖区内的重点长者在日常生活中，居家安全方面意识不高、知识较少；长者希望可以获得居家安全的隐患排查、修缮以及居家安全知识的学习。

根据以上的调研得出，80岁以上的高龄长者、独居或因病致残的长者有对现有环境进行防跌居家改造和居家安全改造的需求。

| |
|---|
| （三）受益人群分析（500字以内） |
| 1. 直接受益人群（至少200人次）：<br><br>（1）给135名（包含119名重点长者）服务对象建档：通过社工上门为空巢、高龄、独居、因病致困的长者上门评估，为150名（包含119名重点长者）建立信息库，征集有需求的服务对象想要实现改造的内容。<br><br>（2）50名服务对象获得"防跌"居家改造：为有行动不便的至少70名长者提供"防跌菜单"点单服务，按需提供防滑垫、防滑拖鞋、起夜灯、沐浴椅、坐便椅等10项防滑防跌、起坐行走辅助器具的选择性安置。<br><br>（3）15名服务对象获得"安全屋"居家改造：为有居家安全隐患的至少15名长者提供"安全屋"服务，按需通过住房修缮，如老化墙体粉刷、地面高低不平改造等服务。<br><br>2. 间接受益人群（至少2230人次）：<br><br>（1）200名服务对象家属：通过走访了解服务对象的家庭情况，增加至少200名服务对象家属认识长者居家安全。<br><br>（2）2支专才志愿者队伍：通过组建至少2支30人专才志愿者队伍，分别为助老志愿者队和为老居家改造志愿者队。助老志愿者队进行探访和筛选服务居家改造服务对象，为老居家改造志愿者队为服务对象进行"防跌"和"安全屋"居家改造。<br><br>（3）发放2000份宣传单页：项目制作防跌手册和居家安全小册子，在活动中宣传，至少各发放1000份。 |
| （四）服务效果预测（800字以内） |
| 1. 活动：<br><br>（1）开展探访服务至少240次：<br><br>①上门探访建立至少135名的长者居家安全档案；<br><br>②"三社"联动上门给65名长者确定居家安全的改造方案及改造；<br><br>③对已经改造的40名长者进行回访和检查。<br><br>（2）开展培训6次：<br><br>①开展居家改造项目的启动培训1次，促进社区居委会和志愿者对项目的认识；<br><br>②开展志愿者团队建设的培训2次，建立助老志愿者队和为老居家改造志愿者队；<br><br>③开展长者探访服务及沟通技巧培训3次，让志愿者了解探访长者的技巧和服务。<br><br>（3）开展大型社区活动2次：<br><br>①开展项目的启动仪式1次；<br><br>②开展项目总结表彰会1次。<br><br>（4）开展"三社"联动联席会议3次：<br><br>开展项目的"三社"联动联席会议3次（隔月1次）。<br><br>2. 产出：<br><br>（1）建立服务对象档案至少135人； |

（2）探访服务对象 240 人次；

（3）参与培训 150 人次；

（4）项目宣传人数至少 2000 人次。

3. 成效：

（1）项目目标达成情况：

①100%完成 135 人长者的居家安全建档；

②100%完成 50 名长者防跌服务；

③100%完成 15 名长者居家改造；

④90%以上进行"防跌"居家改造的服务对象跌倒频次降低；

⑤社区内不少于 2000 人次的居民了解高龄长者的防跌知识和居家安全知识。

（2）服务对象的改变：

①100%的建档服务对象都增加了防跌知识；

②90%以上的服务对象认识到居家安全的重要性；

③100%的服务对象接受防跌服务和居家安全服务后，跌倒频次降低。

4. 影响：

（1）项目带来的整体改变及深远影响：有助于让社区居民和相关企事业单位长者居家安全，改善他们的生活质量。

（2）社会影响：

①对服务对象影响：增加服务对象对居家安全认识，减少跌倒的频次，提高生活质量。

②对社区影响：在推动和探索"三社联动"的治理方式，促进社会问题的解决。

③对社会影响：通过媒体报道，扩大项目成效的认知度，促进社会组织加入到项目中。

（3）项目经验传播：通过在探寻"三社联动"的治理方式，充分发挥社区、社会组织和社工的作用，以"社工+党员志愿者+专才志愿者"的服务模式为相关的社会问题的治理提供经验。

（五）项目实施方案

可行性：承接的家庭综合服务中心项目，目前已经进入第二年的项目期，社工和 9 大居委会都建立了联系，同时跟社区的长者比较熟悉，有利于项目的开展。项目团队成员都毕业于社会工作专业，相关长者服务和组建、链接社区组织的相关经验，有利项目的持续发展。项目负责人是中共党员，有近 10 年的党龄，有利动员党员志愿者参与服务。

创新性：项目通过探寻"三社联动"的治理方式，在充分发挥社区、社会组织和社工的作用方面，特别是尝试"社工+党员志愿者+社区专才志愿者"的服务模式是项目的创新之处。

持续性：项目在开展，属于家庭综合服务中心的服务范围，项目可以在家庭综合服务中心的专业支持下链接资源延续"防跌"服务，在争取社会资源的介入下可以延续"安全屋"的服务。

示范性：项目通过"三社联动"的治理方式进行高龄长者居家改造服务，从社区组织筹建，在社区、社区组织、社工联动服务，探索三方工作内容和工作流程方面有示范性。

项目推进计划：

1. 2018 年 6~7 月：项目启动。

（1）招募、培训组建不少于 15 人的助老志愿者队；

（2）开展"耆享安康"居家改造项目启动仪式；

（3）社工、社区居委、助老专业志愿者队联动，对居家改造的上门探访进行建档、居家安全隐患评估工作。

2. 2018 年 8~10 月：项目开展。

（1）招募、培训和组建不少于 15 人的为老居家改造志愿者队；

（2）社工、社区居委、为老居家改造志愿者队联动开展"防跌"和"安全屋"居家改造服务：

① "防跌"服务：由服务对象按照各自需要选择，如防滑垫、防滑拖鞋、起夜灯、沐浴椅、坐便椅、拐杖、轮椅、防撞胶、反光带等 10 项"防跌菜单"点单服务；

② "安全屋"服务：对有存在居家安全隐患的服务对象进行上门疏导、居家安全知识讲解、资源链接等服务，经服务对象同意后为有居家安全隐患的长者提供"安全屋"改造服务；

（3）制作长者"防跌"小贴士，开展全面的防跌宣传，引导长者注意日常生活居家安全，预防长者居家安全隐患；

（4）每月中旬开展社工、社区居委、为老居家改造志愿者队参与的"三社"联席会议。

3. 2018 年 11 月：项目总结。

开展"耆享安康"居家改造项目总结表彰活动。

| 资金来源 | 资金种类 | | 金额（万元） |
|---|---|---|---|
| | 申报公益创投资金（60%） | | 4.967 9 |
| | 自筹配套资金（不低于40%） | | 3.312 |
| | 合计 | | 8.279 9 |

| 支出项目 | 支出明细 | 资助资金（元） | 自筹资金（元） | 合计（元） |
|---|---|---|---|---|
| 服务费用 | 志愿者团建费培训费用（1000 元/次，2 次） | 1000.00 | 1000.00 | 2000.00 |
| | 志愿者专业技巧培训物料费（300 元/次，4 次） | 600.00 | 600.00 | 1200.00 |
| | 防跌器具（300 元/户，50 户） | 14 100.00 | 900.00 | 15 000.00 |
| | 居家安全改造物料（800 元/户，15 户） | 12 000.00 | / | 12 000.00 |

续表

| | | | | |
|---|---|---|---|---|
| | 项目启动仪式和项目总结颁奖社区活动物料（3000元/场，2场） | 5000.00 | 1000.00 | 6000.00 |
| | "三社联动"联席会议3次会议物料（800元/次，3次） | 2400.00 | / | 2400.00 |
| | 志愿者误餐费（15元/份，200份） | 900.00 | 2100.00 | 3000.00 |
| | 志愿者交通补贴（10元/人，500人次） | 2500.00 | 2500.00 | 5000.00 |
| 人员费用 | 兼职人员补贴及费用（100元/次，120人次） | 3000.00 | 9000.00 | 12 000.00 |
| 行政办公费用 | 专业督导（800元/次，5次） | / | 4000.00 | 4000.00 |
| | 行政督导，即项目管理督导（500元/次，8次） | / | 4000.00 | 4000.00 |
| | 办公水电（600元/月，5个月） | / | 3000.00 | 3000.00 |
| | 笔及笔记本（25元/份，40份） | / | 1000.00 | 1000.00 |
| | A4打印纸（20元/包，10包） | / | 200.00 | 200.00 |
| | 行政人员费用（100元/月，5个月） | 500.00 | / | 500.00 |
| 宣传费用 | 手册与宣传页（手册每份3元，1000份；宣传页每份0.6元，1000份） | 2400.00 | 1200.00 | 3600.00 |
| | 邀请2次媒体进行报道4家（400元/家次，4家次） | 1600.00 | / | 1600.00 |
| | 设计印制活动横幅（125元/条，8条） | 500.00 | 500.00 | 1000.00 |
| 其他费用 | 税费（元） | 3179.00 | 2120.00 | |
| 合计（元） | | 49 679.00 | 33 120.00 | 82 799.00 |

（一）项目资助资金不得列支范围：

1. 创投主体专职工作人员的工资、奖金等工资性或福利性支出。

2. 固定资产购置费用，如电脑、办公桌等。

3. 从项目资金中提取管理费用。

4. 缴纳罚款罚金、偿还债务、对外投资、捐赠赞助等支出。

5. 与其他项目无关的支出。

（二）其他注意事项：

1. "支出明细"项下请列明数量及单价。

2. 建议在"服务费用""行政办公费用""人员费用"以及"宣传费用"四个名录下进行预算编制。

3. "人员费用"中的专职工作人员费用与"行政办公费用"合计总支出不得超过项目总金额的20%，"宣传费用"不超过创投资助资金的10%，其他费用预算编制不超过创投资助资金的10%（如有特殊情况，请备注）。

4. 建议填写预算表时与财务专业人士进行沟通，确保预算符合相关要求。

## 三、项目团队介绍

（一）项目负责人信息

| 姓名 | | 职务 | |
|---|---|---|---|
| 学历 | | 专业 | |
| 办公电话 | | 移动电话 | |
| 邮箱 | | 专业资质 | |
| 实施同类项目的经历（200字以内） | 本人于2015年6月，在××服务中心开展实施"微心愿"低保长者关爱活动，共成功为13位低保长者链接到资源，并有5名长者进行了家居微改造。 | | |

（二）项目团队成员信息

| 姓名 | 职务 | 学历 | 专业 | 项目分工 | 联系电话 |
|---|---|---|---|---|---|
| | | | | 统筹协调项目的运营。 | |
| | | | | 统筹助老志愿者队伍的建设，安排进行长者家庭探访和建档，协助专才志愿者进行居家改造。 | |
| | | | | 统筹专才志愿者队伍的建设，并安排居家改造等。 | |
| | | | | 协助助老志愿者队伍的建设，安排进行残障长者家庭探访和建档，协助专才志愿者进行居家改造。 | |

| | | | | 协助助老志愿者队伍的建设，安排进行长者家庭探访和建档，协助专才志愿者进行居家改造。 | |
| | | | | 协助专才志愿者队伍的建设，并安排居家改造等。 | |

（三）项目支持团队信息（如督导、专家等）

| 姓名 | 工作单位 | 职务 | 学历及专业 | 专业资质 | 项目分工 |
|---|---|---|---|---|---|
| | | | 研究生/社会工作 | 中级社工师，第七届广州市社工督导班毕业 | |
| | | | 本科/社会工作 | 中级社工师 | |

四、其他信息

| 申报项目自筹计划 |
|---|
| 1. 项目发动辖区的企业和社区居民，动员其提供资金、物资方面的支持，包括认捐防跌器材等。<br>2. 参加腾讯"99公益日"活动，在腾讯乐捐平台上，为项目筹集资金。 |

| 申报单位承诺 | 我单位保证项目申报材料真实、合法、有效，已制定项目实施计划、方案，确保项目如期完成。保证各项收入不以任何形式向举办者（出资人）和会员分配，按规定使用资金，将自觉接受项目监管、审计和评估，并承担相应法律责任。<br><br>法定代表人签字：       （单位盖章）<br>               年   月   日 |
|---|---|
| 服务地区民政局/街道（镇）意见 | 同意<br><br><br>         在本区/街道（镇）提供养老服务。<br><br>         （推荐单位盖章）<br>            年   月   日<br><br>*此栏仅限为老服务类项目填写。 |

## 任务二 青少年服务公益创投项目申报案例

以"法护青春"青少年普法宣传教育项目作为教学案例，进行青少年社会工作项目申报文书的学习。

表 3-2 "法护青春"青少年普法宣传教育项目申报书

| 申报单位信息 | | | |
|---|---|---|---|
| 单位名称 | ×× | | |
| 单位类别 | □社会团体　　□民办非企业　　☑社工机构 | | |
| 单位所在地 | ＿×× 省（直辖市、自治区）　×× 市 ×× 区县/区 | | |
| 单位详细地址 | ×× | | |
| 组织机构代码 | ×× | 中国社会组织评估等级 | ×× |
| 单位简介（200字以内） | | | |
| ××成立于2009年3月，是广州××市民政局批准成立的第五家专业社会工作服务机构，是××省社会工作教育与实务协会常务理事单位，并通过了ISO9001认证。机构本着"跨专业团队、惠居民群众、重服务品质、创幸福社区"的宗旨，坚持"建设一个充满希望及关怀的社会"的使命，力争为社会提供高质量、高价值服务。 | | | |

| | 项目名称 | 起止时间 | 活动地点 | 资金（元） |
|---|---|---|---|---|
| 执行同类项目经验 | 守护青春—学校青少年成长支援计划 | 2018.5~2018.12 | ××市科学城中学 | 10 000 |
| | 儿童防性侵 We Go 项目 | 2018.5~2019.1 | ××市××区××街辖区学校及社区 | 10 000 |
| | 香雪文化传导项目 | 2018.5~2019.3 | ××市××区××街辖区学校及社区 | 65 000 |

| 负责人姓名 | ×× | 手机号码 | ×× |
|---|---|---|---|
| 联系人姓名 | ×× | 手机号码 | ×× |
| 联系人邮箱 | ×× | 联系人微信 | ×× |

续表

| 资金拨付信息 | 户名 | ×× |
|---|---|---|
| | 开户行 | 中国××银行 |
| | 账号 | ×× |

申请项目信息

| 项目名称 | "法护青春"青少年普法宣传教育项目 |
|---|---|
| 申报项目类别 | ☑宣传教育　□产品开发　□建设培训志愿者队伍　□专业社会服务　□其他 |
| 项目受益对象 | ××市××区××街社区及中学青少年群体 |
| 项目完成日期 | 2019 年××月××日 |

项目方案

一、项目概述

本项目针对××市××区××街的 2000 名学校和社区青少年开展《中华人民共和国未成年人保护法》《中华人民共和国预防未成年人犯罪法》等法律宣传服务。项目通过整合本地司法所、学校、社区商家等多方力量，搭建"学校—社工—社区"三方联动的普法宣传网络，开展法治教育训练营、学校普法总动员、社区普法进百家等服务，提升青少年法治意识，营造良好的社区和学校氛围，减少和预防青少年犯罪。

二、需求分析

调查发现××的青少年主要有以下几个方面的问题：

1. ××街在校青少年 5532 人，辖区学校最明显的不良行为是校园欺凌和打架，分别占 49.6%和48.7%，31.5%的学生有被欺凌的现象；

2. 青少年被欺凌或恶意伤害时，不会用法律武器保护自己；部分施加欺凌的青少年，未意识到自身行为可能违法；

3. ××街普法宣传多为面向普通居民，较少针对青少年，而学校普法宣传形式单一，效果不理想。

因此，项目一方面通过开展体验式、参与式的法治宣传服务，提升青少年的法治意识；另一方面，在校园和社区开展普法教育，营造青少年尊法学法守法用法的良好氛围。

三、预期目标

（一）总目标

推动××街青少年尊法学法守法用法，养成良好的行为习惯，促进其健康安全成长。

（二）具体目标

1. 通过法治教育训练营，培养普法火炬手，组建 1 支由 15 名青少年组成的普法宣传队，掌握并宣传《中华人民共和国未成年人保护法》《中华人民共和国预防未成年人犯罪法》等法律知识。

2. 通过校园普法总动员，2000 人次的青少年学到《中华人民共和国未成年人保护法》《中华人民共和国预防未成年人犯罪法》等法律知识，知晓如何用法律保护自我，法治意识得到提升。

3. 通过社区普法进百家服务，1000 人次的居民学到和青少年有关的法律知识，营造青少年守法用法的社区氛围。

四、服务推进及执行计划（2019 年 7~12 月）

（一）项目启动仪式（8 月）

邀请相关方，举办启动仪式。

（二）法治教育训练营（8~9 月）

采用情景模拟、游戏体验等形式，开展法治教育训练营，培养 15 名青少年普法火炬手，组建青少年普法宣传队。

（三）校园普法总动员（9~11 月）

1. 校园广播普法之声。联合学校开展校园广播普法之声，定期播放法律知识。

2. 校园黑板报普法大赛。开展黑板报大赛，学校青少年在参与和体验中学习法律知识。

3. 校园普法火炬传递。青少年普法火炬手借助主题班会、主题活动等形式，向同学传递法律知识。

（五）社区普法进百家服务（11~12 月）

1. 组建社区青少年普法宣传平台。邀请街道部门、社区居委会、社区组织等多方参与，搭建社区青少年普法宣传平台。

2. 开展社区普法进百家服务。借助社区青少年普法宣传平台和青少年普法宣传队，开展社区普法进百家服务，营造青少年守法用法的社区氛围。

（六）项目总结（12 月）

开展项目总结会，总结经验。

五、风险评估及应对（列出项目可能会遇到的风险，并列出应对的策略）

| 序号 | 风险评估 | 应对 |
| --- | --- | --- |
| 1 | 服务与学校课程相冲突。 | 充分与学校沟通，结合学校德育课、班会课，用好寒暑假和周末时间。 |
| 2 | 青少年接受法律讯息意愿不高。 | 开展参与式、体验式服务，充分发挥青少年火炬手作为同龄人的作用。 |

六、社会效益

（一）建立"学校—社工—社区"教育网络

项目构建以学校为主体、社工专业支持、社区多方参与的青少年法治教育网络，预防青少年违法犯罪。

（二）推动建设法治校园

项目推进校园法治教育，推动建设法治校园，有利于减少校园欺凌、校园安全事故的发生。

续表

| | | |
|---|---|---|
| （三）提升青少年法治意识 | | |

（三）提升青少年法治意识

项目通过多种渠道和方式进行宣传教育，提高青少年法治意识。

七、项目可持续性和推广性分析

（一）项目需求广泛

青少年法治教育需求广，项目弥补社区及学校对青少年专项法治教育的不足。

（二）有效的服务模式

项目探索"学校—社工—社区"教育网络模式，便于推广。

（三）建立青少年普法队

项目培育青少年普法队伍，树立同辈榜样，保障项目效果的持续性。

（四）服务与倡导结合

项目注重和学校沟通，倡导把服务纳入学校日常安排，增强项目可持续性。

项目预算明细<br>（资助金额为 10000 元，不足部分由申报单位自筹）

| 序号 | 经费开支内容 | 金额（元） | 序号 | 经费开支内容 | 金额（元） |
|---|---|---|---|---|---|
| 1 | 活动经费（1600 场/次×5次，包括活动物资、志愿者劳务补贴、交通费） | 8000 | 3 | 宣传经费（包括宣传页、展架、横幅等） | 2350 |
| 2 | 行政经费（A4 纸，签字笔、便利贴等办公用品） | 1000 | 4 | 税费（6.5%） | 650 |
| 合计（元） | | 12 000 | | | |

推荐意见（入围资助名单后盖章）

| 推荐单位意见（省级团委权益部门）： | 主办单位意见： |
|---|---|
| （盖章）<br>年　　月　　日 | （盖章）<br>年　　月　　日 |

任务三　司法矫正创投项目策划

## 一、项目策划文件

政府进一步完善市、区、街镇社区矫正和安置帮教工作机制，为社区矫正对象提供一个专业教育矫正和社会适应性帮扶的工作平台，为刑满释放人员提供过渡性帮扶救助，引入司法社会工作力量，以购买服务的方式开展司法社会工作项目。目前，××市司法局关于印发《××市司法社会工作项目体系建设实施方案》及××市司法局、财政局、民政局印发《××市司法社会工作项目购买服务实施细则》，这两个文件是××市司法社区矫治项目投标文书的重要指导文件，司法社区矫治项目投标书围绕两份文件的内容展开制定。

## 二、项目文件要求

司法领域项目内容的一般要求：

### （一）交代项目策划的背景

项目申请单位缘起于政策要求或发掘到社会需求，或本身组织的使命追求即解决某种社会问题，而发起项目。申请单位可就背景处进行撰写，让购买方或阅读项目计划书的人士了解项目缘起，掌握项目背景信息。

### （二）撰写项目要解决的问题或满足的需求，厘清项目目标

项目希望在多少时间内，解决什么问题或满足哪些社会需求到什么程度，项目计划书要先厘定项目预期达到的目标效果。

## 三、司法矫正社会服务

一般而言，区司法社工项目的服务内容的类别有以下十大类：

### （一）项目服务内容

1. 判前社会调查。在司法裁判前，社工协助司法所工作人员开展对拟适用社区矫正的犯罪嫌疑人、被告人或罪犯的居所情况、家庭和社会关系、一贯表现、犯罪行为对所在社区的影响等情况进行调查评估，客观公正地反馈给司法行政机关，为是否建议使用社区矫正提供参考。

2. 初始评估。在社区矫正机构及司法所接收社区矫正对象后，社工协助对社区矫正对象的再犯罪风险和需求因素进行评估分析，以确定管理类别。

3. 教育矫正服务。社工组织社区矫正对象参加教育学习，对社区矫正对象进行思想道德、法律常识、时事政策等教育教育学习活动应采用多样化的方式进行。

4. 社区公益活动服务。社工协助司法所组织社区矫正对象参与公益活动。公益活动应因地制宜，注重矫正效果和公益性效果。

5. 适应性帮扶服务。社工为社区矫正对象提供相关法规、政策资讯服务，通过个案管理的方式，协助有就业、就学需求的社区矫正对象做好个人职业、学业规划。协助其寻找相关机构提供的职业技能培训、劳动用工招聘信息，增强其社交技巧及社会活动能力。根据社区矫正对象的急切生活需要和实际困难，为他们联系资源提供相应的住宿、食物、救助款项、疾病救治、就业援助、办理低保等救助服务。

6. 心理矫治服务。由社工为有需求的社区矫正对象提供心理咨询、心理辅导等服务。

7. 社会工作专业服务。针对社区矫正人员的需求，运用个案工作法、小组工作法、心理干预法、动机晤谈法、认知行为重建法等专业方法，提供多元化的矫治服务，激发潜能、调动主观能动性，最大限度地增加积极因素、减少消极因素、配合监督管理和教育矫正工作进行深度矫治。

8. 青少年社区矫正。社工运用专业方法，对 18 至 25 周岁的青少年社区矫正对象进行矫治和帮教，并配合司法所完成教育矫治和帮扶工作。

9. 日常监管服务。社工协助司法局和相关司法所对在册社区矫正对象提供接矫、面谈、家访、电访、手环处理、外出审批、解矫、档案记录及整理等日常监管服务。

10. 安置帮教服务。为刑满释放人员提供相关法规、政策资讯服务，为重点人员提供深度跟进帮教服务。

（二）项目服务指标

项目策划书需针对上述服务内容中项目购买方有提及的服务标准，逐一进行指标范围的制定。

（三）项目实施团队及分工

为完成上述项目目标及服务内容和指标，展开撰写需要投入的团队资源，如人员资质、人数、项目组织架构的划分、具体分工等信息。

（四）经费预算

为完成上述项目目标及服务内容和指标，展开撰写需要投入的经费资源，如项目实施的场地费用、人员福利费用、服务经费、行政管理费用、税费等。

（五）监测评估方式

是指对项目实施成效的测评方式，对过程监测及结果评估的方式方法展开描述。

[实践案例：司法矫正项目服务实践案例]

××市××区社区矫正项目策划方案

**一、服务对象**

××市××区司法局在册社区矫正对象及刑满释放人员。

**二、从调研中得出的服务需求**

（一）普法需求

社区矫正对象及刑满释放人员在经历了自己的犯罪事件后，深知了解法律的重要性，了解具体的社区矫正规定，有助于其更加顺利地度过矫正期。另外，对法律不熟悉，也容易出现情绪不稳定、再犯、重犯的情况，因此社区矫正对象及刑满释放人员皆有更系统、更多元的法律知识普及的需求。

（二）适应需求

社区矫正作为一个特殊时期，无论是从监狱出来的暂予监外执行类和假释类的社区矫正对象，还是从普通人变为"戴罪之身"的缓刑类人员，在社区矫正阶段内，其身份角色以及对社会、对自身的认知都有所变化，并对这种变化表现不适应。具体表现为：对社区矫正无所适从，不愿意配合矫正，对服刑事件有情绪变化，无法很快地调整好自己的心态去适应其中的变化。因此社区矫正对象及刑满释放人员具有适应需求，一方面是适应社区矫正环境，另一方面是适应回归社会。但是两者有所不同，社区矫正对象及刑满释放人员希望能够给以更多有关普法的支持，促进适应社区矫正；而后者不希望后期有过多的介入。

（三）个别化需求

根据以往的工作经验，社区矫正对象及刑满释放人员作为"个体人"的角度有着其各自的个别化需求，如人际交往问题（交友圈等）、经济问题（如失业、就业困难等）、家庭问题（如家庭关系不好等），以及由于犯罪事件波及的个人生活相关问题（如被解雇、离婚等），这些个别化的需求也需要个别化跟进服务。

**三、项目服务内容策划**

**第一部分 社区矫正工作方面**

（一）判前社会调查服务

在法院判决、裁定前，社工协助司法所工作人员开展对拟适用社区矫正的犯罪嫌疑人、被告人或罪犯的居所情况、家庭和社会关系、过往表现、犯罪行为对所在社区的影响等情况进行调查评估，客观公正地反馈给司法机关，为审判工作提供参考。

项目服务工作指标：相关驻所社工参与××区司法局接受委托的案件，每例服务时间不得低于 1 小时。年度完成所有社区矫正人员的 100%全覆盖调查。

（二）初始评估服务

在××区司法局及下属司法所接收社区矫正对象后，社工协助对社区矫正对象的再犯罪风险和需求因素进行评估分析，确定管理类别。特别针对有心理问题及心理压力的社区矫正对象提供心理咨询服务，促进其身心健康。心理评估服务是当司法行政机构工作人员在办案过程中发现社区矫正对象有异常行为表现时，由社工为其提供心理评估报告，辅助司法行政机构工作人员做出有利于社会和社区矫正对象本人的判断结果以及监管服务方案。

项目服务指标：新接矫人员 100%覆盖。

社工在协助社区矫正监管服务过程中，积极优化社区矫正接收流程、社区矫正监管规定告知形式和流程、社区矫正对象评估流程和技巧、社区矫正监管规定、辅助资源等方面，使得社区矫正监管更加清晰、规范化，而且行之有效，更好地保障了社区矫正对象履行社区服刑义务，最终达到社区矫正管理的深化，提高对社区矫正对象的监管专业化水平。此外，社工要注意做好每个程序工作的服务对象评估工作，要有风险控制的意识。

（三）教育矫正服务

教育矫正服务主要通过"集中教育为主+个别教育为辅"的方式，为社区矫正对象提供法律常识教育、公共道德教育、心理健康教育等三方面为主要的教育服务，协助社区矫正对象提高心理承压力、社会道德感、法律知识，强化遵法守法的意识，避免重新犯罪。教育学习活动应采用多样化的方式进行。

项目服务工作内容：教育活动主题偏向于法律常识、心理健康、时事政策、思想道德方面，具体内容如下：

1. 法律常识教育。专业社工帮助社区矫正对象开展学法、用法、守法等服务，增强法制观念和悔罪意识，自觉接受改造。

2. 思想道德教育。专业社工对社区矫正对象开展关于人生观、价值观、社会公德、职业道德、家庭美德、个人品德等方面的教育服务，使其树立正确的价值观念，提高道德素质。

3. 时事政策教育。专业社工将结合党和国家的重要决策部署、社会生活中的重大事件等，协助社区矫正对象开展了解社会形势，知晓国家政策的服务，从而达到合理谋求自我发展的目标。

4. 心理健康教育。专业社工将运用认知行为等心理学理论为社区矫正对象开展一系列心理教育，协助社区矫正对象改变错误认知，认识犯罪行为背后的心理因素，避免重新犯罪。

项目服务指标：每月两场集中教育服务。

（四）公益活动服务

项目服务工作内容：社区矫正对象更加倾向于参与社区活动类的公益服务，社工链接相关家综、社区居委会、街道办事处、敬老院、学校等非营利行业或者社会福利单位，建立公益服务活动平台，组织社区矫正对象主动为社会有需要的弱势群体开展公益活动，并逐渐形成志愿服务义工队伍，以培养社区矫正对象的劳动精神，增强社会责任感、悔过改造、改掉恶习，而且通过参加公益活动使社区矫正对象感受到自己的社会价值，体会到劳动的意义，实现人格的重新社会化。项目需组织社区矫正对象每月一场公益活动，公益活动应因地制宜，要注意矫治效果和公益效果相统一。

项目服务指标：每月有效搭建资源网，丰富内容及形式，每月至少组织社区矫正对象参与一场公益活动。

（五）适应性帮扶服务

为社区矫正对象提供相关法规、政策咨询服务，通过个案管理的方式，协助有就业、就学需求的社区矫正对象做好个人职业、学业规划，协助其了解相关机构提供的职业技能培训、劳动用工招聘等信息，提高其社会活动能力及社交技巧。

项目服务指标：链接相关资源，丰富帮扶服务内容。

（六）心理矫治服务

由专业人员对有需求的社区矫正对象提供心理咨询、心理辅导等服务。对社区矫正对象进行心理矫治，就是运用社会心理科学的理论与方法，从犯罪人员的心理特点和心理发展的规律出发，有效解决他们在生活中出现的心理困惑，减少焦虑、忧郁、恐慌及其他不良心理状态，改善他们的非适应行为，包括对人对事的看法，并促进其人格成熟，能以有效且适当的方式，以良好的心理状态来面对压力、处理问题和适应生活以重新融入社会，帮助他们维护和增进身心健康，促进个性发展和潜能开发，进而达到和谐人际关系的目的。

项目服务指标：开展新入矫集中教育学习活动，每月至少两场；按需为社区矫正人员提供心理矫治的个案服务。

（七）社会工作专业服务

针对有需求的社区矫正对象个人或群体，运用个案工作法、小组工作法、心理干预法、动机晤谈法、认知行为重建法等专业方法，提供多元化的矫治服务，激发其潜能，调动其主观能动性，最大限度地增加积极因素、减少消极因素，配合监管和教育矫正工作进行深度矫治。专业社工通过对社区矫正对象的面谈、电访、家访、教育学习、个案介入等方式引导他们抒发内心的负面情绪，提供思想教育、心理辅导、危机干预、行为纠正等，减轻其心理负担，提高其心理适应能力，为其提供心理上的支持，引导其勇敢面对现实生活，增强效能感和自信，使社区矫正对象得到心理上、思想上和行为上的矫正治疗，以重新融入社会。

项目服务工作内容：在常规介入的基础上，社工对有明显影响问题或个别化需求的社区矫正对象给予深度介入，陪伴并协助其面对所面对的家庭、就业、交往等生活问题或需求，引导其配合矫正，恢复其社会功能，能顺利渡过社区矫正和回归社会。

项目服务指标：按需开展个案，年度指标为 110 个。

（八）青少年矫治服务

运用专业方法，对未成年社区矫正对象以及 25 周岁以下的在校社区矫正对象进行矫治和帮教，并配合司法所完成教育矫治和帮扶工作。

1. 社工根据对 18 周岁以下社区矫正对象的保护的法律规定，为每一名未成年社区矫正对象制定独立的社区矫正方案，根据每一个人的具体情况介入辅导、教育和组织参与社区服务活动，改善其法制观念不强、情绪容易波动、冲动、易被诱惑等情况，促进其辨别是非、心理承受和自控等方面能力的提升，让其学会为人处事、人际交往的技巧，为其创造正向的、积极的生活与人际交往圈子，以达到心理矫治、行为纠正的目的，重新融入社会。

2. 社工根据 18 至 25 周岁的青少年社区矫正对象存在的问题和性格特点，为其设计个别化的教育方案，通过面谈辅导、小组教育和社区服务等方式，提高其法制观念，促使其深刻认识到之前的错误行为及带来的严重后果，消除不重视、从众、侥幸等心理，同时给予积极、正向的心理辅导，引导其逐渐接受和消除犯罪行为对自己的影响，抒发负面的情绪，给予其心理支持和鼓励，使其勇敢面对现实生活和社区矫正，重新回归社会。

项目服务工作内容：① 建立专业帮扶小组或者运用个案服务方式开展针对性帮扶教育；② 根据青少年社区矫正对象的危险性因素与需求因素，设计、实施针对性的专业矫治项目。

项目服务指标：一人一档；为每一名未成年人社区矫正对象提供专业个案服务。

（九）日常监管服务

项目服务工作内容：

1. 协助司法所审核、调查和评估社区矫正对象的基本情况。

2. 协助建立社区矫正个人档案按照程序接收社区矫正对象，并给予矫正人员社区矫正相关监管规定的教育。

3. 协助根据社区矫正对象的面谈、电访、家访、个别教育、教育学习和社区服务、日常活动情况等监管工作。

4. 协助司法所落实制定矫正方案，实行"一人一档一个案"的管理模式，调整管理类别、扣分、考核等监管工作。

5. 协助司法行政机关开展接矫、面谈、家访、电访、手环处理、外出审批解矫、档案记录及整理等日常监管服务。

项目服务指标：对所驻司法所 100% 覆盖；项目至少举行三场有助于提升服务效率的培训。

## 第二部分　安置帮教部分

为刑满释放人员提供相关法规、政策咨询服务，为重点人员提供深度跟进帮教服务协助司法所做好工作台账、档案及其他安置帮教工作。

项目服务内容具体如下：主要为其提供法规、政策咨询服务；还提供心理辅导、就业指导、人际交往、社会适应、家庭关系协调、过渡性帮扶等服务，具体看服务对象的需求情况。

项目服务工作指标：协助落实安置帮教服务及台账工作。

## 第三部分 行政辅助性服务

社区矫正对象来自于全区街道，因此社工需要与社工所在的司法所建立合作关系，做好项目宣传工作；每月向司法局提交工作报告，保证项目不偏离工作目标。对于没有社工驻点的司法所也要保持联系，一方面协助做好司法局与司法所的沟通，以及工作落实；另一方面对于新入矫的人员，驻局社工要协助司法所更好地了解新入矫的社区矫正对象的情况。

项目服务指标：项目每月至少一次与区局及司法所进行工作沟通，保障团队稳定性，跟进项目评估、参观交流工作。

### 四、项目监督评估

本着客观、系统、科学性原则，致力于建立完整科学的工作体系和监督评估体系。通过以下四个评估方法进行自检和自我激励。

（一）问卷调查

服务对象对社会工作者的评估至关重要，对于我们发现问题、解决问题具有直接作用，便于社工组织、用人单位从基层了解社会工作者的服务态度、理念、方法。此外，开展社会工作者调查问卷评估具有切实可行性，问卷回收率高，便于系统的统计分析。

（二）资料评价

社工服务大多基于社会工作服务记录，专业社会工作服务应对社会工作进展情况做系统的记录、分析、总结、自评，通过工作记录及历史资料的分析，根据案主的实际情况做出具体的实施方案。因此，这些资料就可以作为社会工作者工作的评估标准，一方面可以督促社会工作者不断的进取，留意工作细节，通过自评不断改进自己的工作方法；另一方面社工机构和用人单位还可以了解社会工作者及服务对象的具体事宜。对社会工作者评估和服务对象进展都有积极的作用。

（三）日常测评

日常测评主要是针对社会工作者的日常工作开展积分记录，通过周、月的积分汇总，针对社会工作者存在的问题提出相应解决方案，帮助社会工作者个人素质及能力的提高，从而促进司法社会工作人才队伍综合素质及能力建设。测评内容主要包括：出勤、接案数量、服务进度、服务效果等，这些内容将根据实际情况制定相应的评估标准。

（四）访谈评估

社工机构通过与社会工作者以及用人单位的谈话，可以直接了解社会工作者在开展个案、小组服务时遇到的困难，如何解决困难，以及接案数量及案主反馈等，这种方法更具直接性。

### 五、司法社工项目策划的关键要点

**（一）项目申报单位需评估是否具有接触服务对象的必要条件**

司法项目因其特殊性质，在上述司法项目涵盖的 10 项内容中，并不是所有的内容都可以由社会组织单独依托社会工作专业介入和解决问题，司法社会工作本身就是司法领域与社会工作领域的叠加合作，社会工作需要介入行政监管的范围开展服务。因此，是否能取得司法机构的认同是项目能否推行的必要条件。申报司法社会工作类的项目需要先评估申报单位是否具有这样的条件，只有取得这张"通行证"才有可能精准地接触到服务对象。

**（二）评估准确的需求及问题**

项目需求的来源主要有几个方向：社会政策及趋势分析；机构的优劣势分析；向服务对象或非服务使用者询问需求；来自过往服务经验或其他社会组织的服务经验探讨；研究国内外新的服务项目；引入新的服务资源；等等。司法社会工作的领域由于其服务对象的特殊性，行政监管的需求或问题基本由司法机关在法律政策的指引下介入，社会工作组织及社工个人在其中是辅助角色。因此，司法社会工作中，社工要结合社会工作的专业分析，清晰自身在司法社会工作不同阶段发挥的角色，把握好社会工作介入的需求点来设计项目。例如社区矫正人员入矫时，社工协助其完成首次报到的环节，可结合社会心理领域的专业，提供情绪疏导的项目，可在社区矫正对象初期提供心理适应支持；集中教育环节，社工可结合社区教育的方法，策划有效的促进认知改变的项目，例如 CBT 认知行为小组；公益活动环节，可结合社区工作的手法，策划及推广社区矫正对象参与社区服务的项目，从而更好地实现社区服刑的价值与作用。

**（三）衡量团队的人力和技术、资源的优势之处**

术业有专攻。从事司法社会工作的人力需要具备一定的专业技能，包括熟悉司法行政监管体系、熟悉法律政策、熟悉犯罪类型及特点，同时尽可能地掌握除了一般社会工作者需具备能力之外的调解能力、犯罪心理分析能力等特定的技术。申报项目的时候，要分析申报单位所具备的人力资源优势，衡量项目是倾向介入行政监管领域，或是心理矫治领域，还是社区教育方向，与申报单位的价值追求及内部人力优势息息相关。这部分优势评估可以作为项目策划方向的重要考虑因素。

以上三项，是结合了司法领域的特殊性来思考项目发起阶段应该留意的注意要点。此后申报单位便可以按照项目策划的一般程序，进入到目标制定、策略制定和执行内容制定、经费预算和人事分工等具体环节细化项目策划内容。

## 六、项目评估

项目执行到中期及末期阶段，一般会开展由第三方组织的督导检查专家队伍，对项目进行评估工作，以便及时对项目运营及服务情况做出监测，督促整改项目存在的问题。

具体督导检查的涵盖的范围包括：①项目上一年度整改情况；②项目本年度执行情况概述；③项目的运营管理；④项目服务内容的实施成效；⑤项目的财务管理；⑥项目的亮点及特色；⑦项目存在的问题及意见。

## 七、项目策划各个环节的文书表格范例

（一）需求调查阶段

上述关键要点提及，项目策划之始要准备评估项目需求。因此申报单位要以需求调研为基础，围绕购买方期望、用人单位期望、服务对象需求以及机构的发展期望等角度设计合理的需求调查。

### 表3-3　需求调查问卷

××区社区矫正项目为了进一步了解社区矫正对象对××区司法社工服务的看法及建议，便于司法社工更好地在社区矫正工作中开展社工服务，我们开展此次问卷调查。调查数据和信息仅供研究使用，所有信息将予以保密，非常感谢您的支持与配合！

性别：　　　年龄：　　　文化程度：　　　　　所在街道：

接受司法社工服务时长段：□小于1年　□1年（含）～2年以下　□2年（含）～3年以下

请您认真回答以下题目：

一、接受服务的情况：

1.（单选）您对司法社工的了解程度如何？

A. 经常接触，非常熟悉

B. 接触较多，有所了解

C. 接触较少，知道有司法社工，不是很了解

D. 不知道司法社工是做什么的

2.（多选）您接受过司法社工的哪些服务？请在□打"√"及打分相应的满意度分值。

| 服务内容<br>分值 | 满意度分值（越高分代表越满意） | | | | | | | | | |
|---|---|---|---|---|---|---|---|---|---|---|
| | 0 | 1 | 2 | 3 | 4 | 5 | 6 | 7 | 8 | 9 |
| （例子）√判前调查 | | | | | | | | √ | | |
| 以下为正式问卷填写部分 | | | | | | | | | | |

| | | | | | | | | | |
|---|---|---|---|---|---|---|---|---|---|
| □判前调查 | | | | | | | | | |
| □初始评估 | | | | | | | | | |
| □ 协助监管执行 | | | | | | | | | |
| □个案辅导 | | | | | | | | | |
| □教育学习 | | | | | | | | | |
| □公益活动 | | | | | | | | | |
| □其他（　） | | | | | | | | | |

3. （多选）接受司法社工服务后，以下哪些选项比较接近您的情况？

A. 更好地完成社区矫正

B. 个人情绪得到缓解

C. 法律知识有所拓展

D. 道德意识有所提高

E. 就学就业得到解决

F. 家庭问题得到解决或改善

G. 恢复了正常的社区生活

H. 其他

　　针对社区矫正社区矫正对象的需求调查，以上仅截取其中一部分。调查的文书需要围绕调研的目标展开设定，部分社区矫正项目已经有实施的基础，因此本范例主要围绕了解社区矫正对象对过往接受社工服务的成效，来辅助项目进行需求研判，决定哪些服务响应到需求，应继续保持；哪些服务需要在下一轮项目策划中进行调整。

　　（二）年度计划阶段（截取部分）——项目策划书内容架构

1. 封面。

　　计划名称：

　　项目时间：

　　单位名称：

　　负责人：

　　撰写人：

　　撰写日期：

2. 计划概况。

　　概述：整个计划的核心重点摘要（背景、重点人群、策略、目标、预计成效，约200~400字之间）。

3. 计划背景。

（1）阐述问题/需求的现状，发现什么需求，要创造什么新需求，要解决什么问题（提炼调研报告要点，约300字以内）。

（2）阐述计划的初衷（计划有何用）。

（3）计划使用的理论依据。

（4）服务对象（或预促进改善的对象）之组成背景及人数。

（5）计划的特色（约200字）。

（6）合作单位。

4. 情境分析、问题界定与需求评估。此部分包括情境分析概述与问题/需求评估两项内容。

（1）概述：从选取的问题界定/需求评估/能力视角的阐述中，用简要的文字对情境进行提炼概括，以及计划的特色与社会影响关联，计划的定位（要解决的问题与策略）。

（2）问题/需求评估：将需求调查的内容摘要式的填入其中。

5. 计划目的与目标，此部分包括总目标与分目标两项。

总目标（目的）：描述方案所要达成的理想境界，也是公益提案主要关心的议题，希望对某一特定人群所造成的最终正面影响。

分目标：是指在特定的时间内，预期达成的明确、具体、可测量的结果，此处为方案所要达成的预期效益，列点。

6. 项目计划：活动/服务规划与设计。在规划项目与运作过程时，必须思考：

（1）此方案解决问题的策略。

（2）项目设计的内容必须要能回应方案目标或产出。

（3）以项目逻辑框架表来表示。

（4）相关概念陈述：总目标是更高层面或更长远目标，分目标是希望达成一个真实和具体；产出是能够促成目标实现和活动所带来的结果；投入是指资源和开展的活动。

（三）服务策划阶段

服务策划阶段的文书套表，根据服务的类型有不同的指引，个案文书套表有专设的章节讲解，此处提供集中教育学习及社区服务的文书套表，供参考。

表 3-4 教育帮扶计划书

| 活动名称 | 酒驾教育小组 | | |
|---|---|---|---|
| 活动分类 | ✓教育学习:（☑ 工作坊 □培训 □讲座 □其他）<br>□公益活动:（□行政协助 □社区活动 □其他） | | |
| 活动编号 | SJ（社矫）-JY（教育）-2019×××× | 负责社工 | 张社工 |
| 举行地点 | ××区××街道司法所 | 活动日期 | 2019 年××月××日<br>上午 10∶00~11∶30 |
| 服务对象 | 社区矫正对象（酒驾类） | 预计人数 | 9 人 |
| 活动背景<br>及理念 | 社会学习理论主要有几个观点：<br>1. 强调观察学习在人的行为获得中的作用。认为人的多数行为是通过观察别人的行为和行为的结果而习得的。依靠观察学习可以迅速掌握大量的行为模式。<br>2. 重视榜样的作用。人的行为可以通过观察学习过程获得。但是获得什么样的行为以及行为的表现如何，则有赖于榜样的作用。<br>3. 强调自我调节的作用。人的行为不仅受外界行为结果的影响，而且更重要的是受自我引发的行为结果的影响，即自我调节的影响。自我调节主要是通过设立目标、自我评价，从而引发动机功能来调节行为的。<br>4. 主张建立较高的自信心。一个人对自己应付各种情境能力的自信程度，在人的能动作用中起着重要作用。如果一个人对自己的能力有较高的预期，在面临困难时往往会勇往直前，愿意付出较大的努力，坚持较久的时间；如果一个人对自己的能力缺乏自信，往往会产生焦虑、不安和逃避行为。因此，改变人的回避行为，建立较高的自信心是十分必要的。<br>因此依据该理论，本小组从"观察学习""重视榜样""自我调节""建立自信"等四个主要的核心内容来设置程序内容，来增强参加者对酒后驾驶危险性的认知，杜绝酒后驾驶的行为，增强其预防及控制行为的信心 | | |
| 活动目标 | 评估指标 | 评估方法/工具 | |
| 认知层面：增强参加者对酒后驾驶危险性的认知 | 参加者能 100%认识到酒驾对自己及公众的危害 | 观察；问卷调研 | |
| 行为层面：杜绝酒后驾驶的行为 | 参加者在解矫 1 年内 0 次酒后驾驶行为 | 回访调研 | |
| 态度层面：增强自己的预防及控制行为的信心 | 80%的参加者能感受到自己预防及控制行为的信心增强至少 3 分 | 前测后测 | |

<table>
<tr><td rowspan="2">进度安排及内容设计</td><td colspan="4">1. 进度安排表：</td></tr>
<tr><td colspan="4">

| 时间进度 | 内容 | 负责人 |
|---|---|---|
| ××月××日 | 撰写计划书，构思服务设计 | 张社工 |
| ××月××日 | 参加者背景信息分析；协调时间和场地 | 张社工 |
| ××月××日 | 执行工作坊 | 张社工 |
| ××月××日 | 总结反思形成工作报告 | 张社工 |
| 一个月后/解矫一年后 | 后续回访了解成效 | 张社工 |

2. 活动内容：

| 时间点 | 程序环节 | 负责人 |
|---|---|---|
| 15分钟"热身" | 签到；建立关系；完成前测 | 张社工 |
| 10分钟"预览" | 工作者带出工作坊的目标；调整参加者对工作坊的预期 | 张社工 |
| 40分钟"工作阶段" | 参加者分享因酒驾带来的负面影响；<br>工作者整理并介绍酒驾危害的关键认知；<br>播放"名人现身说法"视频，引发参加者对于"杜绝酒后驾驶"行为的讨论，了解各参加者的态度；<br>模拟酒桌场景，训练及提升参加者对拒绝酒驾的态度 | 张社工 |
| 15分钟"消化评估" | 将认知、态度及行为进行整合，引导参加者撰写《给解矫后的自己一封信》，将杜绝酒后驾驶的承诺融入其中，增强自我约束的信念设置<br>发放后测问卷 | 张社工 |
| 10分钟"小结" | 引导心得分享，鼓励正面的学习收获 | 张社工 |

</td></tr>
</table>

| 经费预算 | 支出项 | 单价 | 数量 | 小计 | 总计 |
|---|---|---|---|---|---|
| | / | / | / | / | 　 |
| | / | / | / | / | / |

| 预计困难 | 对应解决方法 |
|---|---|
| "名人现身说法"的视频影响力不足 | 掌握分析参加者年龄段，寻找贴切榜样力量的合适视频素材 |

续表

| | |
|---|---|
| 对参加者拒绝酒后驾驶行为的动力分析不足 | 准备 3 个以上模拟情景，在训练中加强观察和分析；若参加者动力较低则需继续增强认知部分的学习 |

| 督导意见 | | | | |
|---|---|---|---|---|
| 审批签署 | 社工签署 | | 日期 | |
| | 督导签署 | | 日期 | |

（四）评估督查阶段（自评报告文书）

**封面**

×××司法社工服务项目

自评报告

项目负责人：

承办机构名称：

承办机构地址：

联系电话：

填报日期：　年　月　　日

**主要内容**

一、本项目基本信息

（一）项目基本情况

1. 项目背景

2. 项目服务场所基本情况

【撰写要点分析】因司法社会工作领域开展服务的场所有司法行政机构、社会服务机构、社区等多个场合，这里需要将本项目固定提供服务的场地描述清楚，尤其有长期驻点的司法所，需要列出。

（二）服务总体情况

二、人力资源配备及组织架构情况

（一）人力资源配备情况

1. 社工队伍方面

表3-5　服务专职人员情况汇总表

| 人员岗位 | 姓名 | 专业 | 学历 | 相关岗位资格证 | 社会工作年限 | 劳动合同签订时间 | 备注 |
|---|---|---|---|---|---|---|---|
|  |  |  |  |  |  |  |  |
|  |  |  |  |  |  |  |  |
|  |  |  |  |  |  |  |  |
|  |  |  |  |  |  |  |  |

2. 督导人员方面

表3-6　本项目服务督导人员情况表

| 姓名 | 派出单位及职务 | 社会工作年限 | 擅长服务领域 | 督导内容 |
|---|---|---|---|---|
|  |  |  |  |  |

（二）组织架构图

三、本项目协议主要内容

【撰写要点分析】此处需要将协议或合同内容，约定好的项目服务内容及指标、质量要求逐一撰写清晰，与下方的项目服务情况一一对应。

四、本项目服务状况（应包括但不限于以下几方面）

（一）该服务对象的基本特征

【撰写要点分析】需要描述出服务对象的数量、性别、年龄分布等基本情况；犯罪类型、服刑期限的整体情况；服务覆盖范围中各个辖区的分布情况等。

（二）该服务需求评估情况与发现的问题

1. 社区矫正对象方面

2. 用人单位方面

3. 刑满释放人员方面

【撰写要点分析】本材料体现年度服务成效，此处的服务需求评估及发现的问题不是本材料的核心环节，但需要概述摘要出清晰简洁的需求要点，为下方介绍年度服务目标做铺垫。

（三）年度服务计划、服务目标、服务内容

1. 目标描述

【项目总目标】

【项目具体目标】

2. 服务内容

（1）社区矫正对象服务

（2）刑满释放人员安置帮教服务

（3）其余服务方面

（四）服务策略

（五）服务完成进展及成效

1. 服务完成进展

截至××年××月××日，指标完成情况如下表：

| 序号 | 服务指标名称 | | 协议数 | 完成数 | 完成率 | 情况说明 |
|---|---|---|---|---|---|---|
| | 一级指标 | 二级指标 | | | | |

2. 服务成效

（六）项目存在的问题及应对策略

| 问题1 | |
|---|---|
| 原因分析 | |
| 应对策略 | |
| 问题2 | |
| 原因分析 | |
| 应对策略 | |
| …… | |

（七）对于上一年度末期评估提出的反馈跟进情况

| 上一年度发现问题1 | |
|---|---|
| 整改情况 | |
| 反思 | |
| 上一年度发现问题2 | |
| 整改情况 | |
| 反思 | |
| …… | |

3. 项目成效方面

五、本项目的特色服务

六、财务评估情况（一般另做自评材料上报）

七、自评小结

🖉 **思考与练习**

1. 老年公益创投服务项目申报书有哪些特点？
2. 青少年服务项目设计时，如何体现项目的创新性？
3. 矫正社会工作服务项目设计时，如何体现项目的创新性？
4. 请你根据某个群体的需求，填写一份公益创投申报书。

# 项目三　社工站项目招投标

🖉 **知识目标**

1. 了解项目招投标的流程和标书的内容。
2. 准确把握社工站项目服务方案的文书特色。
3. 正确书写涉及的文书，清晰写作时的要点及注意事项。

🖉 **能力目标**

掌握社工站投标项目所涉及文书的写作。

🖉 **案例导入**

自 2011 年起，社工站（家庭综合服务中心）项目已逐步覆盖了广州市的各个街道。目前，均通过招投标的方式进行，各个社工机构投标，社工站选择中标的社工机构来运营项目。

招投标的流程是怎样的？作为一家社工机构，如何去投标呢？如何写好一份社工站（家庭综合服务中心）项目的标书，有哪些注意事项呢？

📖 **知识链接**

## 任务一　社工站项目招投标基础知识

### 一、招投标流程

#### （一）发布招标公告

作为购买方，政府会在招标公司网站、中国政府采购网等平台发布招标公告，招标公告里会列出用户需求、购买标书的要求等，一般可以在这些网站上下载电子版的招标文件。

（二）购买标书

当社工机构决定去投标时，首先要做的是购买标书。购买标书，可以通过网上购买，也可通过现场购买，具体要看不同的招标公司的要求。购买标书时，需要索取收据或发票，一方面标书文件里可能需要提供收据或发票，另一方面也便于后续的财务报销。

（三）机构投标

1. 解读招标文件。社工机构需要了解招标文件的各项要求，包括用户需求书、开标、评标等各项内容。

2. 成立投标工作小组，做好人员分工。投标涉及的工作较多，涉及机构服务、财务、行政等多个部门，社工机构可以成立投标工作小组，明确各自分工。

3. 撰写标书。标书包括商务标、技术标、项目报价等内容，社工根据招投标的分工，完成各自的工作，最后将标书整合成一份文件。

4. 打印和封标。现场开标的项目，需要打印标书并进行封标。在打印标书时，要按照招标文件相对的要求，打印正本和副本；在封标时，按照招标文件的要求，分别进行封标，并贴好密封条。

（四）项目开标

开标分为网络开标和现场开标。网络开标的话，社工机构需要将标书按要求在指定的平台上传；现场开标的话，社工机构需要把标书带到开标的现场。

（五）项目评标

评标，由招标代理公司选取的专家进行评标，从商务标、技术标、项目报价等方面进行打分，得分最高的投标机构被推荐为第一中标候选人。

（六）项目中标

招标公司将中标候选人情况告知购买方，购买方确认后，招标公司发中标通知书给中标机构，并将中标结果给其他投标人。

## 二、投标书包含内容

投标文件的内容，一般包括资格性审查、符合性审查、商务标、技术标、项目报价五个部分。

（一）资格性审查

资格性审查主要审核投标机构是否符合投标人的资格，主要包括营业执照、社保、缴税证明等资料。

（二）符合性审查

符合性审查主要是审核投标文件是否符合招标文件的要求，一般包括报价要求、商务标要求、技术标要求。

（三）商务标

社工站项目的商务标，包括投标机构的法人治理和机构管理情况、投标机构的社会工作服务项目运营能力情况、投标机构的社会参与及资源整合能力三部分。这部分内容，需要根据商务标评审规则的要求，逐一提供对应的文件证明材料。

（四）技术标

技术标是社工站项目投标的核心模块，包括投标机构计划为本项目配备的专业人员数量及资质状况、项目服务需求及服务目标的辨识确定能力要求、项目计划的专业服务内容要求、项目经费预算保障计划要求、项目计划实施的制度保障要求、项目服务计划实施的专业方法要求、项目服务计划实施的专业研究能力要求、项目服务设计的其他要求等7项内容。这部分内容，一方面需要按照要求提交对应的资质、证明材料等，另一方面需要根据用户需求书，撰写项目服务方案，编写项目预算。

（五）项目报价

项目报价看似简单，意义重大。项目报价一般分为金额总额固定和总额非固定两种。广州社工站的项目，采用的是项目金额总额固定，用项目工时进行比较的方式。同时招标文件对项目工时报价有最高工时和最低时的要求。投标机构的项目报价，不得超过项目的最高工时，也不得低于最低工时，否则就会废标。

### 三、如何写项目服务方案

（一）项目服务方案的内容

社工站项目的技术标，包括项目背景、需求分析、项目理论、项目内容、实施计划、项目监控等内容。项目技术标要根据招标文件的要求，逐项完成这些内容。

（二）项目服务方案撰写技巧

1. 明晰文件要求，列框架。在写项目服务方案之前，要仔细阅读用户需求书、技术标评标办法等，明确技术标需要包括的内容，同时结果机构的优势和特点，列好技术标的框架，保障没有遗漏重要内容。

2. 统一写作要求，分好工。社工站项目服务方案，内容较多，一般由团队共同来完成。这就要求统一写作的标准，包括标题、字体等，便于后续整个技术标的内容排版。同时，标书内容写作，要明确到人，分清每个人的职责，保证按时按质完成内容。

3. 项目逻辑清晰，有亮点。一份好的社工站项目服务方案，项目逻辑是非常清晰的，从问题到需求再到计划和评估，从投入到产出再到成效和影响，各个部分环环相扣、逻辑清晰。同时，项目技术标也要有自己的服务亮点，服务亮点可从服务模式、服务理念、介入手法等方面去设计。

（三）内容排版统一，要美观

社工站项目的服务方案，整体排版要统一，包括字体、行距、段落、编号等，图、文、表整体排版要美观，给专家评委留下一个良好的印象。

（四）招投标注意事项

1. 把握时间节点。社工站项目招投标有明确的时间节点，包括购买标书、缴纳保证金、项目开标等，如果错过时间节点，就可能导致项目直接废标。

2. 明确文件要求。社工站招投标过程中，如果对招标文件中的条款有疑问，要及时与招标公司联系进行确认，切忌"我以为"，造成不必要的失分甚至废标。

3. 及时做好沟通。项目招投标涉及社工机构服务部、财务部、行政部等多个部门，涉及诸多事项的沟通和反馈。作为机构项目投标的负责人，要及时跟进各项工作的进展情况。

## 任务二　社工站项目招投标案例

### 第一部分　××社工站项目用户需求书

#### 一、项目概述

（一）项目名称

广州市××街道办事处社工服务站（家庭综合服务中心）服务采购项目。

（二）项目概况

本项目属于服务类，为广州市××街道办事处社工服务站（家庭综合服务中心）服务采购项目，项目采购金额为1200万元人民币/5年（240万元人民币/年）。资金来源：财政拨款。投标人必须对本项目整体内容进行投标，只对本项目部分内容进行投标的将被视为无效投标，投标的计划服务总工时最高不得超过项目年度专业服务总工时27 440小时的110%（即30 184小时），最低不得低于项目年度专业服务工时21 476小时，否则视为无效投标。

（三）概要

1. 根据《中共广州市委广州市人民政府关于全面推进街道、社区服务管理改革创新的意见》（穗字〔2011〕14号）及广州市社工服务站建设管理的相关规定和区委、区政府有关规定，采用政府购买服务的运作模式，通过政府采购的公开招标形式向社工类社会组织进行招标采购。

2. 本街道基本情况。××街道位于广州市最北面，是一个空气清新，风景优美的城市，是广州市的后花园。××街道是××区政府所在地，是××区的政治、文化中心，位于××区中南部，南距广州市中心56公里，东南面与江埔街、太平镇接壤，西北面与城郊街为邻。2004年初××撤镇设街，××街道办事处辖9个村民委员会，18个社区居委会，辖区面积 54.8 平方公里，全街总人口约 10.07 万人，其中户籍人口 8.98 万人（城镇人口 81 503 人，乡村人口 8334 人），外来人口约 1.09 万人（含高校大学生）；××街低保家庭共 175 户，其中城镇家庭 104 户，农村镜 71 户；低收入家庭 7 户。辖区内有中学 2 间，小学 7 间，其中由街道直属管理的小学为 5 间，合共 4955 人。城镇户籍 70 岁以上老年人逾 4215 人，居家养老 15 人。

××历史悠久，明弘治七年（1494 年）××街已是××县的县城所在地，距今已有 500 多年历史。位于××中学的文庙孔圣殿，是一座规模宏大、保存比较完整的明代古建筑；位于团星村的松柏堂、黄氏西溪祖祠是广州市第一批文物保护单位，丰富的文化遗迹，昭示着××厚实的文化底蕴。××不仅历史文化悠久，且有怡人的风景。城区地势开阔平坦，著名的云台山、双凤山、风云岭、平顶山环绕四周，清澈的流溪河、小海河、泥塘河三江汇聚文峰塔下，形成"三江抱一城"的美景。

（四）服务项目内容一览

| 服务项目 | 服务时间 | 采购预算 | 最低服务工时量 | 最高服务工时量 |
|---|---|---|---|---|
| 广州市××街社工服务站 | 自签订合同起为期 5 年 | 人民币 240 万元/年；人民币 1200 万元/5 年 | 1 年工时：21 476 小时；5 年工时 107 380 小时 | 1 年工时：30 184 小时；5 年工时：150 920 小时 |

注：1. 本市每个社工服务站项目每年定额投入 240 万元，一般要求项目团队配备 20 名工作人员，其中专业服务人员配备至少 14 名（10 名为助理社工师或社工师，其他为社会学、心理学等相近专业人员），故招标文件要求的年度服务工时应按照《广州市家庭综合服务中心项目招标文件服务价格（工时）标准设定指引》设定，即只计算 14 名专业服务人员的年度专业服务总工时和直接专业服务工时，工时总量最高不得超过项目年度专业服务总工时 27 440 小时的 110%，即 30 184 小时；工时总量最低不得低于项目年度直接专业服务工时 21 476 小时，否则视为无效投标。

2. 凡地域广阔、服务人群数量众多、服务需求较大的街（镇），另筹项目服务资金的，每 12 万元可增加 1 名专业社工，同时应参照《广州市家庭综合服务中心项目招标文件服务价格（工时）标准设定指引》设定，即只计算项目团队拟配备的所有专业社工的专业服务总工时和直接专业服务工时，最高不得超过项目年度专业服务总工时的 110%，最低不得低于项目年度直接专业服务工时，否则视为无效投标。

3. 关于项目的服务时间和购买服务经费标准，另有新的文件规定的，按照有关规定执行。

## 二、项目服务规划目标及基本要求

（一）服务范围
广州市××区××街道管辖范围。

（二）服务对象
居住在××街道辖区内有需要的家庭和个人。

（三）服务目标

1. 项目总体目标：社工以社会组织培育发展为载体，在党建引领下实现社区共治，发展社区居民志愿者，整合和优化社区资源（相关职能部门、企事业单位、社会团体、社区组织等），以"党建引领、专业社工深化、居民志愿者参与"为模式，促进三方联动，搭建社区互助平台，提供多元化的社会服务，在关注弱势、困难群体的基础上，满足街道辖区内个人及家庭多元化需求，促进形成社区邻里和睦、互助互爱的良好氛围，促进社区居民参与，达到社区居民互助，实现社会共治。

2. 年度拟服务目标群体情况：

表 3-7　××街社工服务站年度服务目标群体情况列表

| 项目服务目标 | 服务对象 | 潜在服务数量 | 可覆盖服务数量或比例 |
|---|---|---|---|
| 优先照顾性个体及家庭服务目标 | 困境青少年群体及家庭 | 无业青少年 30 个 | 100% |
| | | 低保家庭青少年 105 个 | 100% |
| | | 残障青少年 185 个 | 100% |
| | 困境长者群体及家庭 | 孤寡长者 14 个 | 100% |
| | | 独居长者 60 个 | 100% |
| | | 低保低收长者 20 个 | 100% |
| | | 高龄长者 881 个 | 100% |
| | | 残障长者 410 个 | 100% |
| | 困境儿童、妇女及家庭 | 残障儿童家庭 45 个 | 100% |
| | | 低保低收儿童及家庭 105 个 | 100% |
| | | 失独家庭 11 个 | 100% |
| | | 单亲母亲家庭 80 个 | 100% |
| | | 其他困境家庭 86 个 | 100% |
| | 其他困境人士及家庭 | 其他困境人士及家庭 90 个（包括失独、下岗失业、社区矫正、吸毒人员、服刑人员家庭等） | 100% |

续表

| 项目服务目标 | 服务对象 | 潜在服务数量 | 可覆盖服务数量或比例 |
|---|---|---|---|
| 一般性个体及家庭服务目标 | 一般性青少年及家庭 | 相关的青少年及家庭 1200 个 | 100% |
| | 一般性长者及家庭 | 相关的长者及家庭 1200 个 | 100% |
| | 一般性儿童及家庭 | 相关的儿童及家庭 1200 个 | 100% |
| | 一般性妇女及家庭 | 相关的妇女及家庭 1200 个 | 100% |
| 社区志愿者服务 | 培育社区志愿者骨干 | 培育社区志愿者骨干 20 个 | 100% |
| | 培育社区志愿者（新增志愿者） | 培育社区志愿者 100 个 | 100% |
| | 培育社区志愿者（志愿者）队伍 | 培育社区志愿者队伍 2 个 | 100% |
| 社区发展服务 | 应急性公共服务 | 协助相关政府部门介入应急性公共服务 2 个 | 100% |
| | 其他公共服务问题（××街特色服务等） | 其他公共服务问题 1 个 | 100% |

（四）项目服务专业方法运用及要求

1. 专业方法：个案工作、小组工作、社区工作等方法。

2. 项目服务指标要求。社工服务站每年应至少完成：80 个专业个案服务；居家探访（含电话探访）700 户；提供小组服务至少 25 个，服务人次不少于 200 人次；组织社区活动至少 24 次，服务不少于 1200 人次；协助街道介入和解决的社区公共问题至少 2 个，组织社区服务需求调研至少 2 次（形成调研报告至少 2 篇）。

（五）服务时间

合同签订之日起 5 年。

（六）服务内容

根据"113×"社工站新模式，项目服务务必按照社会工作服务的理念，以个案工作、小组工作、社区工作等社会工作专业方法为手段，以社区居民及家庭的需求为导向，整合社区内外资源，构建社区支持网络，针对辖区困境人群的问题开展社会倡导，为辖区内个人和家庭提供全面、优质的社会工作专业服务，以满足个人及家庭的服务需求。服务内容包括如下：

1. 党建引领。社工站与街道相关党建工作部门联合，并与共建的党组织签署协议，采取契约精神，共同参与社区调研，收集群众的问题和需求；利用党组织的号召力、凝聚力，推进社区共治，实现多方参与的协商共同推进机制，拓宽社会资源。结合××街"微心愿"服务，通过搭建资源平台，发动党群组织、社区居民和爱心企业的力量，为辖区困难家庭连接资源，缓解困难群体的实际困难。同时，根据党员的特长和能力，发挥党员先锋模范作用，组建党员志愿者队伍，带领其参与公共服务和兜底性弱势群体服务。

2. 社区重点核心问题。社工站围绕××街社区发展、辖区居民群众的迫切需要直接的公共性需要选定社区的重点核心问题，运用社区社会工作专业方法，联动党组织、基层政府、社区、居民的共同参与，培育社区中公益服务组织、文化组织和公共服务组织等号召居民参与和提升居民参与能力；着力调动社区内外资源解决社区问题满足社区需要，保证可持续性发展。

3. 长者服务。一是针对困境长者的服务，依据独居、孤寡、空巢、失独长者和"三无"长者的需求，提供精神慰藉、紧急援助、危机干预、心理情绪支持和人机支持拓展等必要服务。二是针对一般性长者服务，在街道现有为老服务的基础上，通过社工介入，从心理关怀、生活照顾、文体康乐、人际互助、兴趣发展、社会参与等多个层面，为有需要的长者提供预防性、支援性、治疗性等多样化服务，使老人获得支持和能力；解决老人的问题，满足老人的需求，促进其发展。

4. 家庭服务。一是针对困境家庭服务，依据辖区低保、低收、单亲、边缘等困境家庭的需求，提供资源链接、紧急援助、危机干预、心理减压、情绪支持、社区支持网络构建等必要服务。二是针对一般性家庭，为辖区内家庭提供专业知识讲座、亲子教育、亲子互动、家庭角色辅导等多方位家庭服务，协助家庭成员调适家庭角色，增进家庭内部沟通，协调家庭关系；倡导家庭积极参与社区，为营造自助互助社区贡献。

5. 青少年服务。一是针对困境青少年服务，依据辍学、行为偏差等青少年的需求，提供紧急援助、危机干预、资源链接、心理情绪支持等必要服务，关注其潜能和正面行为，重回健康生活，鼓励他们积极参与社区服务，促进其发挥自我价值。二是针对一般性青少年服务，为辖区内的青少年提供个案辅导、小组工作和社区工作专业服务。立足社区，尊重、关怀和服务青少年，鼓励青少年参与和发展，为其提供展现能力的平台，加强青少年与社区的联结，增强青少年的社区归属感，让他们更多地参与到社区的服务中。

6. 社区特色服务。社区特色项目必须体现本土化，立足本土社区存在的实际问题和困难去介入干预，协助某个群体缓解和解决问题才构成社区特色项目。从另一个角度分析，只要根据社区本土状况的某个问题开展服务，协助社区解决问题，实行资源链接形成特色，直接回应社区的需求，就是特色项目。因此，特色项目的两个特征，一是特色项目的服务设计遵循任务中心模式的操作方法。社区特色项目可以说是精品服务路线，不能把社区调研走访、志愿者队伍培育的时间拉得太长，无论是问题与需求分析，还是资源链接和推进社区参与解决问题，都要用任务中心模式的短平快的方式才能奏效。二是社区特色项目要突出资源链接介入问题和需要的重要性。在特色项目中，促进社区问题和需求的解决要形成特色，资源培育、链接是重要内容。

### 三、项目服务的人员及成效要求

#### （一）项目的人员配置要求

投标机构需承诺，社工站一般需配备以社工为主的工作人员 20 名，工作人员总数的 2/3 以上为社会工作从业人员、1/2 以上为社会工作专业人员。其中中心主任 1 名（具有高校社会工作专业本科以上学历，或具有国家助理/中级社会工作师资格证，或接受过××市民政局认可的社会工作专业督导培训并具有 3 年以上社会服务或社区工作经验），专业人员至少 14 名（需为社会工作、心理学或社会学等相近专业学历，其中至少有 10 名具有国家助理社会工作师资格证或社工师资格证），专职财务人员至少 1 名，其他行政管理人员若干；配备专业督导至少 3 名，督导具备比较丰富的社会工作专业理论与实务经验，符合××市有关规定。现在××市××街社工服务站工作的社工，中标人需优先聘用。

#### （二）主要服务领域的服务成效要求

1. 党建引领：注重与所在街道的沟通合作，建立多方参与的协商合作共同推进机构，发挥党员先锋模范作用，探索"党组织+公益""党员+服务"的模式。

2. 社区重点核心问题：围绕××街社区发展、辖区居民群众的迫切需要直接的公共性需要，运用社区社会工作专业手法，号召居民参与和提供居民参与能力，培育社区组织推动社区问题解决，链接社会资源解决社区问题。

3. 家庭服务：辖区居民困难家庭、边缘家庭、单亲家庭等困境家庭实现服务每年度 100% 覆盖，使有需要的困难家庭能得到帮扶和照顾；针对一般性家庭服务和 13 岁以下儿童等人群，每年至少服务 800 个家庭，使有需要的普通家庭的正向功能和能力得到巩固和发展。

4. 长者服务：指面向独居、孤寡和"三无"长者等陷入生活困境，需要给予必要援助和照顾的长者群体及家庭的服务，每年项目服务期内有需要困境长者的服务 100% 全覆盖；应依据不同老年人的服务需求，有针对性地开展相应的帮老助老社区服务，使社区老人老有所依，老有所乐、老有所康、老有所为，得到适切的社区照顾。

5. 青少年服务：针对辖区户籍 13～28 岁有需要的青少年及其家庭开展相应服务，每年服务覆盖率应达到 100%；以青少年及其家庭需求为导向，开展相应的预防、发展、教育性及治疗性服务，使青少年成长危机得到适时干预，成长环境不断优化。

6. 社区特色服务：体现××街本土化特色，盘活社区资源和组织，搭建资源平台，聚焦社区特殊需要，缓解或解决社区问题。

## 四、项目经费预算

本项目经费为额定经费，总计 1200 万元人民币（240 万人民币/年）。含人员经费、专业支持经费、专业服务和活动经费、日常办公经费等，及由项目开展而产生的其他费用。

项目经费根据合同约定的方式分期拨付，依照广州市社工服务站管理有关规定执行。

## 五、应标机构商务要求

1. 应标机构为具有合法有效的独立法人资格的从事非营利社会服务活动的社会公益组织，机构机制健全，内部管理和监督机制完善。

2. 具有独立的财务管理、财务核算和资产管理制度。

3. 有依法缴纳税收和社会保障资金的良好记录；前三年内无重大违法记录，通过年检或按要求履行年度报告义务，信用状况良好，未被列入经营异常名录或者严重违法社会组织名单。

4. 应标机构有一支实力雄厚的社会工作专业专职队伍，具有高素质的社会工作人才库，以及拥有丰富的社会工作实务经验和广阔的视野。应标机构应有承接街镇社工服务站项目的丰富经验。

5. 应标机构能遵从广州市关于社工服务站的运营管理要求和有关规定，规范、有效利用资金，为社区居民最大程度提供综合性社会服务。

6. 应标机构能在遵守广州市社工服务站建设管理的相关规定的基础上，根据街道实际需要，设计特色项目，树立街道服务品牌。

## 六、付款方式

本合同的款项均以人民币方式支付，支付的所需文件、时间和金额如下：

1. 合同。

2. 验收报告（加盖采购人公章）。

3. 中标通知书。合同签订后相应服务在经××市××区民政局审核后，中标人在采购人指定时间内全部完成后，按照财政支付流程向财政支付主管部门办理申请合同金额的全额付给中标人，中标人需提供正式全额发票。

### 第二部分　××社工站项目评分标准

## 一、商务评审

商务部分满分 35 分，具体如下：

| 序号 | 招标文件商务要求条目 | 招标文件商务要求条款 | 评分设置标准 | 备注 |
|---|---|---|---|---|
| 1 | 投标机构的法人治理和机构管理情况（10分） | 机构参加各级民政部门实施的社会组织等级评估，并获得相应评估等级。（提交社会组织评估等级证书复印件）（6分） | 获得5A等级的，得6分。<br>获得4A等级的，得5分。<br>获得3A等级的，得3分。<br>获得2A等级的，得1.5分。 | 最高得6分。 |
|  |  |  | 获得1A等级的，得1分。<br>未获得评级的，得0分。 | 可累计，最高得4分。 |
|  |  | 有规范的财务管理执行能力。（出具财务人员职业资格证、劳动或聘用合同、身份证复印件、财务报告或审计报告）（4分） | 有持财会从业资格证的会计人员，会计为专职的得1分，会计为兼职的得0.5分。（但会计和出纳同为一人兼任的或财会人员无从业资格证的得0分）<br>有持财会资格证的出纳人员，出纳为专职的得1分，出纳为兼职的得0.5分。（但会计和出纳同为一人兼任的或财会人员无从业资格证的得0分）<br>有年度财务报告或审计报告，得2分。（提交近3年内至少2个年份的机构财务报告或审计报告，缺少财务报告或审计报告的得0分） |  |
| 2 | 投标机构的社会工作服务项目运营能力情况（15分） | 投标机构近3年来承接社会工作服务项目的运营情况。（提供所承接的社会工作服务项目的中标通知书或项目合同和有资质的评估机构出具的评估报告复印件）（8分） | 投标机构近3年来承接过单个年度项目资金达50万元及以上的社会工作服务项目，评估获得优秀等级的，每次得1.5分；投标机构承接过单个年度项目资金在50万元以下的社会工作服务项目，评估获得优秀等级的，每次得1分。（无评估结果证明资料的得0分） | 可累计，最高得8分；"社会工作服务项目"包括所承接的政府购买社工服务项目和非政府购买社工服务项目，且不限于家庭综合服务中心项目。另外，鉴于前期我市社会 |

续表

| 序号 | 招标文件商务要求条目 | 招标文件商务要求条款 | 评分设置标准 | 备注 |
|---|---|---|---|---|
| | | | 投标机构近 3 年来承接过单个年度项目资金达 50 万元及以上的社会工作服务项目，评估获得良好等级的，每次得 1 分；投标机构承接过单个年度项目资金在 50 万元以下的社会工作服务项目，评估获得良好等级的，每次得 0.5 分。（无评估结果证明资料的得 0 分） | 工作服务项目评估工作办法尚未统一，各评估机构给出的评估结果亦有差异，凡在 2015 年 12 月前仍未设立优秀和良好等级的区或项目评估结果较少获得优秀和良好的区，只要评估等级为合格或以上的，均可视为良好等级给予评分。 |
| | | | 投标机构承接过单个年度项目资金达 50 万元及以上的社会工作服务项目，评估获得合格等级的，每次得 0.4 分；投标机构承接过单个年度项目资金在 50 万元以下的社会工作服务项目，评估获得合格等级的，每次得 0.2 分。（无评估结果证明资料的得 0 分） | |
| | | | 投标机构承接过社会工作服务项目，评估获得基本合格或不合格等级的，每次得 0 分。（无评估结果证明资料的得 0 分） | |
| | | 投标机构近 3 年来的公信力和诚信度。（提供登记管理机关、广州市社会工作服务投诉监督受理委员会出具的相关证明）（7 分） | 投标机构近 3 年来未发生违法、违规问题，并能出具登记管理机关相关证明的；未被社工、服务对象、购买方等投诉或举报情况，并能出具广州市社会工作服务投诉监督受理委员会相关证明的，得 7 分。 | 最高得 7 分。 |
| | | | 投标机构近 3 年来因有违法、违规问题发生，被社工、服务对象、购买方等投诉或举报在 1~2 次，并能妥善整改和处理的，出具广州市社会工作服务投诉监督受理委员会相关证明的，得 3 分。 | |
| | | | 投标机构近 3 年来因有违法、违规问题发生，被社工、服务对象、购买方等投诉或举报在 3 次及以上，无广州市社会工作服务投诉监督受理委员会相关证明的，得 0 分。 | |

续表

| 序号 | 招标文件商务要求条目 | 招标文件商务要求条款 | 评分设置标准 | 备注 |
|---|---|---|---|---|
| 3 | 投标机构的社会参与及资源整合能力（10分） | 投标机构近3年来的社会参与能力表现情况。（提交参会或参加活动邀请函、相关证书复印件或主办方出具的其他有效证明资料）（2分） | 机构团队能积极参与政府部门举办的慈展会、公益创投等社会公益活动的，每参加1次得0.4分。（无有效证明资料的得0分） | 可累计，最高得2分。省级以上部门包括省级政府部门和有关国家部委、省级社会工作行业组织等；市级部门包括市级政府部门、市级社会工作行业协会、市级社会组织联合会、市志愿者联等；区级部门包括各区（县级市）的政府部门、区的社会工作行业协会、区志愿者联等。 |
| | | | 投标机构能积极参与省、市政府部门或行业组织开展的社会救灾、公共应急、跨区域项目援助或合作等社会服务活动的，每参加1次得0.6分。（无有效证明资料的得0分） | |
| | | 投标机构近3年来参与的社会政策制定及倡导能力表现（2分） | 近3年来，投标机构积极参与市级以上政府部门社会政策研究或起草工作的，每参加1次得0.5分。（提交相关政策研究论文、倡导性提案复印件或政府部门出具的研究、起草参与证明复印件，无有效证明资料的得0分） | 可累计，最高得2分。 |
| | | | 近3年来，投标机构积极向各级人大代表、政协委员或相关部门提交事关社会服务发展的政策性提案、调研报告的，得0.5分。（提交提案或报告复印件、相关部门办理情况复函或人大、政协等部门证明，无有效证明资料的得0分） | |

续表

| 序号 | 招标文件商务要求条目 | 招标文件商务要求条款 | 评分设置标准 | 备注 |
|---|---|---|---|---|
| | | 投标机构近3年来的项目策划及社会资源整合能力情况。（提交相关合作协议复印件；提交项目所在地街道或团市委、志愿者联关于所培育志愿者队伍的证明复印件；有策划的项目获奖或争取到社会资金支持，并能提交获奖证书或项目合同、资助协议、资助资金发票等证明等材料）（6分） | 近3年来，投标机构注重对外合作，有较多的服务合作伙伴，每个合作伙伴得0.2分，此项最高累计得1分。（无合作协议的得0分） | 可累计，最高得2分 |
| | | | 近3年来，投标机构建立了完整的志愿者（志愿者）管理体系，每发展一支志愿者（志愿者）服务队伍得0.3分，此项最高累计得1分。（提交街道或市志愿者协会，市志愿者联关于所培育志愿者队伍的证明，无有效证明资料的得0分） | |
| | | | 近3年来，投标机构通过策划项目获得的各类社会资金支持的：支持资金在1万~5万元以内的，每个项目得0.5分；支持资金在5万~10万元的，每个项目得0.8分；支持资金达10万元以上的，每个项目得1.5分。 | 可累计，最高得4分 |
| | | | 1万元以下的得0分；无有效资助证明资料的得0分。 | |

注：技术和商务的评分原则（好、中、差方面）是按照招标文件的要求与各投标文件对应情况的横向对比，据此各评委以其专业知识、经验作出客观判断所得出。

## 二、技术评审

技术部分满分45分，具体如下：

| 序号 | 招标文件服务要求条目 | 招标文件技术要求条款 | 得分分值 | 备注 |
|---|---|---|---|---|
| 1 | 投标机构计划为本项目配备的专业人员数量及资质状况（8分） | 为本项目至少配备 3 名能力、素质符合要求的督导。（提交职业资格证、聘用合同、督导结业证等复印件和督导同意应标授权书）（最高得 4 分） | 投标机构有能力引进符合要求的境外督导，经本市社工协会备案的，每个督导得 1 分；未经行业协会备案的每个督导得 0.5 分。（提交境外所属机构出具的工作年限证明、市社工协会《备案登记表》复印件、劳动或聘用合同复印件、本人同意应标授权书，除备案《备案登记表》外，其他资料不全或未达要求的得 0 分） | 最高得 8 分。 |
| | | | 投标机构引进的高校督导，拥有 3 年以上社会工作专业教学、研究或实务工作背景，经本市社工行业协会备案，每个督导得 1 分；未经市社工行业协会备案的每个督导得 0.5 分。（提交职业资格证、市社工协会《备案登记表》复印件、劳动或聘用合同复印件和督导本人同意应标授权书，除《备案登记表》外，其他资料不全或未达要求的得 0 分） | |
| | | | 机构引进或培养的本土督导符合要求，经本市社工行业协会备案，每个督导得 1 分；未经市社工行业协会备案的每个督导得 0.5 分。（提交职业资格证、市社工协会《备案登记表》复印件、《督导结业证》复印件、劳动或聘用合同复印件和督导本人同意应标授权书，除《备案登记表》外，其他资料不全或未达要求的得 0 分） | |

续表

| 序号 | 招标文件服务要求条目 | 招标文件技术要求条款 | 得分分值 | 备注 |
|---|---|---|---|---|
| | | 为本项目配备的主要管理人员资质符合要求，具备较好的专业服务能力。（提交主要管理人员名单、职业证书、登记证、身份证、聘用合同、至少近3个月参加社保证明复印件）（单个人员缺少任一证明资料的均不得分）（最高得4分） | 配备的项目主任（社工站主任）：具有5年及以上社会工作服务经验，持有中华人民共和国社会工作者职业水平证书《社会工作工师》（中级）或中华人民共和国《心理咨询师》（二级或一级）证，得2分；具有3年及以上，5年以下社会工作服务经验，持有中华人民共和国社会工作者职业水平证书《助理社会工作工师》（初级）或持有中华人民共和国《心理咨询师》（三级）证，得1分；社会工作服务经验未满3年或未有相关职业资格证书的，得0分。 | |
| | | | 配备的各服务领域主管：具有3年及以上社会工作服务经验，持有中华人民共和国社会工作者职业水平证书《社会工作工师》（中级）或中华人民共和国《心理咨询师》（二级或一级）证，每名得1分；具有1年及以上，3年以下社会工作服务经验，持有中华人民共和国社会工作者职业水平证书《助理社会工作工师》（初级）或持有中华人民共和国《心理咨询师》（三级）证，每名得0.5分；社会工作服务经验未满1年或未有相关职业资格证书的，得0分。 | |

| 序号 | 招标文件服务要求条目 | 招标文件技术要求条款 | 得分分值 | 备注 |
|---|---|---|---|---|
| 2 | 项目服务需求及服务目标的辨识确定能力要求（7分） | 投标机构的项目服务计划能够评估和辨识项目所在地社区的不同服务对象，亦能清晰区分重点服务对象和一般服务对象及其问题和需求，并有针对性地设置可行的服务目标。（出具项目服务计划书或方案） | 项目服务计划至少有4个板块能全面清晰区分重点服务对象和一般服务对象，且设置的服务目标合理可行，得7分。<br>项目服务计划至少有3个板块能清晰地区分重点服务对象和一般服务对象，且设置的服务目标合理可行，得4~6分。<br>项目服务计划至少有2个板块能清晰区分重点服务对象和一般服务对象的，且设置的服务目标合理可行，得1~3分。<br>项目服务计划基本没有区分重点服务对象和一般服务对象的，得0分。 | 最高得7分。重点服务对象一般为低保、残障、孤寡、外来人口等困境人士或群体。 |
| 3 | 项目计划的专业服务内容要求（6分） | 项目服务计划应依据实际情况和购买方要求选择服务领域，明确各个服务领域的重点和功能定位，针对各个领域不同服务对象及其需要，能够分层分类设计相关的预防性、支持性、补救性、照护性和发展性等多元化服务。 | 针对青少年、长者、家庭等各个领域的服务需求，能够设计合理、可行的服务计划，各个领域的服务计划能够区分重点服务对象和一般服务对象及需要，并能分层分类地系统设计预防性、支持性、补救性、照护性和发展性等服务项目，且各个领域服务计划内容符合《项目用户需求书》要求，每个领域得1分，最高得4分，无或其他不得分。<br>针对社区的发展需要，能够设计合理、可行的志愿者服务计划，服务设计应明确在志愿者（志愿者）培育、志愿者（志愿者）组织培育、志愿者（志愿者）骨干培育和志愿者服务项目等方面有具体方案，且服务内容设计符合《项目用户需求书》服务要求得1分，无或其他不得分。 | 最高得6分。 |

| 序号 | 招标文件服务要求条目 | 招标文件技术要求条款 | 得分分值 | 备注 |
|---|---|---|---|---|
|  |  |  | 针对社区的公共问题、突发事件、矛盾纠纷、环境保护、文体健康等公共服务需要，本着发挥协助和支持政府提升公共服务的原则，依据实际情况系统设计系统的社区公益服务计划，明确在社区组织培育、社区领袖培育、社区专案介入等方面的合理、可行的服务方案，且服务内容设计符合《项目用户需求书》服务要求，得1分，无或其他不得分。 |  |
| 4 | 项目经费预算保障计划要求（4分） | 具有合理、详细的项目经费使用计划和预算明细，对工作中各项可能的支出考虑全面细致，符合政府购买服务的相关规定，能够确保项目顺利实施。 | 项目经费预算科目清晰，全面考虑了工作中的各项可能性支出，预算明细合理且符合政府购买服务相关规定，得4分。 | 最高得4分。 |
|  |  |  | 项目经费预算科目清晰，较全面考虑了工作中的主要性支出，预算明细较合理且符合政府购买服务相关规定，得2.5分。 |  |
|  |  |  | 项目经费预算科目清晰，但对工作中的各项主要性支出考虑不够全面，预算明细基本合理，得1分。 |  |
|  |  |  | 无项目经费预算或项目经费预算科目不清晰的，均得0分。 |  |
| 5 | 项目计划实施的制度保障要求（4分） | 有针对项目计划实施制定合理、可行的工作制度，包括员工管理、服务质量管理监测、绩效考核、应急及安全保障制度，保障服务计划有效实施。 | 有系统的服务保障制度，且制度合法，具有较强的合理性和可执行性，得4分。 | 最高得4分。 |
|  |  |  | 有系统的服务保障制度，且制度合法，具有一定的合理性和可执行性，得2~3分。 |  |
|  |  |  | 有系统的服务保障制度，但可执行性较低的，得1分。 |  |
|  |  |  | 无相关服务保障制度的，得0分。 |  |

续表

| 序号 | 招标文件服务要求条目 | 招标文件技术要求条款 | 得分分值 | 备注 |
|---|---|---|---|---|
| 6 | 项目服务计划实施的专业方法要求（6分） | 有较丰富的个案服务经验，能采用适切的服务方法，满足个体及家庭的个性化、特殊化服务需求。（提供至少1个获奖或入选书刊的服务案例记录复印件、获奖证书或文件、入选书刊的截图或照片资料或稿费单据复印件）（2分） | 有专业服务经验，机构的个案服务案例获得市级以上政府部门或市级以上行业组织评选的优秀服务案例或入选公开出版发行的专业书刊（教材）的，得2分。 | 最高得2分。 |
| | | | 有专业服务经验，机构的个案服务案例获得区级政府部门或市级行业组织评选的优秀服务案例或入选公开发行的专业书刊（教材）的，得1分。 | |
| | | | 有专业服务经验和典型服务案例，但未获奖或未入选公开发行的专业书刊（教材）的，得0.5分。 | |
| | | | 没有专业服务经验或服务案例证明资料不全的，得0分。 | |
| | | 有较丰富的小组服务经验，能采用适切的小组服务方法，满足服务对象的特定需求。（提供至少1个获奖或入选书刊的小组服务案例记录复印件、获奖证书或文件、入选书刊的截图或照片资料或稿费单据复印件）（2分） | 有小组服务经验，且有获得市级以上政府部门或市级以上行业组织评选的优秀服务案例或入选公开出版发行的专业书刊（教材）的，得2分。 | 最高得2分。 |
| | | | 有小组服务经验，且获得区级政府部门或区级行业组织评选的优秀服务案例或入选公开发行的专业书刊（教材）的，得1分。 | |
| | | | 有小组服务经验，但未获奖或未入选公开发行的专业书刊（教材）的，得0.5分。 | |
| | | | 没有小组服务经验或服务案例证明资料不全的，得0分。 | |

续表

| 序号 | 招标文件服务要求条目 | 招标文件技术要求条款 | 得分分值 | 备注 |
|---|---|---|---|---|
| | | 有较丰富的社区服务经验，能采用适切的文化互动、教育培训、公共参与、公益倡导等社区服务方法，满足多元化群体的服务需求。（提供至少1个获奖典型或入选书刊的服务案例记录复印件、获奖证书或文件、入选书刊的截图或照片资料或稿费单据）（2分） | 有社区服务经验，且有获得市级以上政府部门或行业组织评选的优秀服务案例或入选公开出版发行的专业书刊（教材）的，得2分。 | 最高得2分。 |
| | | | 有社区服务经验，且有获得区级政府部门或行业组织评选的优秀服务案例或入选公开发行的专业书刊（教材）的，得1分。 | |
| | | | 有相关服务经验，但未获奖或未入选公开发行的专业书刊（教材）的，得0.5分。 | |
| | | | 没有专业小组服务经验或服务案例证明资料不全的，得0分。 | |
| 7 | 项目服务计划实施的专业研究能力要求（5分） | 投标机构具备较好的专业实务研究能力。（提交机构成员近5年以来在专业实务研究方面的成果资料，包括在公开刊物上发表的相关文章复印件或媒体刊文截图、复印件）（5分） | 近5年来在国家级或以上报刊发表社会工作专业实务研究文章的，每篇得2分。（无有效证明资料的得0分） | 最高得5分"机构成员"是指包括专职理事会成员和机构聘请的正式工作人员，不包括外聘督导、顾问和其他兼职理事和兼职人员。 |
| | | | 近5年来在省、部级报刊发表社会工作专业实务研究文章的，每篇得1分。（无有效证明资料的得0分） | |
| | | | 近5年来在市级报刊发表社会工作专业实务研究文章的，每篇得0.5分。（无有效证明资料的得0分） | |
| | | | 近5年来在市级以下报刊发表文章或没有发表文章的，得0分 | |

续表

| 序号 | 招标文件服务要求条目 | 招标文件技术要求条款 | 得分分值 | 备注 |
|------|------|------|------|------|
| 8 | 项目服务设计的其他要求（5分） | 投标机构能依据项目所在地社区的需求设立特色服务或创新服务情况，同时具有运营区级（或镇级）居家养老平台、社区社会组织孵化、长者白内障服务经验，具有链接项目所在地社会资源能力。（5分） | 特色服务或创新服务设置完全符合街道需求，且具有较强的操作性和可执行性，同时满足具备服务经验，得5分。（需同时提供近3年内区级/镇级居家养老平台、社区社会组织孵化、长者白内障服务经验、与项目所在地商协会等社会组织链接的证明，缺一不得分） | 最高得5分。 |
| | | | 特色服务或创新服务设置符合街道需求，具有基本的操作性和可执行性，得1~2分。 | |
| | | | 其他不得分。 | |

**三、服务工时评定**

服务工时评审占20分，服务工时评分统一采用量多优先法计算。评分方法如下：满足招标文件要求且计划投入本项目服务总工时数量最多的为评标基准工时价，其服务工时评审为满分。服务工时的中文大写与阿拉伯数字不一致时，以中文大写为准。其他投标人的服务工时分统一按照下列公式计算：

投标服务工时得分 =（投标计划投入本项目服务总工时量/评标基准工时）×权值（20%）×100

每个报价的综合得分由以下四部分组成（每部分得分计算以四舍五入的方式精确到小数点后两位）：

1. 技术得分：全体评委的技术评分（去掉一个最高一个最低分后）的算术平均值；

2. 商务得分：全体评委的商务评分（去掉一个最高一个最低分后）的算术平均值；

3. 投标服务工时得分：服务工时评审的客观计算得分；

4. 总得分=商务得分+技术得分+服务工时得分。

按综合总得分由高至低排出各有效投标的名次（出现综合总得分并列时，服务工时得分的投标人名次靠前；若综合总得分和服务工时得分都相同，按服务指标优劣顺序决定的投标人名次）。

1. 项目服务方案如何逻辑清晰？
2. 社工站项目报价的重要性是什么？
3. 作为项目投标负责人，你如何保证投标文件制作的进度？

# 项目四　公益创投项目筹款

**知识目标**

1. 了解公益创投服务项目的筹款方式。
2. 正确书写涉及筹款的计划书，清晰筹款的要点及注意事项。

**能力目标**

掌握公益创投服务项目筹款的特点，学会为项目链接资金。

**案例导入**

××省边远山区的高龄留守长者（70 岁以上）有 48 人，家人外出务工，无暇顾及老人的居家安全需求，也缺乏为长者提供居家安全照顾的意识。加上农村的居家养老设施不完善，也无法为这部分长者提供适宜的生活环境。据统计，78%的高龄长者曾经在家里摔倒，严重者导致中风，轻者骨折。有些长者摔倒后，短期内不显露症状，为生活所迫，继续干农活，后来突发病逝者也不在少数。尤其是困难家庭的独居长者，生活更是难上加难，连厕所都是茅房。

请你根据该群体的需求，设计一份腾讯"99 公益"募款方案。

**知识链接**

大多数的公益创投项目在服务经费方面，除了得到创投主办单位的资助意外，还要求申报机构有自筹款项的能力，能够将服务进行优化。因此，在本章节加强学习公益创投项目筹款的知识及文书。

## 任务一　公益创投机构的筹款管理

### 一、筹款的内涵

筹款指非营利组织基于组织的宗旨和目标，向政府、企业、社会大众、基金会等发起筹集资金的活动。

## 二、筹款的理念

在社会工作实践中，筹款的理念主要有以下几种：

### （一）以服务为导向

服务（项目）为导向的公益创投项目认为只要服务（项目）足够好就能得到富有同情心、热心公益的人的支持。因此，公益创投专注于服务对象需求的以及对实务策略的研究。该类项目一般不设专职的筹款人，获得的款项来自于少数人的爱心赞助。

### （二）以推销为导向

以推销为导向的公益创投项目，一般服务团队设有筹款负责人，他们主动寻找潜在的捐款人。该类项目的背后的理念是号召更好潜在的公益爱心人士，挖掘社会的公益精神，聚少成多，实现公益创投筹款的可能性。

### （三）以市场为导向

以市场为导向的公益创投项目着重考量自身组织和服务对象在市场中的受关注度。创投负责人会积极征求潜在的捐款人的意见，搭建该类服务对象感兴趣的潜在捐款者参与和互动的平台。因此，公益创投负责人关注筹款人的需求，并针对捐款者的需要设计服务项目。

## 三、筹款的渠道分析

筹款的资金来源主要有个人捐款、政府补贴、企业赞助三种渠道：

### （一）个人捐款

个人捐款是指社会成员向非营利机构捐款。在公益创投项目中，深入分析大众捐款的内在动机，能更好地制定切实可行的筹款方案。

### （二）政府补助

公益创投一般提供的是公共服务产品，补充了政府的某些公共服务职能。有些政府部门会因此想创投项目提供资金补贴，以使政府能够集中精力解决公共管理和公共监督的问题。政府一般更关注社会的兜底人群服务和当时重点的发展问题，例如救助、扶贫、环保、救灾、支教等。

### （三）企业赞助

企业赞助是公益创投项目实现自我筹款最重要的渠道之一。企业赞助行为也是市场行为，企业愿意拿出一些钱来参与社会公共事业往往也有其自身的考虑。通常有地缘关系的、有业务关系的、企业形象所声称的以及有个人关系的企业，最容易为项目捐款。

（四）其他筹款

除了以上三种筹款方式，还有基金会、慈善会、国际资助机构和联合劝募组织等等。该方式是款项捐向其他非营利组织，然后公益创投项目向这些非营利组织请求帮助，获得资金的支持，实现善款的再分配。

### 四、筹款的过程

筹款的过程分成五个步骤：

（一）成立筹款团队

筹款团队实施专人专职的方式，对筹款渠道和对象做出精准的分析，制定合适的筹款计划。

（二）分析筹款对象

对筹款的对象进行精准分析，才有可能实现筹款的目标，包括确定潜在的捐款人名单、所在地、业务特点等方面；确定由谁去跟进，如何去接近这个潜在的捐赠人，等等。

（三）确定筹款目标

筹款目标公益创投项目的实际服务的需求。可以采取需求法（组织开展活动预计需要多少资金减去目前组织拥有的可动用的资金），也可以采取机会法（预测从各类渠道可能获得的款项，确定一个适合的目标）。

（四）开展筹款行动

在行动过程中，筹款行动要根据不同的对象确定不同的方法。比如，对于捐赠额较小的个人市场，可以采取公众号等微信和 QQ 平台发动的方式。对于比较固定的大额捐赠者，可以采取登门拜访、当面洽谈的方式，要给面谈的对象提供详细的策划书。

（五）筹款的常用方式

筹款的方式多种多样，可以根据不同的筹款对象选取不同的方式。主要有信件劝捐、电话劝募、面谈募捐、网上募捐、义演义卖、电视认捐、报刊劝捐和组织动员募捐等。值得关注的是，组织动员募捐借助于组织力量发动大家捐款。比如，党团组织要求成员捐款。

有些项目得到相关方的支持，在公共场合设立募捐箱，使得捐助经常化、自愿化，营造公益慈善的氛围。

### 任务二　公益创投项目的筹款案例分析

#### 一、公益创投项目成功筹款的四个要素

搭平台：将服务提供者（如社工）、服务受益者（即服务对象）和赞助者三方互

动的平台搭建起来，让原来没有关联的三方建立关系。

说故事：从感性的角度说好服务收益者的故事，说故事的前提是对服务受益者的问题和需求、社会支持网络等方面进行深入分析和解读。

传情怀：分享你选择这项服务的初心、你持有的信念，传递热心公共事业发展的情怀，并简述你想解决的问题及服务概况。

寄希望：清晰说明赞助方在项目中的作用，他们的资助给项目可带来的改变，将服务项目成果的希望寄托在赞助方身上，期待他们的参与和支持。

**二、筹资策划书的 Why-How-What 组合[1]**

不在于做什么（what）、如何做（how），而在于为什么做（why）[2]。这就是先带出项目回应的问题及其迫切性（why），然后提出能够解决问题的方法、信念（how），最后才介绍项目的具体内容（what）。"Why-How-What 组合"包含的元素有：

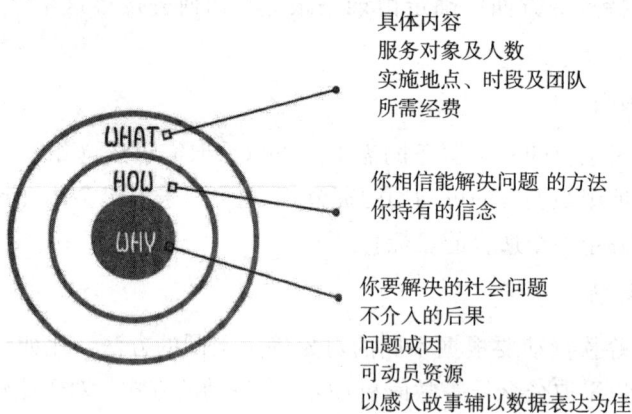

具体内容
服务对象及人数
实施地点、时段及团队
所需经费

你相信能解决问题 的方法
你持有的信念

你要解决的社会问题
不介入的后果
问题成因
可动员资源
以感人故事辅以数据表达为佳

图 3-1　Why-How-What 组合

**三、筹资案例分享**

（一）筹资信书写

一封好的筹资信能够起到说服的作用，是敲开筹资大门的基础。以下是书写筹资信的 7 个步骤。

1. 感人的开场。具有吸引力的筹资信应以"Why-How-What 组合"中的"Why"开场，以一个与受益者有关的故事为引，以牵动人心。

2. 机构介绍。扼要说明机构的使命与愿景，成立至今的发展历程，曾经和正在提

---

[1]　项目臭皮匠：《项目百子柜》，中国社会出版社 2018 年版，第 171~172 页。
[2]　项目臭皮匠：《项目百子柜》，中国社会出版社 2018 年版，第 171~172 页。

供过的服务、获得的成就和荣誉等。

3. 项目简介。采用"Why-How-What 组合"技巧，扼要说明项目的 how 和 what，以及将为受益者带来的改变，让赞助者觉得方案具操作性，值得赞助。

4. 可带来的影响。说明方案的目的和目标，以数据说明为佳，例如服务人数、以百分比说明将会带来的改变程度等。

5. 筹资金额。赞助者会期望能够了解到项目所需的金额及用途。最直接的方法是列出项目所需金额，一目了然。

6. 获得的回报。站在赞助者角度，思考如何让赞助达至双赢。

7. 表付方式。说明以何种平台或者形式接收赞助，电子支付或者现金支付，一次性支付或者定期支付等。

值得注意的是，在实际筹资过程中，可以根据需要调整内容介绍的顺序。

（二）筹资信的书写文书

以长者服务项目"健康速递"为例[1]：

一个成本几十元的药箱作用有多大？它可以帮助到 30 名像陈婆婆一样的长者，获得人生第一个药箱，学会自白护理，免受病痛拖延之苦。我们认识陈婆婆时，她的腿患有炎症，以致脓肿，她有治疗的药品，但舍不得使用，也不懂使用，药品过期了，病情也越来越严重。

当你我可以轻易处理自己的伤口时，怎么能够容忍身边的长者这样无助、被遗忘呢？如果你家里的长者遇到这种情况，你能坐视不理吗？长者的居家健康问题，急需正视。

我们探访这些长者时，发现他们愿意并有能力对健康进行自我管理，只是缺乏一些外来的支援。本项目打破把长者视为"等待救援者"的成见，我们相信，只要长者获得这些外来的支援，包括：备有合适的药品、学习基本的护理知识，加上邻里协作，长者都能为自己的健康负责！

"健康速递"的内容分两部分："上门送药箱"，联动社区资源，为长者赠送常用药品和药箱，并教授如何使用；"上门送健康"，联动"社工+义工"，上门为长者传授常见护理及保健知识，如量血压、手指操等，鼓励长者更好地管理自己的健康。

本项目先以实验性质推行，覆盖两个农村社区，主要服务独居、空巢长者，经费4200 元，为期半年。我们的目标是使 30 户长者实现"一家一药箱"，并学会自我护理，提升健康状况，达至居家安心。

（三）到企业筹资的资料准备

充足的准备是企业筹资面谈成功的重要保证。因此，在到企业进行筹资前，需要

---

〔1〕 项目臭皮匠：《项目百子柜》，中国社会出版社 2018 年版，第 171～172 页；时立荣主编：《社会工作行政》，中国人民大学出版社 2015 年版；夏建中主编：《社区工作》，中国人民大学出版社 2015 年版。

做好资料上的准备。详见表3-8：

### 表3-8 筹资资料准备清单

| 资料名称 | 说明 |
| --- | --- |
| 一份机构资料 | 一份好的机构简介，让企业对即将合作的项目更有信心。 |
| 一份筹资信 | 一封好的筹资信能够起来说服的作用，是敲开筹资大门的基础。 |
| 一份公益创投的项目书 | 创投项目书可以详细介绍项目，让企业更深入了解合作服务的必要性。 |
| 一份项目一句话介绍 | 只用一句话，完整介绍你的项目，能够让企业对接人对你及项目感兴趣。 |
| 一份赞助人常见问题清单 | 常见问题的清单来源是你对服务及面谈企业的理解以及他们感兴趣的提问。有一些是所有项目的通用问题，还有一些是你项目的特殊问题。不管是什么问题，对问题背后，对方想法要搞清楚，才能作出有针对性的回答。 |
| 一份已有服务的痕迹（图文并茂或报道） | 如果是已经有服务基础的公益创投项目，准备一份已有服务的服务材料，图文并茂的资料可以增加企业对项目的兴趣和信心。 |
| 工作证 | 工作证证明你的身份，提升企业对你的信任感。 |
| 合作协议书 | 准备好合作协议书，提前盖好单位的公章。如果遇到可以当下达成合作的企业，可以马上把协议签好，有备无患，提高效率。 |

**思考与练习**

1. 根据实际，谈谈社会服务项目如何筹款？
2. 公益筹款的会面需要做哪些准备？

# 社会服务项目行政

## 项目一 社会服务项目行政

### 知识目标

1. 了解社会服务项目行政工作的内涵。
2. 了解社会服务项目行政管理的功能。

### 能力目标

全面了解社会工作行政的基础上，掌握相关文书的写作。

### 案例导入

小陈社会工作专业毕业后，去了一家社会工作服务机构从事社会工作服务工作。工作 4 年后，他有意愿去尝试一下机构的行政管理岗位，做机构的管理总监。但是他很犹豫，不知道社会服务项目行政具体有哪些工作内容，自己是否能够胜任。

### 知识链接

#### 任务一 社会服务项目行政

##### 一、社会服务项目行政的含义及内容

（一）含义

社会服务机构通常是以"助人自助"为宗旨，由受过专门训练的社会工作者，作为职业的服务人员和志愿者组成，为特定的有需要的服务对象提供专业服务的人群组织。

社会服务项目行政是指社会服务项目为达成使命，通过计划、组织、协调，依照行政程序，将社会福利、社会保障政策转化为具体的社会服务，以实现政府或特定社会福利为目标的过程。

（二）内涵

1. 社会服务项目行政是机构内部的行政管理及协调活动，包括计划、组织、人事、协调与控制等。

2. 社会服务项目行政的最高目的是使命的达成，社会工作行政管理以案主为中心；

3. 社会服务项目行政追求效率和效果。效率保证机构资源投入产出的有效运转，效果保证机构服务的性质和质量品质。

（三）具体内容

社会机构行政的具体内容包括社会服务项目发展规划及决策、社会服务发展计划设计、社会服务项目的组织与运行、社会服务项目的人力资源管理和社会服务项目的财务管理四个部分。

### 任务二　社会服务项目行政工作功能

第一，社会政策福利执行的功能。机构的社会工作行政是把社会福利政策转变为实际的社会福利活动，惠及有需要的社会成员的过程。

第二，行政管理的功能。其目标是提高效率与减少浪费，使有限的社会资源得到有效整合。其中包括资源的筹措与安排、服务计划的制定与运行、人员的招募、训练与督导等。

第三，专业服务功能。其目标是提供优质的专业服务，其中包括确定机构服务方案、提供与执行具体的服务项目，如对受助者进行辅导或资源链接、对服务的效果进行持续的评估等。

**思考与练习**

1. 社会服务项目行政的内涵是什么？
2. 社会服务项目行政工作有哪些功能？

# 项目二　社会服务项目发展规划及战略决策

**知识目标**

学习社会服务项目发展规划、战略决策的制定；掌握相关的文书写作知识。

**🖐 能力目标**

掌握社会工作项目决策计划的基础上，设计相关文书，掌握文书写作的要点及注意事项，设计制定机构的发展规划和战略决策。

**🖐 案例导入**

小陈担任某项目行政总监工作后，要撰写项目的年度计划及中长期发展规划，一份完整的发展规划体现了项目的发展思路和机构的战略决策，为机构的发展指明了方向。

请你思考，社会服务项目的发展规划包含什么内容？

**📖 知识链接**

## 任务一　社会服务项目发展战略决策

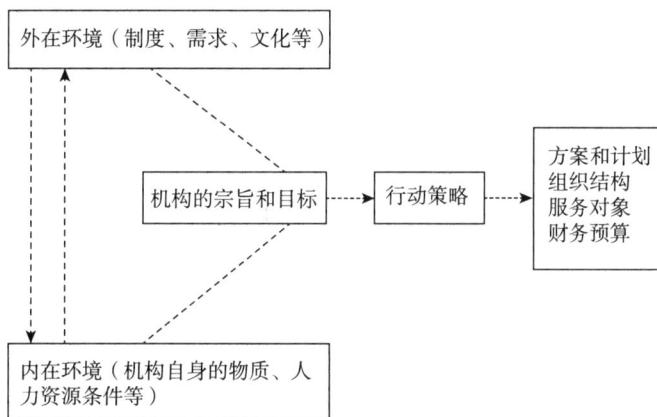

图4-1　社会服务项目发展战略决策

### 一、社会服务项目发展规划的内涵

社会服务项目的战略决策是指机构通过对内部和外部环境进行动态分析，找准机构发展方向；及时研究存在的问题、分析和解决问题；统筹制定中长期发展战略及具体工作规划的过程。

### 二、社会服务项目发展战略决策的制定

1. 决策的制定和国家政策、经济、文化、科技、自然环境等方面的因素密切相关。

2. 分析影响机构生存与发展的重要因素，如政府、社区、服务对象、志愿者、捐赠者等；分析机构的社会资源情况；分析机构完成目标的绩效等。

3. 善于运用科学的研究方法，明确事实及问题所在。运用科学的研究方法，分析

机构优势、劣势及资源条件；对涉及的领域进行仔细分析，抓住事实本质和问题所在。

4. 设定决策目标，在充分分析机构资源及社会发展的基础上，设定机构中长期发展目标。目标要评估所解决问题带给机构的发展影响及所产生的社会效果。

5. 制定发展方案，根据发展目标，设计多种发展方案，从中选择最优方案。

6. 针对目标决策，通过对方案的有效性、科学性、效果进行讨论评估，最后做出正确的决策。

表 4-1　项目发展的战略决策

| 项目名称 | | 发展阶段 | |
|---|---|---|---|
| 项目资源 | 内部资源 | | |
| | 外部资源 | | |
| 所处环境 | （包括政治环境、经济环境、文化环境等） | | |
| 发展机遇 | | | |
| 项目现状 | 优势 | | |
| | 劣势 | | |
| 制定可行性目标 | 中期发展目标 | | |
| | 长期发展目标 | | |
| 目标分析评估<br>（确定问题的重要性<br>及对项目的影响） | 1. 问题覆盖面多大？多少人面临这样的问题？<br>2. 问题的解决对受助者的重要性？<br>3. 解决问题的内部资源及外部资源能力？问题解决后产生的社会影响力？对机构的发展重要性表现在哪些方面？ | | |
| 发展方案 | 方案一 | | |
| | 方案二 | | |
| 最佳方案分析评估 | | | |
| 效果预估 | 评估方案是否解决了问题，实现了目标？若尚未实现，问题何在？如何进行修改？ | | |
| 决策 | 对方案和预期效果进行讨论评估，运用名义小组法和德尔菲法确定决策目标。 | | |

## 任务二　社会服务项目的计划

### 一、社会服务项目计划的内涵

计划分为战略计划和行动计划两种。战略计划是指项目结合机构的实际情况，通过分析现在与未来的环境中存在的机会和威胁、可使用的资源，确定项目的任务，设立目标和制定团队能够在环境中成功运行的战略；社会服务项目的行动计划则是为了实现机构的战略规划，对机构的内部环境、社会服务需求的评估分析，设定项目的目标，拟定并选择用来实现目标的可能的行动计划。另外，计划按照时间长度可分成短期计划和长期计划；按照计划的功能性可分为策略性计划和管理性计划

### 二、行动计划组成

1. 目标设定：目标即目的或要达成的结果。

2. 评估目前的优缺点：对机构可用的资源进行评估，包括经济资源和人力资源，要评估进行某项工作所需的预算、经费，还包括个人成长所需要的知识能力。

3. 可行方案：列出并说明所有可行方案，在对各种可行方案进行评估与预测之后，选择确定最佳方案。

4. 预测结果：预测每种方案可能的结果。

5. 实施计划：制定具体详细的实施方案，对每步行动计划做简要介绍并做记录。对于突变状况的处理进行时间预留和提供处置方案。

6. 监督与评估计划：对计划进度进行定期研究和报告。

7. 方案：制定计划后严格按照原计划实行，除非有重大变化的出现，要对原计划进行调整或重新修改，保证计划合理有效。

### 三、服务计划的结构

1. 一个完整的服务计划应该具备哲学性和结构性特征。

2. 层次不同的计划书，相互间具有层次结构，此时低层次计划的目标不得与高层次计划书的目标相抵触。

3. 各计划相互间可能存在程序结构关系，如外展计划、宣传计划、方案实施计划、跟踪评估计划等，在程序上有先后之分，在进度上必须密切配合。

### 四、制定计划的意义

明确发展方向，为项目的下一步工作做好准备，减少重复和浪费，使工作有序进行，把目标作为衡量的尺度，便于管理和控制。

### 五、社会服务计划的程序

（一）确定社会需要

1. 问题识别：指的是确定可能的服务对象的人数，要解决的问题的性质、产生的原因及后果的严重性。

2. 因果假设分析：找出问题的原因，采取因果假设的分析方法。

3. 评估需要：分析服务对象对问题和目标的知觉性。了解服务对象的需要是否可从现在可获得的服务方案中得到满足。

（二）提出备选的服务方案

要想提出优质的备选服务方案，首先要集思广益，尽可能多设计出各种不同方案供参考。其次要精心设计，详细论证，反复计算，细致推敲。最后要对方案进行修整，提高被选方案的科学性和准确性。

（三）选择方案

要想选择合适的方案，首先要进行方案的评估。要考虑各方面的原因，选择更有效地解决社会问题或满足社区需要的理想的可行的方案。

### 六、社会服务目标的制定

（一）确定总目标

目标可分为总目标和子目标。总目标是指机构在社会服务方面的一些总体原则性的想法。子目标是指机构将总目标具体化、明确化，具有可操作化、可测量、短期性的特点，保证计划切实可行。

（二）目标分解

劳伯弗将宗旨和目标之间的关系以目标树表示。标的分解可以用目标树的方式进行，上层目标都是由下层目标结合而成的，上层目标是通过逐步分解而实现的。通过目标树可以把抽象的总目标分解为可操作的具体目标。在分解的过程中要注意避免下层目标超过或不及上层目标，同时要注意横向目标之间的整合。

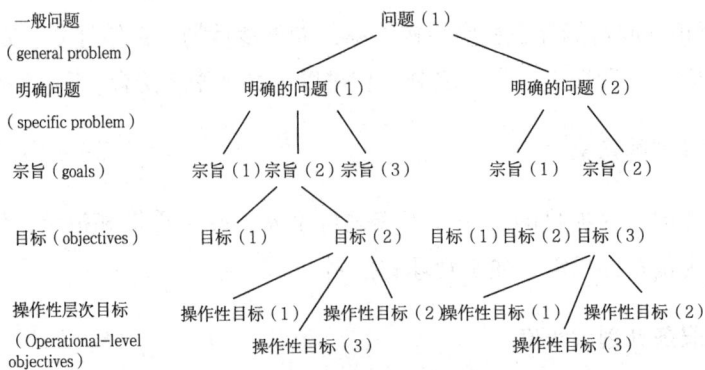

图 4-2 宗旨与目标的关系

### 七、社会服务计划的文本架构

（一）方案名称：响亮、贴切，但不能"标题党"。

（二）实施依据：问题与需求。

（三）宗旨与目标：将抽象目标分解具体目标、过程具体目标和结果具体目标。

（四）服务对象：一般人口 > 危机人口群 > 标的人口群 > 服务人口群。

（五）方案服务内容。

（六）经费预算。

（七）工作流程：例如甘特图的使用，按照时间进度标出工作活动，用于项目管理。

（八）评估方法。

### 八、相关文书表格的使用

表4-2　社会服务项目实施计划表

| 服务对象 | 需求 | 目标 | 分目标 | 服务内容 | 服务过程 | 服务成效 | 评估方法 |
|---|---|---|---|---|---|---|---|
|  |  |  |  |  |  |  |  |

表4-3　××项目指标完成情况统计及投入人员对照表

| 项目 | 个案 | | | | | | | 小组 | | | | | | | | 社区 | | | | | |
|---|---|---|---|---|---|---|---|---|---|---|---|---|---|---|---|---|---|---|---|---|---|
|  | 协议、结案数 | 接案数 | 百分比 | 协议完成数 | 完成量 | 百分比 | 协议节数 | 完成量 | 百分比 | 协议个数 | 完成量 | 百分比 | 协议节数 | 完成量 | 百分比 | 协议人次 | 完成量 | 百分比 | 协议次数 | 完成量 | 百分比 | 协议人次 | 完成量 | 百分比 |

表4-4　××项目服务岗位人员培训和督导统计汇总表

| 承办单位名称：（公章） | | | | 数据统计截止日期： | | | | | 单位：小时 | | | |
|---|---|---|---|---|---|---|---|---|---|---|---|---|
| 序号 | 姓名 | 社会工作从业年限 | 协议年度培训时数 | 培训次数 | 实际培训时数 | 完成率 | 督导 | | | | | | | | |
|  |  |  |  |  |  |  | 个督次数 | 个督时数 | 团督次数 | 团督时数 | 协议督导时数 | 实际督导时数小计 | 完成率 | 负责督导 |
|  |  |  |  |  |  |  |  |  |  |  |  |  |  |  |
|  |  |  |  |  |  |  |  |  |  |  |  |  |  |  |

表 4-5　项目问题分析及处理方案

| 项目目标设定 | 总目标 | | |
|---|---|---|---|
| | 具体目标 | | |
| 存在问题 | 问题一 | 问题二 | 问题三 |
| 原因分析 | 产生因素 | 产生因素 | 产生因素 |
| 解决方案一 | | | |
| 相关理论 | | | |
| 方法步骤 | | | |
| 可行性分析 | | | |
| 应急措施 | | | |
| 效果预测 | | | |
| 解决方案二 | | | |
| 相关理论 | | | |
| 方法步骤 | | | |
| 可行性分析 | | | |
| 应急措施 | | | |
| 效果预测 | | | |
| 评估确定解决方案 | | | |
| 审核部门 | | | |
| 制表时间 | | | |

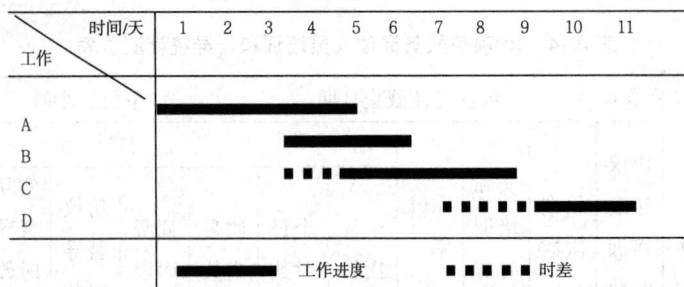

图 4-3　服务进度甘特图[1]

---

　〔1〕　ABCD 代表具体的服务事项。

**思考与练习**

1. 社会服务项目行政的战略决策有哪些要素？
2. 社会服务项目计划有哪些程序？

# 项目三　社会服务项目组织与运营

**知识目标**

1. 了解社会服务项目的组织框架。
2. 学习社会服务项目人、财、物资源管理及对内对外沟通交流、宣传。

**能力目标**

掌握日常档案管理、对内对外沟通交流及机构宣传沟通等工作及文书写作。

**案例导入**

小陈所在的机构通过投标，进入××街的社工站为当地的居民提供专业的社工服务，小陈担忧新项目的组织和运营工作不能顺利开展。你认为机构的组织和运营有什么特点？

**知识链接**

## 任务一　对外沟通

社会服务项目承担从政府职能部门下放和转移出来的社会服务，社区社会工作的参与面越来越广，社工机构与购买方、相关业务部门及社区组织打交道的机会越来越多、关系越来越密切，因此社会服务项目在服务推进过程中，必须重视项目的对外沟通工作。

### 一、目的

为建立良好的外部沟通渠道，加强社工站与民政局、街道相关部门、居委、合作单位及辖区居民之间的沟通与交流，促进双方各项工作的顺利开展。

### 二、适用范围

全体员工与民政局、街道相关部门、居委和合作单位、辖区居民等相关人员。

### 三、沟通方式

面谈、各类会议、书面沟通、网络沟通、月报表、简报、意见箱等。

1. 面谈：每周下社区两次与各社区居委交流工作；

2. 会议：问题讨论会、交流会、工作协调会等方式；

3. 书面沟通：包括工作总结、文件等方式；

4. 网络沟通：包括QQ、微信、电话、电子邮件等方式；

5. 月报表：每月定期向区民政局和街道主管领导递交社工站月报表；

6. 简报：每月制作社工站工作月度简报；

7. 意见箱：在前台摆放意见箱，供员工及其他人员对社工站工作提出意见和建议；

8. 其他：社工站在户外宣传栏公布社工站各类联络方式，有关人员可以直接联系社工站主管人员传递有关信息。

### 四、沟通职责

社工站主任、部长、一线社工、行政人员的沟通职责，对其负责联系沟通的对象、内容、沟通时间以及所需物资等进行了详细划分与说明，确保各岗位同工清晰明确自身的职责，推动社工站对外沟通工作顺畅开展。

表 4-6　社工站对外沟通安排表

| 岗位 | 职责 | 沟通时间 | 所需物资 |
|---|---|---|---|
| 社工站主任 | 1. 每月向街道分管领导汇报社工站的工作进度，以及了解街道最新动向。 | 每月一次 | 月工作总结及工作计划 |
| | 2. 每月向街道分管领导汇报社工站的宣传情况，听取领导指导。 | 每月 | 社工站月报 |
| | 3. 每季度与区民政局汇报财务及服务情况，听取建议和意见。 | 每季度 | 社工站季度工作总结 |
| | 4. 与街道其他职能部门进行不定期沟通，协调工作，以确保社工站的各项工作顺利开展。 | 不定期 | 根据具体的事务准备材料 |
| | 5. 与各社区居委会的开展沟通交流，定期开展座谈会，了解居委会对社工站服务的满意度、意见与建议。 | 每半年 | 访谈提纲、意见反馈表 |

| | | | |
|---|---|---|---|
| 社工站主任 | 6. 与行业协会以及其他社工服务机构开展沟通交流，了解行业发展情况以及链接相关学习资源，提升社工站人员、服务的质量与水平。 | 不定期 | 根据具体的事务准备材料 |
| | 7. 与其他合作单位开展沟通交流，拓展社工站服务，整合社区资源。 | 不定期 | 根据具体的事务准备材料 |
| | 8. 与服务对象的开展沟通交流，定期开展座谈会，了解服务对象对社工站服务的满意度以意见与建议。 | 每半年 | 访谈提纲、意见反馈表 |
| | 9. 在日常开展服务中，针对服务对象提出的意见及时进行沟通反馈。 | 不定期 | ××市××街社工服务站服务对象意见反馈/申诉表 |
| 站点社工 | 1. 与负责对接的居委会保持每周一次的沟通联系，针对社工服务、服务对象情况、资源链接情况等开展沟通。 | 每周，按实际情况加勤联动频次 | 根据具体的事务准备材料 |
| | 2. 与其他合作单位开展沟通交流，拓展社工站服务，整合社区资源，并且将沟通交流的事物与社工站主任汇报。 | 不定期 | 根据具体的事务准备材料 |
| | 3. 与服务对象的开展沟通交流，定期开展座谈会，了解服务对象对社工站服务的满意度以意见与建议。 | 每半年 | 访谈提纲、意见反馈表 |
| | 4. 在日常开展服务中，针对服务对象提出的意见及时进行沟通反馈。 | 不定期 | ××市××街社工服务站服务对象意见反馈/申诉表 |
| 社工站宣传干事 | 1. 在社工站主任的指导下制作月服务报，并且及时安排印制，将服务月报分发给对接居委会、相关部门的社工。 | 两月一次 | 月服务报 |
| | 2. 在社工站主任的指导下制作每月活动预告，将服务月报分发给对接居委会、相关部门的社工，并且将服务预告张贴在社工站公告栏。 | 每月 | 每月服务预告 |
| | 3. 负责微信公众号运营，对外介绍社工站日常服务情况，在居民交流群与居民互动交流，及时收集居民的意见和建议。 | 不定期 | 新闻稿 |

### 五、与主要组织的对接和转介

社工站建立与主要组织的对接机制，社工站定期与购买方进行有效沟通。如，民政局、街道、社区居委、中小学、工业园区的对接机制和转介机制，并确定每个项目与一个居委保持日常联系，每周定期到居委交流，告知居委社工站最新动态，以及了解社区的最新情况以及挖掘个案。

不定期与合作单位保持联络。社工站在开展服务的同时，项目主管寻找合作单位，项目主管、主任、副主任不定期与合作单位联系沟通，以进一步巩固双方的合作关系。

### 六、社工站与其他组织的沟通

如其他组织或团体有与社工站合作的意愿，有关人员首先联系社工站主任，由社工站主任根据合作方情况指定有关项目负责人对接，并负责跟进有关事务的进程。负责跟进的人员需将跟进的情况及时向社工站主任汇报，不得擅自作出重要决策。

### 七、填写对外沟通记录

凡是开展了对外沟通事宜的，都需要如实填写对外沟通记录表并交给部长审阅，电子版和纸质版都交由行政归档。

### 八、其他对外沟通工作

沟通其他非服务领域的正式对外沟通，原则上由主任级人员负责接待事宜，重大事项需请示机构领导进行，其他人员第一时间接触到对方有关信息时，可通过口头报告形式及时报告给主管。

表 4-7　社工对外事务交流跟进表[1]

| 对外联系单位/个人 | ××街道办事处 | | |
|---|---|---|---|
| 跟进社工 | | 跟进时间 | |
| 联系方式 | 1. 电访（电话：　　　　　　） 2. 面谈地点： | | |
| 跟进主题/目的 | □ 工作汇报和请示 □ 对接合作项目 | | |

---

〔1〕 本表适用街道、居委、其他组织或个人。

续表

| 具体内容 | ☐ 配送月报<br>☐ 汇报服务站上个月工作情况及介绍下个月的服务开展<br>☐ 对接合作项目：<br>☐ 其他事宜： |
|---|---|
| 达成协议/成果 | 1. 社工站服务开展情况反馈：☐优秀　　☐良好　　☐一般，需改善<br>2. 对接合作的情况：<br>3. 其他补充成果： |
| 社工跟进意见 | ☐否<br>☐是需要再跟进，跟进情况： |
| 街道意见 | ☐同意社工的跟进意见<br>☐不同意社工的跟进意见，需注意：<br>签名：　　　　日期：　　年　　月　　日 |
| 中心意见 | ☐同意社工的跟进意见<br>☐不同意社工的跟进意见，需注意：<br>主任签名：　　　　日期：　　年　　月　　日 |
| 跟进情况反馈 | |
| 备注 | ☐有附件：　　　　☐没有附件 |

## 任务二　场地管理及安全管理

### 一、场地管理

场地管理主要为场地的空间、物品和设备的管理。做到工作现场无死角，工作区域内的各类资源责任到人，共同拟定出一套适合实际情况的精细化场地管理标准。

（一）场地管理的 PDCAS 模式

PDCAS 是英语单词 Plan（策划）、Do（执行）、Check（审核）、Action（改善）和 Standard（标准）的第一个字母，PDCAS 循环就是按照这样的顺序进行质量管理，并且循环不止地进行的科学程序。

P（Plan）策划：制定方针目标，确定活动计划和方案；

D（Do）执行：按确定的计划和方案去做，实现计划的内容；

C（Check）审核：检查计划的执行情况，总结执行计划的结果，找出存在的问题；

A（Action）改善：根据检查的结果及体系的现状，对结果作出综合评价，提出改善行动方案，为下一轮 PDCAS 循环做好准备；

S（Standard）标准：将成功经验加以巩固和推行，并将其标准化，将失败的教训加以总结，避免重复出现。

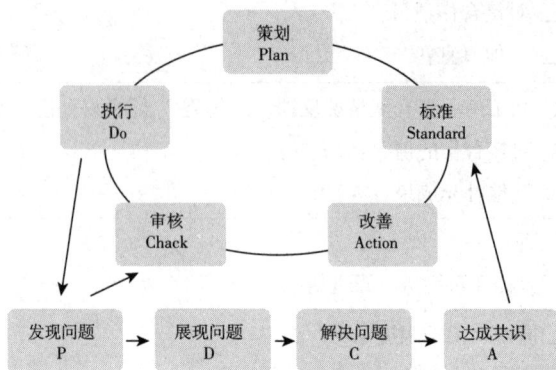

图4-4　PDCAS模式

（二）场地管理的目的

1. 空间：通过 OSM 现场管理，营造整洁、有序、舒适的工作环境，释放出空间，提高空间利用率。

2. 物品：办公区域内物品摆放整齐，所有物品按照定位、定数量、定取用方式进行统一标准管理，让整个工作环境显得整齐干净，在无形中提高了工作人员的工作效率。既有效地避免物品过期，将经济损失降低到最低，又有效地避免了把过期物品使用到现实生活当中，带来安全风险。

3. 设备：通过分类、定位存放，标示清晰，并建立设备保养制度与故障应急流程，提高设备完好率。

（三）场地管理负责人的标准

1. 空间资源负责人名单。

| 空间编码 | 空间名称 | 负责人 | 空间编码 | 空间名称 | 负责人 |
|---|---|---|---|---|---|
| A | 主任办公室 | ×× | E | 多功能室 | ×× |
| B | 社工办公室 | ×× | F | 个案室 | ×× |
| C | 小组室 | ×× | G | 洗手间 | ×× |
| D | 档案室 | ×× | H | 沐浴间 | ×× |

2. 现场物品资源负责人展示标准。

注意事项：

1. 严禁穿拖鞋或者底面光滑的鞋，避免脚滑撞到球桌而受伤

2. 严禁爬到球桌上面，避免跌落而受伤

3. 严禁在球桌旁嬉戏打闹，避免撞伤

乒乓球桌

负责人：×××

3. 现场废物资源负责人展示标准。

| 类别 | 处理方式 | 处理频率 | 负责人 |
| --- | --- | --- | --- |
| 废纸 | 碎纸 | 按上限处理 | ×× |
| 废旧报纸杂志 | 赠送、回收 | 3个月 | ×× |
| 生活垃圾 | 装袋 | 日常清洁 | 值日人员 |

(三) 场地的空间管理标准

1. 服务空间管理的标准（以某社工站的小组室的管理为例）。

小组室空间平面图

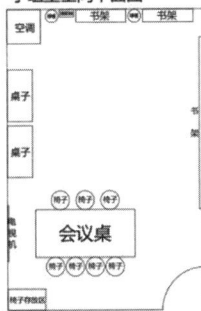

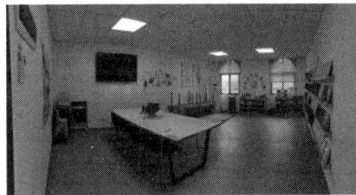

注意事项：
1、室内保持整洁，请勿喧哗！
2、物品使用完毕请放回原位。
3、离开场室前请将桌椅及时归位。

所在位置：小组室
负责人：×××
制表时间：2020 年 4 月 21 日

2. 公共区域清洁的标准。

| 保洁项目 | 保洁标准 | 保洁时间 | 检查时间 | 检查人 |
|---|---|---|---|---|
| 地面 | 表面光亮，无明显垃圾、污垢、附着物、溢出物、污迹等 | 每日错时以及值班人员离开办公室前或有需要时 | 每天上班前 | |
| 门 | 无手印，无灰尘 | 每周一次或有需要时 | 每周五 | |
| 窗 | 表面光亮，无手印，无灰尘 | 每月末或有需要时 | 每月上旬 | |
| 公共区域设备（触摸屏、桌椅等） | 保持光亮、明净、完好无损 | 每日一次或有需要时 | 每天上班前 | |
| 垃圾桶 | 保持光亮、清洁、无灰尘、无痰迹 | 每日一次或有需要时 | 每天上班前 | |

3. 物品的标准。每个员工的办公物品进行定品定量，提高使用率。

| 工作人员办公文具的配置种类及数量标准 | |
|---|---|
| 物品种类（侧柜） | 数量 |
| 黑色水笔 | 1支 |
| 铅笔 | 1支 |
| 橡皮 | 1块 |
| 直尺 | 1把 |
| 改正带 | 1个 |
| 卷笔刀 | 1个 |
| 便利贴 | 2本 |
| 透明胶（小） | 1卷 |
| 固体胶 | 1支 |
| 燕尾夹 | 10~20个 |
| 订书器套装/剪刀（2选1） | 1套 |

说明：较为大件的办公用品如订书机、计算器等放在办公用品抽屉内。及时清理不可以使用的办公物品，并对各办公物品分类存放。印章按需要放置于印章盒内，摆放整齐，工作人员离开座位、中午休息或下班后需上锁。

另外，个人办公抽屉内所有物品整洁干净、分类放置，公私物品分离，摆放有序。

三层抽屉分类摆放物品，每层抽屉均需标签定位。

4. 场地的设备的管理。

（1）办公设备的管理标准。

办公设备说明：本文办公设备所指的是，供服中心工作人员在工作中长期使用，并在反复使用中基本保持原有实物形态和功能的生产资料和物质资料的总称。具体包括：办公桌椅（文件柜）、电脑、打印机、复印机、电话机等。

定位存放的原则：通过整理后，对办公现场所需的设备根据现有空间进行科学合理的布置和摆放，以便在最有效的规章制度和最简捷的流程下完成作业，以便以最快的速度使用，存取、寻找物品（文档资料）

（2）办公桌面设备定位标准。各办公桌面按照下图所示标准摆放，需做到区域统一。基本的标准配置为电脑、鼠标、鼠标垫、笔筒、职务牌和水杯 6 件为常备。

（3）电源插线板和电源线的存放标准。

电源插线板和电源线的定位标准：电源线、信号线布局合理，无安全隐患（如裸线，上挂物等），并做到离地处理（离地 15cm）。各设备的电源线缆应处于安全、整洁状态；电源插线板、电源线不得触及地面。

电源插线板和电源线的定品标准：各电缆线上需有标签标识，线缆在地面固定铺设的必须安装专用的防护设施。标签制作标准为白底黑字

（4）照明设备的管理标准。

照明设备的定品标准：电闸控制面板标识清晰，控制对象明确，照明设备面板标明控制对象标识，标识制作标准为开关控制照明区域示意图。

照明设备的保养标准：灯管整洁干净，灯光照明控制适宜，灯管或者启辉器损坏应及时维修。

节电提示的标签标准：标签使用白底黑字红色边框，材质为不干胶相纸，包含文字元素为：节约用电　随手关灯。

空调设备的使用标准：空调温度控制适宜（冬季≤20℃，夏季≥26℃）；办公时段打开排气扇，确保通风、驱散异味。

（5）设备维修的管理标准。

公共设备维修：公共设备维修由广州市龙洞街社工服务站负责，本中心应定期对公共区域房屋和设备设施进行巡回检查，开展日常保养，发现故障或损坏及时联系相关公司或维修人员进行修理，保障正常使用。

日常报修：设备设施日常维修由本中心负责。设备责任人接到报修后，应及时核查情况，开展维修。设备在质保期限内的，由中心自行联系设备供应商上门维修；超过质保期限的设备由中心联系特约设备维修人员上门维修。

紧急抢修：公共设备设施损坏，影响行中心安全运行及政府对外形象时，应进行紧急抢修。复杂维修应当抓紧进行，尽快恢复中心正常运行秩序。

办公设备维修：中心工作人员要按正确的规程使用办公设备，负责设备清洁和网络安全，发现设备异常及时报告主任室，根据具体情况选择自行处理和找专门机构维修。对中心接待处的公用设备，设备责任人每天进行巡查，发现设备故障根据具体情况选择自行处理或报中心相关负责领导维修解决。

二、场地安全管理

服务场地安全问题是项目运营管理首要考虑的问题之一，机构需注意工作场地和设施安全、消防安全，注意消防设施的维护和更新，严格遵守场地管理规范。

表 4-8　××社工服务站消防设备检查登记表

| 检查时间 | | 检查人员 | |
|---|---|---|---|
| 检查位置 | | 位置负责人 | |
| 检查标准 | 1. 干粉灭火器罐内压力必须保持在 1.2Mpa（绿色区域）。<br>2. 指针在黄色区域是表示压力过高，红色区域是表示压力过低，均不合格，必须换新。<br>3. 保险销必须有铅印检查合格后再打铅封。<br>4. 灭火器有效期为 5 年，防毒面具有效期 3 年。<br>5. 检查人要经常检查消防器材，在检查时发现有异常情况必须立即报告并妥善处理。 | | |
| | 自检内容 | 检查情况是否正常（是/否） | 情况说明 |
| 1 | 灭火器/防烟面具是否过期 | | |
| 2 | 灭火器/防烟面具是否都能正常使用 | | |
| 3 | 检查消防出口是否有杂物，确保防火通道畅通 | | |
| 需跟进事宜 | | | |
| 暂无跟进事宜，情况正常<br>（插入图片） | | | |
| 跟进结果 | | | |
| | | | |

续表

| 跟进员工签名： | 日期： |
| 社工站主任签名： | 日期： |

## 任务三　档案管理

### 一、社工站档案资料组成部分

1. 人事资料：有关履历材料、绩效考核材料、工资单、社保资料、任免材料、奖惩材料、请假单、离退休材料、离职材料等。

表 4-9　员工档案

档案编号：

| 姓名 | | 性别 | | 联系电话 | |
|---|---|---|---|---|---|
| 专业 | | | 证书 | | |
| 实务年限 | | | 实务领域 | | |
| 培训记录 | | | | | |
| 绩效考核材料 | | | | | |
| 履历材料 | | | | | |
| 社保资料 | | | | | |
| 任免材料 | | | | | |
| 奖惩材料 | | | | | |
| 离职材料 | | | | | |
| 科研成果 | | | | | |
| 其他 | | | | | |
| 归档时间 | 　　　年　　　月　　　日 | | | | |

2. 管理类文件：社工站建设管理，行政会议，研究性成果、对外的正式发文与有关单位来往的文书，上级发来的与本社工站有关的决定、决议、指示、命令、条例、

规定、计划等文件材料等资料。

3. 重要文书资料：项目招标书，项目计划书，协议书、合同书，项目评估报告等。

4. 相关新闻媒体资料：新闻媒体的报道资料，音像资料，以及社工站发生的重大新闻事件等。

5. 财务类资料：经费开支凭证，相关财务报表，经费预算表，经费结算表、审计报告等。

6. 社工站各社工工作领域文件及文书资料：各项目前期调研资料，督导记录，会议记录，个案工作记录，小组工作记录，社区工作记录，志愿者服务记录，工作坊、兴趣班等文书，周、月、季、半年、年度计划书，月、季年度总结请示、批复等。

7. 其他应该属于社工站的资料：员工档案记录员工的身份信息、日常开展工作、组织培育、奖惩情况等；包括个人简历、学历证书、获奖情况、身份证复印件、工资卡；还包括常规活动开展图片记录等。

### 二、文书归档的时间要求

凡是需要进行文书归档整理的工作，需要在规定的时间内完成并进行归档，相关的要求如下：

1. 一类文书，自活动开展之日起三个工作日内完成文书归档如下：个案工作（咨询个案、转介个案以及专业个案）；小组活动；社区活动（主策划活动、参与活动）。

2. 二类文书，自活动开展之日起第二个工作日内完成文书归档如下：探访（含家访）；会议记录；活动新闻稿；督导培训（个人督导记录、团体督导记录、培训记录）。

3. 三类文书，自活动开展之日起当天完成的文书如下：电话访问；突发处理情况记录。

### 三、档案管理规定

1. 根据档案资料分类，将不同的档案分类管理。严格执行档案收集、整理、管理、保管、鉴定、提供利用与销毁等有关制度和规定，确保其完整、系统和安全。

2. 档案装订成册，封面按要求书写；按顺序编排页码，不可缺页；涉及服务对象的档案需要签名。

3. 做好档案的保密工作，非相关人员，未经同意，不得随意查看档案资料。更不能随意外借档案资料。

4. 当年活动文书由该项目社工保管，往年文书由行政统一按类别存放于档案室。

5. 保存期限。文件保存期限除政府有关法令或本机构其他规章特定者外依下列规定办理：永久保存的有规章制度、财务报表、政府机关核准文件和其他经核定需永久保存的文件。其他的文件资料视其有效期保存。

6. 严禁在档案室吸烟，严禁存放易燃易爆物品。对档案室照明线路要定期检查，发现问题，及时抢修，防止短路引起火灾。

7. 实做好防火、防盗、防虫蛀、防鼠、防潮等"五防"工作。

8. 要坚持定期对档案资料进行检查、清理、核对工作，如发现问题，立即向领导报告，对破损或褪变档案应及时进行抢救。

9. 不得窃取、出卖和涂改档案，违者追究法律责任。

10. 非工作人员，不得进入库房。

11. 档案交接：

（1）档案专（兼）职人员因工作变动，需办移交手续时，应将全部档案材料清点新的负责档案工作的专（兼）职人员。

（2）交接档案材料必须严格履行手续，有关人员签字，并注明交接时间，案卷数目等，以备查考。交接档案时，应有交接人、监交人和接收人签字。

### 四、档案管理规范

文书档案统一使用指定的封面、边框以及名称，使用指定类型的档案盒、文件夹等。

（一）个案类

表4-10 个案归档清单

| 序号 | 表格类型 |
| --- | --- |
| 1 | 封面 |
| 2 | 目录 |
| 3 | 个案工作汇总记录表 |
| 4 | 个案接案表 |
| 5 | 个案服务同意书 |
| 6 | 个案工作服务计划 |
| 7 | 个案工作记录表（第一次面谈放在最前面） |
| 8 | 个案服务转介表（选用） |
| 9 | 个案服务接收表（选用） |
| 10 | 个案服务内部转介表（选用） |
| 11 | 个案结案评估表 |
| 12 | 个案结案报告（转移表） |
| 13 | 个案工作回访表 |
| 14 | 其他附件资料（如咨询登记表、相关政策法规） |

（二）小组活动类

表4-11　小组归档清单

| 序号 | 表格类型 | |
|---|---|---|
| 1 | 封面 | |
| 2 | 小组活动计划书 | |
| 3 | 活动宣传单张 | |
| 4 | 组员招募登记表 | |
| 5 | 小组总结评估报告 | |
| 6 | 活动新闻稿/活动照片 | |
| 10 | 第一节小组材料 | 组员活动签到表、活动过程记录等 |
| 11 | 第二节小组材料 | |
| | …… | |
| 12 | 其他材料（反馈表、小组契约等） | |

（三）社区活动类

表4-12　社区活动归档清单

| 序号 | 表格类型 |
|---|---|
| 1 | 封面 |
| 2 | 计划书 |
| 3 | 活动情况记 |
| 4 | 活动评估报告 |
| 5 | 活动签到表 |
| 6 | 新闻稿 |
| 7 | 照片 |
| 8 | 满意度评估表 |
| 9 | 活动其他材料 |

（四）探访（含家访）

1. 探访记录：封面——电子版并纸质归档——填写《探访记录》

2. 文书整理顺序：按照探访时间排序，近期的在最上面。

（五）电话访问

电话访问记录：封面——手写版材料整理归档

（六）行政工作（月计划、月总结、会议记录）

1. 月计划、月总结文书整理的顺序：打印电子版，1～12月，按顺序将近期的排在最上面；

2. 月计划、月总结文书整理方式或材料：打孔文件夹；

3. 会议记录文书整理的顺序：封面—打印电子版—最近的会议记录在最上面—填写《会议记录档案目录》；

表4-13 会议记录表

| 会议时间 | |
|---|---|
| 会议地点 | |
| 主持人 | |
| 参加人员 | |
| 会议主题 | |
| 会议内容 | |

## 五、档案的规范化摆放

（一）办公区域文件资料

办公区域文件资料定位标准：中心工作人员按照文件资料使用频率高低存取原则，将各种文件资料定位分类放置在资料架、抽屉、文件盒等处，做到摆放整齐，保持整洁干净。

册封标签制作标准：中间大字体为黑体，小初，加粗，最上端Logo尺寸大小为高1.5cm，长3.7cm，册封整体尺寸大小为高14.3cm，宽3.8cm，白底黑字粗线边框。

插入位置：文件盒背脊封套处。

备注：标签上方可放机构的logo，下面放项目点名称和服务年份。

部门/服务领域 __行 政__
文 档 名 称 __2019复特记录表02__ ←
档 案 号 _____
保 存 期 限 _____

编码标签制作标准：黑体，13 号字体，白色底，尺寸大小为长
6cm＊宽 5cm，材质为雕刻工艺不干胶，做防水处理。

张贴位置：文件盒背脊最下端。

办公室文件资料定量标准：设定所有文件资料的生命周期，按照生命周期的时间要求，定期整理办公室文件资料，及时清理过期或无用的资料。

存档总表：文件柜按照中心统一的设计风格制作存档总表，存档总表内需根据各类文件资料相对应的位置进行排版，并与文件柜一一对应。

## 任务四　机构宣传

### 一、目的

为传播取得的成效，交流经验方法，社工机构通过报刊杂志、新闻媒体、网络平台等渠道进行宣传报道，提高社工机构的社会影响力。

### 二、宣传计划书

包括背景介绍，宣传手法和工作安排，资料准备等工作。

### 三、宣传工作文书

表4-14　××社工服务站年度宣传计划

一、背景

××街道位于广州南部，交通十分便利，是广州东部地区重要交通枢纽。街道管辖×个社区居委会、×个公司、具有典型的城乡结合部特点。

××街党工委下设×个党组织，其中××个党支部。全街总面积××平方公里，辖区内设有×个社区。辖内户籍人口××人，常住人口×万多人，大中专学生×万多人，登记在册的伤健人士有×户，低保户×户。

社工服务站于×年×月×日正式揭牌，各个场馆进行了整改和更新；在服务设计方面，也已经进行了新的调整。为促使更多的社区居民认识社工服务、参与社工服务，中心将进一步完善宣传计划，加强宣传工作，推动居民享受社工服务。

二、宣传工作目标

（一）总目标：…

进一步提升社工在居民中的知晓度，扩大社工服务影响力，加强与相关方的合作沟通，共建"互助、友爱、共建、共享"的幸福社区。

（二）分目标：

1. 支持者建设（加强并扩××辖区内的政府部门和企业等单位的支持者的网络）

通过各类传播工作，尤重于以下方面：

❖定期拜访相关职能部门（主任，部长层面要到所负责的居委会和其他合作伙伴去进行拜访、沟通、交流）

❖开展项目及获取相应支持的传播工作

❖注重社工站服务口碑在居民和相关支持单位的引入，建立社工站社工在辖区内及相关支持单位的良好印象

2. 品牌建设（扩大及建立社工站各领域的服务品牌及中心品牌，在辖区内社工站社工的地位）

通过各类传播工作，尤其是专业服务，并注重以下方面：

❖中心要确定服务品牌和各领域服务品牌的打造和构建

❖电子出版物（通讯稿、电子新闻、公众号）

❖印行的出版物

❖外展宣传——每月各领域必须在所在负责社区开展一次外展宣传活动

3. 观点形成（影响利益相关方及大众的观点，以推动他们的支持及活动目标的达成）

通过各类传播工作，尤重于以下方面：

❖加强定期宣传社工站的服务和社的服务理念和社区营造目的，推动社区居民参与

❖争取社区资源整合和辖区内的企业及其他单位的支持（资金、场地和人员等）

❖加强职能部门对社工形象的认知和改观，社工外出必须佩带和注重社工形象的打造（工服、工牌、笔记本）

4. 建设负责任的形象（增强对社区的透明度，使其了解中心方向、发展、服务等情况）

通过各类传播工作，尤重于以下方面：

❖中心刊报

❖中心对外宣传倡导

5. 保持敏感度（对外界环境保持高的敏感度）

通过各类传播工作，尤重于以下方面：

❖公共形象调查（每半年做一次社工形象和服务调研）

❖危机管理方法，成立危机事项小组

6. 促进机构、中心的成长（加强中心专业知识培训、中心员工成长计划）

通过各类传播工作，尤重于以下方面：

❖制作中心员工全年年度计划（督导年度计划和员工自我成长年度计划）

❖加强高校的沟通渠道机制

三、宣传形式

1. 文字宣传形式：如报刊、新闻、理论文章、宣言书、黑板报、宣传栏、传单、宣传画册、月刊季度刊登；

2. 音像宣传形式：如电影、音乐、歌曲、电视新闻、电视文艺、电视评论等；

3. 集体活动形式：如组织庆典活动、读书活动、开展宣传周、参与政府组织的其他相关活动等。

4. 网络宣传形式：利用微信公众号、机构官网、行业官网等网络宣传平台及软件对中心进行宣传。

## 四、宣传工作的方法和途径

（一）社区走访、社区探访（洗楼）

形式：印制宣传册及折页、着工衣、带工牌。

中心各领域社工通过社区走访、入户探访等方式，在了解社区情况、居民家庭及个人情况的同时，派发中心的宣传折页，向居民介绍社工站及社工服务，提升居民对社工站及社工的认识，同时社工在走访、探访的过程中穿工衣、带工牌，强化社工站社工在社区里的视觉印象。

（二）常规服务宣传（服务体验）

形式：月度服务预告、服务及活动。

结合中心本年度的服务主题、各服务领域的服务内容，以及节庆日等，在社区开展服务的同时进行社工站及社工服务的宣传。同时，每月在各社区宣传栏张贴月度服务预告，让社区居民知晓中心每月的服务内容安排。

（三）网络平台宣传

形式：网站、QQ 群、微信群、公众号、微博。

同工在日常工作中撰写的通讯稿及时在机构网站、项目站点 QQ 群、微信群、公众号、微博等，同时发布到社工站微信公众号及机构网站上，扩大社工站在社会上的服务影响力。

（四）大众媒体宣传（倡导）

形式：通讯稿、报刊、电视新闻。

活动后，同工在日常工作中撰写的通讯稿及时发给传统媒体如报纸、电视等平台。通过积极向机构官网、广州社工服务网、政府官网等发布服务讯息（服务预告、社工资讯）、通讯稿等，增加居民对社工服务的了解。

（五）外展定点宣传活动（推广活动）

形式：摊位宣传活动、易拉宝海报。

选取管辖范围内的××社区、××社区、××社区、××社区、××社区、××社区和××社区开展定点宣传，人员较为聚集的地方摆摊宣传，使用易拉宝海报、派发社工站的宣传手册及服务资料。在社工站邀请居民体验社工站社工服务，强化居民对社工站及社工服务的认识和了解。

（六）与购买方、居委及相关合作单位的沟通（倡导）

形式：报告、月刊、案例集。

定期向购买方、居委及其他合作单位报送月刊，如党工委、民政办、综治办、司法所、文化站、团委、妇联、残联及学校等；同时，收集案例编制成选集，发送给相关单位，让相关单位了解社工服务，并为服务提供更多的建议和支持，并与购买方建立良好的沟通关系。

（七）社工站形象宣传（倡导）

社工上班时间必须统一穿着工服和佩戴工作证，面带微笑；在重大节日来临前，在社工站门前挂起祝福标识；社工站场地挂墙展示专业服务和社工文化，提高到访社工站在居民心中的专业形象；场地保持整洁干净，完善安全措施，提高场地安全系数。

**五、宣传工作安排**

1. 宣传组的组建。××街社工服务站宣传组由行政××当任组长，××担任组员，可以招募和组建相应的志愿者团队来成立中心宣传组，宣传组主要工作职责：

（1）对中心公众号的管理和推送。

（2）服务寻找相关媒体单位合作和推动相关活动通讯。

（3）在相关平台上发送和推送中心的活动预告和张贴中心相关活动预告。

（4）负责编辑中心的月刊和相关出版性刊物。

（5）摄影和摄像的拍摄及制作。

（6）加强中心的影响力。

2. 培训与成长。在团队建立的过程中，不定期举办宣传组内部培训和外部学习，不断提高团队的业务水平。利用会议等各种渠道，加强组别组的沟通，阐述宣传组的工作方法和行为规范。

3. 对接社工对接各居委及单位，分别负责居委及单位的外联工作，保持每周至少1 次沟通（拜访或电访），派送月刊、介绍服务、张贴服务预告、联络资讯或合作开展服务。

4. 各领域根据实际的服务安排在社区内通开展走访活动，特别是针对各领域的重点服务人群开展走访建档宣传服务，实现重点服务人群全覆盖。

5. 领域同工服务开展后，及时撰写活动通讯稿发送给上级审批同时抄送给报社，行政每月定期收集见报（或电视台）文稿，作为存档。

6. 制作工衣、工牌、文化衫、社工站宣传册、社工站标识、编印月刊、案例选集、月度服务预告、社工站宣传音频、视频等宣传品。

7. 在××各社区开展服务推广活动，大中型主题性的宣传活动，每个月不少于1 次定点宣传，人口密集的社区频率适当增加，人口稀疏的社区频率适当减少。

8. 定点宣传工作地点及时间：

| 序号 | 社区 | 时间 | 统筹领域 |
|---|---|---|---|
| 1 | ××社区 | | 长者 |
| 2 | | | 家庭 |
| 3 | ××社区 | | 长者 |
| 4 | | | |
| 5 | ××社区 | | 青少 |
| 6 | | | 重点 |
| 7 | ××社区 | | 重点 |
| 8 | ××社区 | | |
| 9 | ××社区 | | 特色 |
| 10 | | | 特色 |

续表

| 13 | ××社区 | | 家庭 |
|---|---|---|---|
| 13 | | | 家庭 |

### 五、宣传工作预算

| 序号 | 项目内容 | 经费预算（元） | 备注 |
|---|---|---|---|
| 1 | 活动经费 | | |
| 2 | 宣传折页 | | |
| 3 | 场地宣传布置 | | |
| 4 | 展架 | | |
| 5 | 刊物 | | |
| 6 | 海报 | | |
| | | | |

**思考与练习**

1. 社会服务项目运营包括哪些主要的内容？
2. 社会服务项目场地管理有哪些注意事项？
3. 请你谈谈如何做好社会服务项目的宣传？

# 项目四　社会服务项目人力资源管理

**知识目标**

了解社会服务项目人力资源的招聘、培训、考核、督导等知识。

**能力目标**

掌握社工招聘公告、员工绩效考核、员工工作总结等行政文书的写作。

**案例导入**

某社工机构员工离岗率高达50%，导致项目在评估中人员稳岗率部分扣了很多分。加上人员的流动性大，机构难以培养人才。请你思考社工机构如何降低人员流失率？

📖 知识链接

## 任务一　员工聘用

社会机构的服务主要是动员和组织资源开展服务，人力资源占有极其重要的地位，人力资源管理关乎社会服务项目的发展。人力资源管理包括人员招募、发展、激励和维持等过程。

### 一、员工的招聘

社工机构应根据机构人力资源规范，根据岗位需求，充分了解劳动力市场供需情况，公平、公开、公正地进行员工的招聘。

（一）招聘渠道

1. 由总部统一发布到社会工作刊物、QQ 群、青翼网等社工相关网站。

2. 通过博客、微博、宣传资料、海报、QQ 群发放。

3. 高校宣讲、推介。

（二）招聘程序

一般为发布招聘信息、审核应聘者资料、组织笔试、面试答辩、确定录取者。

（三）招聘广告

表 4-16　××社工站项目社工招聘启事

| |
|---|
| ××社工站是一家非营利性社会工作机构，主要开展社工站综合社会服务，总部位于广州天河区。因承接新的项目，需要项目主任一名，现将招聘条件公布如下，欢迎有志于社会工作事业的您加入我们的社工队伍。<br><br>　一、专业方向：社会工作<br>　二、工作地点：××市××区××镇<br>　三、应聘条件：<br>　1. 学历大专及以上，要求社会工作，或其他专业具有助理社工师、社工师资格，或社会学等相关专业。<br>　2. 熟悉社会工作专业实务，具备较强的社会工作一线服务能力；能够熟悉地开展一线服务工作。<br>　3. 有较强的沟通和协调能力，能够与服务对象、合作单位、同工之间进行良好沟通合作。<br>　4. 较强的文书写作能力和文字功底，熟悉基本办公软件运用。<br>　5. 中共党员优先。<br>　四、福利描述：<br>有竞争力的薪酬，良好的晋升渠道，购买五险一金、社工师补贴、绩效奖金、生日补贴、节 |

续表

假日补贴、年假、年度旅游、年度体检、工龄工资及资深的督导培训等。

五、招聘程序

1. 发布招聘信息；

2. 筛选简历；

3. 面试；

4. 复试；

5. 录用。

一经录用，签订劳动合同。购买五险一金，合同期不少于三年，试用期三个月。

## 二、人员面试

1. 收到投递简历起7个工作日内由社工站行政人员通知面试和笔试，并通知录取人员面试时间、地点及需要携带齐的文件，例如身份证、学历证明、相关证件等。

2. 面试分为总部面试和社工站面试。副站长以上职位由总部面试，由总干事确定由2~3名负责人进行面试。副站长以下由社工站站长（服务站站长）确定由2~3名负责人进行面试。

3. 评核准则：符合招聘信息的招聘标准，认同社工伦理守则，认同机构的愿景、使命和价值观，不存在违反犯罪等不良记录。

4. 面试当日计起7个工作日之内通知是否录用。

## 三、员工试用及录用

（一）试用期

新员工经面试合格后，确定劳动关系，进入试用期。试用期通常为3个月（财务等特殊岗位可适当延长），按学历、工作内容享受试用期工资标准。试用期间重点考查工作态度和敬业精神，实际能力和潜在能力，道德素质和责任心以及员工的心理素质。

一般情况下，在试用期结束前两个星期由上级进行考核，由主带社工确定评核试用期人员的表现情况；社工站站长审核，最终由机构总部常务副总干事决定是否结束试用期；对于表现特别突出的，由主带社工填写试用期考核表，由社工站站长审核试用期人员的表现情况，报常务副总干事以上领导批准后可以提前结束试用期；

（二）订立试用期限

双方同意按以下方式确定试用期期限：

1. 试用期从××年××月××日起至××年××月××日止。

2. 在试用期内，甲方发现乙方不符合录用条件的，或经试用期考评不合格的，可以即行解除本合同。

（三）签订劳动合同

试用期满后，在综合考虑项目负责人、直接督导以及工作团队相关人员的意见的基础上，由总干事与社工站站长决定是否正式聘用。确定聘用者，按《劳动法》和《劳动合同法》的有关规定签订正式劳动合同。合同期限一般为3年（合同3年包含试用期），特殊情况将以合同的实际约定期限为准。合同期满后，根据双方意愿可以续签合同。

用人单位（甲方）：社会工作服务中心

地　　址（甲方）：

职　　工（乙方）：

### 使 用 说 明

一、用人单位与职工签订劳动合同时，双方应认真阅读劳动合同。劳动合同一经依法签订即具有法律效力，双方必须严格履行。

二、劳动合同必须由用人单位（甲方）的法定代表人（或者委托代理人）和职工（乙方）亲自签章，并加盖用人单位公章（或者劳动合同专用章）方为有效。

三、合同参考文本中的空栏，由双方协商确定后填写清楚；不需填写的空栏，请打上"/"。

四、乙方的工作内容及其类别（管理或专业技术类/工人类）应参照国家规定的职业分类和技能标准明确约定。变更的范围及条件可在合同参考文本第十二条中约定。

五、工时制度分为标准、不定时、综合计算工时三种。如经劳动行政部门批准实行不定时、综合计算工时工作制的，应在本参考文本第十二条中注明并约定其具体内容。

六、约定职工正常工作时间的工资要具体明确，并不得低于本市当年最低工资标准；实行计件工资的，可以在本参考文本第十二条中列明，或另签订补充协议。

七、本单位工会或职工推举的代表与用人单位可依法就工资、工作时间、休息休假、劳动安全卫生、保险福利等事项集体协商，签订集体合同。职工个人与用人单位订立劳动合同的各项劳动标准，不得低于集体合同的约定。

八、双方经协商一致后，对劳动合同参考文本条款的修改或未尽事宜的约定，可在参考文本第十二条中明确，或经协商一致另行签订补充协议；另行签订的补充协议，作为劳动合同的附件，与劳动合同一并履行。

九、签订劳动合同时请使用钢笔或签字笔填写，字迹必须清楚，并不得单方涂改。

十、本文本不适用非全日制用工使用。

甲方（用人单位）：＿＿＿＿＿＿社会工作发展中心

法定代表人（主要负责人）：

通讯地址：

联系人：电话：

乙方（员工）：

姓名：

身份证号码：

户籍地址：

通讯地址：

联系电话：

甲乙双方根据《中华人民共和国劳动合同法》（以下简称《劳动合同法》）和国家、省市的有关规定，遵循合法、公平、平等自愿，协商一致、诚实信用原则，订立本合同。

一、合同期限

（一）合同期限

甲、乙双方同意按以下第＿＿＿种方式确定本合同期限：

1. 有固定期限：从＿＿＿＿＿＿年＿＿＿＿＿＿月＿＿＿＿＿＿日起至＿＿＿＿＿＿年＿＿＿＿＿＿月＿＿＿＿＿＿日止。

2. 无固定期限：从＿／＿年＿／＿月＿／＿日起至法定的终止条件出现时止。

3. 以完成一定的工作为期限：从＿／＿年＿／＿月＿／＿日起至＿／＿工作任务完成时止，并以＿／＿为标志。

二、工作内容和工作地点

（一）乙方的工作内容：＿＿＿（以下简称"机构"）社工＿。

（二）乙方工作地点：

（三）甲方根据工作需要及乙方的工作能力和工作表现，按需要调整乙方的工作，乙方愿意服从甲方的管理和安排。

（四）乙方必须按照甲方确定的岗位责任，按时、按质、按量完成工作任务。

（五）乙方同意在甲方安排的工作地点：＿机构承接的项目地点＿从事＿社工＿工作。

甲方因工作需要临时派乙方在机构总部之外工作的，乙方必须服从工作安排，主动完成工作任务。

三、工作时间和休息休假

（一）甲、乙双方同意按以下第 1 种方式确定乙方的工作时间：

1. 标准工时制，即每日工作＿8＿小时，每周正常工作不超过 40 小时，并至少休息一天。

2. 不定时工作制。

3. 综合计算工时工作制。

（二）甲方延长乙方工作时间的，应依法安排乙方同等时间补休或支付加班工资。

（三）乙方可以按有关法律、法规、规章、政策以及甲方的内部制度规定，享有休假福利。

四、劳动报酬

（一）经甲乙双方协商一致，确定乙方正常工作时间的工资为，以上包含社保、医保、住房公积金个人部分。此薪酬为起点，开展工作后，如胜任上一级岗位或因不胜任本岗位调职，则根据乙方的工作能力安排相适应的岗位，薪酬按所从事新的岗位薪酬发放。

（二）乙方的工资报酬按甲方依法制定的规章制度中的内部工资分配办法确定。

（三）甲方应以货币形式按月支付乙方工资，发薪日为每月 15~20 日。

（四）甲方根据其实际经营状况、规章制度、对乙方的考核情况，以及乙方的工作年限、奖罚记录、岗位变化等，经乙方确认可调整乙方的工资水平，但不可低于国家规定的最低工资标准。

五、社会保险

（一）甲乙双方均应按国家和地方的有关社会保险的法律、法规和政策规定缴纳各项社会保险费用，甲方按规定为乙方办理社会保险的相关手续；社会保险费需要个人缴纳的部分，甲方将从乙方工资代扣代缴。

（二）甲乙双方解除、终止劳动合同时，甲方应按有关规定为乙方办理社会保险相关手续。

（三）甲方在经济条件允许的情况下按乙方之工作表现改善乙方的福利待遇。

六、劳动保护、劳动条件和职业危害防护

（一）甲方按国家和省、市有关劳动保护规定为乙方提供符合国家劳动卫生标准的劳动作业场所，切实保护乙方在生产工作中的安全和健康。如乙方工作过程中可能产生职业病危害，甲方应如实告知乙方，并应切实按《职业病防治法》的规定，保护乙方的健康及其相关权益。

（二）乙方应严格遵守各项安全操作规程。

（三）乙方对甲方管理人员违章指挥强令冒险作业，有权拒绝执行。

七、劳动合同的变更、解除、终止

（一）经甲乙双方同意可以变更本合同的相关内容，劳动合同的变更应采用书面形式。

（二）符合《劳动合同法》所列的法定条件或经甲乙双方协商一致，本合同可以解除。

（三）乙方提前 30 日以书面形式通知甲方，可以解除劳动合同。乙方在试用期内提前 3 日通知甲方，可以解除劳动合同。乙方未提前 30 天通知甲方解除劳动合同或因乙方个人原因解除劳动合同，造成甲方损失的，甲方有权向乙方追偿；包括但不限于：

1. 甲方为其支付的培训费；

2. 对生产、经营和工作造成的直接经济损失；

3. 如造成社会保险无法及时停保而产生了社会保险费用的，则此费用由乙方全额承担（含单位部分），甲方有权直接在乙方同意的工资中扣除；

4. 本合同约定的其他赔偿费用。

（四）有下列情形之一的，劳动合同终止：

1. 劳动合同期满的；

2. 乙方开始依法享受基本养老保险待遇的；

3. 乙方死亡，或者被人民法院宣告死亡或者宣告失踪的；

4. 甲方被依法宣告破产的；

5. 甲方被吊销营业执照、责令关闭、撤销或者甲方决定提前解散的。

6. 乙方多次违反甲方规章制度，累计出警告信达到三次；

7. 考评连续两次得分低于 70 分。

（五）重新订立劳动合同

合同期限届满前，甲乙双方应提前 30 日就是否续订劳动合同表明意向。双方同意续订的，应于合同期满前办理续订手续。

八、经济补偿金、医疗补助费的发放

本合同解除或者终止，乙方应妥善办理离职交接工作，交接的完成以人事部的《员工离职交接表》为准。甲方如应对离职员工予以补偿或补助的，相应的经济补偿金、医疗补助费的发放数额标准按国家、省、市有关规定执行，离职员工持《员工离职交接表》领取经济补偿金、医疗补助费。

九、劳动纪律及保密责任

（一）乙方在聘用期间应严格遵守国家法律、法规；遵守甲方和服务中心依法制定的各项规章制度，工作程序，忠于职守、诚实可靠、作风正派、服从工作安排；遵守劳动纪律积极完成甲方及下属中心、项目的服务指标。乙方在工作期间，如严重违反甲方及下属中心（项目组）的劳动纪律和规章制度，甲方有权解除本合同且不负任何违约责任，不支付任何经济补偿金，造成甲方及下属中心（项目组）经济损失的，乙方还须承担因此而造成的损失的赔偿责任，情况严重的，甲方保留对乙方法律追究的权利。

（二）由甲方和下属中心的管理委员会对乙方的工作表现、工作能力等进行考核，根据考核结果，对乙方不胜任所在岗位工作的，甲方可调整乙方的工作岗位和与岗位相对应的薪酬水平，乙方应服从甲方的调整。

（三）乙方不再为甲方工作时，应按甲方及下属中心（项目组）规定妥善办理工作交接，乙方不得以任何理由扣留甲方及下属中心的任何资料和物品，否则应承担由此带来的一切法律后果。

（四）乙方必须遵守甲方及下属中心（项目组）有关保密的规定，负有甲方的一切需保密的资料（含商业机密）、服务对象的隐私和要求保密的资料的保密责任，如有违反，乙方应承担由此产生的后果和法律责任。

十、通知和送达

乙方在本劳动合同中填写的通信地址、联系方式及应聘时提供的证件、学历、职称证书等资料必须真实、有效的，经查实乙方提供了虚假资料，甲方将予以解除劳动合同，并不支付经济补偿金，如乙方通信地址或联系方式变更，则应在变更后3日内以书面形式告知甲方，否则，由此造成的一切后果由乙方承担。

十一、因履行本合同发生纠纷的解决办法

甲乙双方发生劳动争议后，应先协商解决。协商不成的，可以向甲方劳动争议调解委员会（小组）申请调解；调解不成的，可以向劳动争议仲裁委员会申请仲裁。对仲裁裁决无异议的，双方必须履行；对仲裁裁决不服的，可以向人民法院起诉。

十二、本合同的条款与国家、省、市的新颁布的法律、法规、规章不符的，按新的法律、法规、规章执行。

十三、本合同未尽事宜或合同条款与现行劳动法律法规规定有出入的，按现行劳动法律法规执行。

十四、本合同自甲、乙双方签字或盖章之日起生效，涂改或未经书面授权代签无效。

十五、本合同一式两份，甲乙双方各执一份（若需要劳动局鉴定则需要三份，一份给劳动局备案）。

十六、下列文件规定为本合同的附件，与本合同具有同等效力：

（一）员工入职须知。

（二）公司与员工签订的其他协议。

十七、双方需要约定的其他事项

1. 乙方在合同期内连续三个月月度工作（服务）指标完成率低于甲方及下属中心（项目组）的考核标准或平均月度工作（服务）指标，甲方及下属中心（项目组）有权对乙方调岗、调薪或依劳动合同做出相关处理。

2. 乙方应遵守甲方和服务中心制定的规章制度。

甲方：（盖章）　　　　　　　　乙方：（签名）

负责人：

（委托代理人）：

年　　　月　　　日　　　　　　　年　　　月　　　日

（四）机构为员工购买社会保险（每月 15 号及之前入职的员工当月开始购买，16 号及以后入职的下月开始购买）和住房公积金（新员工从入职的次月开始缴纳住房公积金），机构和员工按相关规定共同缴交社会保险及住房公积金费用。

（五）对有能力、有实力、有贡献、有责任心的员工，给予提前晋级加薪，优先提拔重用。

（六）违反机构纪律，严重损害机构利益，造成重大损失者，视情况分别给予警告、经济处罚、记大过或解聘。

（七）其他未尽事宜，按相关法律规定办理。

## 任务二　员工培训和发展

员工培训是指通过授课、交流学习、实践等方式增长员工的知识和技能，提升综合能力，提高服务质量。

### 一、员工培训计划

表 4-16　员工培训计划

| 培训人员 | 培训需求评估 | 培训目标 | 培训实施 | 培训效果评估 |
| --- | --- | --- | --- | --- |
| ×× | 新入职员工熟悉机构及岗位 | 让新入职员工尽快熟悉机构的管理，对团队有归属感；在专业服务上，给予适当的指引，帮助员工尽快开展实务工作。 | 行政管理方面：进行机构简介、行政考勤、财务、人事管理制度；专业服务岗前培训：服务岗位介绍、岗位职责、专业服务表格填写规范等。 | 员工熟悉机构，提升归属感，更快适应岗位工作。 |
| ×× | 根据岗位需求，对员工的工作技能、素质及目标实现情况进行评估。 | 明确培训后员工需要达到的状态和能力要求。 | 1. 实施步骤 2. 实施方法 3. 实施计划 | 考核员工绩效是否得到提升，提升幅度。 |
| ×× | | | | |
| ×× | | | | |

| 培训人员 | 培训需求评估 | 培训目标 | 培训实施 | 培训效果评估 |
|---|---|---|---|---|
| ×× | | | | |

## 二、员工成长计划

主要就个人实际情况进行分析，发现自身在实务、理论、文书写作、项目管理方面的问题和不足，有针对性地制定短期和长期的规划。

表4-17　社工个人年度总结

| 基本信息 | 姓名：　　　　性别：　　　　专业：<br>持证类型：　　社工年限：　　服务领域： | | |
|---|---|---|---|
| 个人情况分析 | 优势和不足（存在的问题） | | |
| 年度目标 | 1.<br>2.<br>3. | | |
| 年度实施计划 | 具体目标 | 具体计划 | 时间 |
| | | | 从　　年　　月<br>至　　年　　月 |
| | | | 从　　年　　月<br>至　　年　　月 |
| 总结 | 1. 评估所取得的成绩<br><br>2. 发现存在的问题<br><br>3. 今后的改进措施 | | |
| 签名 | 社工：　　　　　　时间：<br>中心主任：　　　　时间： | | |

### 三、实习生实训管理

（一）实习生招聘

实习生（简历）由社工站安排前期沟通、面试、培训和接待事宜。面试通过之后，社工站负责签订《实习协议》，协议一式两份，机构和实习社工各执一份，并对其进行相关实习前培训，合理安排其工作内容。

（二）实习生日常工作规范

1. 实习生实习期间需注意人身安全，需要注意在交通、日常服务、外展、社区宣传等过程中的安全问题，对期间由于个人原因而出现的安全问题社工站概不负责；

2. 严格按照社工站工作时间上下班，按社工站要求值班，如需请假，需提前向社工站站长提交请假工单，审批通过后方可。对于严重违反社工站工作时间要求的实习生，社工站向校方/个人发出请退说明；

3. 实训、实习协议。实习协议用于明确实习生在社会工作机构实习期间应该遵守的规则制度；明确实习生和机构双方在协议期间应享有的权利及应遵守的义务。

（1）协议书注意事项。签订协议书时要注意明确双方的权利、义务，保障实习生实习期间的安全，对期间的交通补贴、伙食情况做好说明。

（2）协议书：

**表 4-18　实习实训协议**

甲方：××社会工作服务中心

乙方：××学校

为推动社会工作专业的发展，促进高校社工教育与社工机构实务的交流与合作，共同培养符合社会需要的优秀社会工作专业人才，甲乙双方本着透明、互信、公平、互惠的原则，就甲方与乙方共建社会工作实训基地的事宜，订立合作协议如下：

一、甲乙双方在自愿原则下签订本协议。

二、甲方向乙方提供实训期间的工作地点、内容、形式和督导等基本信息，由乙方选派学生参加实训。

三、乙方的学生在实训期间，未经甲方同意不得擅自终止实训。

四、实训期间，甲方为乙方学生提供（不提供）基本的交通补贴。乙方协助甲方做好学生的组织、管理、指导工作。

五、实训期间，甲方按照国家规定为乙方学生提供健康、安全的工作环境，乙方为学生统一购买意外伤害保险。

六、甲方安排具备两年以上工作经验的社工担任乙方学生实训期间的督导，做好学生在实践中的"传帮带"工作；并对学生的表现作出书面鉴定，为乙方实训工作提出建设性意见。

七、甲方对乙方派出的实训人员应给予必要的安全保证，不应让甲方从事可预见到的危险活动。

八、甲乙双方实训期间，如遇到问题，须共同协商解决。

九、本协议有效期为一个月，从某年某月某日至某年某月某日。

十、本协议一式两份，甲乙双方各执一份。

甲方单位（盖章）：　　　　　乙方单位（盖章）：

签约代表：　　　　　　　　　签约代表：

日期：　　　　　　　　　　　日期：

## 四、实习、实训常用文书

### （一）日志周志

用于记录实习实训期间日常工作情况。

表4-19　实习日志

| 时间 | | 实习人 | |
|---|---|---|---|
| 实习地点 | | | |
| 今日工作任务与内容 | 1.<br>2.<br>3. | | |
| 总结与反思 | | | |
| 明日工作计划 | | | |
| 其他 | | | |

表4-20　实习周志（案例）

| 时间 | | 实习人 | |
|---|---|---|---|
| 实习地点 | | | |
| 本周工作任务与内容 | 周一<br>1. 制作"迎新嘉年华"宣传单。<br>2. 编写"成长中的亲子关系"微信稿，交给主管修改。<br>3. 接待个案案主，做个案记录。<br>周二<br>1. 召开例会。 | | |

| | |
|---|---|
| | 2. 修改"迎新嘉年华"宣传单。 |
| | 3. 编写"咨询个案记录表"。 |
| | 周三 |
| | 1. 制作"关爱青少年心理健康"社区活动宣传单。 |
| | 2. 准备"关爱青少年心理健康"社区活动物资。 |
| | 周四 |
| | 1. 主管领导讨论"迎新嘉年华"活动计划书,我在旁聆听学习。 |
| | 2. 修改计划书。 |
| | 3. 彩印100份"关爱青少年心理健康"活动宣传单。 |
| | 4. 协助主管开展"亲子沟通技巧提升小组"活动。 |
| | 周五 |
| | 1. 与康复部的两名社工一起到东风公园外展活动。 |
| | 2. 准备明天"关爱青少年心理健康"活动物资。 |
| | 3. 开会,讨论明天活动分工事宜。 |
| | 周六 |
| | 1. 上午清点物资、搬运物资。 |
| | 2. 下午协助开展"关爱青少年心理健康"社区宣传活动,负责一个摊位游戏。 |
| 总结与反思 | 总结 |
| | 1. 第一次开展小组工作,见识到沟通技巧对开展小组工作的重要性。 |
| | 2. 在主任修改计划书时,懂得了评估时需要把活动目标量化。 |
| | 3. 第一次外展活动,大家相处很融洽,游戏环节氛围也很好,没有想象中那么难。 |
| | 4. 在工作中遇到问题要提出来一起讨论,集思广益。 |
| | 5. 经过一段时间的实习,心里的焦虑和紧张慢慢得到了缓解。 |
| | 反思 |
| | 1. 制作文书的过程要细心,文件名称要注意重命名。 |
| | 2. 注意区分打印和复印的纸张颜色效果。 |
| | 3. 下雨天要提早出门。 |
| 下周工作计划 | |
| 其他 | |

## 2. 实习实训报告

实习实训结束后对期间的工作进行总结回顾,分析工作表现并进行评价,制定个人发展规划,为今后就业做好准备。

### 表 4-21　社会工作实训、实习报告与成绩登记表

| 姓名 | | 学号 | |
|---|---|---|---|
| 指导老师 | | 机构督导 | |
| 实习单位 | | | |
| 实习时间 | 　年　　月　　日 ~ 　年　　月　　日 | | |
| 以下为课程实训总结报告（由学生填写） | | | |
| 实习单位与岗位情况描述 | | | |
| 实习情况描述与实践过程回顾 | | | |
| 实习自我评估 | 1. 专业成长与课程所得（表现出色与尚待改进之处）<br><br>2. 个人发展计划（自我认识与未来学习计划） | | |

| 评分栏 | 出勤情况<br>（10%） | 指导教师<br>（40%） | 机构督导<br>（50%） | 总分 |
|---|---|---|---|---|
| | | | | |
| 签名 | | | | |

表 4-22 实习体会与总结

| 实习单位: 姓名: 专业班级: |
|---|
| 实习过程: |
| 实习反思: |

# 任务三 员工绩效考核

## 一、绩效考核

绩效考核是指通过量化指标，对员工一定时期内工作状况及工作业绩进行评估考察，判断工作贡献情况。并在考核的基础上，进行晋级提升、薪酬调整、奖励或批评等。

## 二、社工的绩效考核原则

1. "三公"原则，即公平、公正、公开。

2. 主观、客观考核原则。由于社会工作是使命的支持和情感的付出过程，对员工的评价，很难只进行量化考核，应该采取主观和客观相结合的方式。

## 三、考核的方法

1. 撰写述职报告。由员工在一定时期内将所做工作及取得的成绩进行汇报，指出存在的不足和改进方法，并为今后工作发展进行规划。

2. 评级量化。根据机构制定的绩效考核表，对每个员工表现进行量化打分评比。根据实际的工作服务数量来计算的同时，需要将花费的时间成本、社工间的合作关系等纳入考核的标准。

3. 主观打分。考虑机构管理层和其他社工的意见，采取自评、互评、项目主管评三级综合考核的办法，尽量做到公平、公正、公开。

## 四、考核方案（根据机构具体项目任务确定）

### ××社会工作服务机构绩效考核方案

一、考核背景

某社会工作发展中心为了创建一个充满活力和创造力的优秀团队，推动机构各项工作任务的顺利完成，奖励优秀，全面开展绩效考核制度。

二、考核意义

（一）绩效考核是一种有效的激励机制，通过对社工的服务质量进行综合考核，加强员工的自我管理能力，提高工作绩效。

（二）了解员工工作态度、能力状况、工作绩效等基本情况，为人才选拔、岗位调动、奖惩、培训及职业规划等提供依据。

三、考核适用对象

签约员工。

四、考核内容和方式

（一）考核期：以月为单位的考核周期。

（二）考核时间：本月初（每月××日前完成上个月绩效评比工作）对上个月的工作进行绩效考核。

（三）考核内容：员工本人当月的工作完成情况及综合表现（工作能力、工作态度）。

（四）考核等级

优秀：超额完成当月工作任务，综合表现优秀，没有工作失误，分数××分以上；

良好：综合表现良好，没有工作失误，分数××分；

合格：综合表现一般，有工作失误，但没有产生不良影响，分数××分；

基本合格：综合表现较差，在工作上有失误，需要制定整改方案，分数××分；

不合格：时常有工作失误，并且产生重大不良影响，分数××分以下

（五）考核奖励：根据绩效评比等级给予奖励，优、良、合格、基本合格、不合格四个等级，对应的绩效奖励为：××元、××元、××元、××元。根据每月工作绩效考核结果，确定绩效奖励发放具体金额连同工资共同发放。

（六）考核方式及权重

具体考评内容及权重见下表，考核结果报送机构，并由机构最终评定。

| 被考核者 | 考核内容及权重 | | | | |
|---|---|---|---|---|---|
| 行政文员 | 考核者 | 自评 | 主任助理 | 中心副主任 | 中心主任 |
| | 所占比重 | % | % | % | % |
| 助理社工、一线社工 | 考核者 | 自评 | 主管 | 中心副主任 | 中心主任 |
| | 所占比重 | % | % | % | % |
| 主管 | 考核者 | 自评 | 中心副主任 | 中心主任 | |
| | 所占比重 | % | % | % | |
| 中心副主任 | 考核者 | 自评 | 中心主任 | 机构 | |
| | 所占比重 | % | % | % | |

| 中心主任 | 考核者 | 自评 | 机构 | | |
|---|---|---|---|---|---|
| | 所占比重 | % | % | | |

五、考核流程

（一）计划制定和提交：

1. 每个领域同工在主管的协助下，完成个人下半年的指标安排表，其中个案开案工作和探访、电访等工作要计划在××月前完成。

2. 员工月度工作计划：每月××日由员工制定《员工月度工作计划表》，交中心主任审核后返回员工。

3. 部门月度工作计划：每月××日，部门负责人制定下月《部门月度工作计划表》，交中心主任审定后返回部门。

4. 根据绩效考核内容，在完成指标完成的前提下，需要平衡培训、督导、社工技能、对外宣传、个人成长、工作态度、学习能力、资源链接能力等方面的提升。

5. 计划制定各阶段，应进行必要的沟通。

（二）考核、汇总

1. 员工（一线社工、助理社工、社工助理、行政专员）

（1）员工填写《员工季度绩效考核表（一线社工、助理社工、社工助理、活动助理）》《员工季度绩效考核表（行政专员）》，交部门负责人考核；

（2）部门负责人考核完毕后，交中心主任评定。

2. 员工（社工主管、行政主管）

（1）员工填写《员工季度绩效考核表（社工主管）》、《员工季度绩效考核表（行政主管）》，交部门下属与中心主任考核；

（2）部门下属考评完毕后，交中心主任；

（3）中心主任考核完毕后，交机构总干事评定。

3. 员工（中心主任）

（1）员工填写《员工季度绩效考核表（中心主任）》，交机构总干事、街道办分管领导考核；

（2）机构总干事、街道办分管领导考评完毕后，由中心主任收集考核表，交主任助理核算；

（3）主任助理核算完毕后，交机构总干事评定。

（三）结果反馈

（1）每月的××日前，员工完成绩效考核，并把相应绩效考核表汇总交中心主任处。

（2）中心主任根据考核结果填报《员工季度考核汇总表》，并于每月××日前交机构总干事审批。

（3）机构行政人事部门将经机构总干事批后的考核结果反馈至各部门，并函告机构财务部。

六、考核结果申诉

考核人员应坚持实事求是，客观公正地进行考核。被考核人认为考核结果严重不符合事实的，可以逐级向有关领导提出申诉。经调查属实的，报机构总干事同意后，可给予纠正，并对相关责任人进行处理。

关于对考核结果申诉的具体规定及流程请见《附件8：员工绩效考核结果申诉相关规定及流程》

七、其他附则

本办法解释权由机构行政人事部门负责，经机构总干事批准后，于某年某月起执行

                                    ×× 社会工作服务中心

                                  年    月    日

## 五、工作考核表

### （一）日常工作考核

表 4-23 一线社工和社工助理绩效评估汇总表

| 分类 | 分值 | 序号 | 项目 | 分值 | 参考标准/备注 | 评分 | | | |
|---|---|---|---|---|---|---|---|---|---|
| | | | | | | 被评估人：       评估月份： | | | |
| | | | | | | 自评 10% | 主管 20% | 中心副主任 30% | 中心主任 40% |
| 服务指标 | | 1 | 工作指标完成情况 | | 工作效率情况（参考服务指标统计表） | 按统计计算得分 | | | |
| | | 2 | 服务文书提交及归档情况 | | 含各类电子或纸质档案文书及统计表 根据归档时间进行打分（提前、延期、催促后提交、不提交等情况）。 | | | | |
| | | 3 | 参与培训情况 | | 培训主动性、培训出席率得分情况，培训指标完成达标率各得分数。 | | | | |
| | | 4 | 配合督导情况 | | 积极配合督导，提前准备资料并主动向主管汇报工作进展和成效，听从并按照督导要求进行修正情况。 | | | | |

| | | | | | | | |
|---|---|---|---|---|---|---|---|
| 服务质量 | | 5 | 服务逻辑及成效 | 按照计划安排开展相关实务工作，根据服务需求、服务策略、服务成效进行评分。 | | | |
| | | 6 | 服务执行中的介入技巧（在服务观察和文书查阅中考核） | 专业技巧运用水平。 | | | |
| | | 7 | 服务执行中的资源运用 | 1. 熟悉资源库；2. 链接调动资源能力；3. 整合资源能力。 | | | |
| | | 8 | 工作文书完成质量 | 文书质量包括文书写作符合项目需求、专业理论使用恰当、过程完整、设计合理等。 | | | |
| 团队参与 | | 9 | 工作态度 | 职业道德、团队合作精神等考核指标。 | | | |
| | | 10 | 学习能力 | 积极参与各类培训，并能将学到的知识技能运用到实践中。 | | | |
| | | 11 | 按时按质完成上级交代的工作情况 | 完成上级交代工作情况。 | | | |
| | | 12 | 积极与合作方、居委会等单位保持联系 | 积极进行工作沟通、汇报情况。 | | | |
| | | 13 | 良好沟通及领域之间合作 | 领域内或者与其他领域工作沟通顺畅，服务工作相互协助。 | | | |
| | | 14 | 人际关系情况与情绪管理 | 相处融洽，有良好的专业关系、工作关系，积极、乐观向上的心态应对每项工作。 | | | |
| | | 15 | 出勤情况 | 全勤（不请假、不早退、不迟到等）。 | | | |
| | | 16 | 提交行政资料情况 | 及时提交月总结、月计划、新闻稿、指标进度表以及其他应交的行政资料情况。 | | | |

| | | | | | | | |
|---|---|---|---|---|---|---|---|
| 加分项 | | 17 | 服务成果嘉奖 | 获得市、区级及以上单位颁发的服务成果奖项。 | | | |
| | | 18 | 合作单位嘉奖 | 获得合作单位或持份者的表扬。 | | | |
| | | 19 | 学术成果 | 进行项目科学研究，和院校合作课题项目、参加书籍编写，在《中国社会工作》《中国社工》《广州社工》刊物发表文章等。 | | | |
| | | 20 | 资源获取与项目研发，对机构发展特别贡献。 | 获得中标或各类非政府基金、社团资助金额；对机构建设有重大贡献者 | | | |
| 扣分项 | | 21 | 服务负面效果 | 受到服务对象或持份者投诉。未完成上级交代的工作任务造成不良影响的。上班期间戴耳机听音乐等与工作无关的。 | | | |
| | | 22 | 违反社工服务守则 | 在服务过程中，给服务对象带来经济、物资损失（需要有完整的调查事实，并且提供相关的佐证）。 | | | |
| | | 23 | 服务指标没有按计划开展 | 没有按照分配的任务计划开展，少开个案或少开节数（具体见服务标准要求）。 | 不填 | | |
| | | 24 | 仪表着装 | 工作时间穿着按照机构要求 | | | |
| | | 24 | 迟到早退、脱岗情况 | | 行政按照打卡及记录实际情况考核 | | |
| 合计 | | | | | | | |
| 评估人签名 | | | | | | | |
| 总计 | | | 各评估人总分与相对应占比相乘得出换算分 | | | | |
| | | | 换算分的和 | | | | |
| 处理结果：根据评分情况，奖优罚劣 | | | | | | | |
| 中心主任审核： | | | | 机构领导意见： | | | |

## 表4-24　行政文员绩效评估汇总表

| 备注：项目设置及项目分值根据机构实际情况制定 被评估人：　　　　　　　　　评估周期： | | | | | | | | |
|---|---|---|---|---|---|---|---|---|

| 分类 | 分值 | 序号 | 项目 | 分值 | 参考标准/备注 | 评分 | | |
|---|---|---|---|---|---|---|---|---|
| | | | | | | 自评 15% | 中心副 主任35% | 中心 主任50% |
| 服务要求 | | 1 | 档案管理 | | 会议档案、制度档案、督导培训档案规范、清晰并按要求进行归档和分类整理 | | | |
| | | 2 | 过程记录 | | 会议记录、通知传达、考核、考勤、场地管理等操作规范得当、并按要求及时操作 | | | |
| | | 3 | 接待能力 | | 对来访人员/应聘人员等接待工作完成良好，维护机构/中心形象 | | | |
| 服务质量 | | 4 | 行政资料完成质量 | | 行政文书质量符合专业及机构要求，并能及时完成 | | | |
| | | 5 | 人员管理 | | 考勤记录 | | | |
| | | 6 | 卫生安排及管理 | | 做好日常卫生和场地维护监督工作，及时通知后勤处理同工反映的场地出现的问题 | | | |
| | | 7 | 机构日常办公所需及机构保障 | | 中心的日常用品及所需物资管理符合要求 | | | |
| | | 8 | 对服务单位/对象的了解 | | 熟悉服务单位或服务对象 | | | |
| | | 9 | 宣传成效 | | 能通过媒体、网站、报刊等及时宣传机构服务项目及取得的成效 | | | |
| 综合素质 | | 10 | 工作态度 | | 具备职业道德、团结协作、积极主动。 | | | |
| | | 11 | 学习能力 | | 积极参与各类培训，并能够将知识技巧运用到实际工作 | | | |
| | | 12 | 判断和应变能力情况 | | | | | |
| | | 13 | 执行力 | | | | | |
| | | 14 | 计划性、创造性 | | 有计划安排，有创新 | | | |
| | | 14 | 人际关系 | | 相处融洽，建立良好的专业关系、工作关系 | | | |

续表

| | 15 | 情绪管理 | 情绪稳定，理性、冷静、乐观处理困难和逆境 | | | |
|---|---|---|---|---|---|---|
| | 16 | 遵守机构制度 | | | | |
| 加分项 | 17 | 服务成果嘉奖 | 获得市、区级及以上单位颁发的奖项 | | | |
| | 18 | 合作单位嘉奖 | 获得合作单位或持份者的表扬（信件、旌旗等） | | | |
| | 19 | 学术成果 | 进行项目科学研究，和院校合作课题项目、参加书籍编写，在《中国社会工作》《中国社工》《广州社工》刊物发表文章等 | | | |
| | 20 | 协助社工开展服务 | 协助社工开展活动，能够听从安排，并在活动中良好的完成任务 | | | |
| | 21 | 资源获取及机构贡献 | 获得中标或各类非政府基金、社团资助 | | | |
| 扣分项 | 22 | 服务负面效果（5分） | 受到持份者投诉；或机构或街道办交代的工作没有按时按质完成造成不良影响 | | | |
| | 23 | 违反社工服务守则（5分） | 在服务过程中，给服务对象带来经济、物资损失金额较大 | | | |
| | 24 | 迟到早退、脱岗情况 | 迟到早退情况 | 行政按照打卡记录实际情况 | | |
| 合计 | | | | | | |
| 评估人签名 | | | | | | |
| 总计 | | 各评估人总分与相对应占比相乘得出换算分 | | | | |
| | | 换算分的和 | | | | |
| 处理结果：根据评分情况，奖优罚劣 | | | | | | |
| 中心主任审核： | | | | 机构领导意见： | | |

表 4-26　主管社工绩效评估汇总表

| 分类 | 分值 | 序号 | 项目 | 分值 | 参考标准/备注 | 评分 | | |
|---|---|---|---|---|---|---|---|---|
| | | | | | 被评估人：　　　　　评估月份： | 自评 15% | 中心副主任 35% | 中心主任 50% |
| 服务指标 | | 1 | 工作指标完成情况 | | （参考服务指标统计表） | 按统计计算得分 | | |
| | | 2 | 服务文书提交及归档情况 | | 各类电子或纸质档案文书及统计表 | | | |
| | | 3 | 参与培训情况 | | 培训主动性、培训出席率 | | | |
| | | 4 | 配合督导情况 | | 积极配合督导，提前准备资料并主动向主管汇报工作进展和成效，听从并按照督导要求进行修正情况 | | | |
| 服务质量 | | 5 | 服务逻辑及成效 | | 按照计划安排开展相关实务工作，根据服务需求、服务策略、服务成效进行评分 | | | |
| | | 6 | 服务执行中的介入技巧（在服务观察和文书查阅中考核） | | 专业技巧运用水平 | | | |
| | | 7 | 服务执行中的资源运用 | | 1. 熟悉资源库；2. 链接调动资源能力；3. 整合资源能力 | | | |
| | | 8 | 工作文书完成质量 | | 文书质量包括文书写作符合项目需求、专业理论使用恰当、过程完整、设计合理等 | | | |
| 团队参与 | | 9 | 工作态度 | | 职业道德、团队合作精神等考核指标 | | | |
| | | 10 | 学习能力 | | 积极参与各类培训，并能将学到的知识技能运用到实践中 | | | |
| | | 11 | 管理能力 | | 及时解决领域内同事的困惑，处理事情灵活得当、服务指标安排与推进按计划开展等情况 | | | |
| | | 12 | 团队领导能力 | | 引领同工成长进步，提供建设性建议或者帮助链接资源，使同工更好的克服困难开展服务 | | | |

续表

| | | | | | | |
|---|---|---|---|---|---|---|
| | 13 | 良好沟通及领域之间合作 | 领域内或者与其他领域工作沟通顺畅,服务工作相互协助 | | | |
| | 14 | 人际关系情况与情绪管理 | 相处融洽,有良好的专业关系、工作关系,积极、乐观向上的心态应对每项工作 | | | |
| | 15 | 出勤情况 | 全勤(不请假、不早退、不迟到等) | | | |
| | 16 | 提交行政资料情况 | 及时提交月总结、月计划、新闻稿、指标进度表以及其他应交的行政资料情况 | | | |
| 加分项 | 18 | 服务成果嘉奖 | 获得市、区级及以上单位颁发的服务成果奖项 | | | |
| | 19 | 合作单位表扬 | 获得合作单位或持份者的表扬(旌旗、表扬信等) | | | |
| | 20 | 学术成果 | 进行项目科学研究,和院校合作课题项目、参加书籍编写,在《中国社会工作》《中国社工》《广州社工》刊物发表文章等 | | | |
| | 21 | 资源获取与项目研发,对机构发展特别贡献 | 获得中标或各类非政府基金、社团资助金额;对机构建设有重大贡献者 | | | |
| 扣分项 | 22 | 服务负面效果 | 受到服务对象或持份者投诉的;没有按时按质完成上级交代的工作任务,或造成不良影响的;或在上班期间戴耳机听音乐等与工作无关事项 | | | |
| | 23 | 违反社工服务守则 | 在服务过程中,给服务对象带来较大经济损失的 | | | |
| | 24 | 服务指标没有按计划开展 | 没有按照分配的任务计划开展,少开个案或少开节数。(具体见服务标准要求) | 不填 | | |
| | 24 | 仪表着装 | 不按规定着装 | | | |
| | 25 | 迟到早退、脱岗情况 | | 行政按照打卡及记录实际情况考核 | | |
| 合计 | | | | | | |
| 评估人签名 | | | | | | |

续表

| 总计 | 各评估人总分与相对应占比相乘得出换算分 | | |
| :---: | :--- | :---: | :---: |
| | 换算分的和 | | |
| 处理结果：根据评分情况，奖优罚劣 | | | |
| 中心主任审核： | 机构领导意见： | | |

表 4-26　中心主任绩效评估汇总表

| 分类 | 分值 | 序号 | 项目 | 分值 | 参考标准/备注 | 评分 | |
| :---: | :---: | :---: | :--- | :---: | :--- | :---: | :---: |
| | | | | | | 自评 % | 机构 % |
| 日常工作 | | 1 | 行政工作处理情况 | | 及时处理中心的问题并及时向机构反馈 | | |
| | | 2 | 行政文档提交情况 | | 含各类电子或纸质档案文书及统计表<br>根据归档时间进行打分（提前、延期、催促后提交、不提交等情况） | | |
| | | 3 | 配合督导情况 | | 积极配合督导，提前准备资料并主动向主管汇报工作进展和成效，听从并按照督导 | | |
| | | 4 | 参与培训情况 | | 培训主动性、出席率等 | | |
| 服务质量 | | 5 | 服务逻辑及成效 | | 按照计划安排开展相关实务工作，根据服务需求、服务策略、服务成效进行评分。 | | |
| | | 6 | 日常管理工作 | | 批阅文书等工作 | | |
| | | 7 | | | | | |
| 团队管理 | | 8 | 工作态度 | | 具备职业道德、团队合作精神、主动积极 | | |
| | | 9 | 学习能力 | | 积极参与各类培训，并能将学到的知识技能运用到指导实践中 | | |
| | | 10 | 良好的判断、应变、执行能力 | | 是否具备 | | |
| | | 11 | 良好的管理、计划、创新能力 | | 根据能力大小打分 | | |

续表

| | | | | | | |
|---|---|---|---|---|---|---|
| 团队管理 | 12 | 督导与培育同工 | | | | |
| | 13 | 与持份者的沟通以及资源链接 | | | | |
| | 14 | 人际关系 | 良好的专业关系、工作关系能力 | | | |
| | 15 | 情绪管理 | 情绪稳定,理性、冷静、乐观处理困难和逆境得 | | | |
| | 16 | 遵守机构制度 | | | | |
| 加分项 | 17 | 服务成果嘉奖 | 获得市、区级及以上单位颁发的服务成果奖项 | | | |
| | 18 | 合作单位嘉奖 | 获得合作单位或持份者的表扬(信件、锦旗、奖状) | | | |
| | 19 | 学术成果 | 进行项目科学研究,和院校合作课题项目、参加书籍编写,在《中国社会工作》《广州社工》等刊物发表 | | | |
| | 20 | 资源获取与项目研发,对机构发展特别贡献 | 获得中标或各类非政府基金、社团资助金额 | | | |
| 扣分项 | 21 | 服务负面效果 | 受到服务对象或持份者投诉的或上级交代的工作没有按时按质完成的等 | | | |
| | 22 | 违反社工服务守则 | 在服务过程中,给服务对象带来经济、物资损失较大者 | | | |
| 合计 | | | | | | |
| 评估人签名 | | | | | | |
| 总计 | | 各评估人总分 | | | | |
| | | 换算分的和(各项总分×25%并求和) | | | | |
| 考核结果: | | | | | | |
| 机构领导意见: | | | | | | |

表 4-27  社会服务中心年度总结

| 姓　　名 | | 毕业院校 | | 证书 | |
|---|---|---|---|---|---|
| 服务领域 | | 工作年限 | | 负责项目 | |
| 年度工作总结 | | | | | |
| | | | | | |

表 4-28  绩效考核申诉表

| 申诉人 | | 所在领域 | | 所属居委或所属单位 | |
|---|---|---|---|---|---|
| 绩效申诉情况：<br>申诉内容：<br><br>申诉理由： | | | | | |
| 是否提供相关佐证：□是□否<br>提供的佐证资料有： | | | | | |
| 上级主管评估、调查、处理意见记录：<br><br><br>签名：<br>年　月　日 | | | | | |

续表

| 总干事意见： | |
|---|---|
| | 签名：<br>年　　月　　日 |
| 申诉处理结果： | |
| 项目负责人签名：<br>年　　月　　日 | 总干事签名：<br>年　　月　　日 |
| 备注： | |

## 任务四　社会工作督导

### 一、社会工作督导的含义

社会工作督导是专业训练的一种方法，它是由资深社会工作者，通过持续的监督、指导工作，传授专业服务知识与技能，促进被督导者成长并提升服务质量的活动。

### 二、社会工作督导对象与督导者

（一）社会工作督导

督导者一般是由受过专业教育、具备丰富的实践经验、具有一定的行政领导能力、熟知社会服务项目业务与社会政策的资深社会工作者担任。督导可分为机构内部督导、外聘督导。

（二）社会工作督导对象（被督导者）

1. 新入社会服务项目的工作者。
2. 社会工作经验不足的初级社会工作者。
3. 在社会服务项目实习的学生。
4. 社会服务项目的非正式人员，主要是志愿者。

### 三、社会工作督导功能

社会工作督导具有三大功能，即行政的功能、教育的功能和支持的功能。所谓行政的功能，即要求督导者在被督导者的招募、引导与安置、工作分配、培训、工作监督、工作业绩评估、工作授权及协调等方面担负指导责任；所谓教育的功能，即要求督导对被督导者完成任务时所需的知识与技能给予指导，增强被督导者开展实务工作以及解决问题的能力；所谓支持的功能，即要求督导者向被督导者提供心理和情感上的支持，促使被督导者感到自我的重要性与价值感，让被督导者能够正确认识自我、面对工作。

### 四、社会工作督导的方式及注意事项

（一）督导的方式

1. 个别督导。个别督导是指一名督导与一名被督导者形成配对的督导关系，如每周一次或每月两次，为其尽快适应工作提供信息与帮助，对出现的问题给予指导；对督导对象情绪不稳定等情况及时给予支持及疏导；对员工业绩进行评估，对员工的工作状况进行监督。

2. 小组督导。小组督导又叫团体督导，是一名督导者对数名被督导者进行指导，以小组讨论的方式，定期（通常是每周、每两周或每个月举行一次，每次 1~2 小时）对工作实务中遇到的问题进行讨论。小组人数不宜过多，通常由 3 人至 8 人组成，否则不方便讨论，督导者带领小组成员共同寻找解决问题、消除障碍的办法。

3. 朋辈督导。朋辈督导是社工机构中一群实务经验丰富、价值观念相同的工作者组成。督导交流会一名成员主持，组员平等自由地进行交流讨论，分享实务经验，研究个案情况。

（二）督导注意事项

1. 督导者必须能引导团体成员集中注意力和向心力。督导者必须用心倾听团体成员所说的真正意思，并把握其重点所在。

2. 督导者须尽量促使团体成员，能自动自发和自由自在地提出问题、观点和建议。督导者要能把各种不同的观点联结起来，并作比较分析和综合，从而得出团体成员共同认识和理解的结论。

3. 督导者须事先早有准备，但讨论时宜富有弹性地加以修正。督导者必须使讨论过程有进度地发展，不宜在同一主题上停滞太长时间。

4. 督导者应敏锐地察觉团体成员的潜在感受，并加以适当的处理与引导。出现问题时，要以轻松、微笑的方式，向团体成员说明和修正其问题。

5. 注意朋辈督导价值观相似的现象。朋辈督导团体成员一般由同一机构中社会工作者担任。他们都具有共同价值，具有共同的信念和共同的语言，因此容易对话和沟通，但是如果团体成员的训练背景（例如毕业于同一所学校的社会工作系）和工作形态（如都是从事个案服务）也相同，这个团体可能因为同质性过高而缺乏不同的观点。

6. 团体成员一般不超过 8 位，以确保团体有充分的时间进行讨论，满足所有成员

的需求；同事督导会议还要清楚了解成员的各种期待，尝试发现潜在或隐藏的团体目标。

7. 团体成员要签订明确的契约，契约必须清楚说明会议召开的周期、地点、每次会议持续时间、会议的程序等，签订契约的成员要有明确的承诺，保证能够坚持参加同事督导会议；同时还要明确成员的角色分工，如谁来负责会议时间和场地的安排，谁来负责会议秩序的维持等。

8. 注意督导会议的反馈，包括对督导的过程进行全面反馈，既有正面的反馈，也有负面的反馈。此外，每3个月要计划进行一次全面总结，让团体成员分享在团体中的收获，探讨团体的动态并对契约进行重新协议。

### 五、文书写作

社会工作督导工作涉及各个方面，包括日常工作、计划实施、项目策划等。

表4-29 日志周志督导回复

| 时间（某日或某周） | | 督导对象 | |
|---|---|---|---|
| 机构名称 | | | |
| 当日（或本周）工作任务与内容 | | | |
| 总结与反思 | | | |
| 明日（或下周）工作计划 | | | |
| 其他 | | | |
| 督导意见 | （指出存在的问题，对工作手法及处理方式进行点评，给出建议或责令改正）<br><br>督导签字： 督导日期： | | |

表4-30 工作督导安排表

| 计划完成的工作项目 | 项目一 | 项目二 |
|---|---|---|
| 督导人 | | |
| 督导内容 | | |

续表

| 督导次数及方式（个人督导/小组督导） | | |
|---|---|---|
| 解决的问题 | | |
| 解决措施 | | |
| 效果检验 | | |
| 总结 | | |
| 督导日期 | | |

表 4-31　督导记录表

| 基本资料 | 督导者 | |
|---|---|---|
| | 被督导者 | |
| | 督导地点 | ××青少年社会服务中心 |
| | 督导时间 | 年　　　月　　　日　14：00～16：00 |
| 督导内容 | （1）项目情况沟通：服务开展情况、出现问题及解决方式。<br>（2）个案督导：了解案主近期的心理及情绪状况，运用 ABC 理论分析案主当前面临的困境；考虑案主在学校朋辈群体及与老师沟通的障碍，尝试和学校沟通，获得老师和同学们的支持。<br>（3）文书督导<br><br>督导签名：　　　　　　　日期： | |
| 社工心得 | <br><br>社工签名：　　　　　　　日期： | |

表 4-32　××社工站督导计划

一、督导领域

二、项目的基础信息

1. 社工配置情况：社工擅长领域、社工工作年限、社工服务经历等

2. 服务的基础条件：

3. 督导情况：督导发现的问题及改进情况

4. 督导信息

| 姓名 | 专业 | 证书等级 | 实务年限 | 工作经历 |
|------|------|----------|----------|----------|
|      |      |          |          |          |
|      |      |          |          |          |

三、合约督导期限

××年××月××日至××年××月××日

四、督导对象

项目的社工。

五、本年督导的目的

帮助社工专业提升、服务开展。

六、本年督导的阶段性目标

1. 发掘特色领域社工各自的特长，为分工提供建议。

2. 协助特色领域社工成长。

3. 协助中心主任、副主任推进服务、管理等。

七、督导职责

每月提供1~2天督导服务，包括个人督导、团体督导、现场督导、培训等；

八、年度督导安排（备注：根据项目开展的实际需求，以下附表为家庭服务）

| 督导时间 | 督导对象 | 督导目标 | 督导方式 | 成效检测 |
|----------|----------|----------|----------|----------|
|          |          | 项目适应、服务方案设计 | 个人督导、团体督导 | 社工反馈、服务文书 |
|          |          | 项目设计、压力调试、人员安排 | 个人督导、团体督导 | 社工反馈、各领域进度 |

九、与项目的沟通方式

| 沟通方式 | 沟通频次 |
|----------|----------|
| 实地督导 | 次/月 |
| 电话沟通 | 不定期，需要时 |
| 邮件沟通 | 不定期，需要时 |

表4-33 督导年度工作报告

| 督导姓名 |  | 接受督导机构 |  |
|----------|--|--------------|--|
| 督导期间 |  | 督导总天数 |  |

续表

| | |
|---|---|
| 督导目标及策略 | 为提升服务质量，根据督导计划，每月 1~2 天进行督导。采取个人督导、团体督导、现场督导的形式开展。 |
| 督导工作开展情况 | 根据具体情况填写 |
| 下步督导计划及跟进事项 | 根据具体情况填写 |
| 机构改进意见 | 填写机构的整改意见 |

| 撰写人 | | 日期 | |
|---|---|---|---|

**表 4-34　项目督导考核表**

\* 该表格适用于对项目督导的考评

\* 社工需根据真实情况评分

| 督导姓名 | | 督导项目及领域 | | |
|---|---|---|---|---|
| 考核内容 | 项目分类 | | 督导自评 | 部长评分 |
| 服务质量方面（含权益保障） | 根据社工提供的疑惑，提出有效的解决方案 | | | |
| | 督导的专业服务技巧实用 | | | |
| | 及时回应社工专业服务需要 | | | |
| | 能结合项目街道街情协助社工制定专业服务方案 | | | |
| | 文书批注回应及时，保障服务有序有效开展 | | | |
| | 督促社工落实服务，确保服务质量 | | | |
| | 在服务中对社工专业价值理念进行正确指导 | | | |
| | 指引社工学习落实相关政策问题，促进社工及服务对象权益保障 | | | |
| | 指导社工落实服务对象权益保障 | | | |
| | 小计 | | | |
| | 合计 | | | |
| 社工成长方面 | 督导了解社工的成长规划 | | | |
| | 督导在督导过程中能结合社工的成长规划进行指导 | | | |
| | 督导针对社工的成长有较好的引导作用 | | | |
| | 小计 | | | |
| | 合计 | | | |

续表

| | | | |
|---|---|---|---|
| 督导任务完成方面 | 如约完成所督导领域文书批注与指导 | | |
| | 督促社工完成项目规定的督导时数 | | |
| | 给予项目社工专业服务指导及情绪疏导 | | |
| | 项目所需要督导完成的其他事宜 | | |
| | 小计 | | |
| | 合计 | | |
| 合计 | | | |

1. 对督导的整体评价及建议

2. 签署

| 部长 | | 日期 | |
|---|---|---|---|
| 主任 | | 日期 | |
| 督导 | | 日期 | |

**思考与练习**

1. 社会服务项目人力资源管理的主要内容是什么？
2. 请你谈谈如何做好社会服务项目的员工激励工作？

# 项目五　社会服务项目财务管理

**知识目标**

1. 了解社会服务项目财务管理知识。
2. 学习社会工作涉及项目方案预算表的制作及经费报销流程。

**能力目标**

掌握社会行政工作中财务管理及报销等相关知识，正确制作和填写社会活动涉及的财务费用等。

📖 **案例导入** ⌐

某社工机构接受了第三方的财务审计，审计人员提出了很多整改意见。机构的财务人员根据实际情况修改了财务管理制度，机构的同工觉得财务工作很繁琐，服务费用报销很麻烦，对机构怨声载道，财务人员非常为难。请你思考项目的财务管理如何兼顾规范和高效？

📖 **知识链接**

## 任务一　社会服务项目财务管理

财务管理是非营利组织实现宗旨的必然要求，也是其能力建设的现实需要。要想很好地完成自己的使命，就要有一定的经济基础支持，那就必须要有盈利，同时也必须有健全的财务管理。

### 一、社会服务项目财务管理

财务管理是指确认、获取、有效使用和妥善记载服务方案所需之财、物资源的管理过程。社会服务项目属于非营利机构，因此其财务管理目标是以使命、服务为根本出发点，着重点在稳定及长期发展。

### 二、社会服务项目财务管理的功能

1. 提供经费，支持方案执行。
2. 提高使用效率。通过成本分析、监控预算等环节使方案执行更有效率，更节约成本等；
3. 支撑营销计划。营销计划的产品选择、价格制定、产品成本等都需要财务管理。
4. 激发捐赠意愿。财务报表的公信力将激发捐款人更愿意捐款，同时通过"投资管理"，可以使基金的母金更快增值，开辟更多财源。

### 三、社会服务项目的资金来源

1. 政府资助。通过购买服务和奖励来实现。购买服务是由政府和社会服务项目订立购买服务的契约，政府要求社会服务项目提供公共服务或为其指定的服务对象提供服务。政府奖励可分为补助和协议合作两种。
2. 民间捐助。主要是指来自个人、企业、基金会的慈善捐款。
3. 商业交易。主要是指服务收费，出售商品的收益等。

## 任务二　财务管理表格

### 一、财务管理的权限

经费的使用情况由社工站站长监管，社工站的每一笔费用开支都由社工站站长审批签名。每年6月份，机构财务部与社工站站长针对社工站该半年的经费使用情况进行检讨、调整，并将调整结果传达给各部门，无异议后，再提交总部备案。

采购资金审批权限根据下表执行：

表4-35　采购资金审批权限表

| 费用开支 | 最终批准权限 |
| --- | --- |
| 500元以下（不含） | 社工站站长审批 |
| 500元~3万元（不含） | 总干事审批 |
| 3万元~10万元 | 总干事会议审批 |
| 10万元以上 | 理事会审批 |

### 二、预算及报销管理

1. 预算成本是在估算成本的基础上进行的，依据估算的结果，计算及汇项目各项活动所需总费用。预算是控制成本的基础，因此，预算可说是成本管理的关键过程。预算内容主要包括员工薪酬与福利、活动经费、设施与设备和管理费四个方面。每一项预算的具体内容如表4-36。

表4-36　项目预算内容说明

| 预算内容 | 说明 |
| --- | --- |
| 员工薪酬与福利 | 基本工资、绩效工资、社会保险、住房公积金、其他福利 |
| 活动经费 | 活动物资、交通费、宣传费、人员补贴等 |
| 设施与设备 | 办公家具、打印机、电脑、空调、场地租金、物业管理费、水电费、电信费、办公用品 |
| 管理费用 | 行政管理人员薪酬与福利、培训督导费、办公经费、税费、评估费用、审计费用、管理储备等 |

表 4-37　项目方案预算表

| 收入项 | 说明 | 类型 | 单价 | 数量 | 小计 |
|---|---|---|---|---|---|
| | | | | | |
| | | | | | |
| | | | | 收入总计 | |
| 支出项 | 说明 | 类型 | 单价 | 数量 | 小计 |
| 薪酬与福利 | 专业社工 | 薪资 | | | |
| | | 五险一金 | | | |
| | 行政人员 | 薪资 | | | |
| | | 五险一金 | | | |
| 活动经费 | 各项活动 | 物资、交通、宣传 | | | |
| 设施与设备 | 设施 | 租金、水电费 | | | |
| | 办公 | 电脑 | | | |
| | | 投影仪 | | | |
| | | 打印机 | | | |
| | | 办公、耗材费 | | | |
| 管理费用 | 行政支出 | 前期调研费 | | | |
| | | 培训督导费 | | | |
| | | 税费 | | | |
| | 管理储备 | 处理突发事件 | | | |
| | | | | 支出总计 | |

XXXX年XX社工站XX月费用预算表

| 日期 | 事项 | 费用类别 | 内容 | 名称 | 单位 | 数量 | 单价 | 金额 | 经办人 | 小计 | 支付方式 | 发票说明 | 备注 |
|---|---|---|---|---|---|---|---|---|---|---|---|---|---|
| | | | | | | | | | | | | | |
| | | | | | | | | | | | | | |
| | | | | | | | | | | | | | |
| | | | | | | | | | | | | | |
| | | | | | | | | | | | | | |
| 当月预算合计 | | | | | | | | | | | | | |
| 当月个人预算借支合计 | | | | | | | | | | | | | |
| 当月对公转账合计 | | | | | | | | | | | | | |
| 制表人： | | | 财务： | | | 审核： | | | | 核准： | | | |

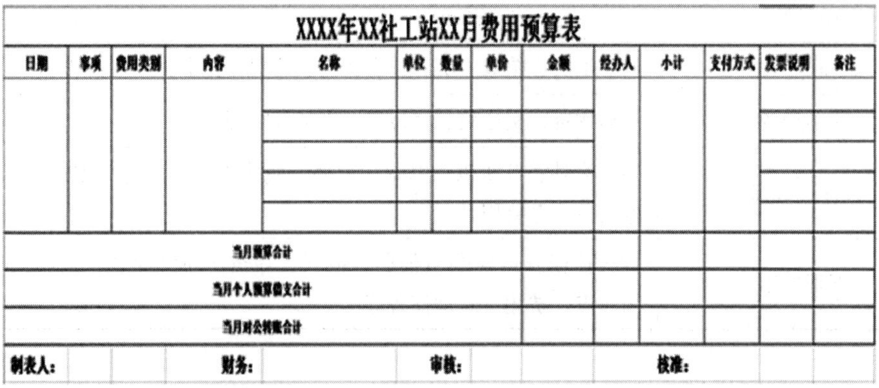

图 4-5　××社工站××月费用预算表

2. 活动经费申请流程。

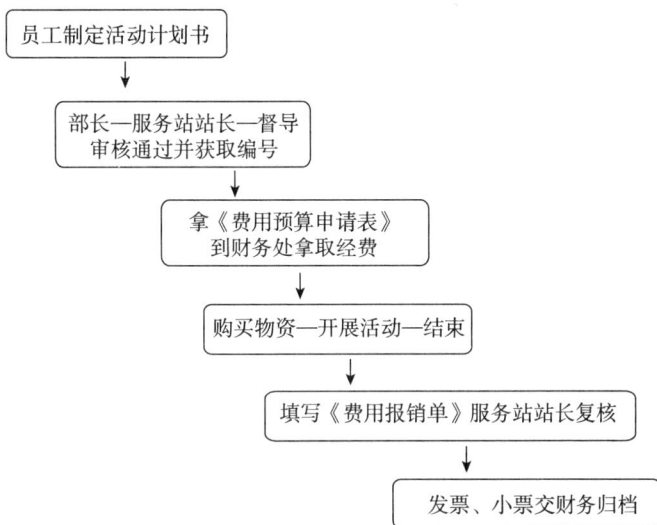

```
┌──────────────────┐
│   员工制定活动计划书   │
└──────────────────┘
          │
          ▼
┌──────────────────┐
│  部长—服务站站长—督导  │
│   审核通过并获取编号    │
└──────────────────┘
          │
          ▼
    ┌──────────────────┐
    │  拿《费用预算申请表》   │
    │    到财务处拿取经费    │
    └──────────────────┘
              │
              ▼
      ┌──────────────────┐
      │  购买物资—开展活动—结束  │
      └──────────────────┘
                  │
                  ▼
        ┌──────────────────────┐
        │ 填写《费用报销单》服务站站长复核 │
        └──────────────────────┘
                      │
                      ▼
          ┌──────────────────┐
          │  发票、小票交财务归档   │
          └──────────────────┘
```

（二）经费报销管理

每个月对项目点经费的实际支出进行报销汇总表，便于报销表与预算表进行比较，查看经费使用的情况，做好及时的调整。

1. 经费报账流程

（1）报销有关服务对象/志愿者的费用时，需有相关人员的签字认可。

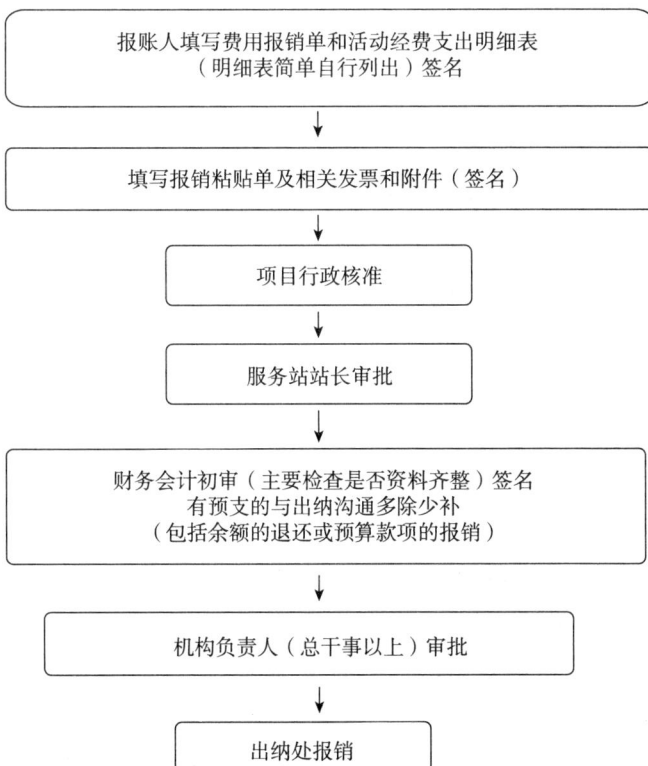

```
┌──────────────────────────────┐
│   报账人填写费用报销单和活动经费支出明细表    │
│      （明细表简单自行列出）签名        │
└──────────────────────────────┘
                │
                ▼
┌──────────────────────────────┐
│   填写报销粘贴单及相关发票和附件（签名）    │
└──────────────────────────────┘
                │
                ▼
      ┌──────────────────┐
      │     项目行政核准      │
      └──────────────────┘
                │
                ▼
      ┌──────────────────┐
      │     服务站站长审批     │
      └──────────────────┘
                │
                ▼
┌──────────────────────────────┐
│   财务会计初审（主要检查是否资料齐整）签名   │
│      有预支的与出纳沟通多除少补        │
│   （包括余额的退还或预算款项的报销）      │
└──────────────────────────────┘
                │
                ▼
      ┌──────────────────┐
      │  机构负责人（总干事以上）审批  │
      └──────────────────┘
                │
                ▼
      ┌──────────────────┐
      │     出纳处报销       │
      └──────────────────┘
```

（2）所有报销必须凭发票报账。

| 2020年XX项目X月报销表 | | | | | | | | | | | | | |
|---|---|---|---|---|---|---|---|---|---|---|---|---|---|
| 日期 | 领域 | 费用类别 | 内容 | 开票名称 | 单位 | 数量 | 单价 | 发票金额 | 小计 | 支付方式 | 预算金额 | 发票说明 | 备注 |
| | | | | | | | | | | | | | |
| | | | | | | | | | | | | | |
| 当月报销合计 | | | | | | | | 预算合计 | | | | | |
| 当月对公转账合计： | | | | | | | | | | | | | |
| 预算退回费用合计： | | | | | | | | | | | | | |
| 制表人： | | | 审核： | | | 会计： | | | | 核准： | | | |

图 4-6　××项目 ×月报销表

（三）成本控制

成本控制主要为检查项目费用的实际执行情况，监测实际支出是否与预算存在偏差，确保已核准的变更都包括在预算中，并把变更后的项目预算通报给相关方，适当时采取纠正措施。

当需要进行预算变更时，我们要同步启动其他控制过程的变更工作，例如：在超支情况下，需要同步变更"范围管理"，减少所提供的服务，以控制成本；也需要同步变更"时间管理"，以加快项目进度。

（四）财务问责

1. 财务方面出现下列情况者视情节轻重予以相应处罚：对财务人员予以内部警告、罚款（本人月薪 1~3 倍）、开除，情节严重移送警方处理。

（1）超出规定范围、限额使用现金的或超出核定的库存现金金额（5000 元）留存现金的，给予内部警告，并限期改正；

（2）用不符合财务会计制度规定的凭证顶替银行存款或库存现金的，责令退回款项，并予以罚款处理；

（3）未经批准，擅自挪用或贪污社工站资金（包括现金）或支付款项的，责令退还款项，并予以开除及罚款处理，数额超过 5000 元的移交警方处理；

（4）利用账户替其他单位和个人套取现金的，给予内部警告，并限期改正，情节严重的予以扣发工资处理；

（5）未经批准违反相关财务规定坐支现金的（将收到的现金直接用于现金款项的支出），给予内部警告，并限期改正；

（6）保留账外款项或将公司款项以财务人员个人储蓄方式存入银行的，责令退回款项，并予以罚款处理。

2. 遇到以下情况，对财务人员予以解聘、开除，情节严重的移送警方处理：

（1）违反财务制度，造成财务工作严重混乱的；

（2）拒绝提供或提供虚假的会计凭证、账表、文件资料的；

（3）伪造、变造、谎报、毁灭、隐匿会计凭证、会计账簿的；

（4）利用职务便利，非法占有或虚报冒领、骗取社工站财物的；

（5）弄虚作假、营私舞弊、非法谋私、泄露秘密及贪污挪用社工站款项的；

（6）在工作范围内发生严重失误或由于玩忽职守致社工站利益遭受损失的；

（7）有其他渎职行为和严重错误，应当予以辞退的。

（8）以上未尽事宜，按照国家相关法律法规及财务规章制度处理。

#### 思考与练习

1. 根据机构服务计划编写的步骤，设计一份帮助青少年摆脱成长危机的工作计划。

2. 某社工机构从事老年社会服务工作取得了很好的成效，请你写一份宣传稿，传播经验，扩大交流。